RIUM STEL
REALE
QVUM.
SAGITTARIUS
SCORPIO
SCORPIUS
acus
Serpentarius
LIBRA
Engonasi
Serpens
Æquinoctialis
Corona Sept.
Arcturus
Spica Virginis
Corvus
Bootes
VIRGO
Draco
Æquinoctiorum
Coma
Berenices
Vrsa
major
Jordanis flu.
LEO
Cancri
GEMINI
CANCER

Theologus.
Astronomus.

AVRORA

L'ASTROLOGIE

L'ASTROLOGIE

Milan Špůrek

Adaptation française de Paloma Cabeza-Orcel

GRÜND

Ci-dessus : scène de naissance avec un astrologue et son client (*Planetenbuch*, 1596).

Garde de tête : constellations de l'hémisphère Nord, d'après l'atlas astronomique d'Andreas Cellarius, *Harmonia macrocosmica* (Amsterdam, 1661).

Page 1 : discussion sur les sphères célestes entre un théologien et un astronome (gravure sur bois).

Page 2 : l'horloge à automates de Prague, ouvrage remarquable datant de 1410, construit par Nicholas de Kadaň d'après les calculs astronomiques de Jan Šindel, professeur à l'université Charles. Au-dessus du calendrier orné des douze signes du Zodiaque se trouve un cadran astronomique en forme d'astrolabe.

Page 3 : astrologue à l'étude. Gravure sur bois extraite de la page de titre du célèbre almanach allemand *Deutschen Practica* (1512).

Page 4 : hermaphrodite de la doctrine hermétique illustrant, notamment, les fondements de la polarité astrologique. Miniature extraite d'un manuscrit enluminé allemand de la fin du XVIIe siècle.

Page 5 : éclipse de Soleil dans le Lion le 20 juillet 1487, indiquée dans le calendrier de Václav Fabri de Budějovice.

Remerciements
Les éditeurs remercient les institutions suivantes qui les ont autorisés à reproduire le matériel pictographique :
Bayerische Staatsbibliothek, Munich
Biblioteca Estense ed Universitaria, Modène
Kunsthistorisches Museum, Vienne
Österreichische Nationalbibliothek, Vienne
Strahovská knihovna, Prague
Uměleckoprůmyslové muzeum, Prague

Adaptation française
Paloma Cabeza-Orcel

Texte original
Milan Špůrek

Secrétariat d'édition
Anne Terral

Première édition française 1998
par Éditions Gründ, Paris

ISBN 2-7000-2490-7
Dépôt légal : septembre 1998

Édition originale 1996 par Aventinum nakladatelství, s.r.o., Prague
sous le titre : *Das Grosse Handbuch der Astrologie*

PAO : Liani Copyright, Paris
(texte en Méridien et Frutiger)

Imprimé en Slovaquie
2/98/09/53-01

Sommaire

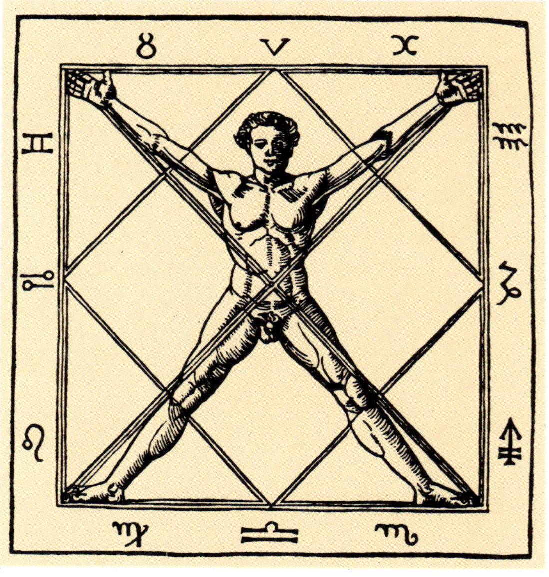

L'homme cosmique dans le Zodiaque
(gravure sur bois).

L'astrologue Terzyssko à son œuvre. Extrait du *Munich Convolute*, un manuscrit astrologique et astronomique à la bibliothèque de la cour de l'empereur Venceslas IV (1361-1419). Bayerische Staatsbibliothek, Münich.

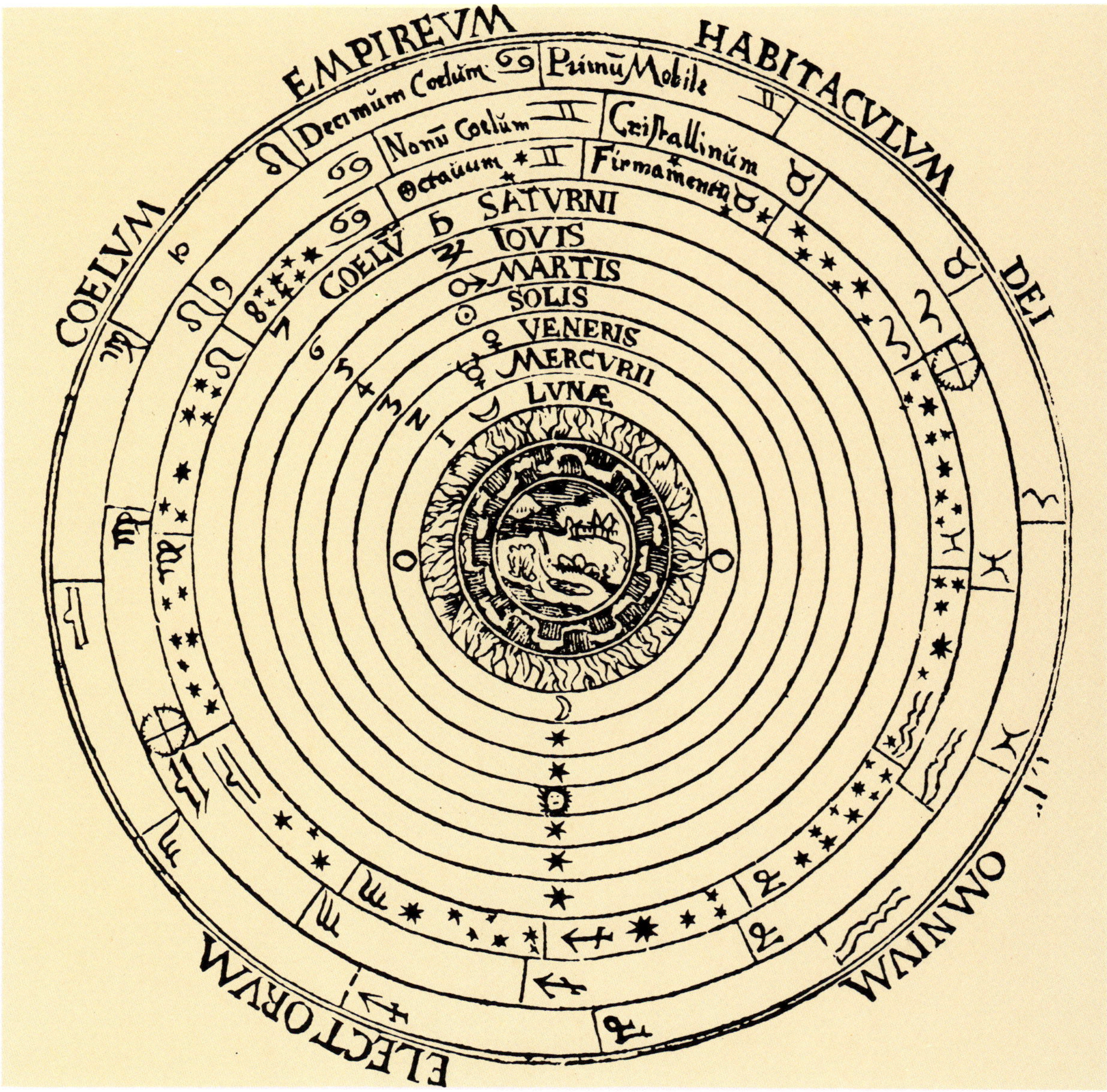

Le système géocentrique et sa succession de sphères autour de la Terre, d'après l'ouvrage d'Apianus, *Cosmographicus liber* (Landshut, 1524). Le monde sublunaire est représenté par les quatre Éléments au centre, et est entouré des sphères de chacune des sept Planètes et des trois sphères supralunaires : la sphère des étoiles fixes, les Cristallins et la sphère du *Primum Mobile*. À l'extérieur se trouve la sphère divine et celle des élus, encore appelée « Empyrée » (*Coelum empyreum*).

Préface

Le livre que vous ouvrez n'est pas l'ouvrage d'un astrologue professionnel. C'est plutôt le fruit des nombreuses années d'expérience et d'accomplissements d'un scientifique en histoire naturelle qui a, durant quelque vingt-cinq ans, consacré son temps libre à l'étude théorique et pratique de l'astrologie.

Parallèlement à une approche intérieure des problèmes, j'ai également tenté d'aborder ce domaine d'une façon objective. J'espère que cette approche duelle, assez peu fréquente en astrologie moderne, vous aidera à explorer ce secteur de la connaissance et des croyances humaines qui a profondément imprégné l'histoire de l'humanité depuis des siècles.

Le sujet de l'astrologie est si vaste qu'il était impossible de le traiter à l'échelle mondiale dans un seul livre. Je me suis donc limité à la branche dite de l'astrologie occidentale, depuis ses débuts babyloniens, en passant par la période classique grecque et romaine et le Moyen Âge arabique, jusqu'à l'Europe et l'Amérique moderne. J'ai exclu toute l'astrologie orientale, de même que celle de l'Amérique précolombienne, dont l'astrologie calendaire est très proche de l'astrologie hindoue et chinoise.

Au cours des siècles, les relations de l'astrologie occidentale avec la science, la philosophie et la religion, de même qu'avec l'art, ont été remarquables. Il n'est pas moins intéressant d'étudier comment la réputation de l'astrologie en tant que source de techniques prédictives a crû ou décru au fil des siècles. L'un des objectifs de ce livre est de mettre en évidence la remarquable périodicité de son retour en grâce et d'en tirer des conclusions sur son présent et son avenir. Le lecteur pourra suivre l'histoire de l'astrologie grâce à un synoptique descriptif et apprécier le rythme spécifique de son développement.

La bibliographie choisie comprend non seulement des ouvrages fondamentaux anciens et modernes traitant du sujet, mais aussi des études scientifiques sur l'astrologie, et notamment son histoire, par divers experts dans d'autres domaines. Nombre de ces publications scientifiques ne sont pas connues des astrologues mais devraient cependant beaucoup les intéresser.

Au seuil du troisième millénaire, nous vivons la phase finale de la plus récente renaissance mondiale de l'astrologie, précédée par de nombreuses autres au cours des deux millénaires précédents. Plus de 10 000 livres traitant d'astrologie ont été écrits au cours de ces cent dernières années, écrivait Heinz Brestel dans son article « L'Astrologie, une branche de l'économie » paru dans le *Frankfurter Allgemeine Zeitung* du 3 février 1968. Puis, au début des années 1980, un examen du catalogue de la Bibliothèque du Congrès américain (État de Washington) révélait qu'au cours du seul XXe siècle, plus de 12 000 livres d'astrologie avaient été publiés. À titre de comparaison, les bibliographes ont montré que depuis l'invention de l'impression à l'aide de caractères mobiles, entre le milieu du XVe siècle et la fin du XVIIIe siècle, 1 111 livres d'astrologie et 60 livres d'astromédecine avaient été publiés, au XVIe siècle et au début du XVIIe siècle pour la plupart. Un nombre équivalent de manuscrits datant d'avant l'imprimerie nous est connu.

Environ 100 revues spécialisées en astrologie tirées entre 100 et 2 000 exemplaires sont publiées dans diverses langues à travers le monde. En 1975, 18 organisations astrologiques majeures étaient répertoriées en Europe occidentale, tandis qu'il existe 3 sociétés astrologiques nationales et 150 sociétés locales enregistrées aux États-Unis. Selon une étude récente de l'Institut Gallup, 32 % des adultes américains croient aux vertus prédictives de l'astrologie et près de 70 % des quotidiens américains prodiguent des conseils astrologiques réguliers à leurs lecteurs.

Une situation similaire prévaut dans les pays d'Europe occidentale. Selon un sondage de l'opinion publique, 90 % des Français adultes connaissent leur signe astrologique et 12 % connaissent même leur Ascendant. L'on estime qu'un Italien sur trois lit régulièrement les colonnes astrologiques de la presse quotidienne.

Dans la seconde moitié du XXe siècle, les méthodes et les techniques modernes ont envahi l'astrologie occidentale mais aussi celle de l'Extrême-Orient, où la méthodologie de l'astrologie prévisionnelle s'appuie beaucoup sur le traitement informatique des données. Astroflash est l'un des premiers centres informatiques dédiés à l'astrologie qui ait vu le jour à Paris (en 1967) ; aujourd'hui, sa filiale new-yorkaise est en compétition avec des sociétés américaines comme Zodiacronics Service et TBC Computers Centre, entre autres. Les machines automatiques à horoscope, quant à elles, prolifèrent.

Mais cette industrie de l'astrologie, tout comme l'afflux des diseurs de bonne aventure et des prédictions généralistes à vocation commerciale largement propagés par les médias, a-t-elle quelque chose de commun avec les méthodes sérieuses de l'astrologie individuelle ? Que connaissons-nous de l'astrologie des siècles passés ? Quand a-t-elle vu le jour et jusqu'à quel point les techniques modernes ont-elles dérivé des méthodes anciennes ? Existe-t-il des textes anciens où nous pourrions découvrir la véritable nature de l'astrologie ? Quelles preuves objectives a-t-on que les prédictions d'un horoscope sont bien ce qu'elles prétendent être ?

Dans ce livre, je tente de répondre à ces questions. Je ne suis ni un astrologue professionnel ni l'un de ces scientifiques qui rejettent l'astrologie d'un revers de main. Cela m'a permis de faire le point de façon impartiale sur la nature et la signification de l'astrologie, de réfléchir à certaines de ses revendications les plus polémiques, et d'affirmer sa validité en tant que système prédictif.

Milan Špůrek

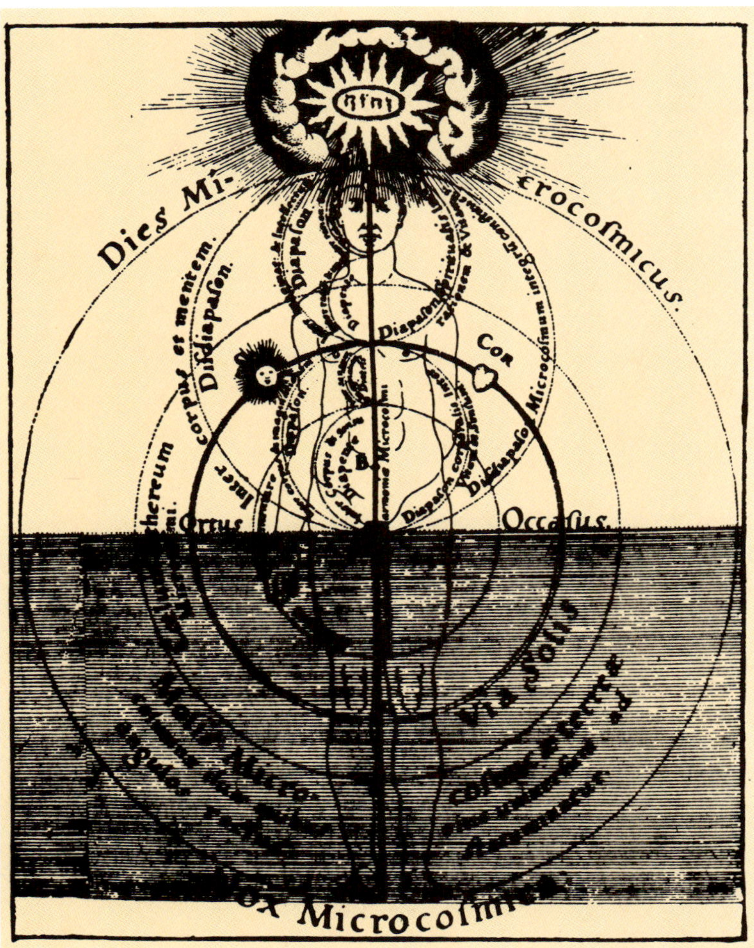

La polarité jour-nuit dans les sphères de l'homme-microcosme (Robert Fludd, *Utriusque cosmi historia*, 1619).

Origines et nature de l'astrologie

École d'astronomie (*Lucidarius*, Augsburg, 1479).

L'homme et son avenir

« L'homme a tendance à scruter l'avenir, et bien que la divination et ses méthodes soient critiquées à bon escient, ce penchant ne peut être supprimé, même par la meilleure éducation. » Ces mots sont de l'historien Martin P. Nilsson. « Le dé des dieux tombe toujours juste », aurait ajouté Sophocle. Mais est-ce que nous, qui vivons deux mille quatre cents ans plus tard, pouvons accepter les dires du dramaturge athénien ? Stéphane Mallarmé prétendait qu'« un coup de dé jamais n'abolira le hasard ».

LES PRATIQUES DIVINATOIRES

Le Miroir magique. Miniature extraite d'un manuscrit du XVIIIe siècle, *La Très Sainte Trinosophie*, attribué au comte de Saint-Germain, occultiste (1707-1784).

Au XVIe siècle, il y avait une centaine de méthodes différentes de divination ou de prophétie. Aujourd'hui, seuls leurs noms nous sont connus, mais le besoin de prédire l'avenir semble toujours persister.

L'art de la divination

L'art de la divination est né en réponse aux angoisses de l'homme quant à ce que lui réserve l'avenir. Le désir de scruter le futur est sans doute ressenti d'autant plus fortement par les individus ou les cultures qui croient que tant l'homme que ses dieux sont gouvernés par une loi inexorable et immuable que nous appelons la destinée. Je ne pense pas que ces sentiments soient alimentés seulement par la superstition.

Tendances générales

Futurologues et prognosticiens étudient les tendances générales. Leurs prédictions n'intéressent pas tellement l'individu qui veut des informations précises sur lui-même – par exemple, s'il réussira dans une entreprise, ce à quoi il doit faire attention pour la mener à bien, s'il sera contrecarré par un rival. Et comme la science moderne ne s'occupe pas de tels problèmes, de nombreuses personnes recourent à un diseur de bonne aventure, un chiromancien (qui lit les lignes de la main) ou un astrologue. Ne nous moquons pas d'un tel comportement : il y a des moments dans la vie d'une personne où celle-ci ne sait simplement plus ce qu'elle doit faire. Tout le monde n'a pas la capacité de faire d'instinct le meilleur choix. Et nombre d'entre nous ont besoin que leurs projets soient « ratifiés » par une personne impartiale que nous pensons capable de voir plus loin et plus clairement que nous-mêmes.

Ci-contre : les sept méthodes divinatoires selon Robert Fludd (*in Utriusque cosmi historia*, 1619).

Ci-dessus : le Pendu, douzième arcane du tarot, provenant d'un jeu peint autour de 1392 pour Charles VI, roi de France.

Ci-contre : page de titre de l'ouvrage de Nikolaus Pruckner, sur la comète qui apparut au « mois des vendanges » en octobre 1532.

Des phénomènes extraordinaires

Usant d'une grande diversité de méthodes, la divination a réussi à fournir des réponses depuis des temps immémoriaux. Il n'est pas certain que ces réponses aient été satisfaisantes. Dans la plupart des cas, des phénomènes extraordinaires ou inattendus et les bizarreries les plus diverses survenaient entre la question et la réponse. Leur

Ci-dessus : Guillaume Postel (1510-1581), philologiste, orientaliste et visionnaire français. Gravure extraite de son *De Universitate* (Leiden, 1635).

caractère apparemment fortuit n'était pas tenu pour vraiment accidentel, car on croyait qu'ils étaient la manifestation de la volonté des dieux. Certains phénomènes retenaient particulièrement l'attention : lorsque la foudre tombait sur une statue ou une construction importante, que naissait un être « anormal » (humain ou animal), ou, comme le rapporte Cicéron, lorsque tous les bœufs d'un même troupeau vidaient leurs intestins en même temps...

Traditions populaires

Au fil du temps, certaines pratiques divinatoires devinrent des traditions populaires, comme le fait de couler du plomb à la Saint-Sylvestre ou à l'Épiphanie, ou de couper des pommes en deux à Noël. D'autres, comme l'haruspicie (divination en observant des entrailles d'animaux) ou l'ornithomancie (divination en observant le vol des oiseaux), ont disparu. D'autres pratiques apparaissaient jusqu'à récemment comme de typiques attractions de foire dont l'origine était depuis longtemps oubliée – telle la cléromancie ou divination par tirage au sort, appelée à tort « astrologie de foire », peut-être parce qu'un per-

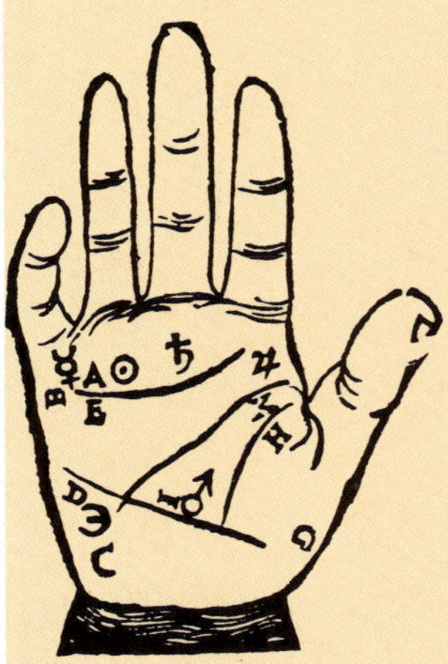

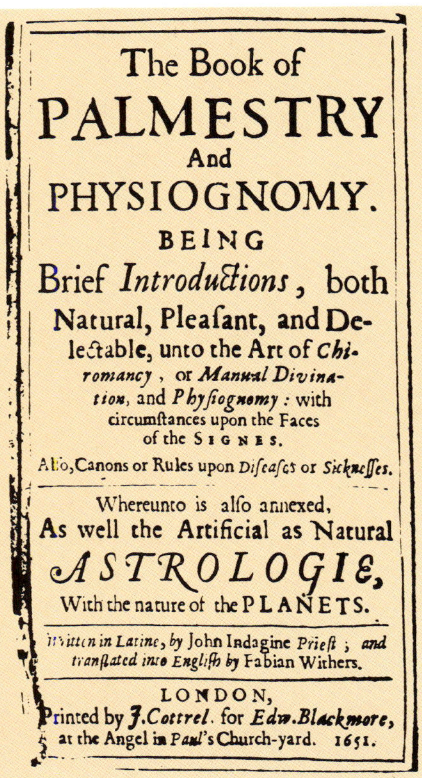

The Book of
PALMESTRY
And
PHYSIOGNOMY.
BEING
Brief *Introductions*, both
Natural, Pleasant, and Delectable, unto the Art of *Chiromancy*, or *Manual Divination*, and *Physiognomy*: with circumstances upon the Faces of the SIGNES.
Also, Canons or Rules upon *Diseases* or *Sicknesses*.

Whereunto is also annexed,
As well the Artificial as Natural
ASTROLOGIE,
With the nature of the PLANETS.

Written in Latine, by John Indagine *Priest; and translated into English by* Fabian Withers.

LONDON,
Printed by *J. Cottrel.* for *Edw. Blackmore*, at the Angel in *Paul's* Church-yard. 1651.

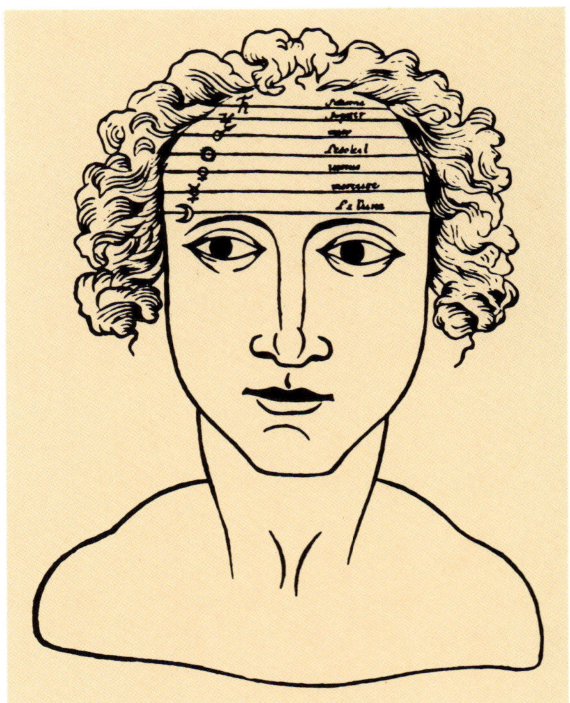

Ci-dessus : localisation des zones planétaires sur le front humain (Hieronymus Cardanus ou Jérôme Cardan *in Metoposcopia*, Paris, 1658).

Ci-contre : page de titre de *Introduction to Physiognomy, Chiromancy and Astrology* (1582) par John Indagine.

roquet tirait d'une urne une feuille ou une enveloppe présentant un horoscope.

Bien que l'astrologie n'ait rien à voir avec ces pratiques, elle est considérée comme une méthode de divination depuis l'Antiquité. Toutefois, ses fondements exacts, qu'elle partage avec l'astronomie, la placent parmi les méthodes les plus respectées. Et comme l'astrologie s'est toujours appuyée sur des calculs astronomiques précis, ses liens avec l'astronomie sont restés très étroits.

Le même présupposé fonde l'astromancie (divination d'après les étoiles), qui se développera pour devenir l'astrologie, la méthode de prédiction la plus élaborée et la plus précise.

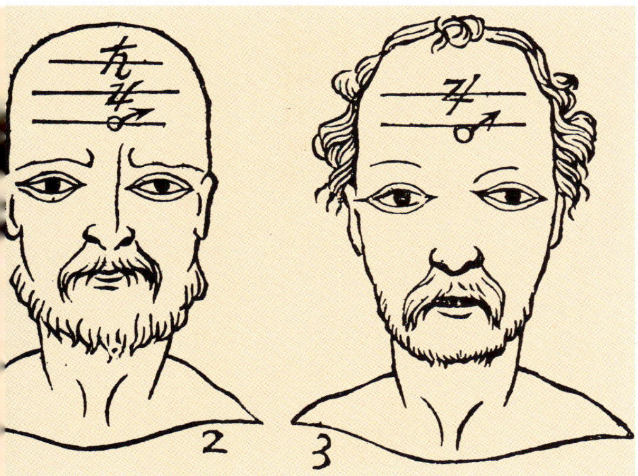

Ci-dessus : les lignes de Mars, Jupiter et Saturne sur le front humain (Hieronymus Cardanus *in Metoposcopia*, Paris, 1658).

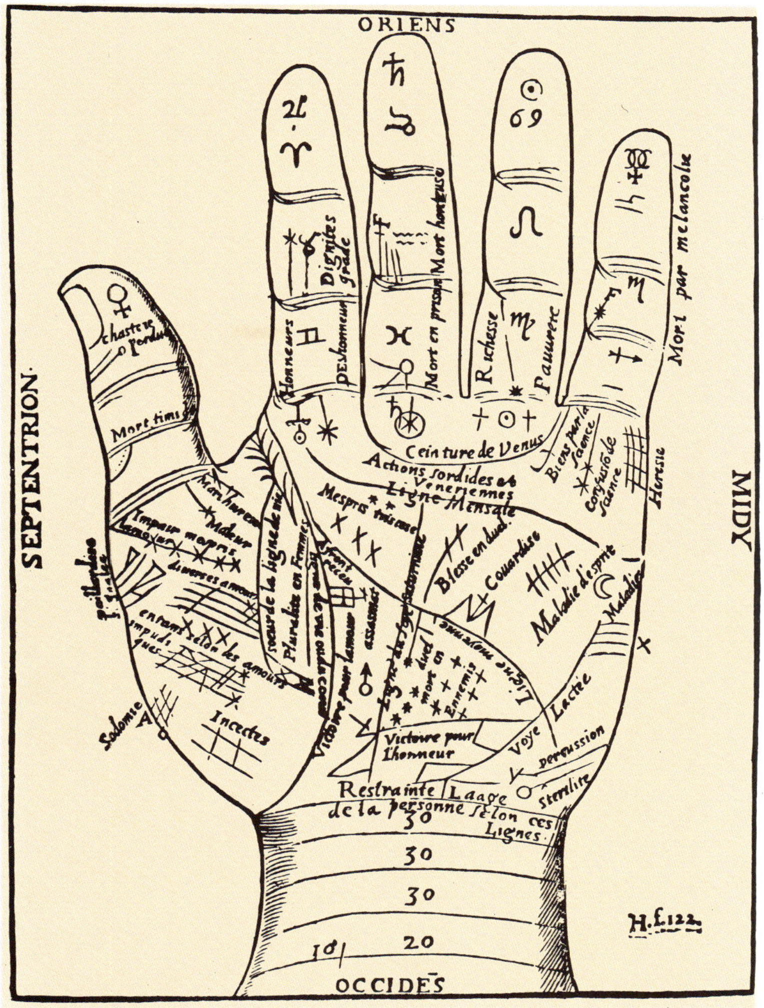

Ci-dessus : main chiromantique selon Jean-Baptiste Belot (*Œuvres*, 1640). Les doigts sont associés à cinq Planètes ; en outre, les phalanges du deuxième au cinquième doigt sont associées aux signes zodiacaux. Les deux Planètes astrologiques traditionnelles restantes, Mars et la Lune, gouvernent les autres parties de la paume.

Mains et visage

La plupart des méthodes divinatoires utilisent des moyens de divination sans lien avec la personne qui fait la demande. Mais deux méthodes se fondent sur des éléments que chacun d'entre nous possède, les mains et le visage. La chiromancie et la métoposcopie sont des systèmes de diagnostic élaborés qui supposent que les traits de caractère et l'avenir d'un individu se cachent dans les lignes de la paume ou les traits du visage. Les deux méthodes ont une terminologie utilisant, entre autres, les symboles des Planètes et les signes du Zodiaque. Pour toutes deux, le macrocosme se reflète dans le microcosme et une connexion inhérente les relie.

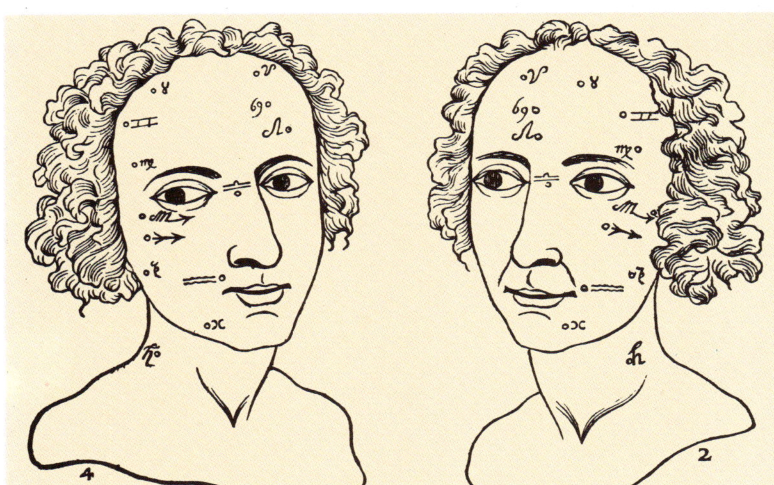

Localisation des points zodiacaux sur le visage humain (Hieronymus Cardanus *in Metoposcopia*, Paris, 1658).

LES SPÉCIFICITÉS DE L'ASTROLOGIE

Au début, l'astromancie (ou protoastrologie) n'était qu'un membre de la grande famille des pratiques divinatoires avec qui elle partageait un certain nombre d'éléments. Toutefois, sa particularité – son lien très étroit avec l'astronomie – l'éloigna rapidement des autres méthodes de prédiction. Elle exigeait des calculs mathématiques pour déterminer la position des objets célestes et leur projection sur un plan – l'horoscope –, calculs qui nécessitaient un certain niveau d'études.

Au fil du temps, les calculs horoscopiques devinrent encore plus complexes et sophistiqués. Ils n'étaient plus à la portée du premier venu, même si celui-ci était par ailleurs capable, par sa sensibilité et sa perceptivité, d'être un bon diseur de bonne aventure ou de pratiquer d'autres arts divinatoires. L'astromancie, et notamment sa forme évoluée, l'astrologie, exigeait des mathématiciens capables.

L'astrologie différait en principe de ses consœurs mantiques par ses fondements mathématiques et astronomiques très précis lui permettant de se déplacer sur l'axe du temps – en d'autres termes, par la possibilité de lectures répétées non seulement vers l'avant (dans l'avenir) mais aussi vers l'arrière (dans le passé), par le concept d'événements inscrits à la fois dans l'espace et le temps, et, enfin, par le fait que la divination (la lecture de l'horoscope) peut être refaite à tout moment. Contrairement aux autres sortes de prophéties, l'astrologie suppose des influences extérieures dont l'action est permanente et régulière, c'est-à-dire l'existence d'une sorte de « force permanente » aux causes et aux effets périodiques et répétitifs ou, plus simplement, la dépendance temporelle des événements terrestres.

Illustration extraite du chapitre traitant de l'observation des cieux *in La Nef des fous* (1494), du poète allemand Sebastian Brandt.

Le concept d'astrologie

Compte tenu des nombreuses choses qui ont été associées, à tort ou à raison, avec l'astrologie, il semble souhaitable de définir ce terme aussi précisément que possible au tout début de cet ouvrage. Ce n'est pas tâche aisée, car le concept a été influencé par ses développements historiques, d'une part, et par l'expansion géographique de l'astrologie, d'autre part. La catégorisation interne du terme exprime sans doute le mieux sa portée et son contenu.

Supplément à la revue italienne contemporaine d'astrologie *Astra* présentant un résumé assez simplifié de l'astrologie traditionnelle.

Astrologie et astronomie

L'astrologie s'est toujours fondée sur l'hypothèse, maintes fois vérifiée, que les événements terrestres ont leur modèle ou prototype dans les phénomènes célestes. La principale composante de son développement fut de synthétiser des observations initialement fortuites en un système de règles d'interprétation de ces phénomènes. La consolidation du terme « astrologie » ne pouvait aller sans éliminer graduellement un certain nombre de données, tout en en prenant d'autres en considération.

Les services que l'astrologie ancienne pouvaient rendre étaient différents de ceux qu'elle apporta au Moyen Âge ou même à l'époque actuelle. L'un des principaux facteurs qui ont toujours déterminé les possibilités de l'astrologie est le développement des connaissances astronomiques. La relation historique entre l'astronomie et l'astrologie présente une certaine similarité avec la coévolution de la recherche fondamentale et appliquée de la science moderne. L'astrologie était une application pratique de l'astronomie.

Typologie et prédestination

De toutes les disciplines scientifiques modernes, l'astrologie actuelle se rapproche davantage de la psychologie de par ses préoccupations typologiques. Mais l'astrologie ne s'arrête pas à une classification des types psychologiques. Elle va plus loin en mettant en évidence dans cette typologie l'élément générateur de destinée et son évolution dans le temps. Elle s'efforce ainsi de répondre aux questions que la science moderne a toujours intentionnellement contournées. Le thème de la prédestination, encore tabou pour la science contemporaine, a toujours été dominant en astrologie. Toutefois, prédestination ne signifie pas fatalité. La fatalité n'est qu'une expression extrême de la prédestination. L'astrologie admet une certaine participation de la volonté dans le déroulement de la vie de l'individu. Plutôt que de croire que chaque pas est prédéterminé, l'astrologue essaie de définir les frontières au-delà desquelles il est impossible d'avancer dans chaque cas particulier. En astrologie moderne, les notions antithétiques de bien et de mal, de chance et de malchance sont comprises comme étant relatives.

Astrologie et science moderne

Il est toutefois nécessaire d'établir une ligne de démarcation nette entre l'astrologie et la science moderne, car certaines activités considérées comme faisant partie intégrante de l'astrologie, que, avec l'astronome français P. Couderc, nous pouvons appeler l'astrologie physique, n'en font désormais plus partie. La recherche d'influences permanentes cosmoterrestres et cosmobiologiques a été reprise par certains domaines interdisciplinaires de la science moderne. L'observation de l'évolution du climat et des changements météorologiques en fonction de cycles cosmiques fait l'objet d'une recherche scientifique marginale, par exemple au travers de l'étude des biorythmes ou d'une périodicité en géologie. Les voies suivies par les disciplines marginales de la science moderne ont toutefois très peu en commun avec les principes et méthodes de l'astrologie, bien qu'elles soient fondées sur la même hypothèse fondamentale de la concurrence des événements sur Terre et dans l'espace voisin ; elles sont donc parfois confondues par erreur.

DE LA PROTOASTROLOGIE À L'HOROSCOPIE

L'un des moyens de définir l'astrologie nous ramène nécessairement vers le passé. Le développement de l'astrologie est analogue à celui d'autres méthodes de cognition : partant de résultats fortuits, il aboutit à un système intégral de connaissances et de règles pratiques d'interprétation.

Les modes de divination

Les étapes du développement de l'astrologie en tant que discipline autonome durant ces deux mille cinq cents dernières années apparaissent assez distinctement et révèlent une périodicité manifeste liée à un cycle astronomique réel. Il est remarquable que cette discipline, fondée sur l'idée que les vies individuelles sont influencées par les événements cosmiques, confirme objectivement cette relation par sa propre histoire.

Jusqu'ici, nous n'avons aucune raison de penser que l'astrologie, en tant que système intégral dont les fondations sont restées inchangées jusqu'à ce jour, soit âgée de plus de 2 500 ans. La phase précédente de son développement devrait plutôt être appelée « protoastrologie ». D'après

La sphère armillaire soutenue par le mythique Atlas, selon Petrus Apianus *in Cosmographicus liber* (Landshut, 1524).

les textes et d'autres sources fragmentairement conservés, où ne figure encore aucun horoscope, il est possible de conjecturer que, durant cette étape préliminaire, l'usage des pratiques divinatoires a prévalu. L'astrologie – sous la forme d'astromancie –, de même que les divinations par l'observation du vol des oiseaux (ornithomancie), des entrailles d'animaux tués rituellement (haruspicie) et de nombreuses autres pratiques, faisait partie des formes les plus connues de divination mentionnées par les auteurs anciens.

Le calendrier écliptique

Le principal bond en avant dans son développement survint quand l'astronomie antique commença à abandonner le système horizontal d'observation temporelle et se préoccupa de plus en plus du problème de la sphère céleste. L'ancien calendrier horizontal fut graduellement remplacé par le calendrier écliptique. C'est à cette époque, entre le Vᵉ et le IVᵉ siècle avant notre ère, que les principes fondamentaux à l'origine de la véritable astrologie ont été établis, à savoir le Zodiaque et sa division en douze signes. L'horizon local, à la base du calendrier précédent, acquit une nouvelle fonction dans l'astrologie émergente, car il devint la base du système des douze Maisons de l'horoscope, parfois appelées de ce fait Maisons horizontales. C'est ainsi que le premier véritable horoscope apparut quelque part au cours des derniers siècles avant notre ère et, avec lui, une nouvelle discipline interprétative, l'horoscopie, ou astrologie s'appuyant sur un horoscope. La principale contribution au concept géométrique de l'horoscope doit être attribuée à la pensée hellénistique.

SCENO
SYSTEMATIS
PTOLE
SIVE COLV
AXIS ZO
POLVS
CIRCVLVS
TROPICVS ÆSTIVVS
NODI
SATVRNVS
ÆQVATOR
MARS
LVNA
VENVS
ÆQVINO
OCCIDENS
TROPICVS HYBERNVS
MERIDIANVS
CIRCVLVS
POLV

Le système géocentrique de Ptolémée. Extrait de l'atlas astronomique *Harmonia macrocosmica* d'Andreas Cellarius (Amsterdam, 1661).

SCENO
SYSTE
COPER
ZODIACVS ET SPHÆRA STELLAR
CAN
CER
SEMITA SATVRNI QVI FRIG
VIA IOVIS SPA
IVPITER
CIRCVLVS MARTIS DVORVM ANNORVM
SOLSTI
ÆQVINOCTIVM
VERNVM
SCOR
PIVS

Représentation schématique commentée du système héliocentrique de Copernic. Extrait de l'atlas astronomique *Harmonia macrocosmica* d'Andreas Cellarius (Amsterdam, 1661).

PLANISPHÆRIVM
SIVE
MVNDI TOTIVS
TYCHONIS
PLANO
CAPRI CORNVS
AQVA RIVS
PIS CES
ARI ES
TAV RVS
GE MINI
MARS
IVPITER
SATVRNVS

Planisphère figurant l'organisation du monde selon Tycho Brahe. Extrait de l'atlas astronomique *Harmonia macrocosmica* d'Andreas Cellarius (Amsterdam, 1661).

ORBIUM PLA
TERRAM COM
TIUM SCENO
SPHÆRA ZODIACI
SPHÆRA SATVRNI
SPHÆRA IOVIS
SPHÆRA MARTIS
SPHÆRA SOLI
SPHÆRA VENE
SPHÆRA MER
SCOR PIVS
CIRCVLVS
CAPRI CORNVS
AQVA RIVS
HYPOTHESIS PTOLEMAICA

Modèle géocentrique aristotélicien-ptolémaïque du système solaire. Extrait de l'atlas astronomique *Harmonia macrocosmica* d'Andreas Cellarius (Amsterdam, 1661).

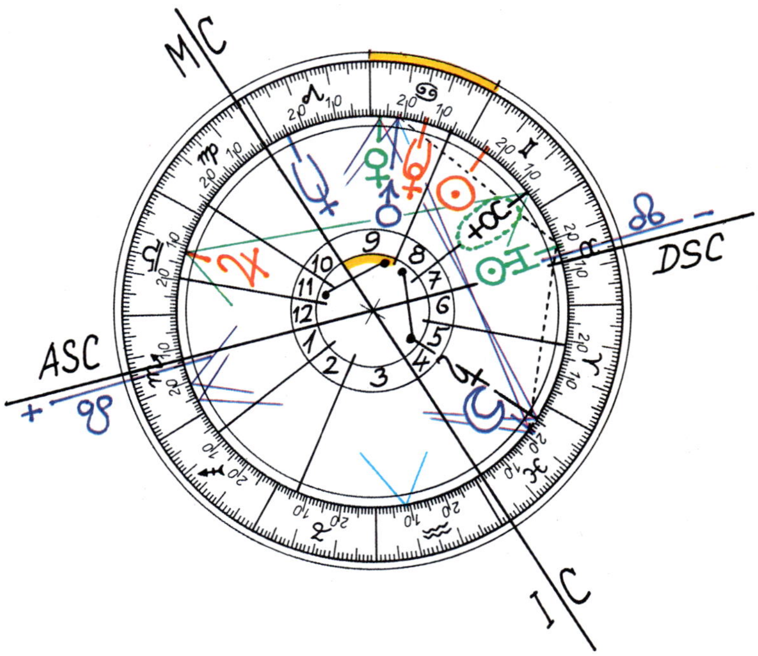

Horoscope natal (thème) de Regiomontanus, mathématicien, astronome et astrologue, établi sur la base des données conservées de sa naissance – le 6 juin 1436, à 16 h 40 à Königsberg (système de domification kochéen).

Les prémices de l'horoscopie

Avant cette époque, il est préférable de parler d'astrologie sans horoscope, d'astromancie (divination d'après les étoiles) ou, au mieux, d'astrologie zodiacale primitive. Ces phases de développement anciennes étaient très étroitement liées à la mythologie astrale et au culte astral – l'adoration et l'invocation des étoiles (astrolâtrie). Comme l'horoscopie fonde ses arguments sur des bases astronomiques et, par suite, mathématiques, les astrologues étaient souvent appelés « mathématiciens » (*mathêmatikoi* en grec). Du fait de leur origine babylonienne, ils étaient aussi appelés « chaldéens » (*chaldaei*). Le synonyme d'horoscopie était alors « astrologie apotélesmatique », et celui de l'horoscopie natale (qui étudie les horoscopes de naissance), « astrologie généthliaque » (du grec *genethle*, pour naissance). D'autres termes à l'origine plus tardive, tels qu'astéroscopie ou astérosophie, ne durèrent pas longtemps et furent vite oubliés.

Qu'est-ce qu'un horoscope ?

Un horoscope est un dessin très ingénieux, une représentation symbolique de la sphère céleste où figurent le Soleil, la Lune et les Planètes dans les douze signes du Zodiaque et dans douze secteurs appelés Maisons, à un instant donné pour un lieu donné à la surface de la Terre. Outre le Zodiaque, les Maisons et les Planètes (parmi lesquelles l'horoscopie traditionnelle inclut aussi le Soleil et la Lune), l'horoscope comporte divers autres éléments horoscopiques indiqués par des symboles conventionnels. Ces derniers incluent les deux nœuds lunaires, certaines étoiles appelées « étoiles fixes », les relations angulaires entre les éléments de l'horoscope (les Aspects) et des points et axes spéciaux, en particulier les axes principaux de l'horoscope (l'axe Ascendant-Descendant et l'axe Milieu du Ciel-Fond du Ciel, qui correspondent respectivement à l'horizon local et au méridien local).

L'horoscope est donc un schéma codé, porteur d'informations codées, ni plus ni moins. Tout texte affublé de ce nom, notamment ceux trouvés dans les magazines populaires, n'est qu'une interprétation ou un commentaire mais en aucun cas un véritable horoscope. Il faut appeler les choses par leur nom. La terminologie astrologique a déjà subi une longue dérive ; le mot grec *horoskopos* désignait originellement l'Ascendant (le point zodiacal se levant à l'horizon) alors que le dessin dans sa globalité (l'horoscope actuel) était appelé *thema*, *genitura* ou *figura coeli*.

L'ASTROLOGIE SANS HOROSCOPE

Hormis pour l'ancienne protoastrologie, il n'y a pas d'astrologie sans horoscope. Pourtant, on rencontre encore aujourd'hui quelque chose qui rappelle l'astrologie et que l'on présente souvent comme telle, bien que cela n'ait rien à voir. De quoi s'agit-il donc ?

L'astrologie populaire

Sa meilleure description pourrait être « typologie zodiacale primitive » car cette astrologie populaire se fonde principalement ou exclusivement sur la position du Soleil dans le Zodiaque.

Cet unique critère sert à classer l'énorme masse des gens de par le monde en douze groupes selon les signes du Zodiaque, masse à qui les journaux, les magazines ou la télévision prédisent des événements plus ou moins identiques pour une période donnée.

Une « astrologie » aussi superficielle ne prend en compte aucune des neuf autres Planètes – sans même parler de leurs relations mutuelles ou de leurs positions dans les Maisons, qui diffèrent pour chaque individu. Si nous réalisons que chacun de nous a un horoscope différent, il devient évident que ces pratiques astrologiques de la presse populaire sont une simplification grossière. Bien que le Soleil joue indubitablement un rôle prépondérant dans tout horoscope, il ne peut être soustrait du contexte de la structure horoscopique globale, qui est toujours unique bien que certains de ces éléments partiels puissent se répéter périodiquement.

L'ASTROLOGIE D'AUJOURD'HUI : APERÇU GÉNÉRAL

Outre le processus historique de l'évolution de la notion d'astrologie, il est intéressant d'étudier aussi le facteur géographique de ce développement et d'en repérer, au moins approximativement, les foyers successifs depuis les temps anciens jusqu'à nos jours, et de distinguer certaines variantes locales.

L'origine de l'astrologie n'a pas été totalement élucidée. Elle est probablement née à Babylone, mais certains privilégient l'Égypte, l'Inde ou la Chine, voire l'Amérique précolombienne.

L'hypothèse migratoire

L'hypothèse migratoire, selon laquelle l'enseignement astrologique s'est propagé depuis un centre originel unique vers d'autres parties du monde, est très contestée. Il semble beaucoup plus probable que les fondements de l'astrologie se soient constitués de façon autonome et, par suite, de manières quelque peu différentes, à peu près à la même période dans diverses civilisations antiques. Dans certaines parties du monde, des variantes locales de l'état initial du développement de l'astrologie ont ultérieurement fusionné. Dans d'autres, des différences substantielles de concept ou des solutions entièrement originales semblent avoir survécu jusqu'à ce jour.

Globalement, l'astrologie actuelle possède deux branches, l'une occidentale et l'autre orientale, fondamentalement différentes. Toutes deux sont originaires de l'hémisphère Nord.

L'astrologie occidentale

Les racines de l'astrologie occidentale doivent être recherchées dans le bassin méditerranéen et le Proche-Orient de l'Antiquité. Elles se sont fondues en un unique courant méthodologique durant la période hellénistique pour resurgir à Babylone, dans l'ancienne Égypte, en Perse, en Grèce et en d'autres pays du bassin méditerranéen. Les fondements de l'astrologie grécoromaine, résultant de cette fusion, furent ensuite importés en Europe au Moyen Âge par les intellectuels arabes via l'Espagne, d'où ils diffusèrent durant l'ère moderne jusqu'en Amérique. Malgré les disparités entre les différentes écoles ayant émergé – et émergeant encore dans le cadre de ce courant à l'époque moderne –, nous pouvons parler d'astrologie de type occidental.

L'astrologie orientale

Se juxtapose la seconde principale forme d'astrologie, l'astrologie orientale. Le courant oriental a deux branches principales, l'astrologie hindoue et l'astrologie chinoise, cette dernière recouvrant aussi d'autres pays de l'Extrême-Orient et principalement le Japon, la Corée, le Tibet et la Mongolie. Ces deux branches diffèrent considérablement. Alors que l'astrologie hindoue possède des liens avérés avec l'astrologie occidentale et représente une sorte de pont vers celle-ci, l'astrologie chinoise est tout à fait spécifique. Cette dernière est davantage liée à un système astrologique dont quelques fragments ont été préservés dans les cultures de l'Amérique ancienne, qu'à l'astrologie hindoue et, par suite, à l'astrologie occidentale.

Cette répartition géographique suggère l'existence de deux régions principales ayant connu des développements de l'astrologie très différents : la région atlantique (associée à l'astrologie occidentale) et la région pacifique (liée à l'astrologie orientale). Ce livre traite des principes et des méthodes de l'astrologie occidentale.

DÉFINITIONS ET PRINCIPALES CLASSIFICATIONS DE L'ASTROLOGIE

Malgré de considérables variations dans la définition officielle de l'astrologie, il est possible d'adopter la définition suivante comme la plus générale : l'astrologie est la recherche de relations, éventuellement causales, entre la position momentanée de la sphère céleste, les positions du Soleil, de la Lune, des Planètes et des étoiles, et les événements actuels, futurs ou passés, en un lieu particulier à la surface de la Terre.

Une définition plus détaillée s'oriente généralement vers la catégorisation de l'astrologie en une science ou un art. Nous n'utiliserons pas le terme de pseudo-science, qui occulte presque toujours le fait que ceux qui l'emploient le plus fréquemment et avec le plus d'enthousiasme ne comprennent absolument pas, ou refusent de comprendre, les principes de l'astrologie.

La meilleure définition est sans doute que l'astrologie est un art s'appuyant sur une base scientifique exacte. Ce mélange des genres, qui est son trait spécifique, est la cause de l'incompréhension de certains, et de l'attirance des autres.

La classification de l'astrologie peut être basée sur différents critères, la plus simple considérant l'objet de l'astrologie et les méthodes utilisées pour le traiter. Selon ce critère, l'astrologie est dite :

- individuelle (ou encore judiciaire, ou généthliaque), lorsqu'elle s'occupe des problèmes de l'individu ;
- mondiale, lorsqu'elle traite de problèmes à l'échelon d'un État ou du monde ;
- natale, quand le sujet est étudié d'après sa naissance ou son origine ;
- prévisionnelle ou prédictive, lorsqu'elle augure des événements futurs ;
- comparative, si elle compare plusieurs horoscopes entre eux. S'y ajoute l'établissement des horoscopes ordinaires, appelés « horoscopes composites » (dits « de contact », « de vecteurs »).

Chacune de ces catégories a plusieurs méthodes spécifiques à sa disposition.

Les méthodes horoscopiques les plus importantes		
	Astrologie individuelle	**Astrologie mondiale**
Astrologie natale	horoscope natal (thème) de conception prénatal (néoménien)	horoscope pour l'origine d'une chose, d'une construction, d'un événement la fondation d'un État, d'une institution, d'une organisation, d'une ville, l'achèvement de quelque chose
	méthodes de corrections auxiliaires et de rectification	
Astrologie prévisionnelle	horoscope solaire lunaire directions et progressions, profections	validité de l'horoscope trimestriel (ingression) annuel (horoscope dit « universel ») pour une éclipse (solaire, lunaire) à la nouvelle Lune ou la pleine Lune lors d'une conjonction, d'une opposition, d'une occultation planétaire significative
	Transits	
	méthodes de l'astrologie horaire et interrogatrice horoscope horaire interrogation élection horoscope de decumbiture	
Astrologie comparative	synastrie (comparaison de deux horoscopes ou plus) horoscope composite	

Les principes de l'horoscopie

Positions de Saturne, Jupiter et Mercure par rapport à l'écliptique, le 25 décembre 1603. Gravure sur bois extraite de *De Stella nova in pede Serpentarii...* de Kepler (Prague, 1606).

PRÉALABLES TECHNIQUES

Les fondements astronomiques de l'astrologie • Les données de base • Principaux outils de travail • Aperçu des principales éphémérides astrologiques et tables de Maisons • Méthodes d'établissement d'un horoscope • Le développement des techniques de présentation en horoscopie

L'ABC DE L'HOROSCOPIE

Le Zodiaque et les signes • Les Planètes dans l'horoscope • Les Maisons dans l'horoscope • Les Aspects dans l'horoscope • Les groupements de Planètes dans l'horoscope • Autres éléments d'un horoscope • La notion d'influence astrologique

LA MÉTHODOLOGIE DE L'ASTROLOGIE

Types d'horoscopes et méthodes astrologiques associées • Les méthodes de l'astrologie natale • Les méthodes de l'astrologie prévisionnelle • Les méthodes de l'astrologie comparative • Les corrections et rectifications d'un horoscope

LES SPÉCIALITÉS DE LA CUISINE ASTROLOGIQUE

Les monomères • Chronocrators et cycles vitaux humains • L'astrologie cabalistique ou onomantique • L'astrologie nodale • Tentatives d'astrologie héliocentrique • L'astrologie combinatoire

Préalables techniques

En astrologie, toutes les opérations – de l'acquisition et de la vérification des données d'entrée à l'établissement de la carte de l'horoscope – font partie de la phase préparatoire, dont chaque étape est vérifiable, reproductible et exacte. Les procédures mathématiques conduisant au résultat final de la phase préparatoire, ainsi que l'établissement de l'horoscope, sont parfaitement corrects du point de vue scientifique. Seul le choix du système de division de l'horoscope en Maisons n'est pas uniforme.

LES FONDEMENTS ASTRONOMIQUES DE L'ASTROLOGIE

Le principal problème technique de l'astrologie a toujours été de trouver comment exprimer au mieux, sur le tracé-plan de l'horoscope, des relations sphériques par rapport à un lieu donné à la surface de la Terre et à un instant donné. La preuve en est le développement intéressant des techniques de représentation en horoscopie.

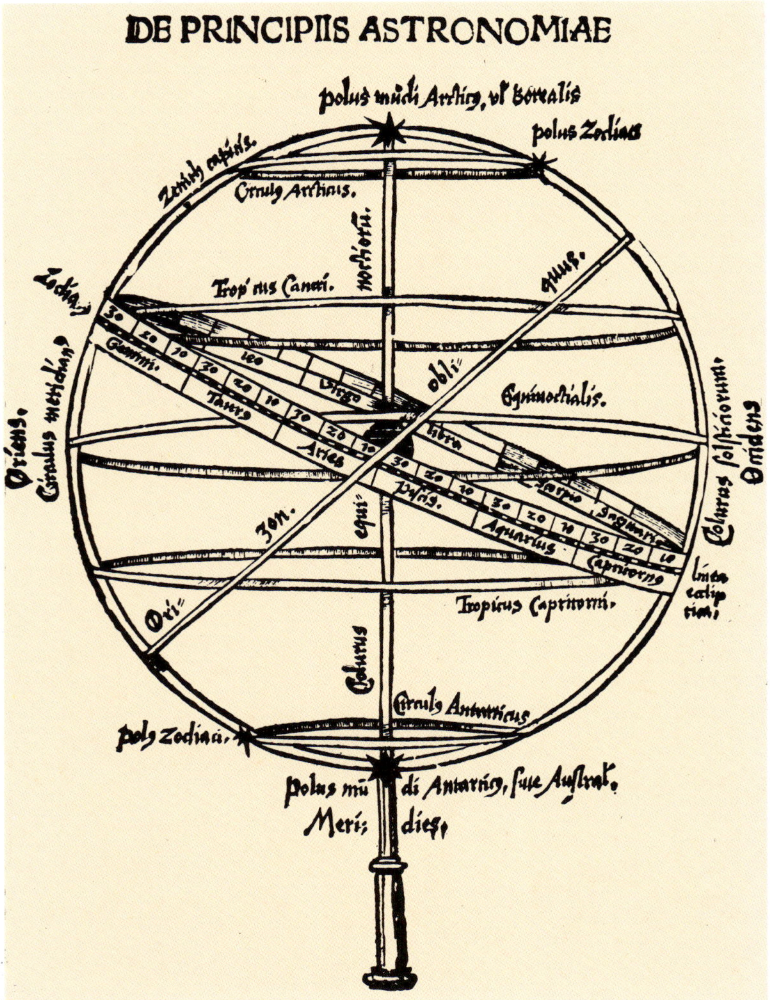

Représentation schématique de la sphère armillaire, base technique de l'astronomie ancienne.
Gravure sur bois extraite de *Margarita philosophica* de Gregor Reisch (1503).

L'horoscope est un dessin schématique établi pour un certain lieu sur Terre ; par conséquent, son caractère est, par nature, géocentrique. Ceci est sans rapport avec la dispute historique entre le géocentrisme et l'héliocentrisme ; une telle méthode de travail est simplement adaptée aux besoins de la pratique horoscopique. Si nous vivions sur le Soleil, le caractère héliocentrique de l'horoscope serait tout naturel, et il ne viendrait à personne l'idée d'appliquer une solution géocentrique au problème.

Parmi les divers systèmes de coordonnées sphériques, l'astrologie utilise principalement le système écliptique (longitude et latitude écliptiques), le système équatorial (ascension droite et déclinaison) et, dans certains cas, le système de coordonnées horizontales (azimut et élévation). Les deux principaux mouvements de la planète Terre sont projetés : sa révolution autour du Soleil et la rotation autour de son axe. Le phénomène cyclique de la précession, à laquelle est notamment due l'augmentation continue des longitudes écliptiques des étoiles, joue aussi un rôle considérable.

Le Zodiaque

L'origine (point zéro) des coordonnées écliptiques et équatoriales est le point vernal, l'un des deux points d'intersection de l'écliptique avec l'équateur céleste. L'écliptique est la ligne d'intersection du plan de la révolution apparente du Soleil autour de la Terre ou de l'orbite terrestre avec la sphère céleste. La bande longeant l'écliptique, d'environ 16° de large, est appelée le Zodiaque. Elle est divisée en douze parties égales

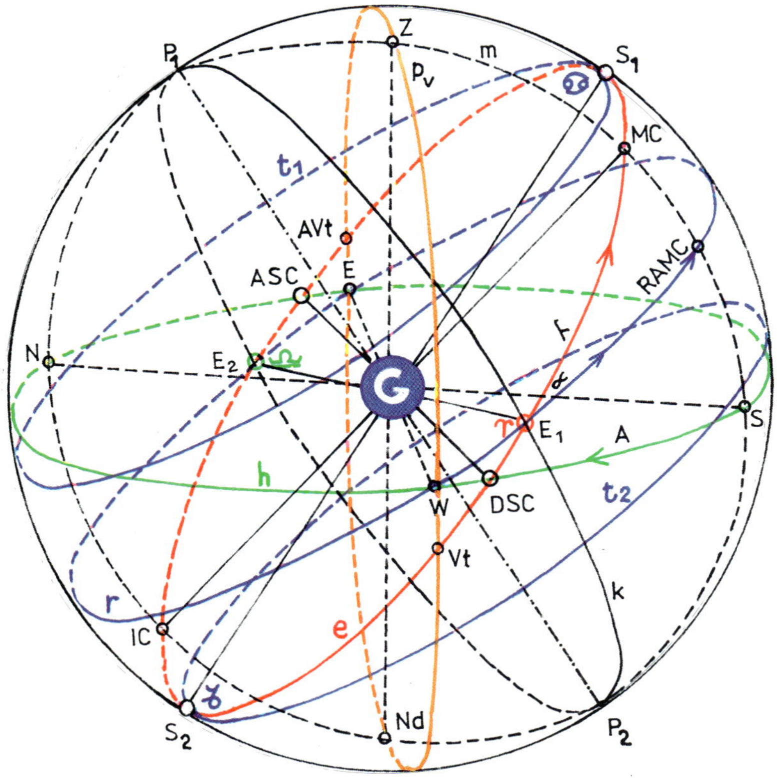

Représentation schématique de la sphère céleste et de ses principaux plans, cercles et points significatifs pour l'astrologie.
G : Terre, **Z :** zénith, **Nd :** nadir, **N :** point nord (ou boréal), **S :** point sud (ou austral), **E :** point oriental, **W :** point occidental, **E_1 :** point vernal, **E_2 :** point automnal, **S_1 :** solstice d'été, **S_2 :** solstice d'hiver, **ASC :** Ascendant, **DSC :** Descendant, **MC :** Milieu du Ciel, **IC :** Fond du Ciel, **P_1 :** pôle nord céleste, **P_2 :** pôle sud céleste, **Vt :** vertex, **AVt :** Antivertex, **m :** méridien local, **e :** écliptique, **r :** équateur céleste, **t_1 :** Tropique du Cancer, **t_2 :** Tropique du Capricorne, **h :** horizon, **pv :** Première verticale, **k :** colure équinoxiale, **α :** ascension droite (mesurée depuis E_1), **λ :** longitude écliptique (mesurée depuis E_1), **A :** azimut astronomique (mesuré depuis S), **RAMC :** ascension droite du Milieu du Ciel.

de 30°, appelées les signes zodiacaux. Les signes du Zodiaque, qui constituent la première pierre angulaire du système astrologique, doivent être distingués des constellations du Zodiaque – douze configurations stellaires de tailles inégales situées le long de l'écliptique et portant les mêmes noms que les signes zodiacaux. Pour éviter toute confusion, certains astrologues utilisent les termes techniques de Zodiaque tropical pour désigner les douze signes, et de Zodiaque sidéral pour désigner les douze constellations zodiacales. Du fait de la précession du point vernal, les signes du Zodiaque se décalent lentement et constamment par rapport aux constellations du même nom ; ceci peut aussi être vu comme si les constellations tournaient le long d'un Zodiaque tropical fixe, à la manière du Soleil, de la Lune et des autres Planètes. Les longitudes écliptiques des étoiles augmentent donc d'environ 1° tous les 72 ans, de sorte que les constellations individuelles parcourent tout le Zodiaque au cours d'un cycle moyen de précession appelé Année platonique (25 729 années terrestres).

L'astrologie travaille en principe avec les signes du Zodiaque, et non avec les constellations. Seules quelques étoiles significatives sont incluses dans l'horoscope ; c'est pourquoi la terminologie horoscopique traditionnelle emploie toujours le terme archaïque d'étoiles fixes, aujourd'hui abandonné par l'astronomie.

Planètes et Maisons

Les Planètes sont la deuxième pierre angulaire du système astrologique. En astrologie, ce terme inclut aussi traditionnellement le Soleil et la Lune, appelés Luminaires, d'où la majuscule au mot « planète ». Les positions zodiacales instantanées des Planètes sont déterminées à partir de tables de positions précalculées – que l'on appelle les éphémérides.

Au moyen de calculs géométriques sphériques, l'astrologie obtient la troisième pierre angulaire de son système : les douze Maisons de l'horoscope. Cela se fait soit par la transformation plane des douze quartiers sphériques, résultat d'un découpage de la sphère céleste par des plans passant par son axe de rotation, soit par une division directe de l'écliptique, soit par quelque division temporelle de l'arc décrit par un point particulier en mouvement. Comme il existe plusieurs variantes à la solution de ce problème, diverses méthodes pratiques de construction des Maisons ont vu le jour au fil du temps. Ces différents systèmes de domification (ou systèmes de division des Maisons) sont habituellement désignés par le nom de leur créateur. Parmi plus de vingt méthodes de domification, les systèmes placidéen, kochéen, regiomontanéen et campanéen sont les plus connus et les plus employés aujourd'hui.

LES DONNÉES DE BASE

Pour établir un horoscope, les principales données sont le temps et le lieu d'un événement, ce dernier ne se limitant pas à la naissance d'un être humain. Ce sont des valeurs interconnectées dans une large mesure, puisqu'une longitude géographique peut être convertie en temps et *vice versa*.

Temps universel et heures locales

Les calculs horoscopiques exigent de connaître le temps universel et l'heure locale ; ce n'est pas un problème en soi, car ces horaires se calculent à partir de la longitude géographique. La difficulté vient plutôt de ce que l'heure légale (celle que vous lisez à votre montre) n'est pas égale à l'heure locale mais à celle de votre zone horaire.

Depuis la fin du XIXᵉ siècle, nous utilisons un système artificiel d'heures locales : notre globe a été divisé en 24 fuseaux horaires larges de 15° (soit 1 heure) en longitude géographique. L'origine de ce système est l'heure locale au méridien d'origine – le méridien de Greenwich (Royaume-Uni). Le fuseau horaire d'origine s'étend sur 7° 30' de part et d'autre du méridien d'origine ; l'heure dans ce fuseau est appelée temps universel (TU). Par suite, l'heure locale dans le fuseau horaire de Paris, situé immédiatement à l'est du fuseau d'origine, est décalée d'une heure par rapport à l'heure de Greenwich : à Paris, l'heure locale est donc égale à l'heure universelle (à Greenwich) + 1 heure.

Les divers fuseaux horaires se sont vus attribuer des noms en fonction de leur situation géographique ; le fuseau d'origine (de Greenwich) est ainsi appelé zone temps d'Europe de l'Ouest ; celui de Paris – qui, outre la France, couvre notamment la Norvège, la Suède, les Pays-Bas, la Belgique, l'Espagne, l'Allemagne, l'Autriche, l'Albanie, la Hongrie, les Républiques tchèque et slovaque, la Yougoslavie, l'Italie et la Suisse – est la zone temps d'Europe centrale ; le fuseau suivant est la zone temps d'Europe orientale, etc.

Toutefois, l'heure légale est encore différente de l'heure locale. En France, avant le 15 mars 1891, l'heure légale était l'heure locale de chaque ville (et non pas celle du fuseau horaire du pays).

Du 15 mars 1891 au 10 mars 1911, l'heure légale fut ensuite, pour tout le pays, celle du méridien de Paris. Le 10 mars 1911, elle devint celle du méridien de Greenwich, puis à partir de l'occupation allemande durant la Première Guerre mondiale, la France adopta pour heure légale l'heure locale, c'est-à-dire celle du fuseau horaire de l'Europe centrale (TU + 1 heure).

En outre, depuis la Première Guerre mondiale, de nombreux pays européens, dont la France, ont introduit, durant le printemps et l'été, un décalage d'une heure sur l'heure locale pour économiser l'énergie : l'heure légale a une heure de plus que l'heure locale – c'est l'horaire d'été, soit TU + 2 heures.

DÉTERMINER L'HEURE

Avant le XXᵉ siècle, la détermination exacte de l'heure était encore plus compliquée, et les études astrologiques historiques exigeaient une connaissance précise des conventions horaires de chaque pays. Le jour n'a ainsi pas toujours commencé à minuit, et le décompte des heures a varié : de 1 à 24 heures, ou de 1 à 12 heures deux fois de suite, sans parler des dénominations imagées – et imprécises – du Moyen Âge. Même la correction du calendrier grégorien ne fut pas appliquée partout, et elle a été adoptée dans certains pays bien plus tard qu'en d'autres.

Outre les données horaires et géographiques, les données de base d'un horoscope comprennent aussi des informations sur l'événement concerné. Le dessin horoscopique ne révèle pas si le sujet né est un homme ou une femme, ou si l'événement étudié est individuel ou mondain. Théoriquement, il est possible de dresser un horoscope pour n'importe quel lieu et moment. Seul le caractère de l'événement détermine la façon d'interpréter l'horoscope.

PRINCIPAUX OUTILS DE TRAVAIL

La préparation d'un horoscope ne peut se faire sans certains outils, bien qu'à présent la plupart d'entre eux puissent être remplacés par des programmes informatiques permettant d'obtenir un résultat juste aux calculs mathématiques.

Éphémérides

L'essentiel est d'avoir des éphémérides de bonne qualité. Ce sont des tables indiquant les positions écliptiques géocentriques des Planètes pour tous les jours, que ces positions soient données pour minuit ou midi en temps universel. Comparées aux éphémérides astronomiques, les éphémérides astrologiques contiennent en plus des indications spécifiques qui facilitent grandement l'établissement de l'horoscope.

Tables des Maisons

Les tables des Maisons horoscopiques permettent d'accélérer la détermination des longitudes de leurs frontières sans calculs trigonométriques prolongés. Ces longitudes sont calculées pour plusieurs cas de latitudes géographiques. Naturellement, il faut connaître le système dans lequel les tables ont été construites.

Atlas géographique

L'astrologue a aussi besoin d'un atlas géographique détaillé pour déterminer les coordonnées géographiques d'un événement. De nombreux fascicules contenant les coordonnées des villes importantes sont édités dans ce but.

Un certain nombre d'autres outils sont également nécessaires, notamment des récapitulatifs, datant précisément, pour les diverses régions du monde, l'introduction des fuseaux horaires et les horaires d'été comme les changements de calendriers, des tables de logarithmes décimaux, des tables de conversion de temps en mesures angulaires et, naturellement, des horoscopes vierges imprimés.

APERÇU DES PRINCIPALES ÉPHÉMÉRIDES ASTROLOGIQUES ET TABLES DE MAISONS

Il existe un grand nombre d'éphémérides astrologiques aux normes, précisions et contenus variables. Elles sont éditées pour des périodes de validité variées et contiennent des données établies à intervalles quotidiens ou annuels. Leur choix dépend de l'usage principal qui en sera fait.

Pour avoir une idée grossière du mouvement des Planètes très lentes (Saturne, Uranus, Neptune et Pluton), il suffit d'utiliser une éphéméride aux intervalles annuels. Un travail précis exige toutefois des éphémérides quotidiennes.

Éphémérides américaines

Parmi les éphémérides quotidiennes les plus récemment revues figurent les éphémérides américaines *Ephemeris 1900-2000* et *Ephemeris 2000-2050* des Éditions internationales (éditées en France par les éditions rosicruciennes Saint-Michel Éditions, 07200 Saint-Michel-de-Boulogne, voir aussi page 284), qui couvrent respectivement le XXe siècle et la première moitié du XXIe siècle. Elles utilisent le nouveau système de constantes astronomiques et d'échelles de temps adopté, de 1976 à 1981, par l'Union astronomique internationale, ainsi que les nouvelles éphémérides astronomiques (planétaires et lunaires) désignées par le sigle DE200/LE200, fruit de plusieurs années de calculs menés au Jet Propulsion Laboratory et au Naval Observatory (États-Unis).

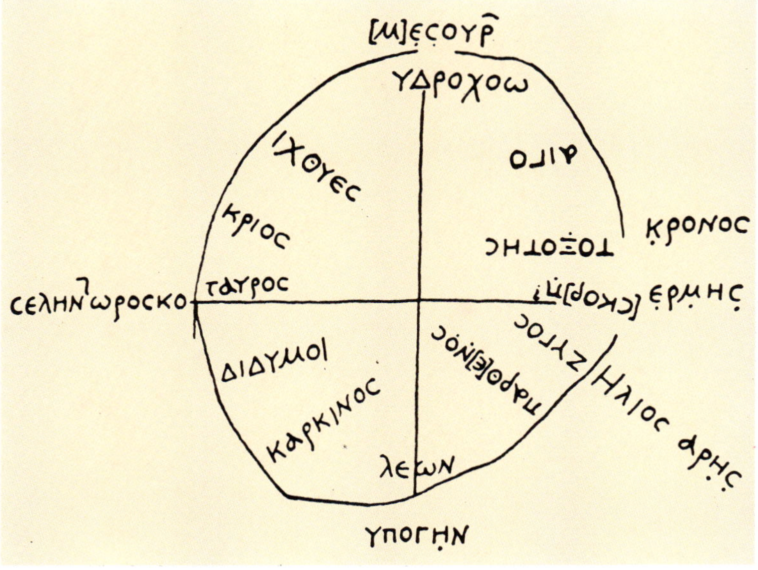

Exemple d'horoscope grec de la haute Antiquité.

Outre les positions planétaires, vous trouverez dans ces ouvrages les phases lunaires, les éclipses solaires et lunaires, les instants du dernier Aspect majeur et de l'ingression de la Lune, les nœuds lunaires. Ils comprennent aussi des explications sur les termes et symboles employés, et une méthode de correction pour calculer avec une précision supérieure à la minute l'Ascendant et les Pointes des Maisons.

Éphémérides allemandes

Elles sont aussi très réputées. Vous trouverez nécessairement celles qui sont les plus appropriées à vos recherches. Vous pouvez demander conseil auprès des libraires spécialisés ; vous trouverez également des adresses page 284.

Tables des Maisons

Parmi les tables des Maisons éditées, celles calculées selon la méthode de Placide (Maisons placidéennes) sont les plus utilisées en France.

Les tables rosicruciennes américaines sont excellentes ; elles donnent les positions des Maisons placidéennes pour une latitude géographique comprise entre 0 et 66° nord ou sud.

Robert Morin propose des tables calculées selon les systèmes de domification de Placide, Campanus et Regiomontanus (voir page 284).

Plus récent et peu utilisé en France, le système de calcul des Maisons de Koch donne la position des Maisons pour des latitudes de 23 à 56°. Vous trouverez une liste d'éphémérides et de tables des Maisons page 284.

MÉTHODES D'ÉTABLISSEMENT D'UN HOROSCOPE

Positions géocentriques des Planètes

En simplifiant beaucoup, la méthode générale pour établir un horoscope est la suivante. Pour commencer, on inscrit dans un horoscope vierge imprimé les positions géocentriques des Planètes – Soleil, Lune, Planètes et nœuds lunaires –, que l'on indique par leurs symboles conventionnels. Leurs positions angulaires précises à l'instant considéré s'obtiennent par interpolation à partir des positions données dans les éphémérides pour minuit ou midi en temps universel.

Tracé des Maisons

Le tracé des Maisons est précédé d'un calcul permettant de déterminer la longitude écliptique de leurs Pointes dans les tables appropriées. Les

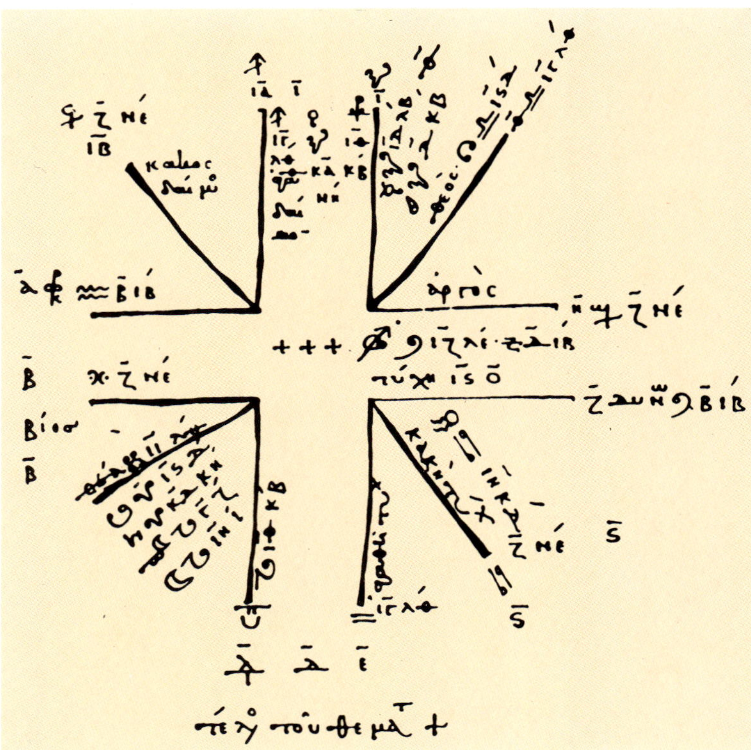

Horoscope grec classique dressé en croix dans un carré.

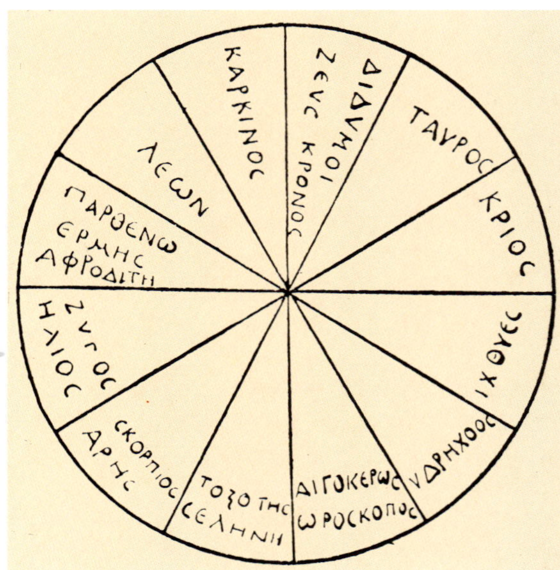

Horoscope grec circulaire dressé par Abydos, portant des indications sur la position des sept Planètes astrologiques traditionnelles dans les signes du Zodiaque.

éphémérides donnent la valeur du temps sidéral (ou angle horaire) du point vernal pour minuit ou midi. (À l'instant du passage du point vernal au méridien, le temps sidéral vaut zéro.) On ajoute à la valeur la plus proche du temps sidéral précédant l'événement l'heure locale de cet événement – ou, pour être plus précis, l'intervalle de temps entre le midi ou minuit précédant cet événement et l'instant de l'événement. Pour obtenir une précision meilleure que la minute, on applique ensuite deux corrections : l'une liée au temps solaire moyen (au maximum quatre minutes par vingt-quatre heures), et l'autre qui prend en compte la longitude géographique du lieu de l'événement (au maximum quatre minutes par 36°). On obtient ainsi l'ascension droite de la Pointe de la 10e Maison – ou Milieu du Ciel (symbole MC) –, qui sert de base à la lecture des longitudes écliptiques des six Pointes de Maisons autour du MC dans les tables appropriées. Les positions des Pointes des Maisons opposées sont obtenues en ajoutant 180° à ces valeurs. Après d'éventuelles corrections, les douze Maisons sont reportées sur l'horoscope. Les lignes reliant les Pointes des Maisons 1 et 7, et 10 et 4 sont les axes principaux de l'horoscope : respectivement l'axe Ascendant-Descendant et l'axe Milieu du Ciel-Fond du Ciel, notés ASC-DSC et MC-IC. Les axes principaux divisent l'horoscope en quatre parties ou quadrants.

Ceci achève la base de l'horoscope, que l'on peut compléter, si nécessaire, par l'indication des Aspects majeurs, de certaines étoiles fixes, des nœuds, etc., selon l'inventivité de l'astrologue. L'horoscope doit contenir les données principales sans être surchargé, ce qui réduirait sa lisibilité.

Parfois, l'évaluation formelle globale des éléments de l'horoscope et leurs relations mutuelles sont établies en dehors du dessin proprement dit, habituellement dans des secteurs imprimés sur le pourtour de celui-ci ; mais de telles modifications sont affaire de convenance personnelle. Par ailleurs, une représentation en couleurs s'avère, en pratique, bien utile, car la signification symbolique de chaque couleur apporte à l'horoscope une autre dimension qui facilite sa lecture.

Horoscope d'Hadrien établi après la mort de l'empereur par l'astrologue grec Antigone de Nicée (fin du IIIe siècle de notre ère).

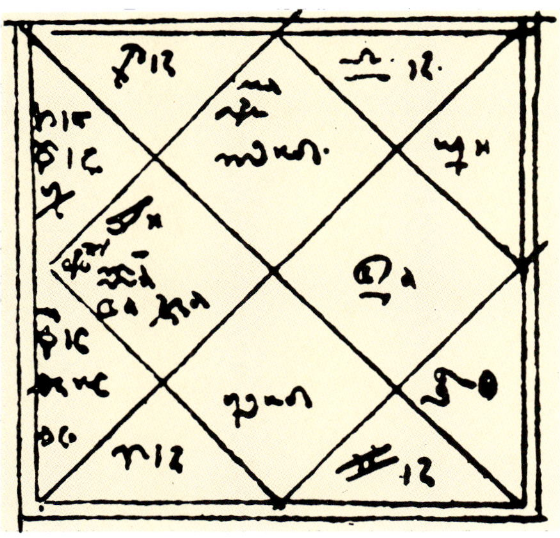

Un horoscope grec récent en carré.

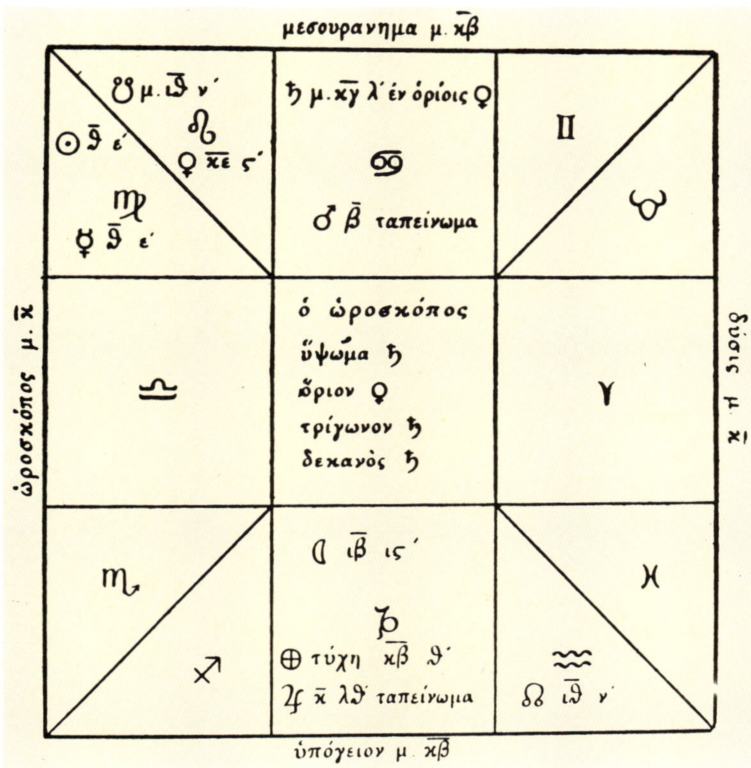

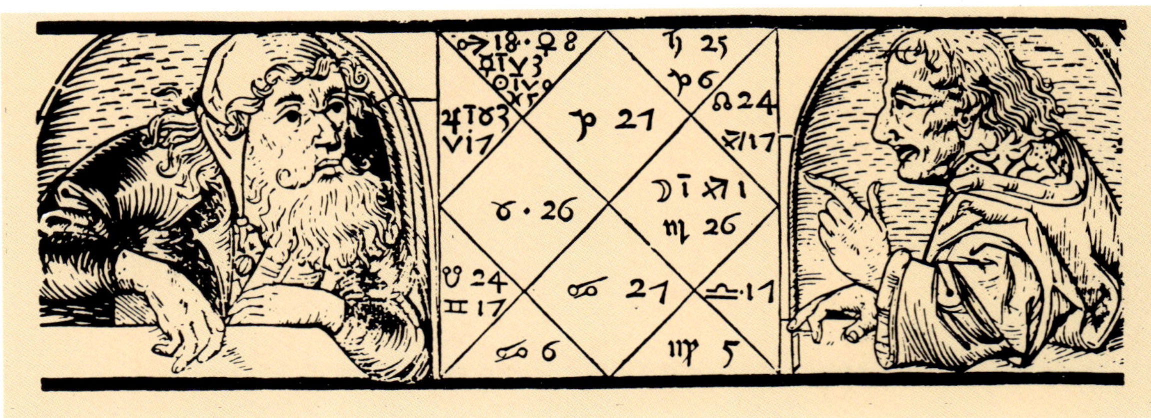

Un horoscope stylisé de la Renaissance.

LE DÉVELOPPEMENT DES TECHNIQUES DE PRÉSENTATION EN HOROSCOPIE

Les modifications de la forme de l'horoscope durant son développement au cours des deux derniers millénaires nous montrent quel regard était porté sur l'horoscope et quelles étaient les méthodes et les possibilités de sa lecture aux différentes époques.

Normalement, il existe deux principaux types de graphiques horoscopiques, basés soit sur un cercle, soit sur un carré. Parmi les variantes et les types transitoires figurent le rectangle et l'ovale, associés à diverses méthodes de domification (division en douze Maisons). Le carré et le cercle représentent les deux principales approches de la méthode d'interprétation (divination). Le graphique carré, toujours utilisé mais avec quelques modifications, notamment par les astrologues hindous, était encore usuel dans l'astrologie

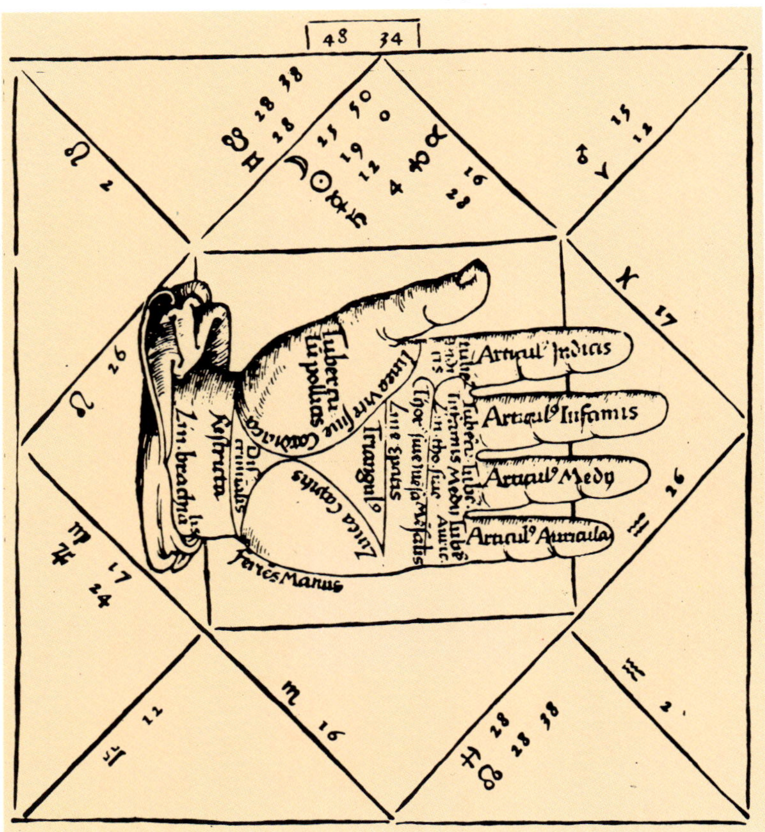

La relation entre l'astrologie et la chiromancie est exprimée par la main chiromantique placée dans un horoscope (gravure sur bois).

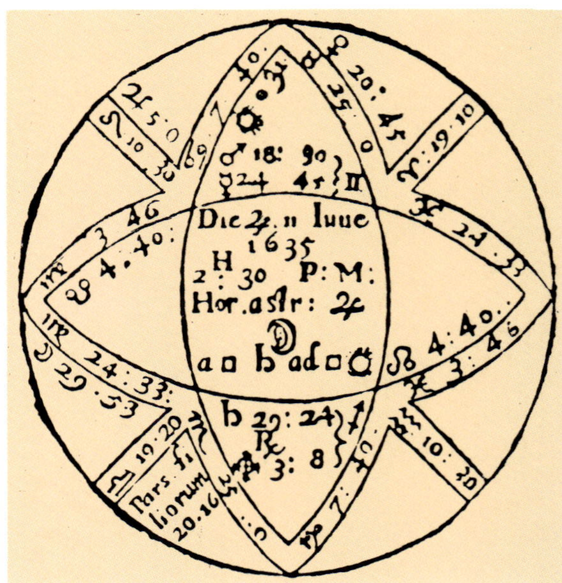

Cet horoscope illustre la transition entre les formes carrée et circulaire.

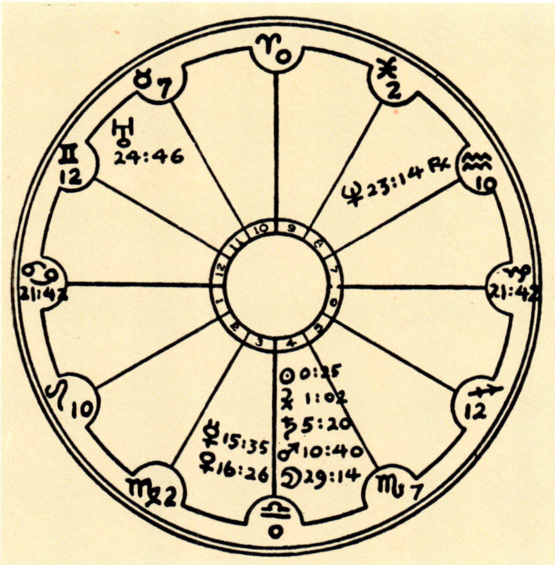

Horoscope établi sur la base de la naissance supposée de Gengis Khān, d'après Sepharial.

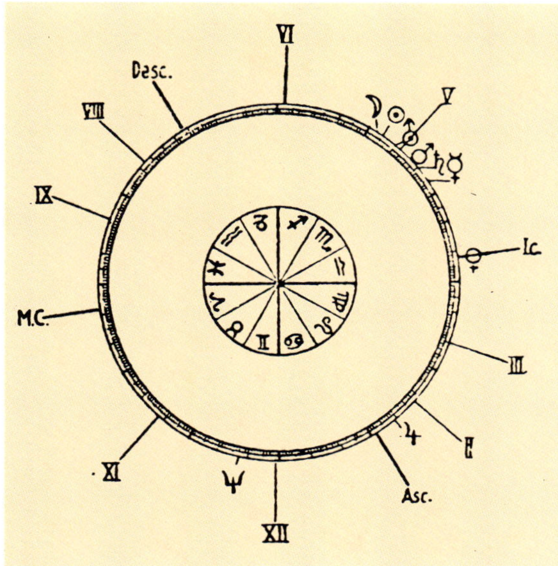

Horoscope français moderne.

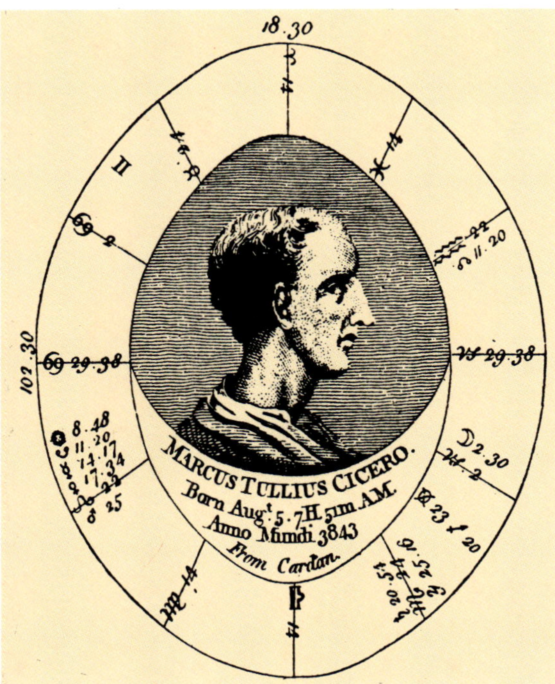

Portrait horoscopique de Cicéron d'après Ebenezer Sibly (*in Astrology*, Londres, 1790). Notez que la date de naissance choisie par l'astrologue anglais, qui est celle donnée par Hieronymus Cardanus, diffère de celle donnée par Plutarque (Cicéron est né le 3 janvier de l'an 106 avant notre ère).

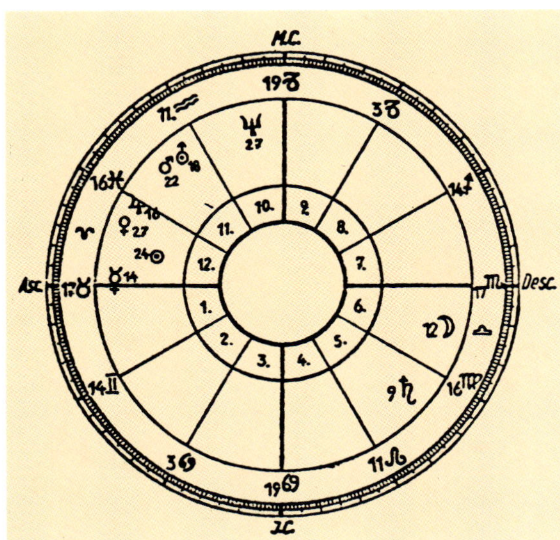

Horoscope anglais moderne. La différence liée aux Maisons, ici de longueurs angulaires égales alors qu'elles ne le sont pas en réalité, est due à une inconsistance méthodologique et complique la lecture de l'horoscope (la divination).

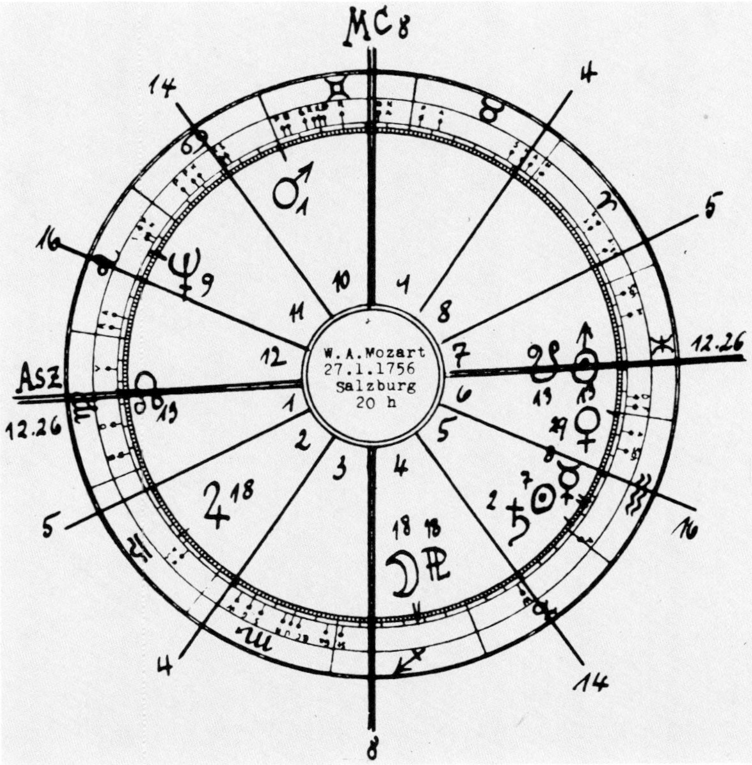

Horoscope dressé par l'astrologue allemand Herbert von Klöckler. C'est l'horoscope de naissance (thème) de Wolfgang Amadeus Mozart, paru *in Kursus der Astrologie* (3 vol., 1929-1932).

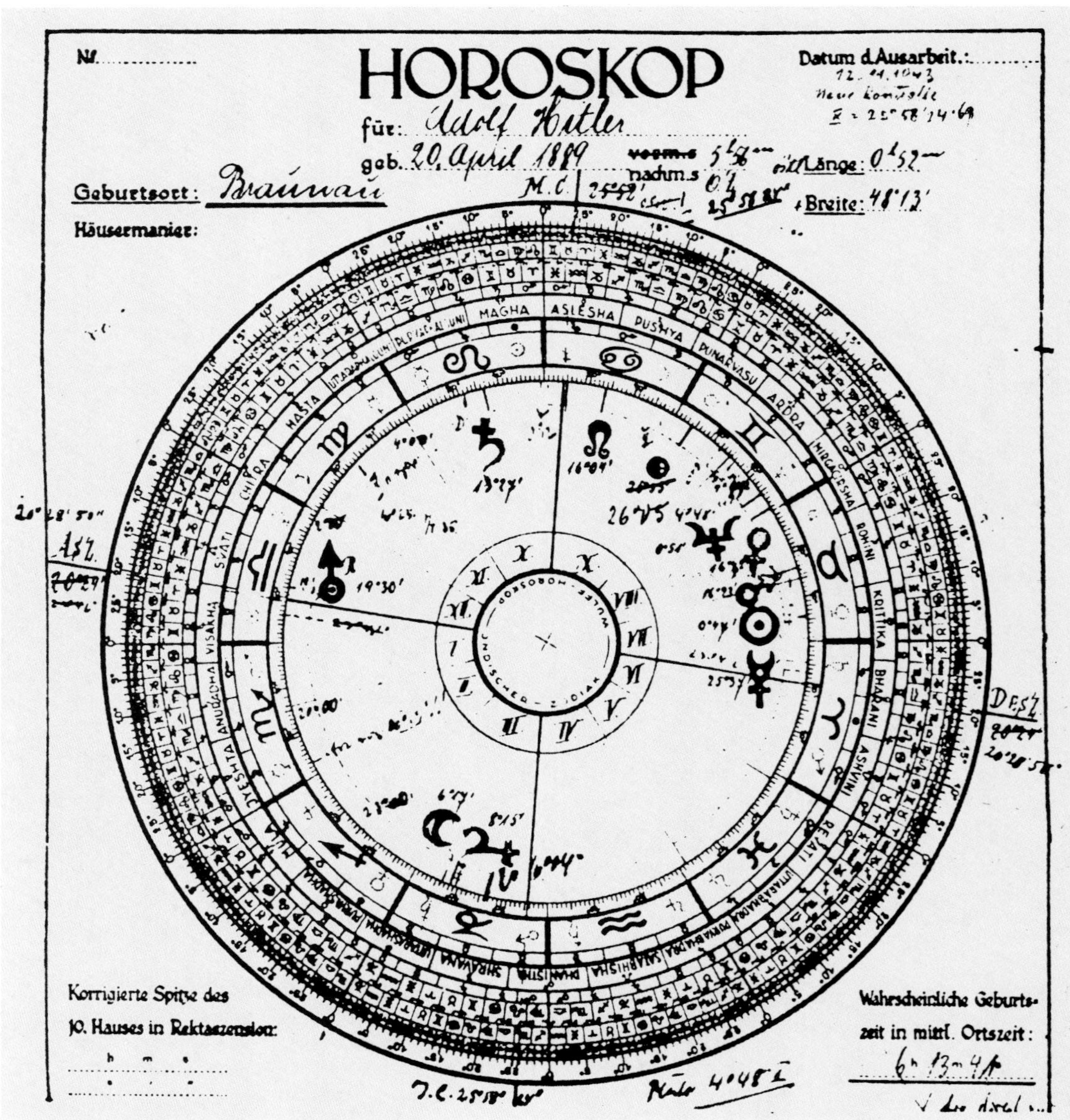

L'horoscope natal authentique (thème) d'Adolf Hitler, établi par Wilhelm Wulff pour Himmler, puis ultérieurement rectifié, atteste de l'application de certains éléments de l'astrologie hindoue hors contexte dans l'Europe du XXe siècle.

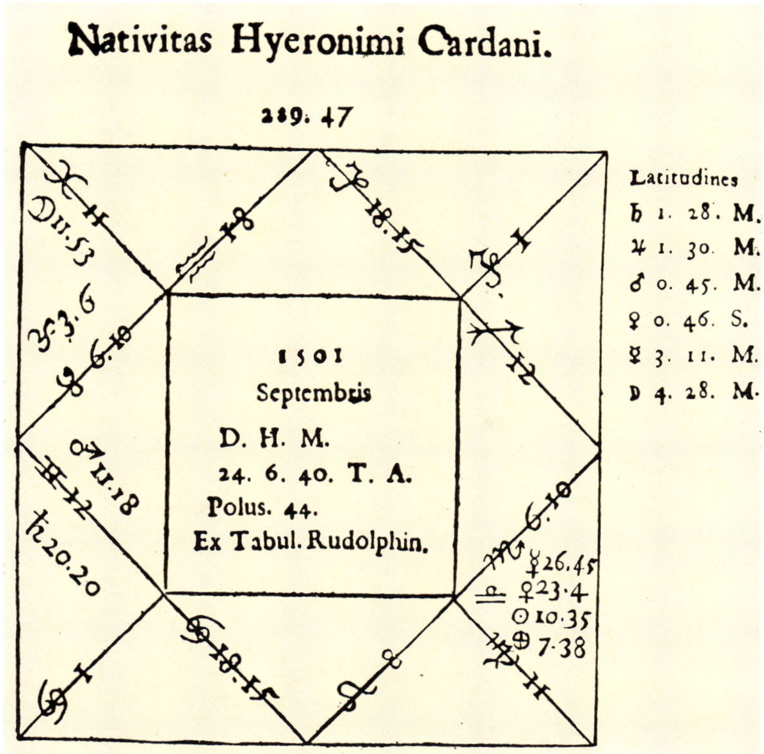

Horoscope natal (thème) de Hieronymus Cardanus par l'astrologue français J.-B. Morin, figurant dans son ouvrage *Astrologia gallica* (La Haye, 1661).

occidentale aux XVIe et XVIIe siècles. Il représente une sorte de grille de divination dont les secteurs individuels autorisent une méthode de lecture analytique. Comparé à ce premier système de type « classification », le graphique circulaire représente une projection de la sphère céleste, et, outre la signification purement astrologique de ses éléments individuels, il est simultanément une représentation ingénieuse de la situation astronomique en un lieu et un moment donnés. Il permet une méthode de lecture synthétique et offre de surcroît davantage de possibilités de solution pratique. Cette approche géométrique, élevée à la virtuosité par l'astrologie occidentale actuelle, illustre à quel point l'astrologie européenne moderne a, à la fois, divergé de l'astrologie médiévale et s'est séparée de l'astrologie orientale qui adhère davantage à la tradition.

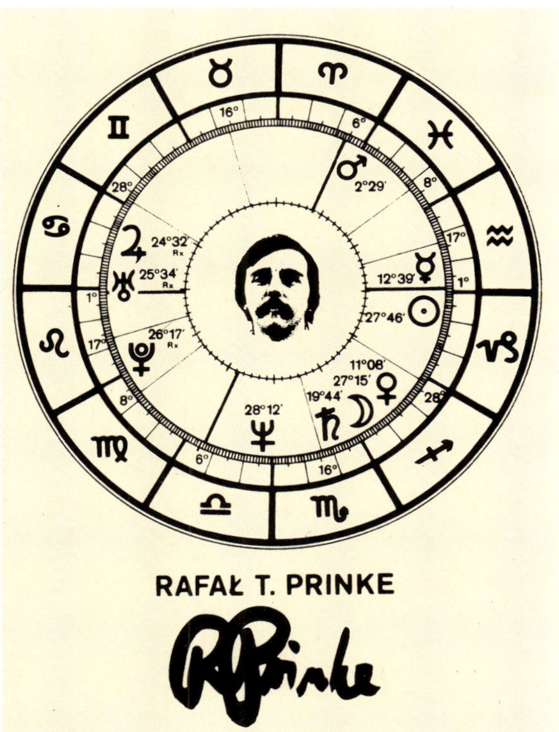

Portrait horoscopique de l'astrologue polonais moderne Rafael T. Prinke, coauteur du livre *Mandala zycia* (*Mandala de la vie*, réédition 1983).

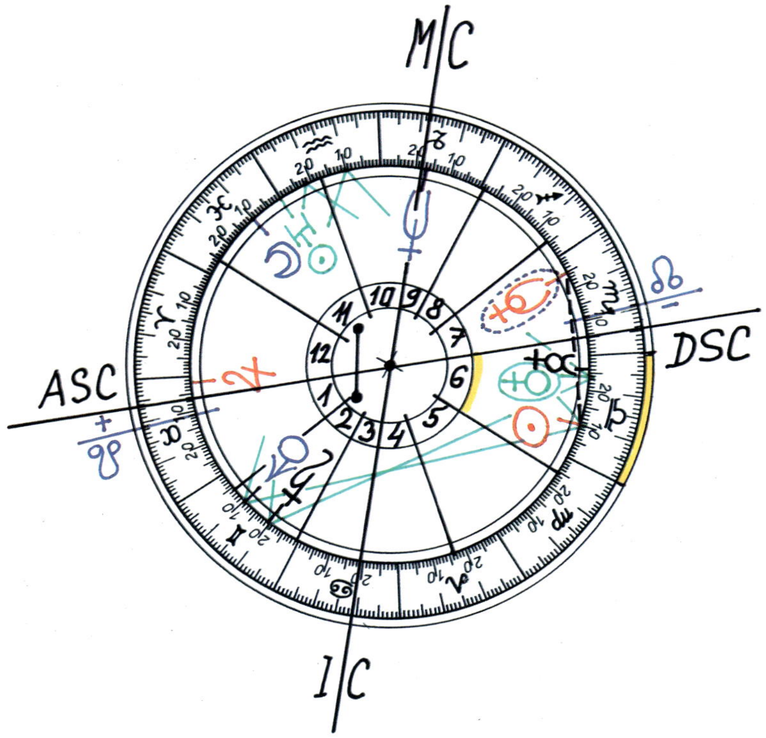

Horoscope natal (thème) du physicien, médecin et astrologue italien Hieronymus Cardanus (Jérôme Cardan), établi sur la base des données de J.-B. Morin – naissance le 24 septembre 1501 à 18 h 40, heure solaire, à Pavie (système de Maisons kochéennes). Les recherches théoriques de Cardanus liées à sa quête de l'équilibre et de l'harmonie sont expliquées dans l'horoscope par le fait que la moitié de toutes les Planètes se trouve dans le trigone d'Air et que le signe de la Balance, dans la 6e Maison, est accentué. L'un des résultats de cette tendance est, notamment, son invention du cardan (un dispositif de transmission des mouvements). Ses recherches métoposcopiques ont la même origine.

L'abc de l'horoscopie

La terminologie astrologique, partie intégrante du développement de l'astrologie, se caractérise par un certain manque d'uniformité selon les normes de langage actuelles, et le sens des différents termes ne s'est stabilisé que lentement. Parfois, de nouveaux termes sont nés sans que les anciens soient pour autant abandonnés. Ainsi retrouve-t-on la trace de l'ancien système de représentation carrée de l'horoscope dans le terme « Maisons angulaires », toujours utilisé alors que l'horoscope circulaire est en usage depuis longtemps. Aujourd'hui, le terme « Maisons principales » lui est néanmoins préféré. La façon dont les principes de l'astrologie se sont disséminés dans l'Europe médiévale a également laissé des traces sous la forme de mots empruntés au grec, au latin et à l'arabe, dont certains sont toujours en usage aujourd'hui. Les symboles horoscopiques ont connu une évolution similaire.

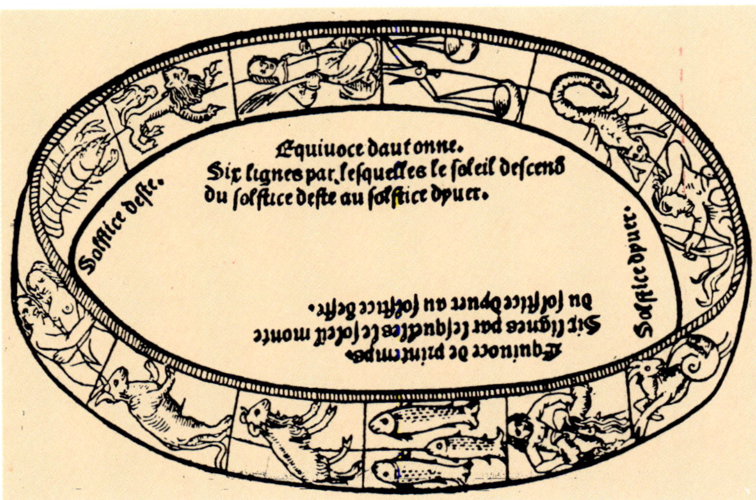

La bande zodiacale et les douze signes du Zodiaque (gravure sur bois).

LE ZODIAQUE ET LES SIGNES

Le Zodiaque consiste en douze signes se succédant dans l'ordre suivant (leur nom latin est donné entre parenthèses) : Bélier (*Aries*), Taureau (*Taurus*), Gémeaux (*Gemini*), Cancer (*Cancer*), Lion (*Leo*), Vierge (*Virgo*), Balance (*Libra*), Scorpion (*Scorpio*), Sagittaire (*Sagittarius*), Capricorne (*Capricornus*), Verseau (*Aquarius*), Poissons (*Pisces*). Dans la littérature ancienne, les lignes de division entre les signes étaient appelées « termes » (*termini*). Chaque signe du Zodiaque peut être subdivisé en sections de longueurs variées : trois décans de 10° chacun, douze pouces angulaires de 2,5°, ou trente monomères (*monomoiria*) de 1° chacun.

Le Zodiaque est également divisé en quatre quadrants que séparent les points équinoxiaux et solsticiaux, au début des signes du Bélier, de la Balance, du Cancer et du Capricorne. Chaque quadrant contient trois signes zodiacaux de caractères astrologiques différents. Les douze

Évolution des symboles désignant les signes du Zodiaque aux temps anciens (d'après O. Neugebauer et H. B. van Hoesen, 1959).

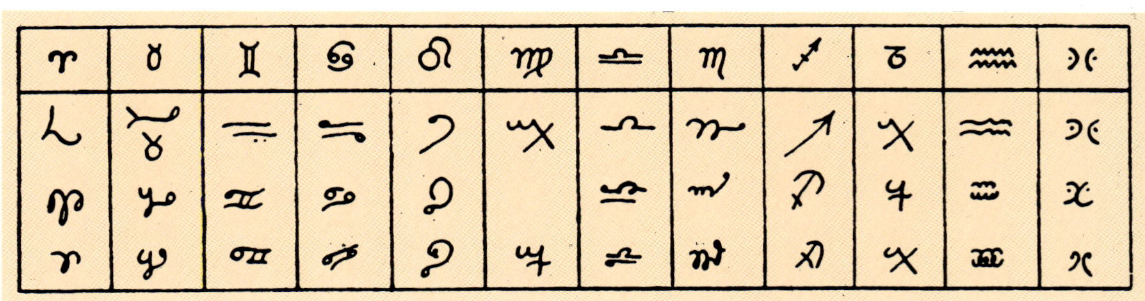

signes représentent une synthèse des triades et tétrades qui trouvent leur expression dans la terminologie astrologique des trois croix et des quatre Éléments du Zodiaque. Ainsi, dans chaque quadrant écliptique se trouvent, dans l'ordre, un signe cardinal (tropical et équinoxial), un signe fixe et un signe mutable (ou duel, double, bicorporel). Par ailleurs, le Zodiaque est dominé tour à tour par les quatre Éléments, dans l'ordre, en commençant par le Bélier : Feu, Terre, Air et Eau. Par la suite, chaque Élément apparaît sous une triple forme – cardinale, fixe et mutable.

Les signes du Zodiaque ont en outre deux polarités (certains astrologues parlent de bisexualité) : les signes de Feu et d'Air sont positifs (masculins, actifs, diurnes, électriques), les signes de Terre et d'Eau sont négatifs (féminins, passifs, nocturnes, magnétiques). Les signes opposés sont toujours de même polarité ; les signes adjacents, de polarité opposée. Une terminologie plus détaillée différencie les signes d'ascension directe (ou longue) et ceux d'ascension oblique (ou courte), selon la rapidité de leur passage par l'Ascendant ; une autre distingue les signes humains (Gémeaux, Vierge, Balance, la première moitié du Sagittaire et le Verseau) et les signes animaux ou quadrupèdes (tous les autres signes).

Les signes du Zodiaque classés selon leur appartenance aux quatre Éléments, respectivement le Feu, la Terre, l'Air et l'Eau, de haut en bas (gravure sur bois de 1489).

Les symboles conventionnels des signes du Zodiaque.

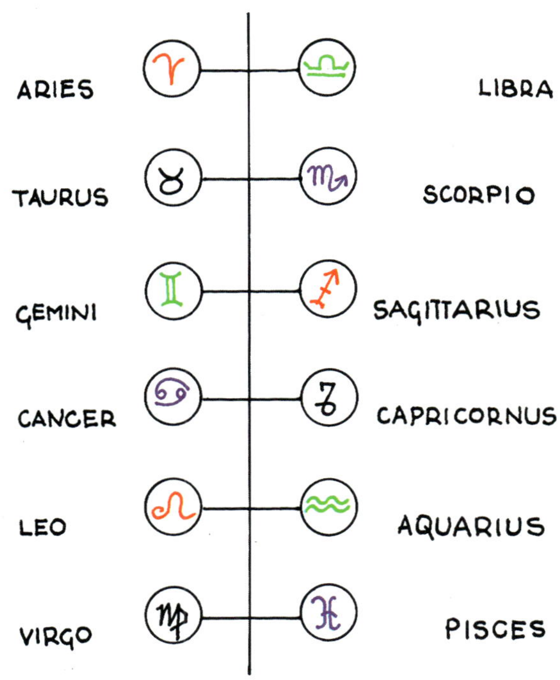

LES PLANÈTES DANS L'HOROSCOPE

Les Planètes

Le terme astrologique de Planète recouvre non seulement les planètes connues (hormis la Terre, puisque l'horoscope est un schéma géocentrique), mais aussi ce que la tradition appelle les deux Luminaires : le Soleil (le grand Luminaire) et la Lune (le petit Luminaire). Les planètes découvertes à l'époque moderne – Uranus, puis Neptune et finalement Pluton – furent incorporées au système astrologique peu après leur découverte. Dans les années 1920, avant la découverte de Pluton, l'école d'astrologie de Hambourg commença même à travailler avec d'hypothétiques planètes transneptuniennes baptisées Cupidon, Hadès, Zeus, Chronos, Apollon, Admetos, Vulcain et Poséidon. Moins extravagantes furent les tentatives pour inclure

Le Christ (sous la forme d'Anthropos) se tenant sur la Terre entre les sphères des quatre Éléments – le Feu, l'Air, l'Eau et la Terre (Barthélemy de Glanville, *Le Propriétaire des choses*, 1487).

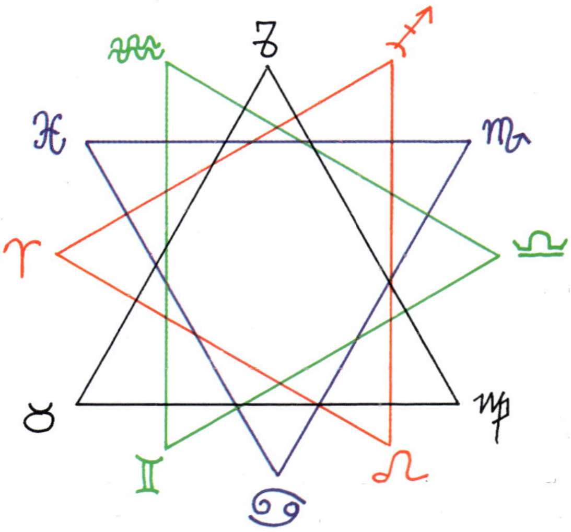

Les quatre trigones élémentaires du Zodiaque : le trigone de Feu (en rouge), de Terre (en noir), d'Air (en vert) et d'Eau (en bleu).

quelques-uns des astéroïdes dans le système astrologique – le plus souvent Cérès, Pallas, Junon et Vesta. Venant après l'éclatement de l'ancien système hermétique orthodoxe à sept Planètes – éclatement dû à la découverte et à l'intégration d'Uranus –, ces deux extrêmes sont simplement des manifestations de l'ouverture du système de l'astrologie occidentale moderne.

Les systèmes orientaux, en revanche, continuent de rester hermétiquement clos, de propos délibéré.

Les nœuds lunaires

Les attitudes de l'astrologie contemporaine vis-à-vis du concept des nœuds lunaires – le nœud ascendant (nœud nord ou Tête du dragon) et le nœud descendant (nœud sud ou Queue du dragon) – sont tout aussi variées. L'astrologie hindoue, qui les appelle Rahu et Ketu, les considère comme des Planètes. L'astrologie occidentale comme des éléments de l'horoscope plutôt semblables aux Points sensibles. Toutefois, il y a une tendance à les considérer comme des « Planètes fantômes » au mouvement rétrograde. Il est vrai que le nœud ascendant figure juste après les Planètes dans les éphémérides, même aujour-

Les Maîtres planétaires des jours de la semaine en relation avec l'origine de leurs noms dans diverses langues

	Soleil	**Lune**	**Mars**	**Mercure**	**Jupiter**	**Vénus**	**Saturne**
Latin	dies Solis	dies Lunae	dies Martis	dies Mercurii	dies Jovis	dies Veneris	dies Saturnidies
Français	**dimanche**	**lundi**	**mardi**	**mercredi**	**jeudi**	**vendredi**	**samedi**
Italien	domenica	lunedi	martedi	mercoledi	giovedi	venerdi	sabato
Espagnol	domingo	lunes	martes	miércoles	jueves	viernes	sábado
Anglais	Sunday	Monday	Tuesday	Wednesday	Thursday	Friday	Saturday
Allemand	Sonntag	Montag	Dienstag	Mittwoch	Donnerstag	Freitag	Samstag/ Sonnabend
Tchèque	neděle	pondělí	úterý	středa	čtvrtek	pátek	sobota
Sanskrit	ravivára	somavára	mangalavára	budhavára	guruvára	shukravára	shanivára

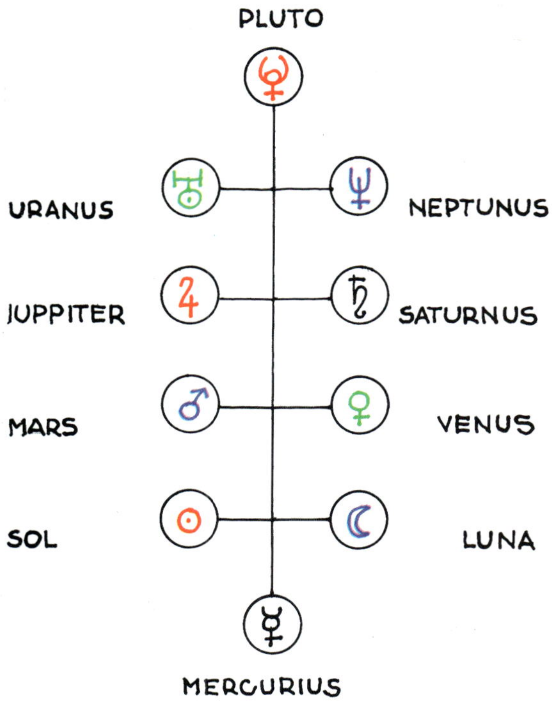

Symboles conventionnels des Planètes astrologiques.

d'hui. La position des points nodaux est particulièrement étudiée par l'astrologie karmique.

Abstraction faite de toutes ces particularités, l'astrologie occidentale contemporaine opère avec dix Planètes dans la séquence géocentrique naturelle suivante : la Lune, Mercure, Vénus, le Soleil, Mars, Jupiter, Saturne, Uranus, Neptune, Pluton.

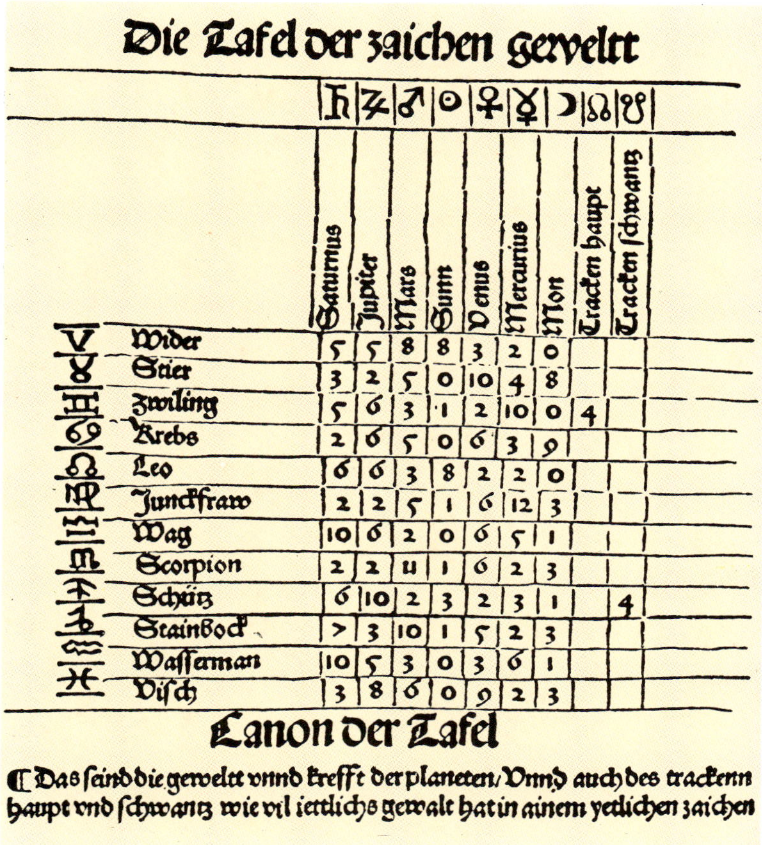

Die Tafel der zaichen gewelt

		♄ Saturnus	♃ Jupiter	♂ Mars	☉ Sunn	♀ Venus	☿ Mercurius	☽ Mon	☊ Tracken haupt	☋ Tracken schwantz
♈	Wider	5	5	8	8	3	2	0		
♉	Stier	3	2	5	0	10	4	8		
♊	Zwiling	5	6	3	1	2	10	0	4	
♋	Krebs	2	6	5	0	6	3	9		
♌	Leo	6	6	3	8	2	2	0		
♍	Junckfraw	2	2	5	1	6	12	3		
♎	Wag	10	6	2	0	6	5	1		
♏	Scorpion	2	2	11	1	6	2	3		
♐	Schütz	6	10	2	3	2	3	1		4
♑	Stainbock	7	3	10	1	5	2	3		
♒	Wasserman	10	5	3	0	3	6	1		
♓	Visch	3	8	6	0	9	2	3		

Canon der Tafel

Das saind die gewelt vnnd krefft der planeten/ Vnnd auch des trackenn haupt vnd schwantz wie vil iettlichs gewalt hat in ainem yetlichen zaichen

Table de la force de l'influence (ou dignité) des Planètes dans les différents signes du Zodiaque (*Kalendarius teutsch Magisteri Joannis Küngsperges*, 1512).

Autres séquence planétaires

Avant la découverte d'Uranus et des autres planètes modernes, l'astrologie connaissait néanmoins d'autres séquences planétaires. L'inverse de la séquence géocentrique, de Saturne à la Lune, est appelé série chaldéenne. Dans la série égyptienne, la séquence commence par la Lune et le Soleil, puis viennent Mercure, Vénus, Mars, Jupiter et Saturne. De la séquence de Planètes de la série chaldéenne découle la séquence des maîtres planétaires des heures par simple répétition de la séquence, de même que les maîtres planétaires des jours de la semaine sont tirés de l'heptagramme (étoile à sept branches). En commençant par le dimanche, l'ordre de la dominance planétaire est la suivante : Soleil, Lune, Mars, Mercure, Jupiter, Vénus, Saturne, qui correspondent aux sept jours de la semaine.

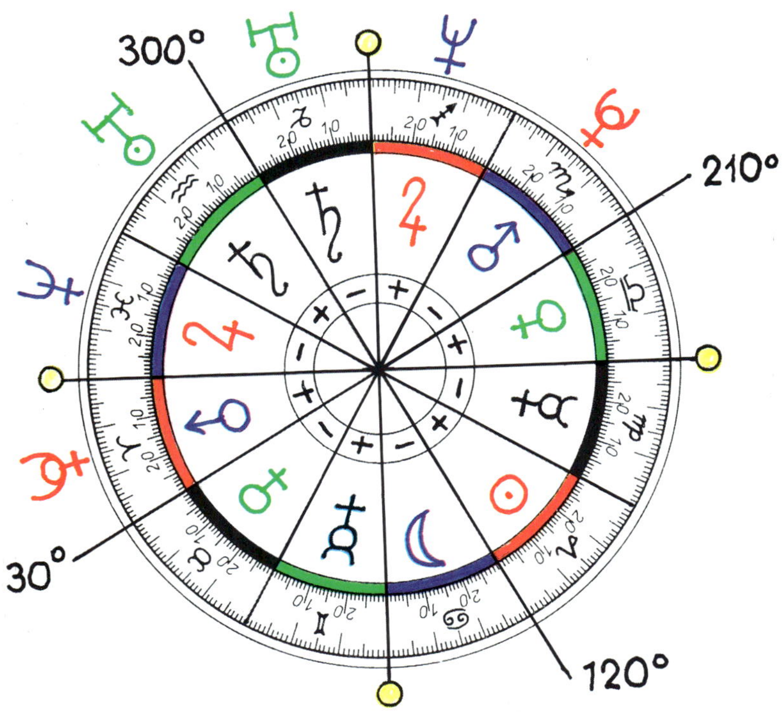

Les maîtres planétaires des signes du Zodiaque, y compris les trois Planètes découvertes aux temps modernes (à l'extérieur du cercle). Les signes « + » et « – » indiquent si la polarité est positive (influence masculine) ou négative (féminine).

Domination astrologique

La notion de domination astrologique par les Planètes est particulièrement importante. Elle s'applique d'une part au domaine temporel, où les Planètes assument le rôle de chronocrators en régnant chacune sur une heure, un jour, éventuellement une année, voire une tranche d'âge en tant que maître, ou gouverneur, ou *al-Caïd*. Mais elle s'applique également au Zodiaque ; on dit ainsi qu'une Planète est le maître (ou le gouverneur) d'un signe zodiacal.

Dans ce rôle dominant, la Planète est le dispositeur de la Maison de l'horoscope commençant dans le signe où cette Planète est maître ou de toute autre Planète s'y trouvant. Les relations entre les dispositeurs (maîtres des signes) et les significateurs – les Planètes dont la présence dans un signe ou une Maison confirme la signification de celui-ci ou de celle-ci – forment la base de la lecture syntactique de l'horoscope.

Ainsi donc, outre sa signification universelle, chaque Planète assume deux autres rôles dans l'horoscope : celui de significateur de quelque chose et, simultanément, celui de dispositeur, dont la signification est parfois entièrement différente.

Dodekatopos – système de division en douze « lieux » (ou Maisons) de l'Antiquité (d'après A. Bouché-Leclercq, 1899).

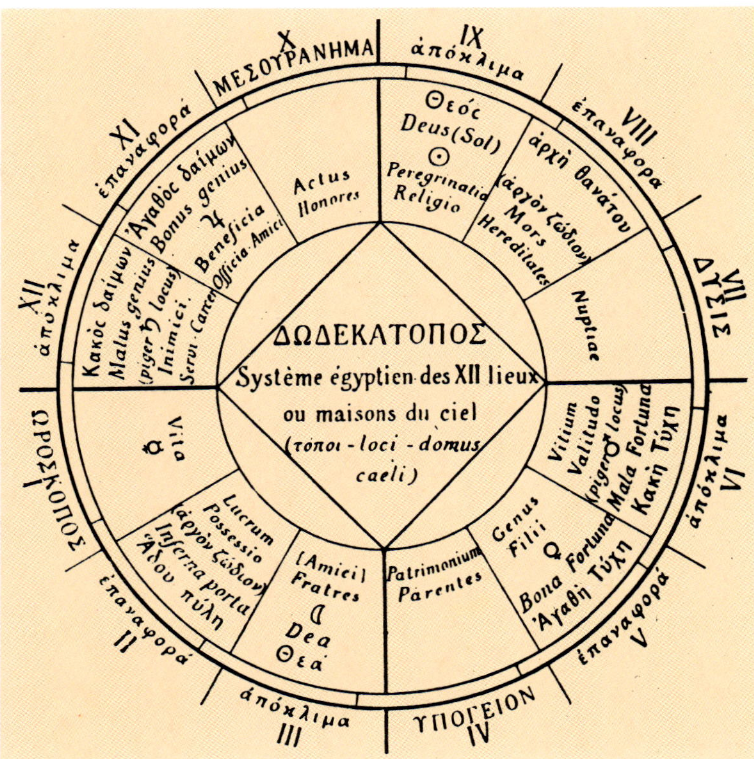

Alors que dans l'astrologie occidentale, le vieux système des chronocrators devint plus anachronique encore après la découverte d'Uranus, ce fut presque le contraire dans l'astrologie orientale. Celle-ci, fortement basée sur les chronocrators, fut contrainte à ne pas intégrer les planètes nouvellement découvertes, car elles auraient perturbé le système, et elle se cantonna donc aux sept Planètes traditionnelles. En revanche, en ce qui concerne les Planètes maîtres des signes et de leurs subdivisions (décans, etc.), l'astrologie occidentale réussit adroitement à compléter son système traditionnel et même à l'ouvrir à la découverte éventuelle d'autres planètes (par exemple, au-delà de Pluton ou entre le Soleil et Mercure).

Mouvement géocentrique et vitesse d'une planète

L'interprétation de l'horoscope prend aussi en compte le mouvement géocentrique de chaque Planète et sa vitesse au cours des différentes phases de son cycle. Elle distingue les Planètes directes (dont le mouvement va dans le sens de la progression des signes du Zodiaque), rétrogrades (allant en sens contraire) et stationnaires, ainsi que les Planètes rapides et lentes – selon que leur position dans l'horoscope change ou non de façon notable d'un jour sur l'autre. La position des Planètes dans les Maisons – selon qu'une Planète se trouve aux frontières, à la Pointe ou dans un tiers particulier d'une Maison – est aussi très importante. Une Planète située près du Milieu du Ciel est dite « culminante » ou « élevée ». On dit qu'une Planète est « interceptée » si elle se trouve dans un signe du Zodiaque entièrement contenu dans une Maison (dans une mesure supérieure à 30°), c'est-à-dire dans un signe qui ne soit coupé par aucune Pointe de Maison.

Les quatre positions d'une planète

Pour toute Planète, les quatre positions les plus importantes sont :

• Le domicile (la Planète se trouve dans le signe ou la Maison qu'elle gouverne).

• L'exil (elle se trouve dans le signe opposé à son domicile).

• L'exaltation (*exaltatio, hypsoma* ; la Planète se rapproche de son domicile).

• La chute (*casus, dejectio, depressio, debilitas, tapeinoma* ; la Planète s'éloigne de son domicile).

Ces quatre positions clés forment une croix. Si la Planète n'est dans aucune de ces situations, elle est dite « pérégrine » – littéralement « sur la route ».

Si deux Planètes échangent leur domicile, c'est-à-dire si elles se trouvent chacune dans le domicile de l'autre, elles sont dites « en réception ». Similairement, on parle de réception d'exaltation quand deux Planètes échangent leurs signes d'exaltation. Du point de vue astrologique, ces deux Planètes ont alors une relation significative qui doit être étudiée de très près.

L'astrologie ancienne évaluait la force de l'influence ou dignité des Planètes, non seulement d'après leurs positions dans le Zodiaque, mais aussi à partir d'un certain nombre d'autres critères. Diverses tentatives pour évaluer la force ou la faiblesse d'une Planète dans l'horoscope à l'aide de points ont engendré une terminologie spécifique qui n'est plus en usage. Les temps modernes ont également rendu problématique la classification traditionnelle des Planètes en féminines ou masculines, et bénéfiques (*stellae beneficae*) ou maléfiques (*stellae maleficae*). Il était autrefois habituel d'opposer ainsi les Planètes, mais l'astrologie moderne ne favorise pas de telles contradictions.

LES MAISONS DANS L'HOROSCOPE

Outre les douze signes du Zodiaque et les dix Planètes, les douze Maisons de l'horoscope constituent la troisième pierre angulaire de l'horoscopie. La signification si essentielle des Maisons vient de ce qu'elles seules donnent à un horoscope un caractère significativement personnel. Alors que la position des Planètes dans les signes zodiacaux exerce un effet assez collectif, leur position dans les Maisons a avant tout une portée individuelle et rend chaque horoscope pratiquement unique.

Classification des maisons

La signification des Maisons et de leur séquence présente une certaine correspondance avec les signes du Zodiaque. La première Maison correspond, dans une certaine mesure, au Bélier, la deuxième, au Taureau, etc. De ce fait, établir un horoscope prend une autre dimension. Les Maisons se classent principalement en Maisons angulaires (ou principales), suivantes et tombantes (qui « tombent » des angles). En outre, les Maisons situées sous l'horizon sont appelées « Maisons nocturnes » (Maisons 1 à 6), celles au-dessus de l'horizon, « Maisons diurnes » (7 à 12). De même, les Maisons situées dans la moitié est de l'horoscope sont appelées « Maisons orientales » ou « ascendantes » (1 à 3 et 10 à 12), celles dans la moitié ouest, « Maisons occidentales » ou « descendantes » (4 à 9). Le tout début d'une Maison, situé à la frontière entre la Maison et sa voisine, est appelé « cuspide » ou « Pointe de Maison ». Les Maisons opposées sont toujours de même taille et leurs significations sont étroitement liées, comme c'est le cas pour les signes du Zodiaque. Maisons et signes ne sont en fait que deux facettes d'une même signification.

Les axes principaux de l'horoscope divisent celui-ci en quatre quadrants contenant chacun trois Maisons. Deux quadrants opposés ont toujours la même taille ; lorsque les axes sont perpendiculaires, les quatre quadrants sont de tailles identiques. Pour la divination, il est

Oktotopos – système de division en huit « lieux » (ou Maisons) de l'astrologie ancienne, mentionné notamment par Manilius (d'après A. Bouché-Leclercq, 1899).

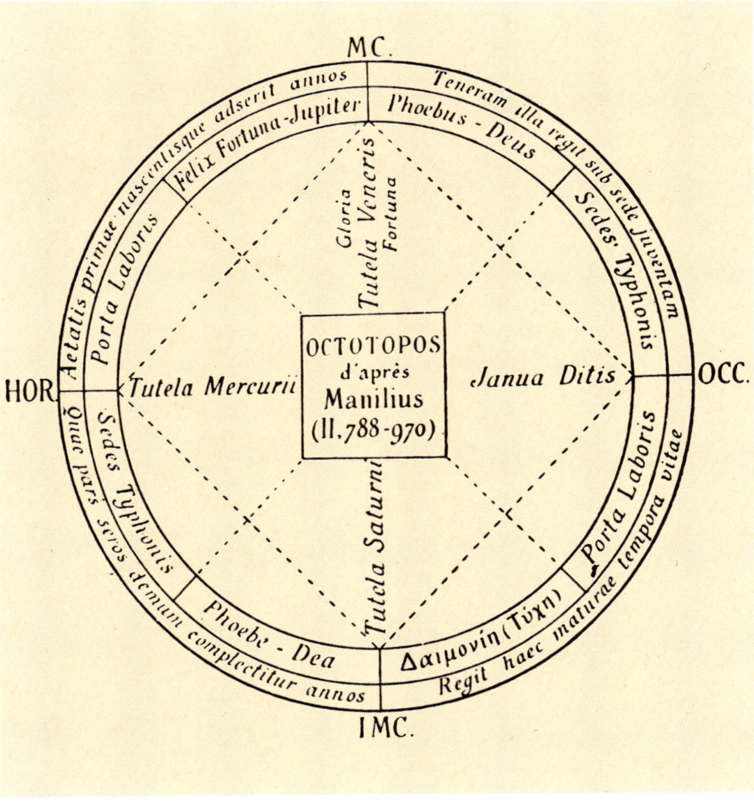

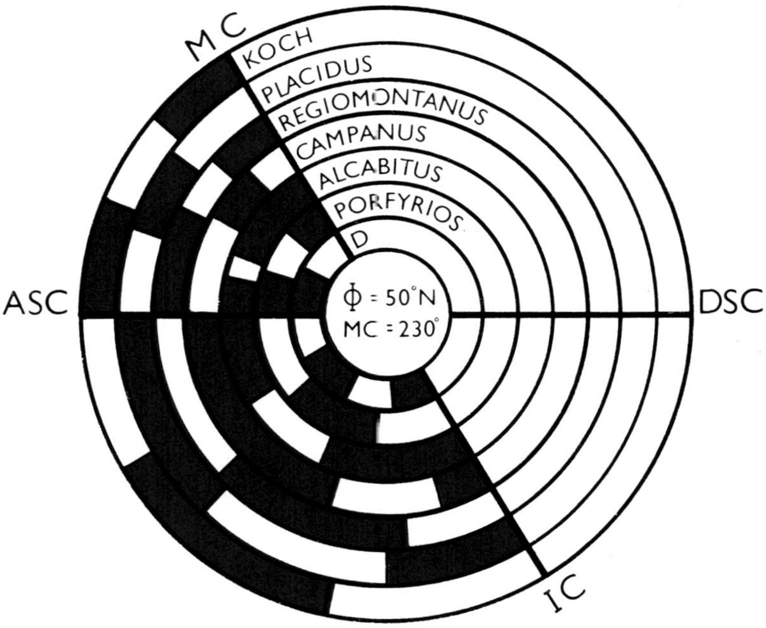

Comparaison des différences de taille des Maisons horoscopiques suivant les diverses méthodes de domification utilisées, pour une latitude géographique de 50° nord et MC = 230° (d'après R. T. Prinke et L. Weres).

important de savoir dans quel tiers d'une Maison se trouve une Planète, car cela modifie la signification de cette dernière.

L'astrologie ancienne désignait les Maisons par les mots grec *topoï* ou latin *loci*, qui signifient tous deux « lieu ». Outre la division duodénaire de la sphère céleste en douze Maisons (*dodekatopos*), elle employa aussi une division en huit Maisons (*oktotopos*), qui fut toutefois totalement abandonnée par la suite.

Revue des douze systèmes de domification écliptiques en Maisons égales (sans quadrant, obtenus par division de l'écliptique en arcs égaux de 30°)		
1 *Dodekatopos*, ancien système « naturel » décrit par Ptolémée (IIe siècle av. J.-C.)		Arcs de 30° commençant par l'Ascendant qui donne la Pointe de la 1re Maison ; le MC tombe entre la 8e et la 11e Maison.
2 Ancienne méthode hindoue classique, 1er mode (J. T. Braha, 1986)		Arcs de 30° commençant par le signe du Zodiaque où se trouve l'Ascendant ; le signe complet contenant l'ASC est la 1re Maison, le signe complet suivant est la 2e Maison, etc.
3 Méthode hindoue postérieure, identique au système moderne d'équipartition selon J. Vehlow (1890-1958), 2e mode selon J. T. Braha (1986)		Arcs de 30° commençant par l'Ascendant qui donne le centre de la 1re Maison ; le MC tombe entre la 8e et la 11e Maison.
4 Système d'équipartition méridional moderne (*M-houses System*, London Theosophical Society, 1951-1952, R. C. Firebrace, J. Mayo et al. 1951)		Arcs de 30° commençant par le MC qui donne le début de la 10e Maison ; par suite, l'ASC ne coïncide pas avec le début de la 1re Maison.
5 Maisons solaires traditionnelles		Arcs de 30° commençant avec la position du Soleil.
6 Système du Bélier ou Maisons zodiacales		Arcs de 30° commençant avec le point vernal ; les Maisons sont égales aux signes zodiacaux ; MC = 0° du Capricorne, Ascendant = 0° du Bélier.
7 Système des Maisons de l'utilisateur (*User houses*)		Arcs de 30° commençant par l'ASC, situé à la Pointe de la 11e Maison.
8 Maisons terrestres		Arcs de 30° commençant avec le point automnal (équinoxe d'automne ou 0° de la Balance) qui donne la Pointe de la 1re Maison.
9 Maisons lunaires	Les cinq systèmes de l'école de Hambourg	Arcs de 30° commençant avec la position de la Lune, dont la longitude donne la Pointe de la 1re Maison.
10 Maisons solaires		Arcs de 30° commençant la position du Soleil, dont la longitude donne la Pointe de la 4e Maison.
11 Maisons nodales		Arcs de 30° commençant par le nœud ascendant de la Lune, dont la longitude donne la Pointe de la 1re Maison.
12 Maisons de l'Ascendant		Arcs de 30° commençant avec l'ASC, qui donne la Pointe de la 1re Maison. Système identique au dodekatopos.

Deux systèmes de domification à quadrants écliptiques inégaux obtenus par division directe de l'écliptique	
13 Système porphyrien (Porphyre, 223-304)	Les Maisons forment des tiers d'arc entre les axes principaux ; l'ASC marque la Pointe de la 1re Maison, le MC, la Pointe de la 10e Maison.
14 Système naturel de graduation (Colin Evans, après 1950)	Les Maisons sont obtenues par la division des quadrants de l'horoscope (formés par les axes ASC-DSC et MC-IC) en arcs de taille croissant proportionnellement, des plus petites Maisons, au centre des quadrants inférieurs à 90°, jusqu'aux plus grandes, au centre des quadrants supérieurs à 90°. L'ASC marque la Pointe de la 1re Maison, le MC, la Pointe de la 10e Maison.

Six systèmes de domification basés sur des projections	
15 Système campanéen (Giovanni Campanus, 1296, ou les frères Joseph et Matthias Campanus, 1495). Utilisé à notre époque par les partisans de l'astrologie sidérale ou humaniste (Dane Rudhyar, C. Jayne)	Système à quadrants (ASC à la Pointe de la 1re Maison, MC à la Pointe de la 10e Maison). La première verticale est divisée en arcs de 30° commençant avec le point oriental. Les Maisons sont construites par la projection sur l'écliptique de grands cercles passant par les points boréal (nord) et austral (sud) ; les Maisons ne sont pas de taille égale, même à l'équateur, et le système n'est plus applicable pour les régions polaires.
16 Système régiomontanéen (Johann Müller dit Regiomontanus, 1436-1476 ; peut-être plus ancien : Ibn Ezra, XIe-XIIe siècles)	Système à quadrants (ASC à la Pointe de la 1re Maison, MC à la Pointe de la 10e Maison). L'équateur céleste est divisé en arcs de 30° commençant avec le point oriental. Les Maisons sont construites par la projection sur l'écliptique de grands cercles passant par les points boréal et austral ; à l'équateur, le système est identique au système campanéen (voir 15).
17 Système morinéen (Jean-Baptiste Morin, 1583-1656), dit « méthode universelle rationnelle », mais que Morin lui-même abandonna ensuite	Système sans quadrant (la Pointe de la 1re Maison est le MC ± 90°). Les axes principaux de l'horoscope ne coïncident donc pas avec la Pointe des Maisons angulaires. L'équateur céleste est divisé en arcs de 30° commençant avec le point oriental ; les Maisons sont construites par projection de grands cercles d'égale longitude écliptique. Le système fonctionne pour les régions polaires puisqu'il est indépendant de la latitude géographique.
18 Système méridional ou système de rotation axial, ou système bihoraire méridional (école de Hambourg). David Cope, dit Zariel, n'a fait que redécouvrir, au début de XXe siècle, cette méthode, d'origine bien plus ancienne	Système sans quadrant (le MC est la Pointe de la 10e Maison, l'ASC ne coïncide donc pas avec la Pointe de la 1re Maison). L'équateur céleste est divisé en arcs de 30° commençant par le point d'intersection avec le méridien local. Les Maisons sont construites par projection des cercles horaires sur l'écliptique. Le système fonctionne pour les régions polaires puisqu'il est indépendant de la latitude géographique. Les Pointes des Maisons sont les longitudes écliptiques qu'aurait la Pointe de la 10e Maison à intervalles réguliers de 30° d'ascension droite ou à intervalles de deux heures (d'où le nom).
19 Système horizontal (début du XXe siècle)	Système sans quadrant (le MC est la Pointe de la 10e Maison, l'ASC ne coïncide pas avec la Pointe de la 1re Maison). L'horizon est divisé en arcs de 30° commençant par le point oriental. Les Maisons sont construites par projection des verticales respectives sur l'écliptique.
20 Système arcturéen (Michael Muncasey, XXe siècle)	Système sans quadrant (le MC est la Pointe de la 10e Maison, l'ASC ne coïncide pas avec la Pointe de la 1re Maison). L'horizon est divisé en arcs de 30° commençant par le point oriental. Les Maisons sont construites par projection de cercles longitudinaux sur l'écliptique.

Trois systèmes de domification à quadrants et division horaire, basés sur la division du trajet angulaire d'un point mobile	
21 Système alcabitien (Al-Quabisi ou Alcabitius, astrologue arabe du xe siècle). Le système était sans doute déjà connu dès le Ier siècle	Division de la durée de la rotation/révolution de l'ASC le long du parallèle à l'équateur céleste. Les Maisons résultent de la projection des cercles horaires dont les heures respectives sont des tiers de la période que met l'ASC à parvenir au MC. Les degrés de l'écliptique, correspondant aux temps sidéraux respectifs, deviennent les Pointes des Maisons 12 et 11 ; le temps mis par l'IC pour arriver à l'ASC est traité de façon analogue, donnant respectivement les Pointes de la 3e et de la 2e Maison.
22 Système placidéen (Placide de Titis, 1603-1668)	Division de la durée de la rotation/révolution de différentes parallèles à l'équateur céleste. Les temps (ou angles horaires) respectifs sont les moments où l'ASC donne successivement la Pointe de la 12e Maison puis de la 11e. Les Maisons se construisent par section. La méthode ne fonctionne pas pour les régions polaires, et le système n'est pas consistant avec les positions écliptiques des Planètes.
23 Système kochéen ou GOHS (*Gerburts-Ort-Haus System*) (Walter Koch, 1936-1977)	Division de la durée de rotation/révolution de l'ASC le long du cercle parallèle à l'équateur terrestre. Les temps (ou angles horaires) respectifs définissent les points du cercle parallèle passant par l'ASC, situés sur de petits cercles parallèles au plan horizontal dont les points d'intersection avec l'écliptique donnent successivement les Pointes de la 12e et de la 11e Maison. Les Maisons se construisent par section. C'est le premier système moderne basé sur le lieu exact de la naissance (d'où sa dénomination allemande).

Trois systèmes spéciaux de domification à quadrants	
24 Système topocentrique (1961, Wendel Polich et Anthony Nelson-Page, astrologues argentins ; leur prédécesseur direct est A. Boudineau, 1937)	Contrairement aux autres systèmes, celui-ci a une origine empirique. C'est un système placidéen modifié (voir 22). Les Pointes des Maisons sont calculées non par rapport au centre de la Terre mais par rapport au lieu de naissance. Sur l'équateur, le système se confond avec le système placidéen, et jusqu'à 56° de latitude géographique, la différence est d'au plus 1°, bien que les deux systèmes emploient des méthodes mathématiques entièrement différentes. Le système topocentrique combine trois principes : la trisection dynamique des moitiés d'arcs propres au système placidéen, la trisection des quadrants du système régiomontanéen et la trisection statique de l'espace et de la première verticale, d'origine campanéenne. Il est applicable aux régions polaires.
25 Système de l'école d'Aalen (Reinhold Ebertin, 1948)	Le système ne s'applique qu'aux axes principaux de l'horoscope (ASC-DSC et MC-IC) et considère que l'ASC et le MC sont des « points sensibles personnels ». La division des quadrants de l'horoscope en trois Maisons chacun n'est même pas considérée.
26 Oktotopos ou ancien système à huit Maisons (Manilius, Ier siècle ; Firmicus Maternus, IVe siècle), totalement abandonné par la suite	Le système consiste à diviser les quadrants de l'horoscope en deux (c'est analogue à la division des quadrants en trois par Porphyre, voir 13). L'horoscope résultant n'a que huit Maisons (d'où son nom grec).

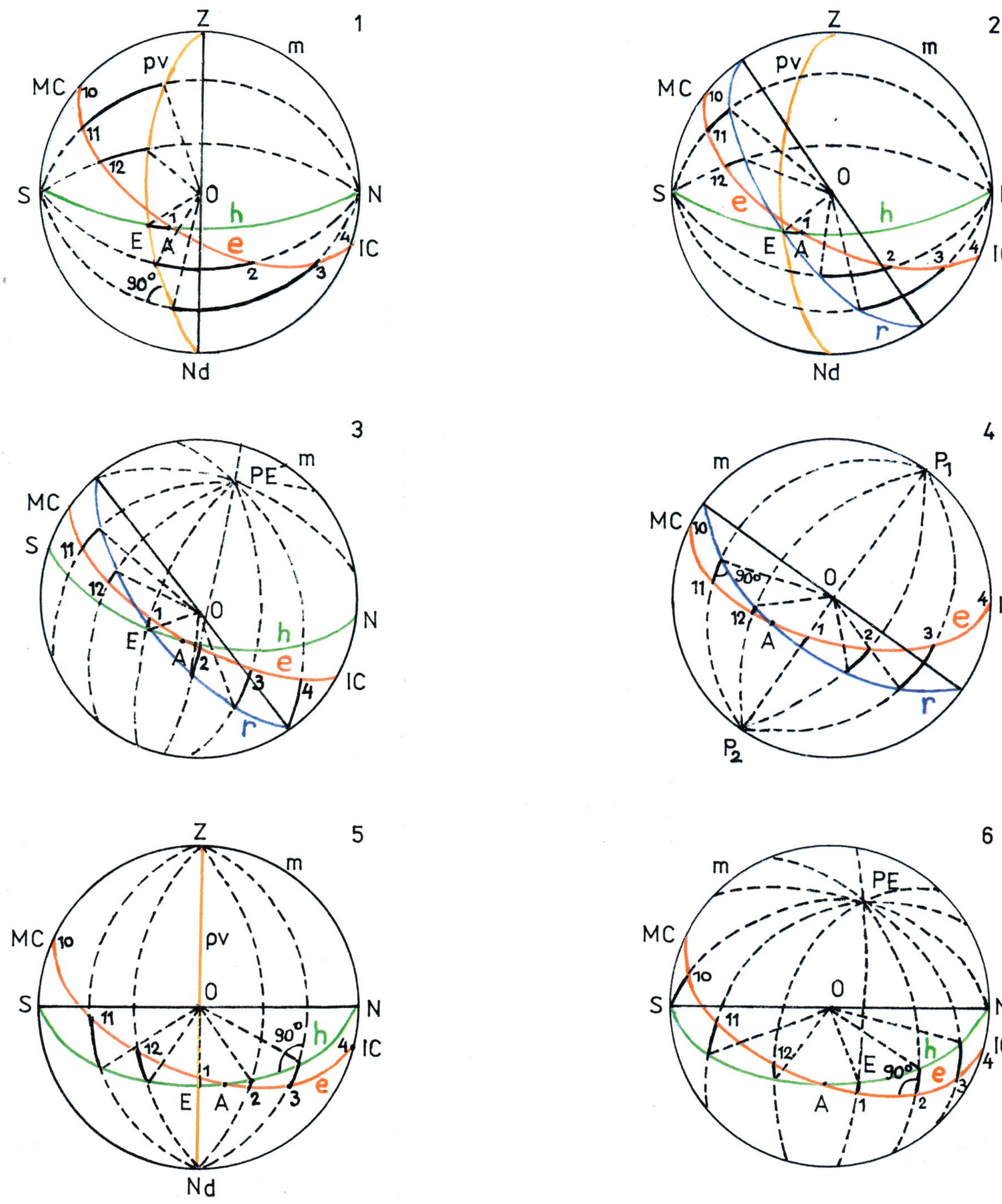

Construction des six systèmes de domification spatiaux basés sur la projection : **1 :** système campanéen, **2 :** système régiomontanéen, **3 :** système morinéen, **4 :** système méridional, **5 :** système horizontal, **6 :** système arcturien. Conventions : **O :** lieu de l'événement, **Z :** zénith, **Nd :** nadir, **S :** point austral, **N :** point boréal, **E :** point oriental, **A :** Ascendant, **MC :** Milieu du Ciel, **IC :** Fond du Ciel (*Imum Coeli*), $\mathbf{P_1}$ **:** pôle nord céleste, $\mathbf{P_2}$ **:** pôle sud céleste, **PE :** pôle nord de l'écliptique, **h :** horizon (*en vert*), **e :** écliptique (*en rouge*), **R :** équateur céleste (*en bleu*), **m. :** méridien (*en noir*), **pv :** première verticale (*en jaune*) ; les nombres 1 à 3 et 10 à 12 sur l'écliptique indiquent les Pointes des Maisons, calculées comme les points d'intersection avec les cercles de projection respectifs. (Adapté de J.-L. Brau, H. Weaver et A. Edmans, *in Larousse Encyclopedia of Astrology*, New York, 1980.)

Les méthodes de domification

L'actuelle construction géométrique des Maisons de l'horoscope a toujours été une opération compliquée – et un souci pour l'astrologie. Au total, 26 méthodes différentes de domification (de division en Maisons) ont été employées. Les tailles des Maisons individuelles diffèrent considérablement selon la méthode utilisée, ce qui pose un sérieux problème d'uniformisation. Même aujourd'hui, aucune méthode n'a emporté l'adhésion unanime des astrologues qui se sont profondément penchés sur la question.

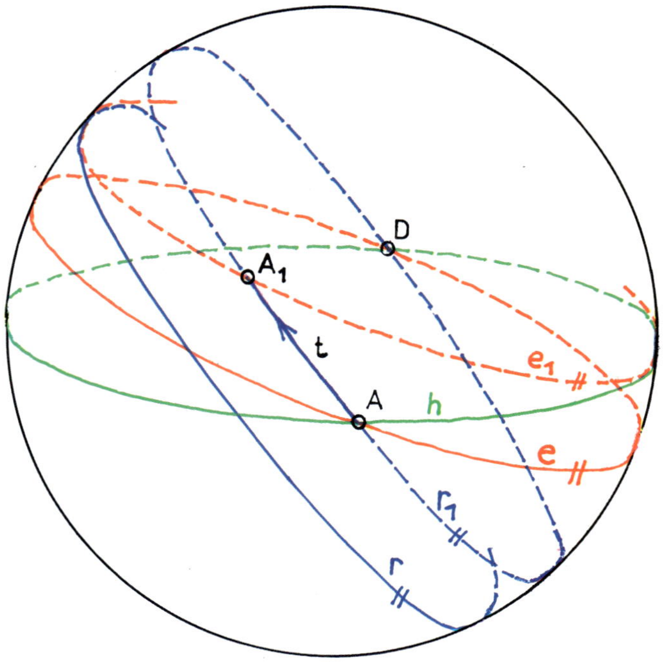

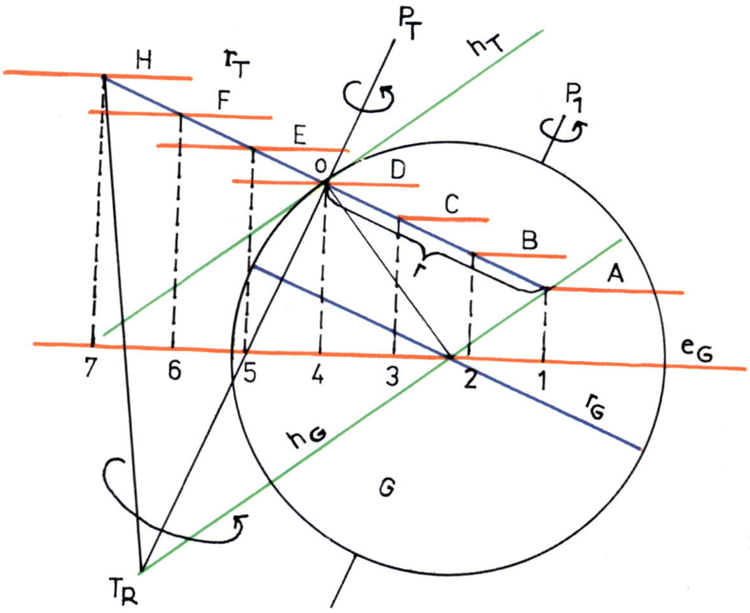

En haut : principe de base des trois systèmes horaires de domification (systèmes alcabitien, placidéen et kochéen). Le temps caractéristique est la rotation de l'Ascendant le long du cercle parallèle à l'équateur céleste. Les Maisons sont obtenues successivement lorsque l'Ascendant atteint le premier tiers puis le deuxième tiers du quart d'arc parcouru quotidiennement.
Conventions : **m :** méridien, **e :** écliptique, **h :** horizon, **R :** équateur céleste, **r_1 :** parallèle à l'équateur céleste, **e_1 :** position de l'écliptique après le temps écoulé t, **A :** Ascendant, **D :** Descendant, **A_1 :** position de l'Ascendant en rotation au bout du temps t.
En bas : représentation schématique du système topocentrique.
Convention : **O :** lieu de l'événement, **h_G :** horizon géocentrique, **h_T :** horizon topocentrique par 30° de latitude géographique nord, **r_T :** équateur topocentrique, **r_G :** équateur géocentrique, **r :** rayon du cône de rotation, **P_1 :** pôle nord géocentrique, **P_T** - pôle nord topocentrique, **G :** globe, **T_R :** point central de la rotation topocentrique (vertex du cône), **A-G :** écliptique topocentrique coupant le rayon du cône de rotation en tiers. Les points d'intersection ainsi créés sont projetés sur l'écliptique géocentrique (**e_G**), où ils forment les Pointes des Maisons 1 à 7. (Adapté de J.-L. Brau, H. Weaver et A. Edmans *in Larousse Encyclopedia of Astrology*, New York, 1980.)

Le développement des simples méthodes de division directe de l'écliptique conduisit aux méthodes de stéréoprojection au moyen de la trigonométrie sphérique, puis aux méthodes temporelles où la division est appliquée non pas aux cercles de l'écliptique, de l'équateur céleste, de l'horizon ou de la verticale première, mais directement aux périodes de révolution qui forment les Maisons de l'horoscope, au moyen de projections ou de sections.

Les tableaux 3 à 7 résument les 26 approches existantes de la construction des Maisons. Si nous devions favoriser l'une d'elles, nous privilégierions probablement une méthode qui :

a) utilise des quadrants ;
b) soit globalement applicable (sans limitation sur la latitude géographique) ;
c) respecte de façon cohérente la position géographique de la survenue de l'événement ;
d) conduise aux meilleurs résultats pour la lecture pratique de l'horoscope.

Il est clair que ces conditions sont totalement satisfaites uniquement avec le système kochéen (numéro 23) et le système topocentrique (numéro 24).

LES ASPECTS DANS L'HOROSCOPE

La lecture de l'horoscope se base aussi fortement sur les relations entre les éléments de l'horoscope, en particulier les Planètes. Ces relations sont déterminées principalement par les angles formés par leurs positions zodiacales, appelés Aspects. Les trois séries d'Aspects de base proviennent de l'inscription de polygones réguliers dans le cercle.

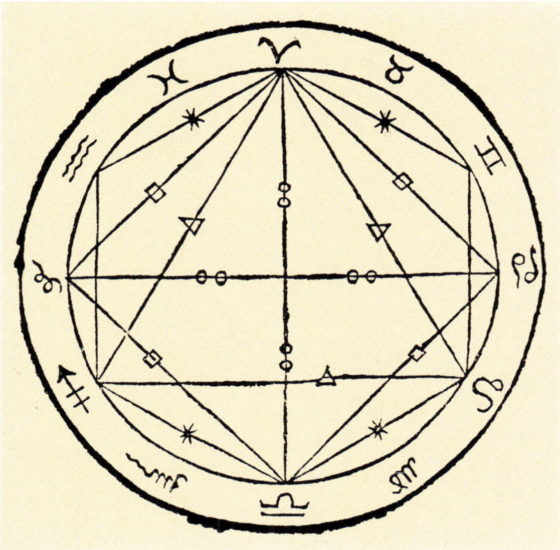

Principaux Aspects : conjonction, sextile, carré, trine (ou trigone) et opposition (*Andreae Ephemerides*, Leiden, 1677).

La série dodécagonale

La série dodécagonale est tirée d'un dodécagone (polyèdre à douze côtés) dont le module est de 30°. Il donne les Aspects suivants :

- 0° : conjonction
- 30° : semi-sextile
- 60° : sextile
- 90° : carré
- 120° : trine ou trigone
- 150° : quinconce
- 180° : opposition

La série octogonale

La série octogonale est tirée d'un octogone (polyèdre à huit côtés) dont le module est de 45°. Il ajoute les Aspects suivants à la série dodécagonale :

- 45° : octile, ou semi-carré
- 135° : sesquiquadrature

La série décagonale

La série décagonale dérive du décagone (polyèdre à dix côtés) dont le module est de 36°. Il fournit les Aspects suivants :

- 36° : semi-quintile, ou décile
- 72° : quintile
- 108° : sesquiquintile
- 144° : biquintile

Outre les trois séries mentionnées ci-dessus, il est possible de rencontrer aussi un Aspect dérivé du nonagone (40° ou novile) ainsi que d'autres encore, mais qui sont rarement utilisés. Parmi ces derniers se comptent, d'un côté, les Aspects obtenus par division ou multiplication des Aspects des séries précédentes (18° ou vigintile, 22° 30′ ou semi-octile, 24° ou quindécile) et, de l'autre, la série heptagonale tirée de l'heptagone, notamment :

- $51\frac{3}{7}$° : septile
- $102\frac{6}{7}$° : biseptile
- $154\frac{2}{7}$° : triseptile

Les astrologues de l'école de Hambourg (Witte, Sieggrün) ont introduit le concept des Aspects « durs » formant la série suivante :

- opposition : $\frac{1}{2}$ cercle
- quadrature (carré) : $\frac{1}{4}$ de cercle
- semi-quadrature : $\frac{1}{8}$ de cercle
- sesquiquadrature : $\frac{3}{8}$ de cercle

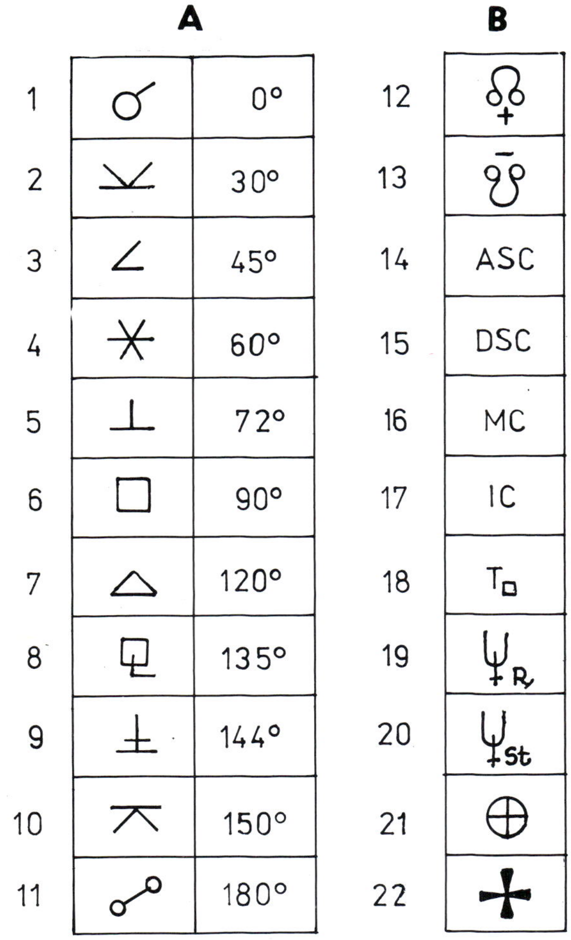

Symboles conventionnels des principaux Aspects (A) et autres notations importantes de l'horoscope (B) : **1 :** conjonction, **2 :** semi-sextile, **3 :** semi-carré, **4 :** sextile, **5 :** quintile, **6 :** carré, **7 :** trine (ou trigone), **8 :** sesquicarré, **9 :** biquintile, **10 :** quinconce, **11 :** opposition, **12 :** nœud lunaire ascendant, **13 :** nœud lunaire descendant, **14 :** Ascendant, **15 :** Descendant, **16 :** Milieu du Ciel, **17 :** Fond du Ciel, **18 :** croix égyptienne, **19 :** Planète rétrograde, **20 :** Planète stationnaire, **21 :** Part de fortune (point horoscopique), **22 :** Part de mort (point horoscopique).

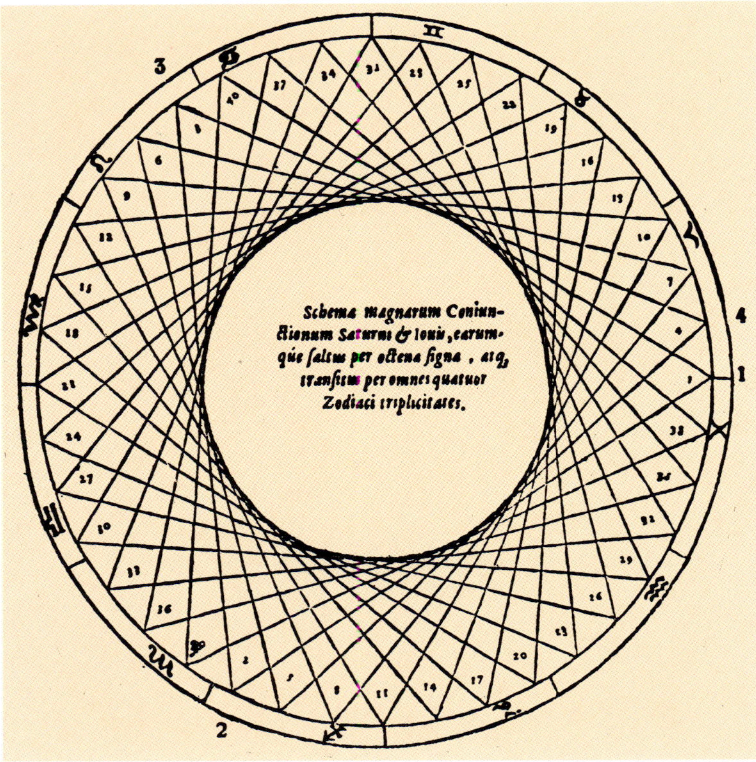

Représentation schématique du déplacement des conjonctions de Saturne avec Jupiter dans le Zodiaque, selon Kepler (*in Mysterium cosmographicum*, Tübingen, 1596).

ainsi que :
- 22,5° : $\frac{1}{16}$ de cercle (semi-octile)
- 67,5° : $\frac{3}{16}$ de cercle
- 112,5° : $\frac{5}{16}$ de cercle
- 157,5° : $\frac{7}{16}$ de cercle

L'horoscopie pratique fait aussi attention à la précision avec laquelle les Aspects sont formés.

Tout Aspect exact est appelé « partile », un Aspect peu précis est dit « Aspect plactique ». La tolérance maximale de l'imprécision est appelée « orbe » ; c'est le domaine d'influence d'un Aspect. La magnitude de l'orbe dépend du type d'Aspect ainsi que des éléments de l'horoscope qu'il met en relation. Les orbes sont déterminés précisément, en général en degrés entiers, avec des variations mineures selon les diverses écoles astrologiques.

En principe, la magnitude de l'orbe décroît avec la diminution de l'importance des Aspects et de la rapidité des Planètes : elle est donc d'autant plus petite qu'un Aspect est peu significatif et que les Planètes concernées sont lentes. Pour une conjonction ou une opposition, l'orbe varie habituellement entre 7 et 10°. Pour un carré et un trigone : entre 5 et 8° ; pour un sextile : entre 3 et 5° ; pour la semi-quadrature et la sesquiquadrature : entre 2 et 4° ; pour un semi-sextile ou un quinconce : entre 1 et 2°. De petits orbes sont aussi généralement attribués aux autres Aspects mineurs ainsi qu'aux étoiles fixes, aux cuspides des Maisons et aux points nodaux.

Alors que les Planètes sont mutuellement liées par des Aspects, les autres éléments de l'horoscope, tels les nœuds lunaires, les Pointes des Maisons, les étoiles fixes et les points horoscopiques, peuvent « recevoir » passivement un Aspect mais ne peuvent pas en « émettre ».

L'impact des Planètes

L'impact des Planètes dans l'horoscope est considéré comme étant plus fort si le plus rapide des deux corps célestes s'approche d'un Aspect exact – l'astre est alors en application – que s'il s'en éloigne – l'astre est alors en séparation.

Le classement traditionnel des Aspects en malheureux ou dissonants, selon qu'une Planète a une influence négative sur une autre, ou en heureux ou harmoniques, lorsque son influence est bénéfique et qu'elle renforce l'action de l'autre Planète, est graduellement abandonné par l'horoscopie moderne, de même que la classification des Planètes en bénéfiques et maléfiques.

LES GROUPEMENTS DE PLANÈTES DANS L'HOROSCOPE

Outre les Aspects mutuels simples, des Aspects groupés ou d'autres groupements de Planètes apparaissent aussi parfois dans les horoscopes.

Les Planètes forment alors des figures structurelles caractéristiques auxquelles sont associées des significations spécifiques pour la divination.

Les figures géométriques les plus importantes sont la croix, la croix égyptienne, le trigone, l'hexagone, le pentagramme et le stellatium – ou satellitium, un groupement de plusieurs Planètes en conjonction, appelé également *clusterum*, *collectio luminis* ou, simplement, « amas ». Les autres types de groupements sont nommés selon la forme des choses auxquelles ils ressemblent – bol, seau, balançoire, paquet, dispersion, etc. Ces figures sont tout particulièrement étudiées dans la comparaison d'horoscopes (synastrie).

AUTRES ÉLÉMENTS D'UN HOROSCOPE

Parmi les autres éléments complétant le contenu d'un horoscope figurent les nœuds lunaires, les étoiles fixes et les axes et points de l'horoscope. Autrefois, les comètes y figuraient également.

Les nœuds lunaires

Les deux nœuds lunaires opposés – le nœud ascendant (*caput draconis* ou Tête du dragon) et le nœud descendant (*cauda draconis* ou Queue du dragon) – effectuent un mouvement rétrograde, c'est-à-dire dans le sens opposé au déplacement ordinaire des Planètes.

Les étoiles fixes

Les étoiles, que l'astrologie appelle étoiles fixes, sont inclues dans l'horoscope de façon sélective seulement. Leur personnalité astrologique est similaire aux caractéristiques des Planètes. Leur longitude à une certaine date (l'équinoxe) est donnée dans les manuels et tables astrologiques. Outre leur signification horoscopique, les étoiles fixes situées près de l'écliptique, telles Régulus, Spica (l'Épi), Antarès ou Aldébaran, mesurent la précession du point vernal. Ceci est utilisé par l'une des plus jeunes branches de l'astrologie mondiale appliquée : la chronologie zodiacale.

Les axes et points de l'horoscope

Outre les deux axes principaux divisant l'horoscope en moitiés et en quadrants, l'astrologie ancienne employait aussi l'antisce, l'axe passant par les points solsticiaux, c'est-à-dire les cuspides entre Gémeaux et Cancer, d'une part, et entre Sagittaire et Capricorne, d'autre part. Similairement, le contre-antisce est l'axe qui passe par les points équinoxiaux (0° du Bélier et 0° de la Balance). Plus important encore, l'axe de symétrie des maîtres des signes du Zodiaque, qui passe, d'une part, entre les signes du Cancer et du Lion, et, d'autre part, entre ceux du Capricorne et du Verseau.

Dans l'astrologie moderne, l'utilisation d'axes au sens de demi-distances angulaires entre les éléments individuels de l'horoscope (mi-Points) est répandue. Ceux-ci forment la base du système d'interprétation de l'école allemande d'astrologie d'Aalen connu sous l'abréviation KdG (*Kombination der Gestirneinflüsse*, soit combinaison d'influences stellaires).

Les Points sensibles traditionnels, aussi appelés « Parts arabes », sont d'origine ancienne. Ils sont construits artificiellement au moyen de formules combinant les longitudes de couples de Planètes et l'Ascendant. Les Points sensibles les plus largement utilisés – traditionnellement appelés Parts (*partes*) – sont la Part de fortune (ou le mot fortune est pris au sens de « chance »), la Part de mort, la Part d'amour, la Part du père, la Part de la mère, et la Part de profession.

Un système spécial de points horoscopiques est représenté par la classique dodekatemoria (*dodeka* signifie douze en grec) : pour chaque longitude écliptique, il est possible de déterminer, sur la base du cycle duodénaire, un point appelé « dodekatemorion », lié de façon astrologiquement significative à la longitude initiale.

La principale signification de tous les types de points horoscopiques réside dans le fait qu'ils augmentent substantiellement dans l'horoscope le nombre des endroits utilisables pour la divination.

LA NOTION D'INFLUENCE ASTROLOGIQUE

L'effet – ou l'influence – des divers éléments de l'horoscope les uns sur les autres et sur leur sujet est évidemment discutée en astrologie. Cependant, l'emploi de ces mots occasionne souvent de nombreux malentendus hors du cercle des astrologues. Les termes eux-mêmes sont peut-être l'une des plus fréquentes causes de polémique et d'attaques de la science contre l'astrologie. Les opposants à l'astrologie exigent la preuve d'une telle influence, car il leur échappe qu'une telle expression verbale, qui caractérise les relations entre les phénomènes cosmiques et terrestres, ne doit pas être prise littéralement, ni directement dans un sens physique.

Ne tenant pas compte de la terminologie peut-être provocatrice héritée de la tradition ancienne, tout astrologue raisonnable sait aujourd'hui qu'il n'y a pas d'effet direct d'un « rayon » martien qui blesserait une personne à la jambe à un moment donné. Les éléments de l'horoscope représentent, en divination, essentiellement des codes symboliques.

Néanmoins, l'astrologie est sans conteste fondée sur l'hypothèse fondamentale de la corrélation entre le macrocosme (les cieux) et le microcosme (l'homme et son monde terrestre). Par suite, une certaine configuration de l'horoscope correspond à un certain type humain qui a non seulement des capacités spécifiques mais aussi, par exemple, une tendance aux blessures d'un certain type et dans certaines parties de son corps à un moment précis, ou à certaines réactions par rapport à des changements souvent infinitésimaux des conditions externes. L'influence des Planètes dans l'horoscope doit être comprise comme étant indirecte, comme une chose très proche de la synchronicité acausale décrite par Jung et Pauli – une théorie que les astrologues actuels invoquent souvent.

Dans cet esprit, certaines écoles modernes, notamment l'astrologie dite « humaniste », abandonnent en grande partie le trop rigide schéma manichéen de l'astrologie traditionnelle, qui classe les Planètes et leurs Aspects en bénéfiques ou maléfiques, heureux ou malheureux, harmoniques ou dissonants. Les disciples de ces écoles n'ont fait que prendre conscience d'un principe ancien de l'astrologie résumé dans le dicton « *Astra inclinant, non necessitant* » : « Les astres inclinent mais ne contraignent point » ; ils indiquent, suggèrent une direction, mais ne forcent pas. C'est aussi la raison pour laquelle le reproche de fatalisme souvent adressé à l'astrologie est sans réel fondement.

Le concept du bien et du mal n'est pas présent a priori dans l'astrologie. Il est laissé à la libre appréciation du sujet d'interpréter les choses indiquées par son horoscope. Si le sujet n'est pas content du cours momentané de l'horloge céleste géante, il peut soit se résigner passivement, soit être l'acteur de son propre changement et de sa relation au monde en général, car comme le remarquait avec justesse l'écrivain tchèque Bohumil Hrabal, « les Cieux ne sont pas humains ». Nous ne vivons pas sous le joug de notre horoscope, incapables d'y rien changer : en dialoguant avec ce schéma de notre personnalité, de nos dons et capacités, insuffisances et limites, nous choisissons en fait entre deux alternatives. Ne pas tirer parti d'avantages disproportionnés est tout autant à la portée de la volonté humaine que renoncer à faire le mal, même si de telles tendances sont signalées dans l'horoscope.

La comète de Halley de 1301, figurant l'étoile de la Nativité dans la fresque *L'Adoration des mages* peinte par Giotto di Bondone dans la chapelle Scrovegni de Padoue (détail).

L'astrologie s'est beaucoup intéressée aux comètes, en particulier au XVIe siècle. Cette gravure sur bois colorée à la main, accompagnée d'un texte du maître Petr Kodicill (dit Codicillus), montre le passage de la comète Brahe en 1577, ainsi que la Lune, Saturne et cinq signes zodiacaux (Sagittaire, Capricorne, Verseau, Poissons et Bélier).

La méthodologie de l'astrologie

TYPES D'HOROSCOPES ET MÉTHODES ASTROLOGIQUES ASSOCIÉES

La méthodologie de l'astrologie est relativement ramifiée. Chaque méthode poursuit un certain objectif, est régie par des règles précises et offre d'autres possibilités d'interprétation, selon que le problème étudié est du domaine de l'astrologie individuelle ou mondiale. Certaines méthodes s'appliquent à ces deux types d'astrologie, d'autres sont spécifiques à l'une ou l'autre.

L'astrologie natale

L'horoscope clé de l'astrologie natale est l'horoscope natal ou thème, dit encore « horoscope radical » (*radix* signifie racine). Pour l'astrologie individuelle, c'est l'horoscope de la naissance de l'individu ; pour l'astrologie mondiale, c'est celui de l'origine d'une chose (d'un État, d'une institution ou d'une organisation), ou le commencement d'une action ou d'une chose. Parallèlement au thème natal d'une personne, il existe l'horoscope de conception, régit par la règle hermétique (ou Trutine d'Hermès), et d'autres types d'horoscope prénatal.

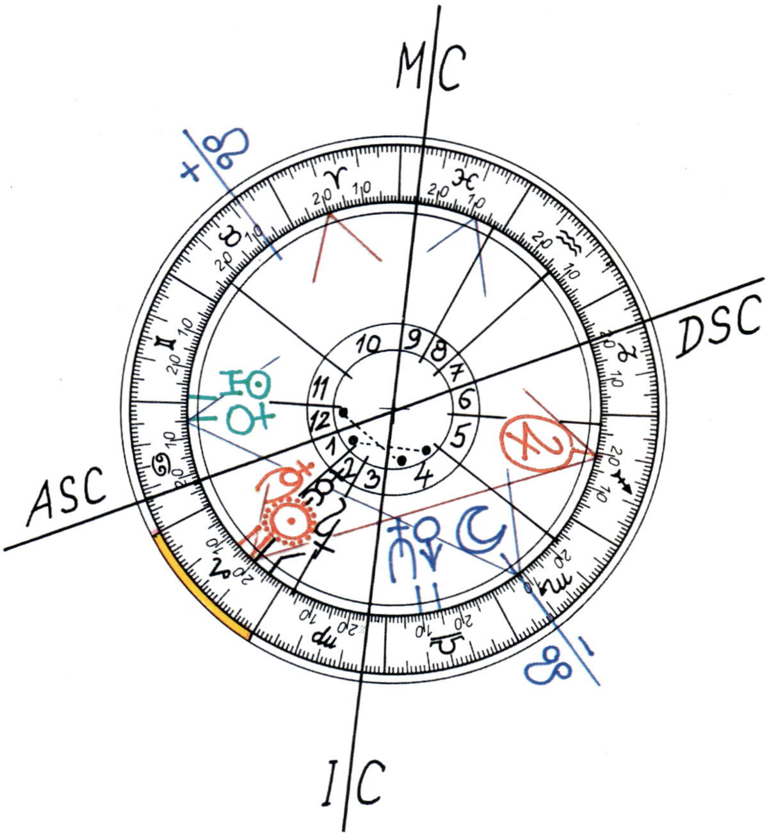

Horoscope natal de Jan Palach, né le 11 août 1948 à 3 h 27 en temps d'Europe centrale à Prague. (Maisons kochéennes.) Uranus, dans la 8e Maison (Maison de la mort, dont la Pointe se trouve dans le Verseau), en conjonction avec Vénus dans le Cancer dans la 12e Maison (renoncement, isolation et souffrance), suggère une mort dans l'isolement d'un hôpital et à proximité de jeunes femmes (infirmières). C'est ainsi que mourut J. Palach, le troisième jour après qu'il s'est immolé par le feu sur la place Venceslas à Prague.

Parmi les principales méthodes de l'astrologie prévisionnelle, qu'elles soient individuelles ou collectives (mondiale), citons :
- la méthode de la révolution solaire (horoscope solaire) ;
- la méthode de la révolution lunaire (horoscope lunaire) ;
- la méthode des transits (horoscope de transit) ;
- la méthode des directions (directions primaires, secondaires ou tertiaires, directions symboliques, profections).

Lorsque le but est purement mondial, les horoscopes suivants sont préparés :
- ingressions (horoscopes trimestriels) ;
- horoscopes néoméniens (pour la nouvelle Lune) ou de pleine Lune ;
- horoscopes des éclipses solaires ou lunaires ;
- horoscopes pour les conjonctions ou oppositions planétaires significatives.

D'autres horoscopes très particuliers sont encore dressés :
- l'horoscope horaire ;
- les interrogations ;
- l'horoscope de decumbiture.

L'astrologie comparative

La méthodologie de l'astrologie comparative consiste, d'une part, à établir des comparaisons (ou synastries) entre des horoscopes natals ou établis pour l'origine de différentes choses et, d'autre part, à construire un horoscope commun synthétique dit « horoscope composite ».

Les opérations astrologiques spéciales

Elles comprennent :
- les corrections de l'horoscope natal (thème) ;
- les rectifications du thème en cas de déplacement de son sujet ;
- l'établissement de certains horoscopes spéciaux.

Horoscope établi pour le jour de l'auto-immolation de J. Palach, le 16 janvier 1969 à 2 h 30 en temps d'Europe centrale à Prague, en face du Musée national de la place Venceslas. (Maisons kochéennes.) Le Soleil, à la Pointe de la 8e Maison (Maison de la mort) et dispositeur de la 3e Maison (communication, expression personnelle), suggère la raison de cet acte : une tentative pour s'exprimer clairement, protester et communiquer avec éloquence.

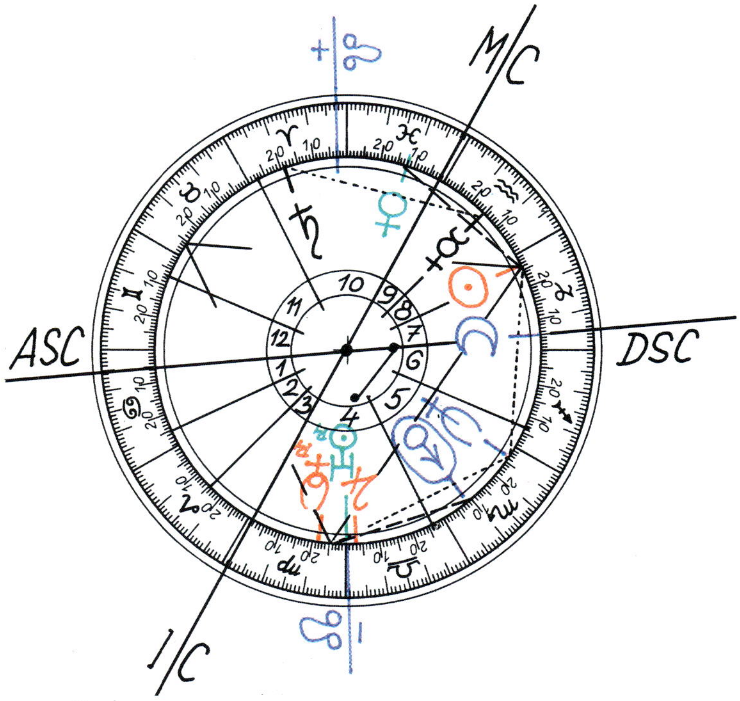

LES MÉTHODES DE L'ASTROLOGIE NATALE

L'horoscope natal

L'horoscope natal, ou thème, est dressé pour le moment de la naissance ou à l'instant décidé, en astrologie mondiale, concernant l'objet de préoccupation. Il représente une forme de matrice définissant de façon globale le type et les principales tendances du sujet, ses avantages et ses défauts, mais aussi les opportunités et les obstacles qu'il rencontrera. Le thème est une sorte de carte révélant comment comprendre le sujet et ses réactions les plus probables. Les prédictions permises par le thème sont de caractère assez général et n'ont pas de limites dans le temps ; le but du « voyage » est bien mieux caractérisé que ses éléments individuels, « tours » et « détours ». La plupart du temps, le thème est utilisé comme fondations pour la superstructure des horoscopes prévisionnels.

Le problème de l'horoscope de conception

Un authentique horoscope de conception pose un gros problème en astrologie. Bien que nous puissions penser que cet horoscope particulier traite sans doute de la véritable origine d'un individu, nous devons accepter qu'en termes pratiques il ne peut jamais être établi directement du fait du manque de données fiables. L'instant de la conception, qui n'est pas forcément celui de la culmination coïtale, reste inconnu – c'est l'un des grands mystères de la naissance. Par suite, l'astrologie doit faire appel à une règle empirique utilisée par les anciens astrologues et connue sous le nom de « règle hermétique » ou Trutine d'Hermès (*Trutina hermetis*).

Cette méthode, principalement employée pour pallier aux éventuelles imprécisions sur le moment de la naissance, fournit le moment hypothétique de la conception comme sous-produit de ses calculs. Elle se fonde sur la connais-

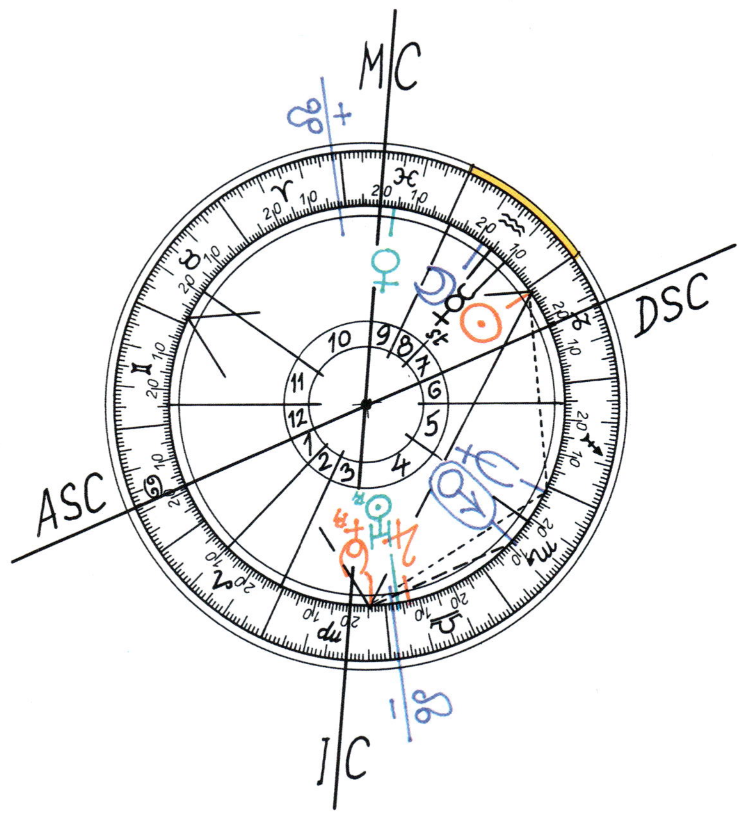

Horoscope établi pour le jour de la mort de J. Palach, le 19 janvier 1969 à 15 h 30 en temps d'Europe centrale à Prague. Comme dans l'horoscope de son auto-immolation, là encore le dispositeur de la 3e Maison, cette fois Mercure, se trouve dans la 8e Maison, celle de la mort. (Maisons kochéennes.)

sance empirique qu'il existe une relation importante entre l'horoscope de conception et l'horoscope natal, et plus précisément entre la position de la Lune dans le premier horoscope et l'axe Ascendant-Descendant du second.

La théorie de la règle hermétique a été, et demeure encore, un sujet de débats fervents parmi les spécialistes de l'astrologie. Malgré toutes les tentatives, il a toutefois été impossible de prouver sa validité générale et universelle. L'instant de la première inspiration d'un nouveau-né reste donc le seul repère incontestable du début de sa vie. Sachant cela, les astrologues tentent de pénétrer dans la période prénatale par d'autres méthodes horoscopiques. Cependant, ces investigations sont restées assez exceptionnelles, et il est raisonnable de douter de l'applicabilité générale de leurs résultats.

LES MÉTHODES DE L'ASTROLOGIE PRÉVISIONNELLE

L'horoscope solaire

L'horoscope solaire est un horoscope annuel permettant la prédiction des événements les plus importants au cours d'une année, d'un anniversaire à l'autre. Le moment de départ est l'instant où le Soleil retrouve exactement la longitude écliptique qu'il avait au moment de la naissance de l'individu. L'astrologue établit ensuite l'horoscope pour cet instant et par les méthodes ordinaires. Le principal préalable est de connaître le moment exact de la naissance.

L'horoscope lunaire

Pour affiner les prévisions au cours de l'année, il est possible d'établir des horoscopes lunaires, valables pour un mois. Ils sont établis chaque fois que la Lune a, durant l'année, la même longitude écliptique qu'au moment de la naissance de l'individu.

Les horoscopes solaires et lunaires sont aussi applicables à l'astrologie mondiale, par exemple pour prédire des événements dans l'histoire d'un pays.

L'horoscope de transit

La méthode de l'astrologie prévisionnelle la plus courante, la plus rapide – et par suite, la plus répandue – est celle des transits. Comme l'implique sa dénomination, l'horoscope de transit observe les mouvements locaux des Planètes et les Aspects qu'elles génèrent par rapport aux positions « pétrifiées » des Planètes dans le thème natal. Contrairement aux horoscopes solaires et lunaires qui (comme le thème natal) étendent sur une longue période la validité de la configuration céleste à un instant précis, l'horoscope de transit observe les mouvements réels tout au long de la période en considération. De cette façon, l'astrologue définit réellement les effets instantanés des groupements planétaires. La méthode des transits est employée tant en astrologie individuelle que mondiale.

L'horoscope de direction

La méthode la plus compliquée, mais mathématiquement la plus exacte, est celle des directions.

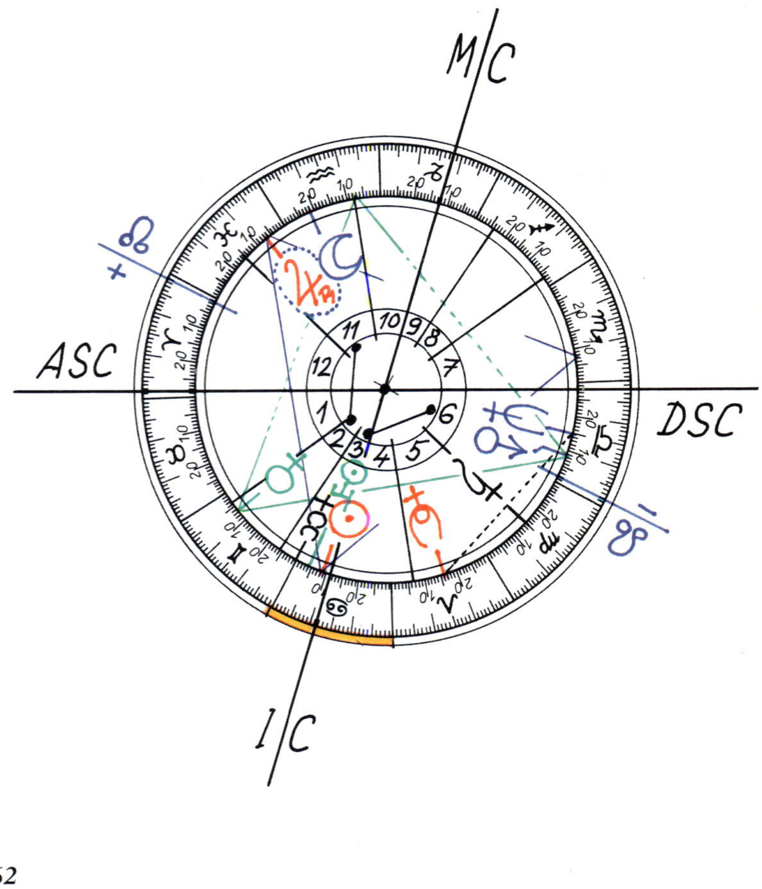

Horoscope natal (thème) de l'étudiant tchèque Jan Zajíc, né le 3 juillet 1950 à 0 h en temps d'Europe centrale (0 h 11, heure locale) à Vitkov, près d'Opava. (Maisons kochéennes.) Jupiter ; le dispositeur de la 8e Maison (Maison de la mort, dont la Pointe se trouve dans le Sagittaire), se trouve dans les Poissons et la 11e Maison (les relations avec autrui). Ceci suggère que sa mort aura lieu dans un lieu public, mais néanmoins d'une façon quelque peu dissimulée. C'est bien ainsi que mourut J. Zajíc en s'immolant par le feu environ cinq semaines après Jan Palach.

Elle ne procède ni par mise à jour partielle du thème comme l'horoscopie solaire et lunaire, ni en suivant le mouvement des Planètes sur une certaine période, comme la méthode des transits. La substance de l'astrologie des directions consiste à déplacer, pendant divers temps clés et constants, les éléments individuels de l'horoscope vers d'autres éléments, puis à étudier les Aspects formés par les éléments de l'horoscope de direction entre eux et avec ceux du thème.

Selon le caractère et la façon de procéder aux déplacements des éléments de l'horoscope, on distingue deux types de méthodes : les directions astronomiques (ou progressions) et les directions symboliques. Les premières sont basées sur des cycles astronomiques réels tandis que les secondes sont purement spéculatives. Les directions astronomiques comprennent les directions primaires, qui s'appuient sur la rotation de la Terre, les directions secondaires, qui s'appuient sur l'analogie de la rotation de la Terre avec sa révolution autour du Soleil, et les directions tertiaires, qui s'appuient sur le mouvement de la Lune.

Dans la méthode des directions primaires, on déplace un élément intéressant (Point sensible ou Planète) du thème natal vers un autre laissé fixe (généralement Planète importante du thème), jusqu'à ce que survienne un Aspect significatif. En associant chaque degré de déplacement sur le Zodiaque à un an de vie, on calcule l'âge auquel survient l'événement correspondant à la formation de l'Aspect. Dans la méthode des directions secondaires – couramment appelées « progressions » –, afin de connaître la situation d'un individu à un âge donné, on fait progresser les éléments de son thème d'autant de jours que nécessaire, à raison d'un jour pour un an, jusqu'à atteindre l'âge à étudier ; le thème ainsi obtenu est ensuite interprété et comparé au thème natal.

Les directions symboliques appliquent un déplacement artificiel aux éléments de l'horoscope sur l'écliptique pendant différents temps clés. Les profections en sont un cas spécial ; elles appliquent un déplacement constant de 30° par an aux éléments de l'horoscope, ce qui conduit à un cycle de douze ans.

L'horoscope trimestriel

Les horoscopes trimestriels ou ingressions sont établis en astrologie mondiale pour l'instant exact de l'entrée (ou ingrès) du Soleil dans les signes zodiacaux principaux, à savoir les signes équinoxiaux (Bélier, Balance) et solsticiaux (Cancer, Capricorne). Ils sont établis pour les capitales des États et annoncent les événements les plus importants au cours du trimestre durant l'année astronomique (et non civile) considérée, celle-ci commençant avec l'équinoxe de printemps (20 ou 21 mars).

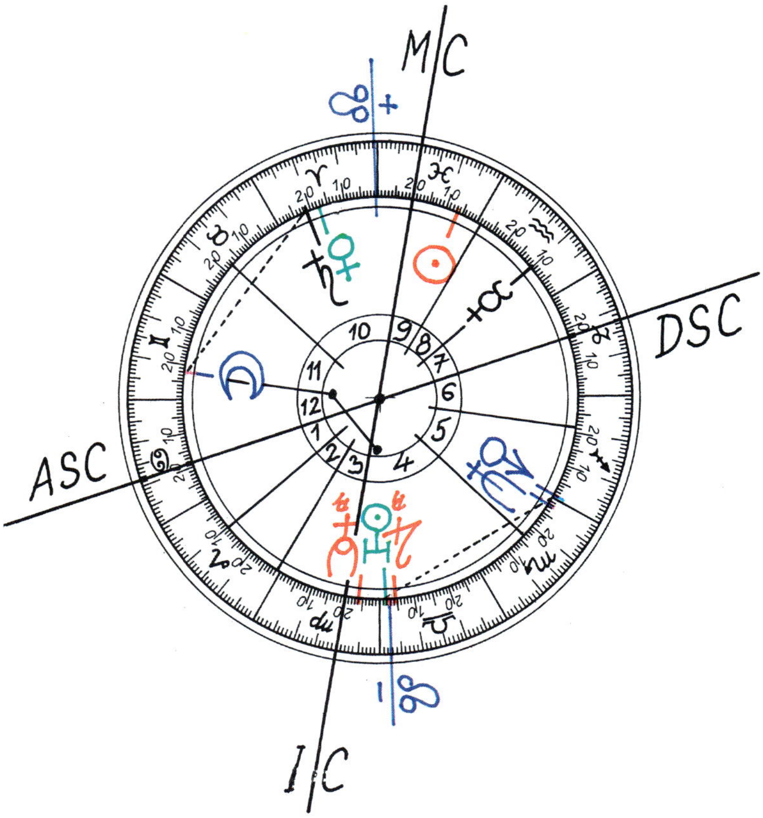

Horoscope établi pour le jour de la mort par immolation par le feu de J. Zajíc, le 25 février 1969 à 13 heures en temps d'Europe centrale, à l'arrière d'une maison sise au n° 39 de la place Venceslas. (Maisons kochéennes.) Comme dans l'horoscope de la mort de Jan Palach, là aussi Mercure, dispositeur de la 3e Maison (communication, expression personnelle) qui révèle les raisons de son acte et de sa mort, se trouve à la Pointe de la 8e Maison, Maison de la mort. Dans les horoscopes natal, d'immolation et de décès de Jan Palach et dans l'horoscope de décès par immolation de Jan Zajíc, l'Ascendant est situé à chaque fois dans le signe du Cancer – il est même situé à la même position angulaire (18°) pour leurs morts respectives, et à peine 4° au-delà pour la naissance de J. Palach. Dans les cinq horoscopes, le signe du Cancer est fortement accentué, ce qui est aussi le cas d'un grand nombre d'événements significatifs de l'histoire tchèque. Sur un plan d'interprétation supérieur, ceci suggère une action spirituelle ; sur le plan matériel, des produits chimiques actifs (combustibles, substances caustiques). Les significations de ces cinq horoscopes sont interconnectées non seulement par la relation mentionnée ci-avant, mais également par de nombreux autres liens astrologiques mettant en évidence leur corrélation au travers d'un dénominateur commun fatal.

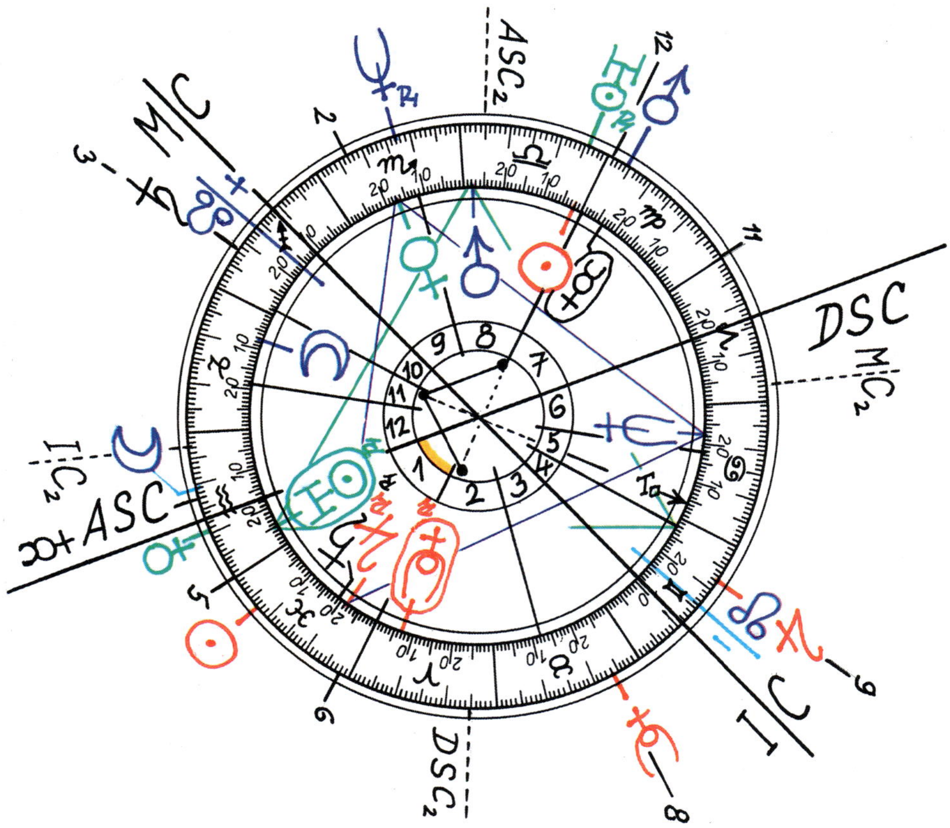

Horoscope natal (thème) d'Albrecht von Wallenstein, établi sur la base des données rectifiées par Kepler et enrichi des trois planètes récemment découvertes. Naissance le 24 septembre 1583 à 16 h 36 min et 30 s (temps rectifié) par 50° de latitude nord. Sur la périphérie de l'horoscope ont été reportées les positions des Planètes le jour de la mort de Wallenstein à Cheb (anciennement Eger) le 25 février 1634, entre 21 heures et 22 heures (Maisons kochéennes). Le thème révèle quelques éléments remarquables que ni le duc ni son astrologue ne pouvaient connaître à cette époque. Sur les quatre Planètes en domicile dans leur signe respectif, seules deux étaient connues (Jupiter et Mercure) : Uranus et Pluton ne furent découvertes que beaucoup plus tard. Or, ces Planètes sont précisément les éléments clés du destin de Wallenstein. Par sa position, Uranus suggère une personnalité souvent surprenante, aux projets grandioses et aux idées extraordinaires, éprouvant une forte attirance pour l'astrologie à laquelle il fut particulièrement attaché. Pluton dans la 2e Maison annonce une initiative fantastique dans la sphère matérielle, apportant des biens considérables. La possibilité d'une mort violente est suggérée par la présence de Mars reçue par Vénus dans le Scorpion (dont Vénus est le maître et de surcroît l'ordonnateur de la 8e Maison, Maison de la mort) ; la mort violente est aussi suggérée par la position du Soleil à la Pointe de la 8e Maison. Étant le maître du signe où se trouve le Descendant, le Soleil représente ici les adversaires, notamment le roi et l'empereur Ferdinand II.
Les transits mortels des Planètes, reportés sur la circonférence extérieure de l'horoscope, sont remarquables, notamment par leurs interactions. Au moment du meurtre de Wallenstein à Cheb, le maître de sa naissance, Uranus, était en transit en conjonction avec le Soleil, à la Pointe de la 8e Maison. Tandis que dans le thème, le maître de cette Maison et dispositeur du Soleil, Vénus, entrait en conjonction avec Uranus dans la première Maison (la personnalité de l'être), Mars dépassait juste la conjonction avec la 3e Planète en domicile du thème, Mercure. Au moment du meurtre, Mercure en transit s'approchait, comme la Lune, de la fin de la 12e Maison – Maison des intrigues, des obstacles, des inhibitions et des dessins secrets. Les deux maîtres de cette Maison (à cheval sur deux signes, le Capricorne et le Verseau), respectivement Saturne et Uranus, en transit avec d'autres Planètes (notamment Mars), favorisaient le passage à l'acte meurtrier. Saturne, en opposition avec Jupiter, faisait momentanément un carré (un Aspect conflictuel) avec Jupiter et leurs positions respectives dans le thème, ainsi qu'avec Mercure, formant ainsi une croix dans les Maisons angulaires de l'horoscope. Par ailleurs, Pluton faisait aussi un carré avec la position d'Uranus dans le thème, tandis que d'autres carrés étaient formés, d'une part, entre Neptune, Mercure et la Lune en transit et, d'autre part, entre Mars et Saturne en transit. De fait, au moment de la tragédie de Cheb, les Planètes ont véritablement « conspiré » contre Wallenstein d'une manière inouïe. Chacune d'entre elles a joué un rôle précis dans cette danse mortelle, aucune ne restant en dehors du jeu. Ce cas spécifique et remarquable est l'un des exemples classiques de la validité de l'astrologie.

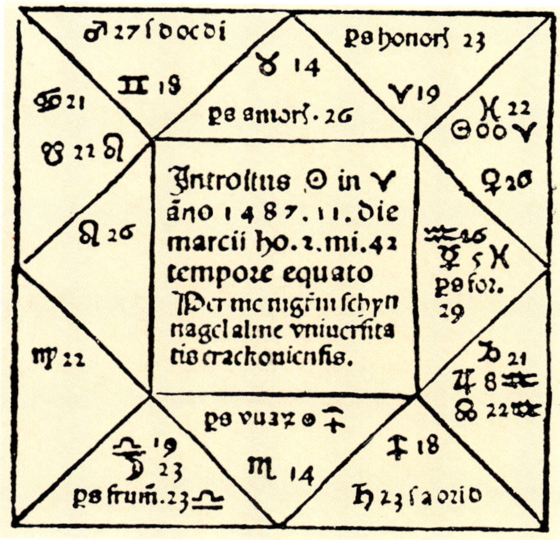

Ingression pour le printemps 1487 fondée sur l'entrée du Soleil dans le Bélier, d'après l'*Almanach de Marcus Schynnagel*, maître à l'université de Cracovie. (Imprimé en latin par Erhart Ratdolt, Augsburg, 1487.)

L'astrologie prévisionnelle mondiale

L'astrologie prévisionnelle mondiale emploie, en plus des méthodes précédentes, des horoscopes établis pour le moment de la nouvelle Lune ou de la pleine Lune, valables durant un mois, des horoscopes pour les éclipses de Soleil ou de Lune, ainsi que d'autres établis pour les conjonctions ou oppositions planétaires significatives et pour les rares alignements de Planètes. La période de validité de ces horoscopes est variable ; il ne nous reste des temps anciens que les règles empiriques utilisées pour sa détermination.

Prédiction astrologique des possibles conséquences de deux éclipses solaires et d'une éclipse lunaire durant l'année 1563. Alliées à la conjonction attendue de Jupiter avec Saturne dans le signe du Cancer, elles auguraient des guerres, des catastrophes naturelles et de nombreuses morts.

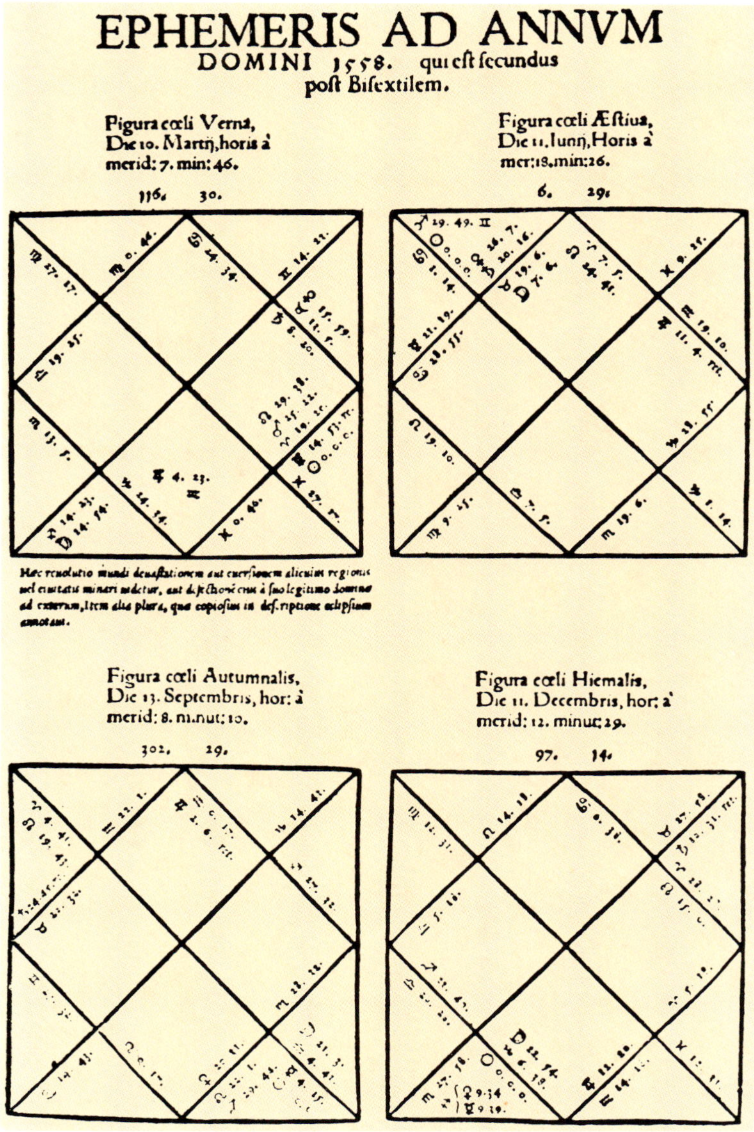

Quatre horoscopes mondains trimestriels (ingressions) établis pour 1558, d'après les éphémérides de Cyprien Lvovický de Lvovice (dit Leovitius) éditées en 1557.

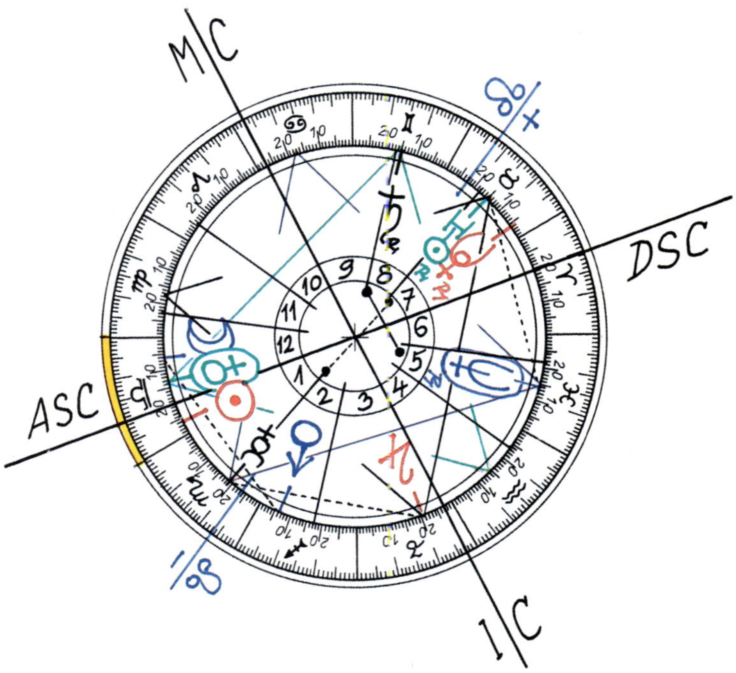

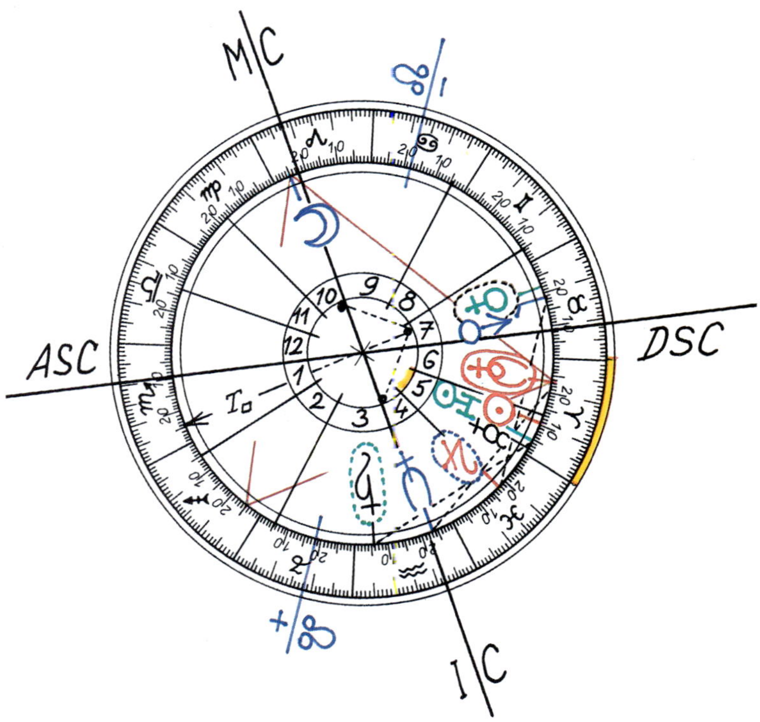

Horoscopes de deux célèbres poètes « maudits » intimement liés : celui d'Arthur Rimbaud (*en bas*), né le 20 octobre 1854 à 6 heures à Charleville, et celui de Paul Verlaine (*en haut*), né le 30 mars 1844 à 21 heures à Metz. (Système des Maisons kochéennes). La Balance, à l'est de l'horoscope de Rimbaud, accentuée par la présence de l'Ascendant et de trois Planètes (dont le Soleil), est manifestement complémentaire du Bélier, également très accentué, à l'ouest de l'horoscope de Verlaine. Tandis que chez Rimbaud, Vénus est en domicile dans le signe d'Air de la Balance (inspiration littéraire), chez Verlaine, elle est en domicile dans son signe de Terre, le Taureau (réalisme, sensualité). Alors que le jeune Rimbaud abandonna rapidement la poésie et se lança dans les affaires en voyageant à l'étranger, ce qui finit par le tuer (croix égyptienne se terminant dans la Vierge et dans la 11e Maison, et Mars dans le Sagittaire dans la 2e Maison), Verlaine, plus âgé, resta fidèle à sa carrière littéraire à Paris.

L'horoscope horaire et l'interrogation

Les autres domaines de l'astrologie prévisionnelle sont l'astrologie horaire et les interrogations. Un horoscope horaire étudie un événement ayant déjà pris place en un certain lieu pour informer de ses conséquences. Une interrogation est établie pour le lieu où se trouve l'astrologue et pour le moment où la demande concernant l'événement anticipé a été faite, ou celui où l'astrologue en a été informé. Si l'astrologue lui-même est le requérant, l'horoscope est établi pour le moment où la question a surgi pour la première fois. Un cas particulier d'astrologie horaire est l'horoscope de decumbiture (*decumbiturium*), dressé pour le moment où une personne s'est alitée, afin de prédire l'évolution probable de sa maladie.
La sélection d'un moment approprié pour mettre un projet à exécution, de même que l'exclusion de dates défavorables à partir d'une analyse horoscopique sont appelées « élections ».

LES MÉTHODES DE L'ASTROLOGIE COMPARATIVE

Si la requête concerne plusieurs personnes physiques ou juridiques, le problème relève de l'astrologie comparative. Elle peut faire appel à deux méthodes. La première, dite « des synastries », consiste à effectuer de simples comparaisons des horoscopes de naissance, c'est-à-dire à chercher leurs similarités ou antagonismes, et leur compatibilité. La seconde consiste à établir un nouvel horoscope, dit « composite », en combinant les horoscopes des participants ; les positions calculées des éléments de cet horoscope synthétique sont les moyennes arithmétiques des positions des horoscopes initiaux.

L'horoscope composite représente le couple ou le groupe de participants comme un tout. Cependant, il faut toujours garder à l'esprit lors de son interprétation qu'un tel horoscope est artificiel. C'est pourquoi on y trouve parfois des groupements planétaires paradoxaux comme une opposition entre le Soleil et Mercure, ou Vénus.

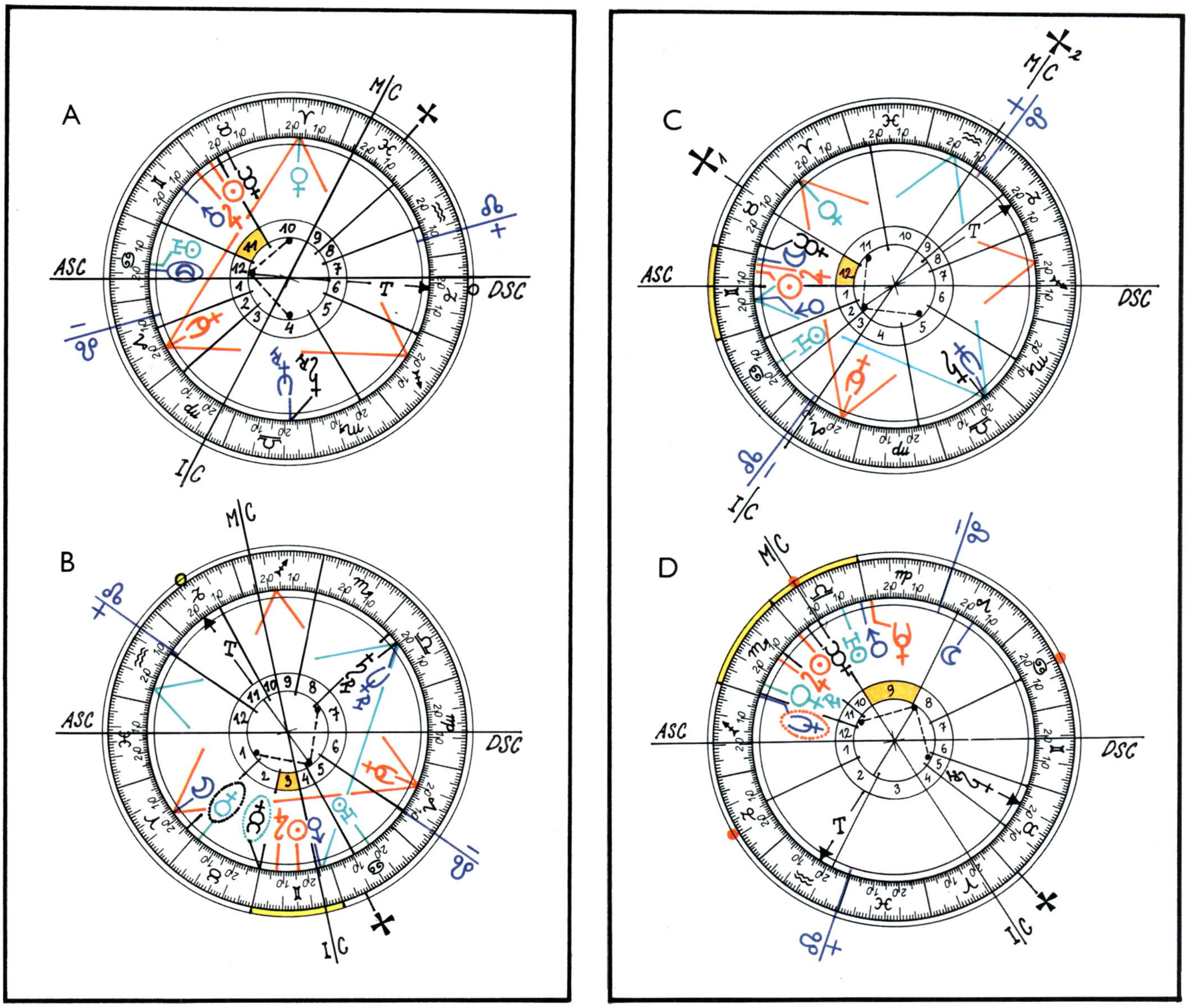

Une triste tâche que cette horoscopie comparative destinée à mieux comprendre la mort tragique de deux adolescents de 17 ans, renversés en même temps sur le trottoir par un camion dans une petite ville du nord de la Bohême en 1970.
Le schéma A est le thème natal du premier jeune homme, le B, celui du second, C est l'horoscope synthétique (composite) des horoscopes des deux garçons, D, l'horoscope établi pour le jour de leur mort violente. Les quatre horoscopes ont été dressés dans le système kochéen sur la base de données précises fournies par leurs familles.
L'analyse horoscopique de cet événement incroyable, et à première vue totalement accidentel, révèle qu'un lourd destin pesait en fait sur les participants. Les thèmes des deux adolescents, qui ne sont nés qu'à trois semaines d'intervalle, sont apparentés par une croix égyptienne significative entre Saturne, Neptune, la Lune et Vénus pour le premier (A) et Saturne, Neptune, Uranus et la Lune pour le second (B).
La même configuration apparaît dans l'horoscope composite (C), où elle conduit à la 8e Maison, celle de la mort, à 18° du Capricorne. Il est intéressant de noter que cette position était aspectée par le Soleil dans le thème de l'astrologue, à la Pointe de la 12e Maison (les mystères), au moment où celui-ci se pencha sur ce cas. La Lune, en conjonction avec Uranus dans le thème A, en carré avec Uranus dans le thème B, en semi-carré avec Uranus dans l'horoscope C, et en sextile avec Uranus dans l'horoscope D, indique que la clé de l'élucidation de cette incroyable tragédie pourrait se trouver dans les relations astrologiques des deux jeunes. Le point (ou Part) de mort dans le thème du premier garçon (A) est en conjonction exacte avec l'Ascendant du second (B). Le point de mort de l'horoscope de transit au moment de leur mort (D) est en conjonction avec Vénus, maître de la Maison de la mort (8e Maison) dans le second thème (B). Dans l'horoscope composite C, outre la croix égyptienne déjà mentionnée conduisant à la 8e Maison, les positions des deux points de mort possibles sont tout aussi symptomatiques : le premier (indiqué par une croix et un 1), placé à mi-distance des points de mort des thèmes, est situé à la Pointe de la 12e Maison, extrêmement occupée – c'est le premier indice de la possibilité d'une mort violente du couple ; le second (indiqué par une croix et un 2), obtenu par le calcul traditionnel à partir des longitudes de Mars, Saturne et de l'Ascendant de l'horoscope composite C, est situé au Milieu du Ciel (MC) dans le Verseau, ce qui signifie une mort dans un lieu public pour les deux adolescents.
Dans le thème A, la Planète des surprises imprévues – Uranus, qui est ici le maître de la 8e Maison – est en conjonction avec la Lune (en domicile dans le Cancer), qui est le maître

de la 12e Maison (Maison des intrigues) ainsi que de la 1re Maison (le « moi »).
Cette configuration se combine à la croix égyptienne formée, d'une part, par la conjonction Saturne-Neptune et, d'autre part, par Vénus, leur ordonnateur. Ce groupement de cinq Planètes suggère la survenue d'une chose difficile à comprendre en relation avec la mort. En outre, le carré de Mars avec le point de mort indique une probable mort violente.
Dans le thème B, Vénus en domicile est le maître absolu de la Maison de la mort (8e Maison).
Le semi-carré qu'elle forme avec le Soleil dans le signe excessivement occupé des Gémeaux, dans la 3e Maison, suggère que la mort est liée, avec un court déplacement, telle une course, et littéralement, avec le trottoir. Le second maître de la Maison de la mort, Mars, situé au Fond du Ciel (IC), annonce une fin violente à proximité de chez soi. Son dispositeur, Mercure, en domicile dans les Gémeaux et à la Pointe de la 3e Maison, précise encore le message : mort d'un piéton en mouvement faisant un court déplacement, dans la rue ou directement sur le trottoir. De surcroît, le semi-carré de Mercure avec Uranus indique la survenue totalement inattendue de la mort, par surprise ou embuscade. La Pointe de la 8e Maison dans l'horoscope de transit de la tragédie (D) est en conjonction avec la position d'Uranus dans l'horoscope composite (C), où cette Planète, toujours surprenante et perverse, joue simultanément le rôle de Maître de la destination du voyage ou de la Maison des réalisations (10e Maison), et de dispositeur du 2e point de mort, ainsi que de maître de la Maison de la mort (8e Maison) avec laquelle elle est, en outre, en opposition.
Le Milieu du Ciel de l'horoscope de transit (D) est en conjonction exacte avec celle de Saturne-Neptune, présente dans les deux thèmes et dans l'horoscope composite. Dans le mortel horoscope de transit, la Lune, maître de la 8e Maison, est située dans cette Maison et fait une croix égyptienne avec les maîtres de la 1re Maison, qui représente la nature de la situation, et de la 3e Maison, la Maison des voyages brefs. Mais ces principales relations astrologiques entre les quatre horoscopes peuvent être complétées par de nombreuses autres configurations, moins connues mais en aucun cas négligeables, permettant une compréhension encore plus grande des causes de l'événement.

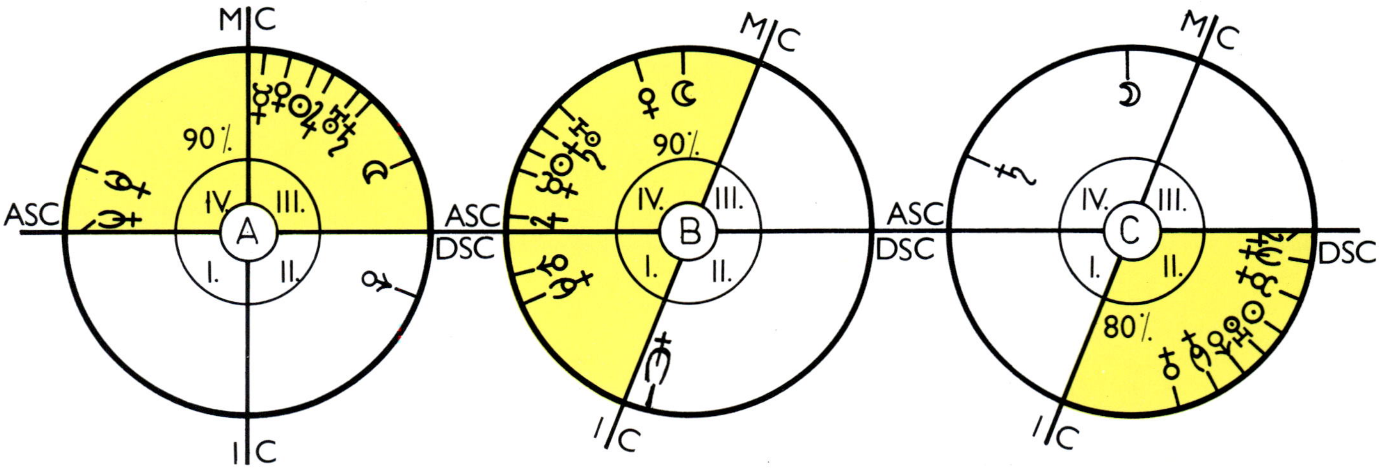

Exemple d'horoscopie comparative.
Quelque chose d'important manquait aux relations d'un couple marié (*schéma A* – thème du mari, *schéma B* – thème de la femme), comme on peut le découvrir en comparant leurs horoscopes de naissance. Le mariage ne se consolida et les escapades occasionnelles du mari ne cessèrent qu'après la naissance longtemps attendue d'une première fille. Comme on peut le voir, c'est son thème *(schéma C)* qui apporta le contrepoids nécessaire aux horoscopes du couple, en complétant substantiellement le second quadrant auparavant presque vide.
Il est aussi intéressant de noter que les Planètes dans le thème de leur seconde fille furent distribuées régulièrement, ce qui amplifia encore la stabilité de la famille.

LES CORRECTIONS ET RECTIFICATIONS D'UN HOROSCOPE

L'un des désagréments de l'astrologie de naissance vient de ce que l'on a parfois des données plus ou moins précises sur le moment de la naissance. Des méthodes ont donc été inventées pour améliorer leur précision. Au cours du temps, diverses méthodes de correction ont été développées ; nous en connaissons au moins douze aujourd'hui. Elles se classent en gros en quatre groupes. Le plus ancien, et le plus largement reconnu d'entre eux, est la règle hermétique, déjà mentionnée, appelée encore Trutine d'Hermès, basée sur les relations astrologiques supposées entre le moment de la naissance et le moment de la conception.

Le deuxième groupe se fonde sur la connaissance des moments exacts où ont eu lieu les événements significatifs d'une vie. Grâce à ces dates et à l'aide de méthodes prédictives – le plus souvent des directions ou des transits –, l'astrologue tente de déterminer l'instant de la naissance avec une plus grande précision.

Le troisième moyen de préciser cet instant est la méthode dite des « caractéristiques typologiques ». Enfin, la quatrième possibilité, la plus récente, est suggérée par certaines méthodes correctives expérimentales exploitant le plus souvent les relations internes répétitives existant entre les éléments horoscopiques, ce qui suppose que certaines de ces configurations types soient aussi présentes dans le thème.

La rectification d'un horoscope, également appelée « relogement », est effectuée lorsque le sujet a quitté son lieu de naissance ; les calculs prennent en compte les coordonnées géographiques du nouveau lieu de résidence du sujet. L'horoscope initial (le thème natal) ne perd pas sa validité, mais doit être pris en compte avec l'horoscope rectifié.

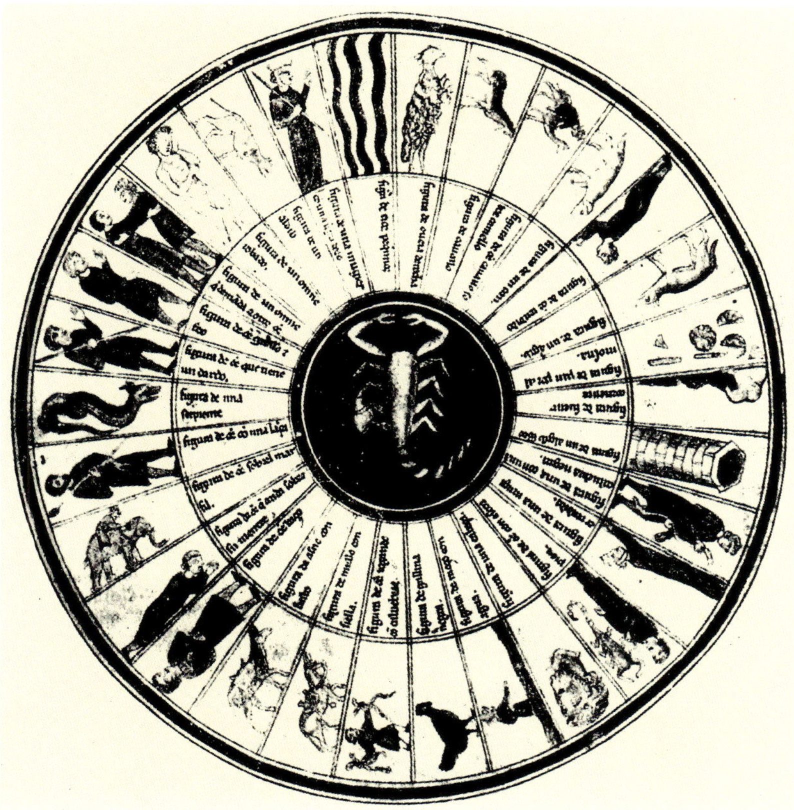

Les monomères du signe du Scorpion – 30 segments d'arcs de 1° chacun – et leurs contenus astrologiques spécifiques (*in Codex Vat. Reg.*, 1283).

Les spécialités de la cuisine astrologique

LES MONOMÈRES

Le concept selon lequel chaque degré de l'écliptique – ou monomère, du grec « partie unique » – est une entité autonome à la signification spécifique pour la divination est une conséquence logique de la division du Zodiaque en signes, à leur tour divisés en décans. Chaque degré zodiacal révèle donc un aspect partiel du destin. Cette opinion astrologique se retrouve dès l'Antiquité, par exemple dans le livre VIII de l'ouvrage *Matheseos* de Firmicus Maternus, ou dans l'écrit attribué à Teucros, *Sphaera barbarica*, qui résume l'astrologie non grecque ; cet ouvrage contient 360 prédictions pour chaque monomère du Zodiaque. Des méthodes spécifiques de division détaillée du Zodiaque et de ses signes abondent toujours, notamment dans l'astrologie hindoue. En Europe, une attention particulière fut accordée aux monomères dans l'Angleterre du XVIIe siècle, notamment par John Gadbury et Robert Fludd.

L'étude des monomères – ces images symboliques de chaque degré du Zodiaque – fut reprise à la fin du XIXe siècle et au cours du XXe, cette fois par des astrologues associés à des clairvoyants et à des théosophes. Un système de 360 images pour chacun des degrés du Zodiaque, fournies par le clairvoyant anglais John Thomas, dit Charubel, fut publié en 1898 par l'astrologue anglais William Frederic Allan (dit Allan Leo).

Les symboles sabiens

À cette époque, le créateur du nouveau système de monomères, l'américain Marc Edmund Jones, n'avait encore que 10 ans. Son système de symboles sabiens est devenu populaire aux États-Unis grâce au livre de Dane Rudhyar, *An Astrological Mandala*, dans lequel l'auteur étaie philosophiquement l'ensemble du système. Selon ce dernier, c'est dans le vaste parc central de San Diego (Californie), en 1925, que furent créés les symboles sabiens grâce à la coopération de Marc E. Jones et d'une remarquable clairvoyante, Elsie Wheeler, à qui D. Rudhyar rendit visite en 1936 pour s'assurer qu'elle était bien cette excellente médium capable de « visualiser » les symboles. Dane Rudhyar, fondateur de l'astrologie humaniste, décrit ainsi l'origine des symboles sabiens : un certain jour de 1925, Marc E. Jones emmena Mme Wheeler en voiture pour le parc de San Diego, où ils s'arrêtèrent dans un coin tranquille. Il avait emmené un jeu de 360 cartes totalement vierges à l'exception d'une minuscule marque à peine visible dans le coin supérieur droit indiquant le degré zodiacal considéré. Marc E. Jones commença à battre les cartes, et continua ainsi durant toute la séance ; puis il prit une carte au hasard, sans regarder sa marque, de sorte que ni lui ni Mme Wheeler ne savaient de quel degré il s'agissait, et demanda à cette dernière de décrire ce qu'elle voyait. Elle décrivit sa vision rapidement et il en prit note brièvement (ces notes ont été citées mot à mot dans le livre de D. Rudhyar). D. Rudhyar ne vit le jeu original de cartes de ses propres yeux qu'à la fin de 1936, alors qu'il travaillait sur le chapitre des symboles sabiens du Zodiaque pour son livre *The Astrology of Personality*.

Autres systèmes de monomères

Les symboles sabiens ne furent pas la seule tentative pour utiliser des symboles picturaux de prédiction associés aux différents degrés du Zodiaque. Dès 1920, l'astrologue allemand Rudolf von Sebottendorf publiait un livre, *Les Symboles du Zodiaque*, dont le sous-titre était le suivant : *Le Symbolisme de chaque degré du Zodiaque d'après les anciennes sources*. L'auteur utilisa l'ouvrage anonyme *Lapis philosophorum* (1752) entre autres sources. Selon lui, les degrés individuels sont particulièrement importants dans le cas de l'Ascendant.

Un autre système de monomères fut présenté par Nicolas de Vore, président de la Société astrologique américaine, dans son *Encyclopaedia of Astrology* publiée à New York en 1947. Un autre système encore apparut sous le nom de la Volasfera, contenant des sortes de mots clés associés à chacun des degrés du Zodiaque.

Les curieux trouveront des exemples intéressants de divination par les monomères dans l'article de K. Hitschler, « Les Monomères » dans le livre *Astrologie Passion* dirigé par Élisabeth Tessier.

CHRONOCRATORS ET CYCLES VITAUX HUMAINS

Si nous connaissons les signes du Zodiaque, décans et monomères, l'autre face de la même pièce est représentée par les chronocrators – les maîtres astraux de périodes de temps données. Ces périodes de temps spécifiques sont en effet liées aux trois principaux plans qui coupent la sphère céleste – l'écliptique, l'équateur et l'horizon. Ainsi, si le Soleil règne sur le Lion, c'est-à-dire le secteur de l'écliptique compris entre 120° et 150°, sa domination se projette dans le calendrier solaire sur la période du 22 juillet au 23 août (calendrier grégorien). Dans l'hémisphère Nord, le Soleil est le maître de l'été.

Les lois calendaires

Selon la même procédure, chaque Planète a été associée à un certain jour calendaire de la semaine de sept jours (maîtres des jours) et à une certaine année (maîtres des ans). Les « heures planétaires » et *tattvas* hindous ont été construits de la même façon. Le principe appliqué dans chacun de ces cas est de repérer des périodes de temps constantes et répétées par les mêmes symboles. La même tentative, entreprise par les peuples anciens de la Méditerranée, a été poursuivie en Orient et par les Indiens de l'Amérique précolombienne. Le symbole qui représentait une certaine période du temps suggérait le caractère de ladite période et, par suite, avait un sens prophétique. Ainsi, à chaque moment, qu'il s'agisse de certaines heures, certains jours, semaines, mois, années ou toute autre unité de temps, correspond une activité appropriée. Je ne connais pas de texte plus suggestif pour traduire cette idée maîtresse que cet extrait de *L'Ecclésiaste*, qui lui donne son sens général : « Il y a une saison pour toute chose, et un temps pour tout faire sous le ciel... » (3 : 1), et qu'exprime le poète grec Hésiode en termes concrets dans *Les Travaux et les Jours* (voir pages 207 et 208 de cet ouvrage).

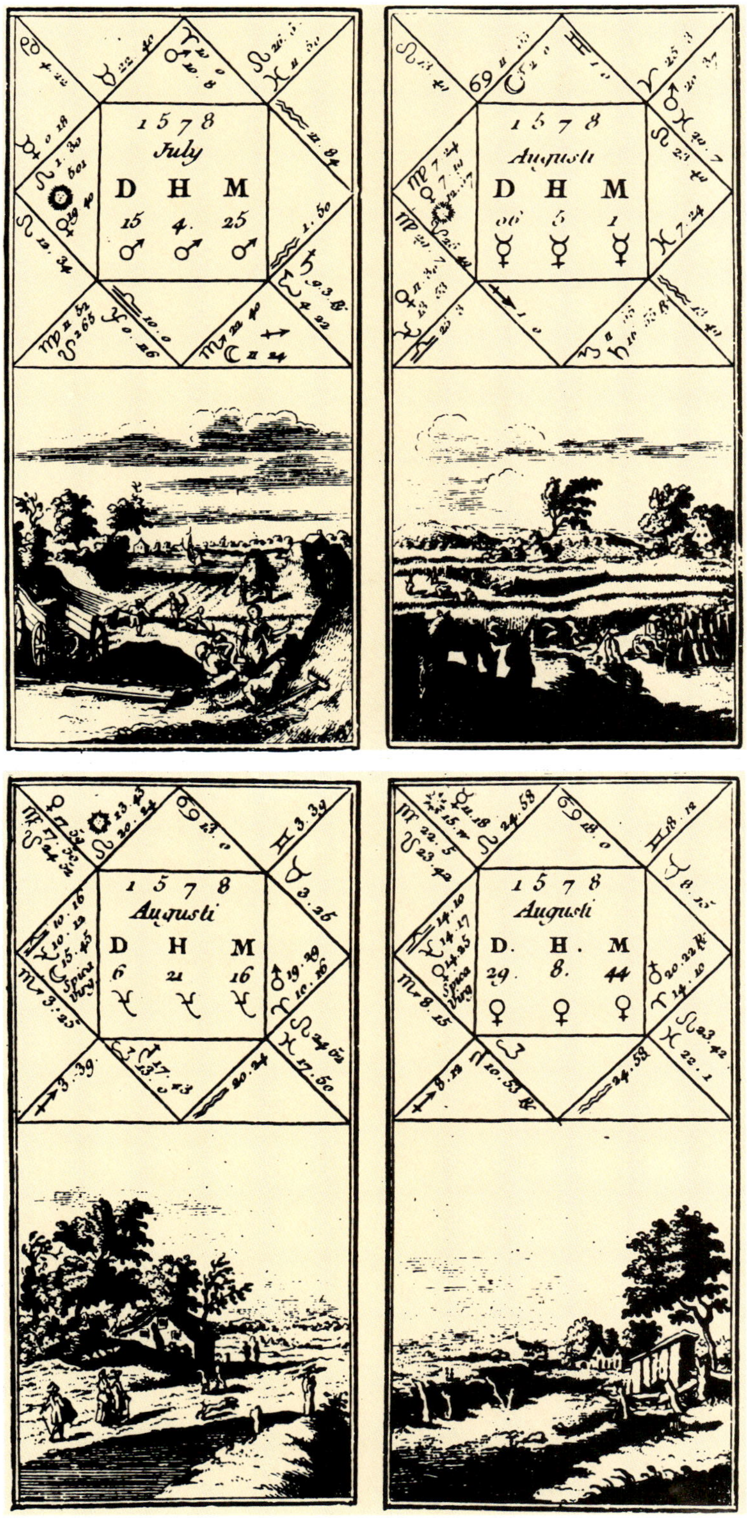

Cette série de quatre horoscopes stylisés établis entre juillet et août 1578 montre la tentative théorique d'un astrologue anonyme pour distinguer du flot des événements ordinaires les moments où la même Planète (respectivement Mars, Mercure, Jupiter, puis Vénus) a agi comme chronocrator.

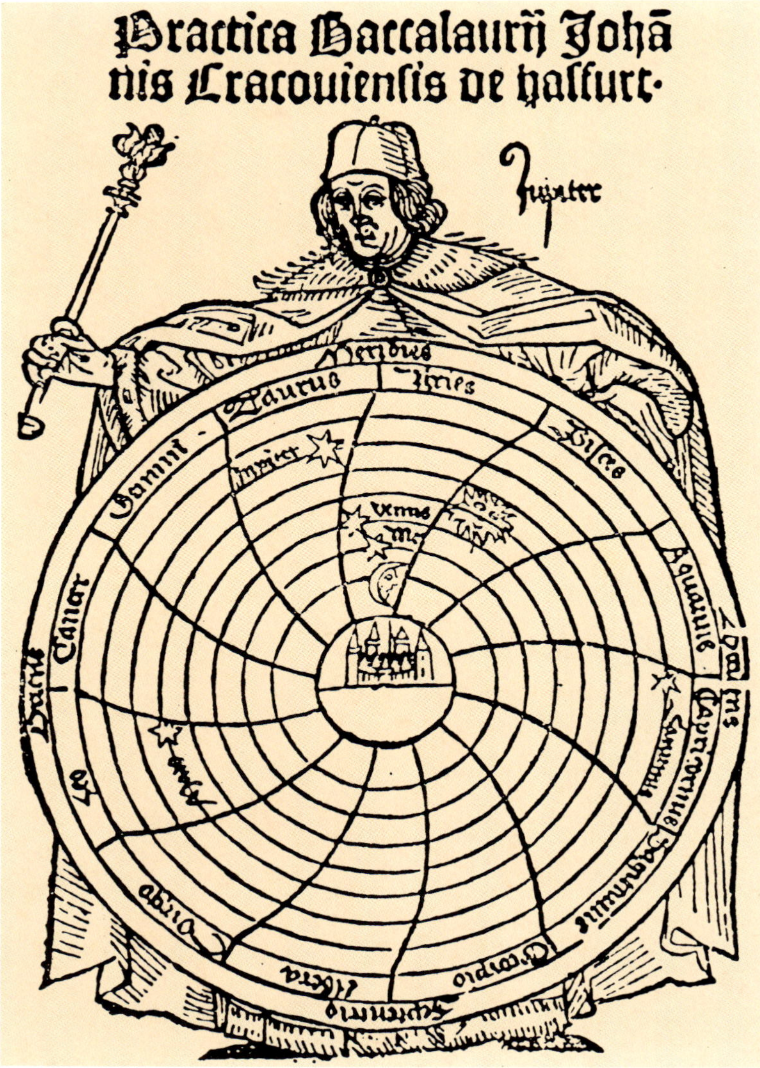

Jupiter, chronocrator de l'année. Gravure sur bois de la page de titre du *Deutschen Practica* pour l'année 1491, de Johannes Virdung de Hassfurt.

La théorie des cycles

Des lois calendaires il n'y avait qu'un pas à l'idée que la vie humaine est également divisée en périodes, ou « âges », dominées par chacune des Planètes. Une telle idée n'était pas nouvelle ; elle existe depuis l'Antiquité, et a été récurrente depuis sous le nom de « théorie des âges ». Le concept de vie humaine est lié dans une certaine mesure à l'idée de sa durée moyenne, mais aussi au symbolisme des chiffres, sans lequel rien n'était possible dans l'ancien temps.

C'est ainsi que deux cycles principaux virent le jour. Le premier, un cycle de sept ans, était relié au chiffre « magique » du sept, retrouvé dans le calendrier juif ; le nombre des jours de la semaine et le nombre des planètes connues à l'époque. Paru au XVIIe siècle, *Le Régime de santé* (*Regimen sanitatis salernitatum*), ouvrage de Henrych Rankow (de son nom latin Rantzovius), « preux chevalier, vice-régent du roi du Danemark, très estimé par l'empereur et roi Rudolf II », traite aussi de ce problème. Ainsi, dans le chapitre XXXV (« Des années de progrès ou fatales »), l'auteur définit les années fatales cycliques de la vie humaine comme celles multiples de sept (*climacterici*) et de neuf (*enneatici*), en terminant la première série par l'âge de 98 ans, et la seconde par 99 ans. À propos du cycle septennal, il donne ces explications astrologiques :

> *« L'origine de ceci réside dans le fait que, tous les sept ans, l'ordonnancement de toutes les Planètes revient à Saturne, qui nous est habituellement opposé, et l'année de disette de Saturne – destructeur et meurtrier – survient au carré de sa position. »*

Dans le contexte de ces considérations astrologiques, alors habituelles, on a vu sans nul doute une coïncidence numérique intéressante entre le cycle synodique mensuel de 29 jours et demi et la période de révolution orbitale de Saturne de 29 ans et demi. C'était parfaitement compréhensible, l'analogie étant l'un des principes directeurs de toute réflexion de la philosophie naturelle, l'astromédecine. Dans le même esprit, Rankow continue ses explications :

> *« Il s'ensuit donc qu'en leur septième année, les enfants perdent leurs dents et qu'il leur en pousse d'autres. En leur quatorzième année, il leur pousse des poils. Et lorsque s'achève une semaine septennale, soit sept fois sept ans, la raison vient à l'homme dans sa quarante-neuvième année, de sorte qu'il devient prudent et adulte et mûr. Et lorsqu'il approche dix fois sept ans, soit soixante-dix ans, il a atteint le but de sa vie et la mort n'est plus loin. »*

La littérature moderne s'intéresse aux périodes septennales. L'écrivain tchèque Jiří Mahen, dans le chapitre 18 de sa nouvelle surréaliste *La Plus Belle Aventure*, délibère ainsi :

> *« Il y a certainement quelque chose de très sérieux dans la théorie des sept ans. Les scientifiques soutiennent que l'homme vit durant un temps qui est déterminé par ses parents et ancêtres. On dit que l'homme s'adapte plus particulièrement, à la fois physiquement et spirituellement, à ceux de ses ancêtres se trouvant à sept ans ou un multiple de sept ans de lui. L'homme ne ressemble pas seulement à son père ou à sa mère, il acquiert souvent le "rythme" vital de son grand-père maternel et devient dépendant de son prototype sans le savoir. »*

Je confirme ceci, non seulement d'après ma propre expérience, mais aussi parce que c'est en parfait accord avec les principes du déterminisme astrologique : le grand-père maternel se retrouve dans la première Maison de tout horoscope individuel.

J. Mahen poursuit ensuite ses réflexions qui se fondent graduellement dans l'histoire du héros de sa nouvelle. Il parle de bionomie – une discipline traitant du calcul des périodes de la vie humaine, dont les années critiques sont multiples de sept –, de l'alternance des périodes favorables et défavorables, des jours heureux ou noirs avec leurs crises et affects périodiques, pour parvenir finalement à la théorie des biorythmes de 23-28 jours :

« Outre les périodes diurnes, il existe aussi des périodes nocturnes. Les gens sont touchés par une maladie fatale autour de leur anniversaire ou de celui de ceux qui leur sont les plus proches et les plus chers. Et finalement, de même que le jour et l'année sont dépendants de la Terre, l'homme et tous les êtres vivants dépendent du mouvement de celle-ci… »

Nous arrivons ici à l'origine d'un autre cycle vital, celui des dix ans. Une vie de soixante-dix ans comprend aussi sept cycles décennaux, où chaque cycle est régi par l'une des sept Planètes de l'astrologie ancienne. Dans sa nouvelle philosophique allégorique *El criticón*, le célèbre écrivain espagnol du XVIIe siècle Baltasar Gracián parle de la roue du temps et présente les cycles décennaux de la vie humaine et leurs caractéristiques planétaires. À l'instar des cycles septennaux, les cycles décennaux sont gouvernés par différentes Planètes selon la succession de leur position dans les sphères du système géocentrique : la Lune, Mercure, Vénus, le Soleil, Mars, Jupiter et Saturne. Chaque Planète est donc le gouverneur d'une décennie de vie humaine et lui applique ses caractéristiques astrologiques. Gracián conclut :

« Lorsque la décennie de Saturne s'achève, la Lune reprend sa domination, et l'homme devenu faible et boiteux est à nouveau comme un enfant et un singe. Aussi la vie humaine se termine-t-elle en un cercle et dévore sa queue comme le serpent, de sorte que la roue est un hiéroglyphe (un symbole) ingénieux de la vie humaine. »

Approximativement deux siècles plus tard, la théorie des cycles décennaux fut reprise par le philosophe allemand Arthur Schopenhauer (1788-1860). Dans ses notes rattachées à *La Sagesse de la vie*, il écrivait :

« Le cours de la vie des individus n'est pas prédéterminé par les planètes comme le croit l'astrologie. Néanmoins, la vie de l'homme est liée aux planètes dans une certaine mesure, et un certain corps céleste ou planète correspond avec un certain âge selon une séquence précise. »

Toutefois, A. Schopenhauer modifia légèrement la séquence des Planètes habituellement appliquée par l'astrologie. Il vivait à une époque différente de Gracián, et l'astrologie entrait dans sa phase moderne. Ainsi, dans ses réflexions, non seulement exclua-t-il le Soleil et la Lune (manifestement dans le but de « libérer » la série planétaire des Luminaires et, donc, du concept géocentrique), mais il combla les vides laissés par l'élimination du Soleil avec quatre astéroïdes, et prolongea la séquence au-delà de Saturne avec Uranus et Neptune, planètes découvertes de son temps (Pluton n'était pas encore connu).

Les méditations de A. Schopenhauer sont fort intéressantes. Cependant, par souci de cohérence, nous devons restaurer le concept géocentrique de la séquence planétaire, indispensable

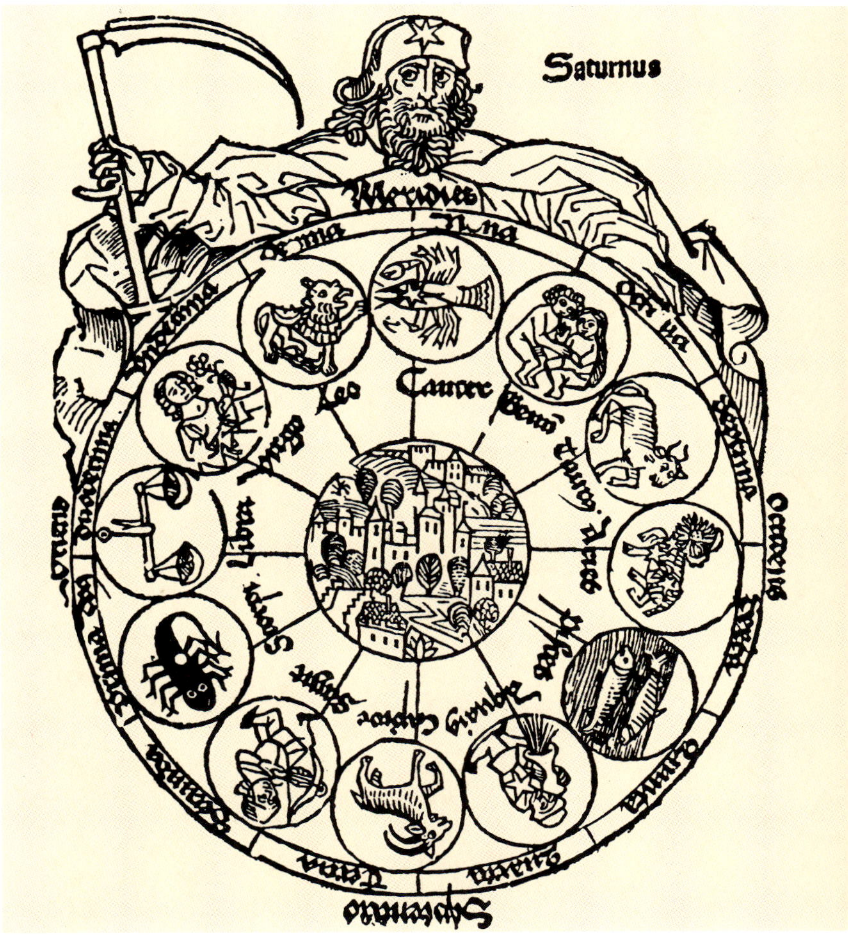

Sur cette page de titre du *Deutschen Practica* de Johannes Virdung de Hassfurt, Saturne, maître de l'année 1492, embrasse le Zodiaque.

Cérémonie des sept déités planétaires babyloniennes sur un bas-relief (d'après A. E. Thierens, 1935).

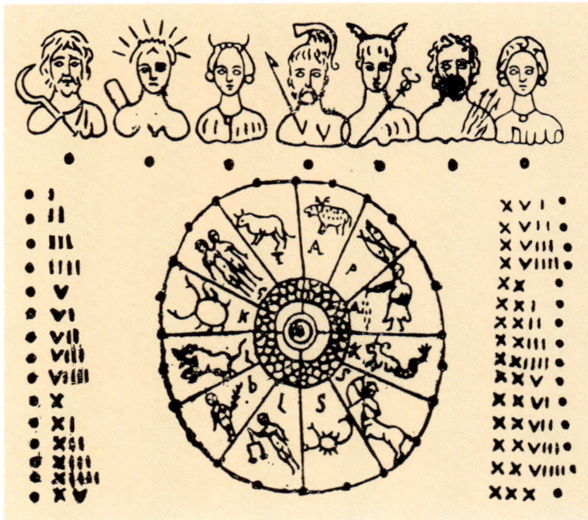

Calendrier romain à fiches gravé dans une dalle de pierre, comportant : au centre le Zodiaque ; sur les côtés, les trente jours notés en chiffres romains ; et en haut, les bustes des sept maîtres planétaires astrologiques pour chaque jour de la semaine – de gauche à droite, Saturne (la semaine commençant par le samedi), le Soleil, la Lune, Mars, Mercure, Jupiter, Vénus. La date courante était donnée grâce à trois fiches insérées dans les trous en face du mois, du jour dans le mois et du jour dans la semaine correspondante (Musée de Würzburg).

pour l'astrologie, en réintégrant le Soleil et la Lune. Excluons par ailleurs les astéroïdes, utilisés seulement par quelques extrémistes de l'horoscopie moderne, et complétons la séquence par Pluton. Nous obtenons ainsi une nouvelle série astrologique de dix Planètes : la Lune, Mercure, Vénus, le Soleil, Mars, Jupiter, Saturne, Uranus, Neptune et Pluton – ni plus, ni moins. Si chaque Planète régit une décennie de la vie, la série couvre cent ans sans répétition. Parallèlement, au sein de chaque décennie, chacune des Planètes régit une année selon la même

Les sept Planètes de l'astrologie ancienne, maîtres de la semaine (*in Calendar of Shepherdes*, Londres, 1503).

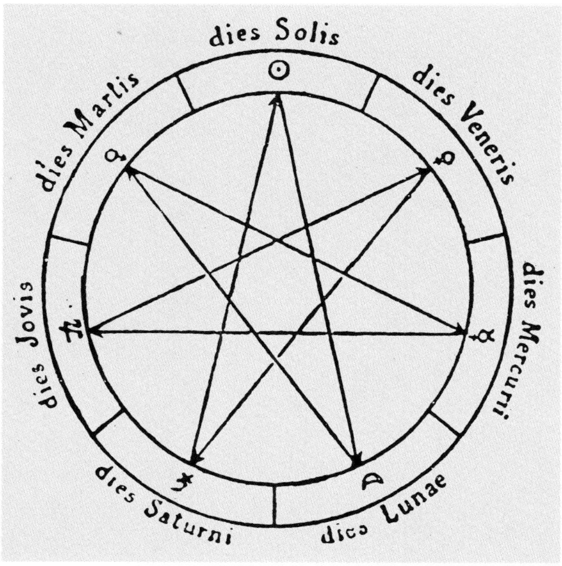

Heptagramme joignant les maîtres planétaires des jours de la semaine.

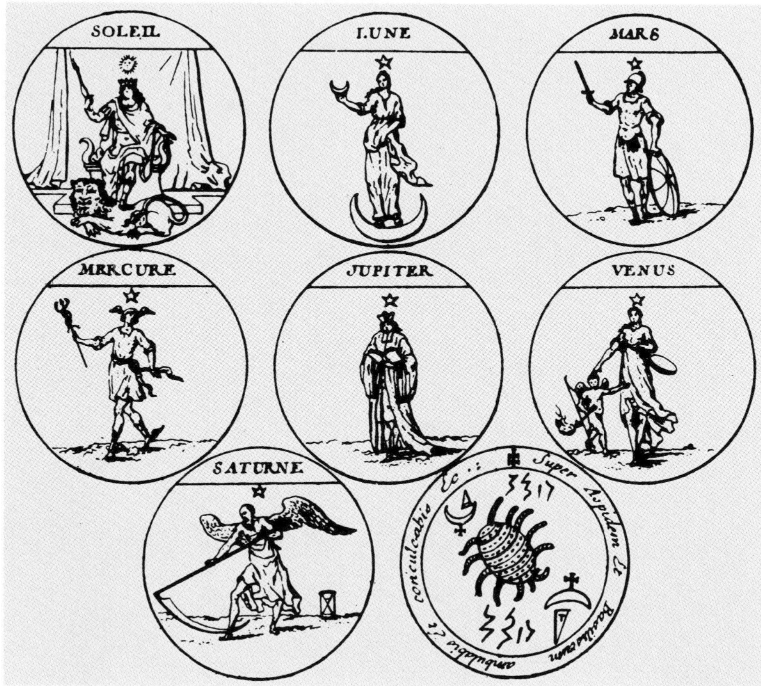

Talismans astrologiques pour les sept jours de la semaine, et la représentation de leurs sept maîtres planétaires (*in Secrets merveilleux de la magie naturelle et cabalistique du Petit Albert*, Cologne, 1722).

La roue planétaire, sujet favori de l'astrologie populaire médiévale. Gravure sur bois associée au texte *I udicium lipense* de Václav Fabri de Budějovice (Leipzig, 1490). Les Planètes se suivent dans l'ordre des maîtres des heures planétaires ; sur cette gravure, l'heure est régie par Mars.

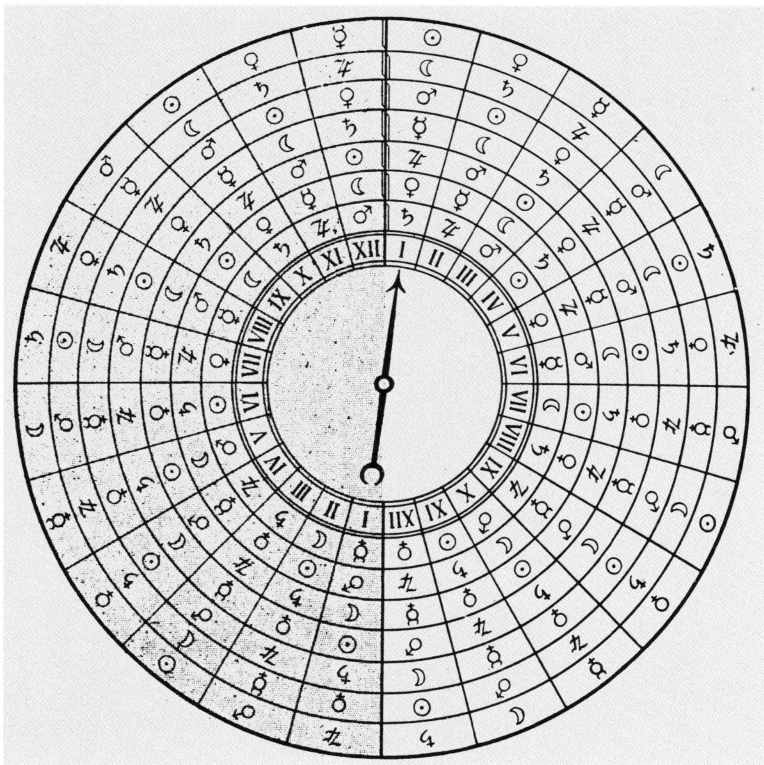

Le cadran des heures planétaires diurnes (à droite) et nocturnes (à gauche) au cours d'une semaine.
Les jours sont donnés par chaque anneau, de l'anneau extérieur (dimanche) jusqu'au centre (samedi).
Les maîtres planétaires pour chaque heure se succèdent dans le sens des aiguilles d'une montre à l'intérieur des anneaux (d'après A. Bouché-Leclercq, 1899).

succession que précédemment. De cette façon, nous obtenons un calendrier planétaire cyclique centennal. Si nous l'appliquons d'une manière « solaire », c'est-à-dire d'un anniversaire à l'autre, il nous fournit de nombreuses dates intéressantes pour la rétrospective de la vie passée et pour sa perspective future.

L'ordre chaldéen des Planètes

L'origine antique de la séquence des maîtres planétaires des jours de la semaine se trouve dans l'ordre chaldéen des Planètes dans les sphères géocentriques, de la plus distante (Saturne) à la plus proche (la Lune). Lorsqu'elle est distribuée à intervalles réguliers dans un cercle, la séquence des maîtres des jours se dispose aux sommets d'un heptagramme (une étoile à sept branches dessinée d'un seul trait, voir page 75 en haut à gauche) débutant par le Soleil.

Le maître planétaire d'une année donnée était aussi déterminé d'après la séquence chaldéenne des Planètes : c'est la Planète dont la place dans la séquence chaldéenne correspond au reste de la division par sept de ladite année. Par exemple, l'année de la découverte de l'Amérique par Colomb, 1492, divisée par sept donne le reste 1, qui correspond à Saturne dans la séquence chaldéenne, ce qu'illustre la gravure de la page 73.

Les années et les jours avaient leurs chronocrators, mais aussi chaque heure du jour et de la nuit. Jour et nuit étaient divisés, entre le lever et le coucher du soleil, en douze heures planétaires. Dans le cadre de la semaine, ces heures étaient successivement soumises à la loi des sept chronocrators ; leurs séquences respectaient l'ordre chaldéen en commençant par samedi, dont la première heure était gouvernée par Saturne, la deuxième par Jupiter et ainsi de suite, jusqu'à la dernière heure du vendredi, sous la loi de la Lune.

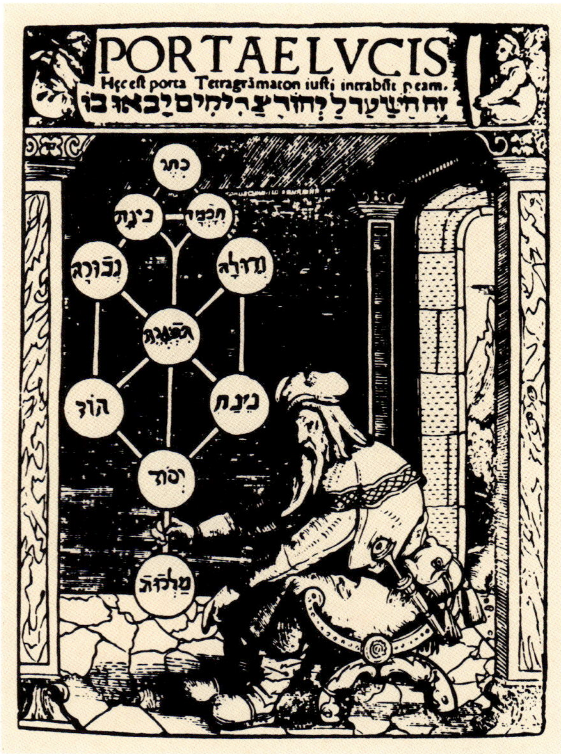

L'arbre de vie cabalistique illustre la relation entre l'astrologie et la cabale. Le dessin montre quelque similitude avec l'arbre planétaire des alchimistes (Ricius, *Portae Lucis*, 1516).

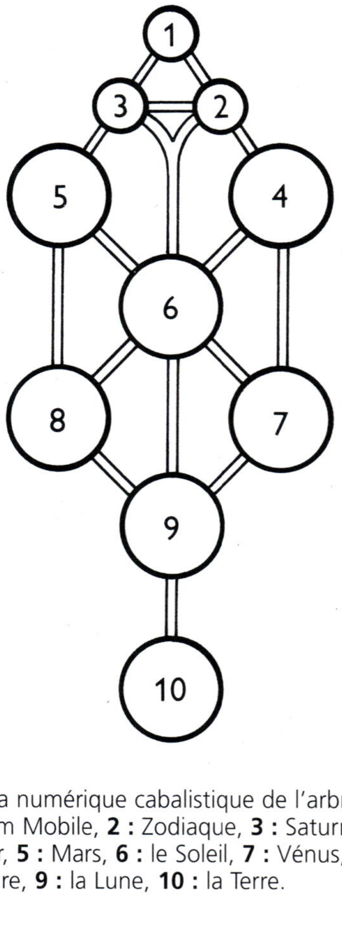

Le schéma numérique cabalistique de l'arbre de vie : **1 :** Primum Mobile, **2 :** Zodiaque, **3 :** Saturne, **4 :** Jupiter, **5 :** Mars, **6 :** le Soleil, **7 :** Vénus, **8 :** Mercure, **9 :** la Lune, **10 :** la Terre.

L'ASTROLOGIE CABALISTIQUE OU ONOMANTIQUE

Cette branche de l'astrologie n'a rien en commun avec l'horoscopie authentique. Au lieu des habituels calculs horoscopiques, elle s'appuie sur des opérations numérologiques, et les images qu'elle génère et emploie pour la divination n'ont qu'en apparence une similitude avec l'horoscope. Les Planètes, le Zodiaque et les décans y figurent, mais leur signification est purement symbolique, et non astrologique. Tout est fondé sur l'interprétation numérique du nom de la personne et sur la date de sa naissance.

Cette discipline, dérivée des anciennes procédures cabalistiques hébraïques, a été rénovée aux temps modernes par un orientaliste anglais, Walter R. Gornold (ou Gorn-Old), occultiste et astrologue écrivant sous le nom de plume de Sepharial. Il en a résumé les principes dans son livre *Your Fortune in Your Name – Kabbalistic Astrology*. Je ne pense pas qu'il faille s'étendre davantage sur ce sujet, situé hors du domaine de l'horoscopie proprement dite qui fait l'objet de ce livre.

L'ASTROLOGIE NODALE

À la différence des habituels horoscopes vernaux, fondés sur le point vernal (équinoxe de printemps), les horoscopes fondés sur le nœud ascendant de la Lune représentent une extravagance originale de l'astrologie moderne à la fois occidentale et orientale. Les longitudes des éléments de l'horoscope nodal sont donc comptées à partir du nœud lunaire ; par suite, la longitude nodale d'un élément s'exprime en fonction de sa longitude écliptique habituelle selon la formule mathématique suivante : longitude nodale = longitude écliptique + 360° (longitude écliptique du nœud lunaire ascendant).

Le nœud lunaire détermine non seulement le début du système des longitudes nodales, mais aussi du Zodiaque nodal. Les longitudes nodales sont données dans un système de 360° fondé sur le nœud « moyen » (celui donné par les éphémérides) et non sur le nœud « vrai », rattaché à la vitesse variable de la Lune. Selon l'étude de l'astrologie nodale par Maurice H. Froger (*L'Horoscope nodal*, 1960), l'horoscope nodal se manifeste de façon particulièrement importante dans les transits. Comme les nœuds lunaires ont continuellement un mouvement rétrograde relativement rapide, le thème nodal acquiert des transits totalement inhabituels au cours du temps, en général beaucoup plus significatifs et indépendants des transits parallèles que dans le système astrologique vernal.

L'astrologie nodale illustre une autre déviation de la notion d'influences planétaires sur le Zodiaque. Elle soutient plutôt l'idée qu'il existe des zones non pas fondées sur l'influence des étoiles fixes, mais dérivant du caractère naturel des niveaux où elles sont situées – une idée à l'opposé de l'astrologie sidérale, notamment. Toutefois, elle ne se résume pas à être juste une autre spécialité astrologique, mais un problème fondamental lié à la précession du point vernal et à son impact sur l'astrologie. C'est un sujet d'une importance si capitale que ce livre lui consacre un chapitre entier.

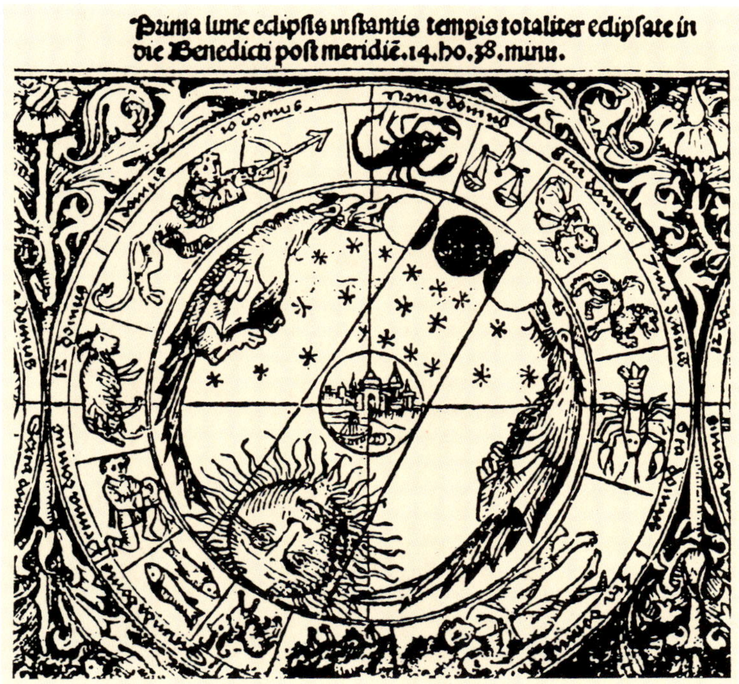

Éclipse de Lune dans la Balance le 22 mars 1494, dépeinte dans le calendrier de Václav Fabri de Budějovice.

TENTATIVES D'ASTROLOGIE HÉLIOCENTRIQUE

Représentation allégorique d'une éclipse de Soleil, qui ne peut avoir lieu que si la nouvelle Lune se trouve près d'un nœud lunaire (figuré par le dragon mordant la Lune éclipsée). Illustration d'après le *Missale Pragense*, 1498.

Une chose est certaine : même après Copernic, l'astrologie est restée fidèle au système géocentrique. Non parce qu'elle continuait de défendre le concept géocentrique de l'univers, comme l'affirment parfois certains critiques, mais pour la simple raison que le modèle de représentation géocentrique et son système de coordonnées conviennent mieux. Comme elle se préoccupe de l'influence de l'espace cosmique sur l'homme et les événements sur Terre, il est donc tout naturel qu'elle mette, pour des raisons pratiques, l'homme – et par conséquent la Terre – au centre de son système. L'utilisation des coordonnées géocentriques est juste une conséquence logique de cette priorité.

Tout serait différent si l'homme pouvait quitter la Terre et s'en absenter pendant un moment. Son horoscope serait-il alors encore valable ? C'est une question à laquelle j'aimerais bien qu'un astrologue réponde. Car si cette interrogation a pu être considérée comme purement académique à une époque, ce n'est désormais plus le cas.

Cependant, des réflexions sur une astrologie héliocentrique ont déjà été menées. Bien qu'un horoscope héliocentrique constituerait une absurdité, des astrologues modernes se sont néanmoins penchés sur la signification des positions héliocentriques des Planètes dans le Zodiaque, qui diffèrent sensiblement de leurs positions géocentriques ; ceci concerne particulièrement les Planètes intérieures – Mercure et Vénus. En outre, le système héliocentrique n'inclut plus le Soleil mais intègre la Terre, les longitudes écliptiques héliocentriques sont décalées de 180° par rapport aux longitudes géocentriques solaires, et la Lune devient un corps céleste pratiquement négligeable. Le modèle héliocentrique fait aussi surgir des Aspects entre les Planètes intérieures qui n'existaient pas dans le modèle géocentrique ; ainsi, Vénus peut faire un trigone (ou trine) ou être en opposition avec Mercure.

En parlant d'astrologie héliocentrique, et non d'horoscopie héliocentrique, nous voulons aborder les considérations qui ont notamment conduit Hugh Mac Craig, le créateur des éphémérides bicentennales (1800-2000), à ajouter en 1947 une brève note à l'intitulé « Astrologie héliocentrique ». L'auteur y explique pourquoi il a inclus dans ses tables les longitudes héliocentriques des Planètes. Se fondant sur sa propre expérience, il pensait que la position héliocentrique d'une Planète dans le Zodiaque représente sa véritable réalité, occultée derrière la signification extérieure manifeste offerte par sa position géocentrique. Pour parler en termes figuratifs, l'héliposition d'une Planète représenterait une certaine protosignification, transformée secondairement en la signification de la géoposition – l'image réelle, non distordue de notre ego, telle que rayonnée par le Soleil. H. Mac Craig recommandait donc d'utiliser les positions héliocentriques des Planètes en plus de leurs positions géocentriques, en particulier pour l'astrologie mondiale, la psychologie de masse et l'étude des problèmes psychologiques et psychoanalytiques (typologie zodiacale). Il affirmait que la connaissance des positions héliocentriques des Planètes peut, dans certains cas, aider à lever l'imprécision de l'origine et de l'influence des transits géocentriques des Planètes les plus distantes.

L'astrologie héliocentrique de H. Mac Craig fait partie du courant « psychologisant » typique de l'astrologie américaine contemporaine – l'astrologie psychologique, élaborée dans les années 1950 par l'astrologue français André Barbault. À de nombreux égards, cette tendance abandonne aussi certains principes de l'astrologie traditionnelle, tout en acceptant les courants de pensée de la philosophie orientale et cela dans une bien plus large mesure que l'astrologie européenne moderne.

Zodiac, à l'origine un calendrier édité par la société française Champenois, le Zodiaque étant dessiné par le peintre tchèque Alfons Mucha (Paris, 1896). Le dessin fut ensuite adopté comme affiche pour l'Exposition de 1981 à Prague, consacrée à A. Mucha.

L'ASTROLOGIE COMBINATOIRE

À l'écart du courant principal de l'astrologie européenne moderne – le concept synthétique de divination auquel se rattache la tradition morinéenne –, une nouvelle branche de la conception descriptive de l'astrologie est apparue en Allemagne au XXe siècle, représentée tout d'abord par l'école de Hambourg, puis par le Centre cosmobiologique d'Aalen. Parmi les pionniers de ce courant, citons Frank Glahn (1865-?), Albert Kniepf (1853-1924), le fondateur de l'école de Hambourg, Alfred Witte (1878-1941), et Reinhold Ebertin (1901-1988), fondateur du Centre cosmobiologique d'Aalen. Les origines de cette tendance moderne remontent à Guido Bonatti (1223-1300), qui prenait déjà en compte les demi-sommes des distances entre les Planètes (mi-Points).

La combinaison des influences stellaires

Le fondement même de ce courant est la combinaison des influences stellaires (*Kombination der Gestirneinflüsse*), une approche connue des astrologues modernes sous l'abréviation KdG. Le système travaille avec les mi-Points et les axes des éléments horoscopiques – Planètes, nœuds lunaires, Ascendant et Milieu du Ciel. Les contributions les plus radicales de l'école de Hambourg au développement de l'astrologie sont l'abandon des Maisons de l'horoscope, la reconnaissance des seuls Ascendant et Milieu du Ciel comme points personnels, et la restriction de la signification de la classique série dodécagonale d'Aspects aux seuls Aspects multiples de 45°.

L'intervention allemande dans l'horoscopie, en particulier celle de l'école d'Aalen, est de caractère structurel. Son objectif est la réconciliation du langage astrologique et du langage de la science moderne, qui se manifeste dans le fait que cette discipline, dans son nouveau concept, est appelée « cosmobiologie ». Le terme exprime son détachement des vieilles pratiques horoscopiques du passé, à bien des égards dépassées.

La représentation graphique de l'horoscope diffère d'ailleurs du concept classique.

Trois groupes de configuration

En termes concrets et brefs, le principe de la KdG se caractérise comme suit : si un élément de l'horoscope apparaît au mi-Point de deux autres, la configuration globale a une signification divinatoire. Il est alors possible de procéder, à partir de simples triades, à des configurations relativement complexes que l'on peut classer en trois groupes :

1. Les groupements symétriques où deux ou plusieurs éléments sont groupés symétriquement autour d'un autre élément, formant l'axe de cette symétrie. Un groupement simple de ce type sera noté, par exemple, par : Saturne/Uranus = Mars (Mars est à mi-distance de Saturne et d'Uranus).

2. Les groupements symétriques de quatre éléments ou plus de part et d'autre d'un axe commun.

3. Les configurations indirectes, où deux ou plusieurs mi-Points (ou axes) font un angle de 45, 90 ou 135°. Les Points sensibles de telles configurations se trouvent dans les Aspects formés par les Planètes, non aux endroits de leurs positions.

La source principale de littérature sur les principes de l'école de l'astrologie combinatoire comprend, outre le livre bien connu de R. Ebertin, *Kombination der Gestirneinflüsse* (*La Combinaison des influences stellaires*, 1940), l'ouvrage *La Signification des mi-Points* de Hans Baumgarten, et *Regelwerk für Planetenbilder* de A. Witte (1923). Une application spécifique de la méthode KdG est l'interprétation horoscopique à partir des seules Planètes situées autour du Soleil, élaborée dans les années 1950 en France par Alexandre Volguine et fondée sur l'étude de plus de 6 000 horoscopes. Vous trouverez page 286 une liste des ouvrages, disponibles en France, relatifs à l'astrologie combinatoire ainsi qu'aux autres courants de l'astrologie.

L'interprétation d'un horoscope ou divination

Des astronomes (page de titre d'un almanach ou « pratique » allemand de 1596).

Le facteur humain en astrologie

Certaines personnes sont convaincues que l'astrologue sera remplacé par l'ordinateur dans un proche avenir. En ce qui concerne les calculs préalables et l'établissement de l'horoscope, elles ont probablement raison. Mais quant à l'interprétation de l'horoscope (la divination), considérée comme un art spécifique depuis la fin de l'astrologie ancienne, une telle conviction paraît injustifiée. Il est difficile d'imaginer une machine capable de se substituer totalement à tout ce qu'un astrologue inclut dans sa lecture d'un horoscope. Les ordinateurs n'ont ni inconscient, ni imagination, ni intuition, sans lesquels la divination est impossible. Le caractère irremplaçable de l'astrologue en tant qu'interprète soulève trois questions essentielles : y a-t-il une prédisposition aux activités astrologiques ? Quelle est la responsabilité de l'astrologue ? Quelle est la mission de l'astrologie ?

LES PRÉDISPOSITIONS DE L'ASTROLOGUE

Le travail de l'astrologue consistant en deux tâches interconnectées, la capacité à l'effectuer doit être envisagée d'un double point de vue. En effet, un horoscope procède de deux plans : le plan exact – mathématique, astronomique – et le plan symbolique – astrologique, divinatoire.

Des compétences techniques

Le calcul et l'établissement de l'horoscope constituent les fondements mathématiques et astronomiques de l'astrologie. Ils exigent des compétences techniques minimales, autrefois indispensables pour la pratique de l'horoscopie. Aujourd'hui, toutefois, grâce aux ordinateurs, l'astrologue n'a plus qu'un petit travail de préparation à effectuer ne requérant que des opérations de routine. Cependant, il est toujours préférable de connaître les fondements d'un domaine que d'utiliser machinalement des outils préfabriqués ou des programmes tout faits sans aucune connaissance des calculs qui les fondent ni des limites de leur précision.

Un astrologue qui n'a pas suffisamment assimilé les rudiments essentiels d'astronomie de sa discipline sera considérablement désavantagé vis-à-vis de son confrère possédant de solides connaissances astronomiques et pouvant comprendre les méthodes qu'il utilise. Il pourra tou-

Albrecht von Wallenstein. Gravure de Pierre de Jode d'après une peinture d'Anthonie van Dyck.

tefois pratiquer la divination, qui requiert des qualités différentes.

Savoir interpréter

La lecture d'un horoscope consiste à interpréter la signification des diverses configurations de ses éléments. Celles-ci, comme les fragments de verre d'un kaléidoscope, forment des variantes

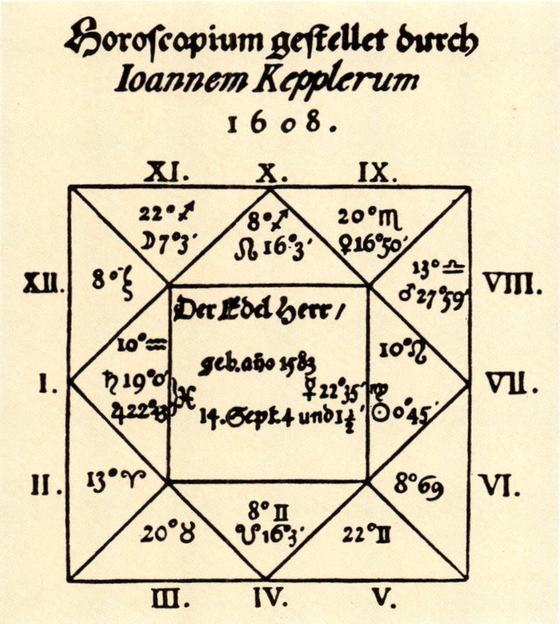

Horoscope natal (thème) de Albrecht von Wallenstein par Kepler, établi en 1608 (selon Wilhelm Foerster).

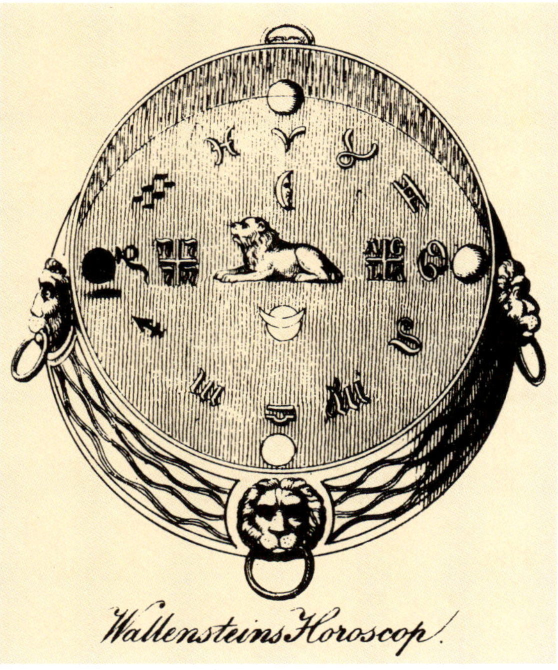

Amulette astrologique d'Albrecht von Wallenstein, appelée à tort son horoscope. Gravure contemporaine.

Détail du frontispice des *Tables rodolphines* (1672), le dernier portrait non officiel de Kepler.

toujours nouvelles du fait de la rotation continue de la sphère céleste et des périodes de révolution différentes des Planètes, bien que le nombre des principaux éléments de l'horoscope restent pratiquement constant. De la même façon qu'il est possible de créer des mots, des phrases et une littérature illimités à partir d'un petit nombre de lettres de l'alphabet, le nombre fini d'éléments horoscopiques engendre d'innombrables variantes, toutes distinctes. Il n'existe que des similarités partielles entre les variantes, et ces dernières, à mesure qu'elles s'accumulent, forment la base de l'expérience astrologique. Toutefois, l'astrologue, expérimenté ou non, doit approcher chaque nouvel horoscope comme s'il était son premier.

Un don pour la divination

Mais la capacité de l'astrologue à « voir » est encore plus importante. Le don pour la divination est un préalable plus capital pour le travail astrologique que les compétences techniques. Alors que la technique des calculs et de l'établissement d'un horoscope peut s'apprendre avec suffisamment de diligence et de persévérance, la divination exige un don que l'astrologue a ou n'a pas. C'est la même chose que pour toute autre forme d'art. Tout le monde peut apprendre à lire la musique, et probablement aussi à jouer du violon, mais devenir un bon musicien ou un virtuose n'est réservé qu'à quelques élus. Ceci est la réponse à la question : est-ce que n'importe qui peut pratiquer l'astrologie ?

Autre question cruciale : un astrologue, ayant normalement de bonnes dispositions pour ce travail, peut-il pratiquer la divination en toutes circonstances ? Comme l'a montré l'expérience de certains astrologues, la réponse est : pas toujours, et pas avec le même succès. Tout astrologue connaît des réussites, de francs succès et des échecs, mais ne réalise pas toujours que ces derniers sont peut-être dus à une indisposition momentanée ou à des événements extérieurs perturbateurs.

Les performances d'un astrologue fluctuent puisqu'il n'est que trop humain : des changements ont continuellement lieu dans son propre horoscope, résultant de configurations toujours nouvelles qui créent des conditions plus ou moins favorables pour une vision astrologique précise. Un astrologue expérimenté et responsable est conscient de cela et, par conséquent, ne s'attaque à aucun problème sérieux – et n'entreprend, en particulier, aucune divination importante – durant ces périodes de capacité de divination réduite. Il sait qu'un échec non seulement serait source de souffrance pour son client, mais entacherait aussi sa réputation et, par suite, la crédibilité de toute la discipline.

Dans les horoscopes des bons astrologues se retrouvent des éléments qui suggèrent explicitement, dès la naissance, une aptitude à voir l'horoscope comme quelque chose de plus qu'un simple dessin technique représentant schématiquement une certaine situation cosmique. Les prédictions des astrologues du passé et les résultats des études statistiques modernes l'attestent.

Cependant, ceci n'implique en aucun cas qu'une configuration astrale particulière garantit à son possesseur le succès assuré dans l'art de l'astrologie. La variabilité de tels groupements caractéristiques suggère plutôt qu'il y a plusieurs méthodes pour pénétrer le secret de l'horoscope. Ce peut être le principe de l'empathie pour telle personne, la clairvoyance pour telle autre, un esprit fonctionnant comme un ordinateur, une mémoire photographique ou encore le sens des détails ; dans d'autres cas encore, c'est une aptitude parfaitement développée pour les combinaisons mathématiques qui prédomine, ou parfois même la capacité à transcrire verbalement les codes symboliques de l'horoscope en langage clair. La liste des aptitudes venant d'être citées n'a pas pour but de comparer leurs mérites respectifs ; toutes ont en commun d'ouvrir une voie pour s'intéresser à l'horoscope, et la façon d'éveiller cet intérêt n'est pas déterminante.

L'ASTROLOGUE ET SON CLIENT

La présence du client durant la divination astrologique est-elle ou non nécessaire ? Les différents exemples historiques connus apportent parfois une réponse négative. Autrefois, un astrologue indépendant ne savait souvent pas pour qui il travaillait, bien qu'il ait pu réussir à glaner quelques informations annexes. L'interprétation de l'horoscope était délivrée sous forme écrite, généralement par l'intermédiaire d'une personne désintéressée. Ce fut ainsi le cas pour le jeune Johannes Kepler, dont les 1 608 horoscopes dressés pour Albrecht von Wallenstein furent demandés et préparés anonymement et livrés par le comte von Taxis. Cependant, J. Kepler lui-même écrivit plus tard que « [...] l'astrologue qui prédirait quelque événement sur la base exclusive des cieux sans considérer aussi le caractère, l'âme, l'esprit, la force spirituelle ou le charme personnel de l'homme concerné ne construira pas [son interprétation] sur des fondations adéquates, se fourvoiera et fera du tort à sa propre fortune. »

L'expérience astrologique moderne montre qu'il y a une différence substantielle entre le « monologue de divination », éventuellement synthétisé plus tard à tête reposée en une interprétation horoscopique écrite (qui rappelle toujours malheureusement un essai), et la lecture d'un horoscope *alla prima*, directement à l'oreille du client.

Des illustrations anciennes nous montrant des astrologues et leurs clients penchés sur un horoscope laissent toutefois penser que la lecture directe de l'horoscope, « les yeux dans les yeux », sans document écrit ultérieur, était autrefois pratique courante. Ce pourrait être l'une des raisons pour lesquelles si peu de prédictions astrologiques historiques – et par suite vérifiables a posteriori – sont à notre disposition aujourd'hui. À cet égard, l'histoire de cette discipline reste assez énigmatique, les choses dites l'emportant largement sur les écrits.

Un astrologue (*à gauche*) et son client (*à droite*) durant l'établissement de l'horoscope.

L'ASTROLOGUE DE COUR

Outre les astrologues indépendants, il y avait aussi l'astrologue de cour employé par les régnants, qui savait exactement sur qui il travaillait et à quel prix. Dans certains cas, ce prix était sa propre vie, car il était assez facile de déplaire aux puissants, particulièrement si la vérité était assenée face à face.

À cet égard, les astrologues de cour n'étaient pas aussi avantagés que les bouffons royaux.

L'astrologie moderne tient à sa disposition d'autres moyens techniques que le simple rapport écrit de la lecture d'un horoscope – par exemple, un rapport sténographique ou dicté sur magnétophone, voire une vidéo de la divination. Reste une question récurrente (à laquelle il est assez difficile de répondre) : la présence d'un microphone entre l'astrologue et l'horoscope perturbe-t-elle le processus de la divination authentique, et si oui, dans quelle mesure ? Ceci est à ajouter aux autres éléments perturbateurs en général, et dépend évidemment dans une large mesure du profil psychologique de l'astrologue et de sa capacité à éliminer les perturbations à un moment donné et à se concentrer totalement sur l'horoscope.

Si la participation directe du client à l'interprétation de l'horoscope n'est, en principe, pas nécessaire, elle permet parfois d'obtenir des effets inattendus. D'un autre côté, dans certains cas, la présence du client ou d'une autre personne peut déranger la progression de la divination. Après tout, il y a une différence significative entre le monologue de l'astrologue, même s'il dicte sa lecture horoscopique concentrée dans un magnétophone, et un dialogue avec le sujet de l'horoscope. Tout dépend de la personnalité de l'astrologue et de sa méthode de travail.

L'ÉTHIQUE ASTROLOGIQUE

L'importance des principes éthiques pour le travail astrologique est déterminée par le fait même que les conclusions et prédictions interfèrent toujours d'une façon ou d'une autre avec la vie d'autrui. À travers l'horoscope, l'astrologue pénètre souvent dans l'intimité de son client.

Par conséquent, avant de commencer à lire l'horoscope de quiconque, l'astrologue doit examiner impartialement ses propres motifs. Il ne doit pas se laisser tenter par la curiosité, mais observer la plus grande discrétion. Ce n'est pas lui qui est impliqué. L'altruisme est sa loi. Un astrologue ne doit jamais offrir ses services ; celui qui a besoin de son assistance saura trouver son chemin jusqu'à lui. Mais il ne doit pas oublier un seul instant que toute personne ayant besoin de lui n'est pas poussée par la curiosité : elle remet en quelque sorte son destin entre ses mains. L'astrologie est une arme à double tranchant. Si l'astrologue est soucieux de ne pas blesser le consultant, il peut en revanche se blesser lui-même. Aussi doit-il éviter toute exagération et, après avoir effectué la divination, restaurer sa paix intérieure. Telles sont les règles non écrites de l'exercice de la pratique horoscopique.

Vous vous demandez peut-être en quoi l'astrologie peut blesser ? Si un astrologue ôte tout espoir à un client, il lui fait du mal, même involontairement. Un bon astrologue ne doit pas seulement être conseiller et consultant, mais aussi un fin psychologue et – ne soyons pas effrayés par le terme – un guérisseur spirituel. En astrologie, les principes éthiques sont aussi primordiaux qu'en médecine. Les vérités désagréables doivent être dites avec considération et tact. Un astrologue irréfléchi peut être aussi dangereux pour son client qu'un médecin inconsidéré pour son patient. Il est assez facile de semer le trouble chez quelqu'un de désarmé et perdu qui recherche les conseils d'un astrologue. Il est déjà assez triste que cette personne ne se fie plus à son propre jugement, mais qu'elle perde toute confiance en elle-même est certainement encore pire.

Peu importe aussi que l'astrologue demande une rémunération forte ou modeste pour ses services ou qu'il les fournisse gratuitement, l'important est qu'il offre une prestation honnête. S'il est juste un mercenaire de la crédulité humaine qui profite de l'ignorance de son client, il est immoral et mérite le plus grand mépris – bien davantage qu'un mauvais astrologue qui ternit la réputation de toute la profession par son travail médiocre.

LA MISSION DE L'ASTROLOGIE

L'horoscope est une boussole personnelle complexe qui répond à trois questions essentielles : qui sommes-nous ? D'où venons-nous ? Où allons-nous ? Lorsqu'un enfant ne sait pas encore lire l'heure et porte à son poignet une montre qu'on lui a offerte, s'il rencontre un adulte, celui-ci lui dira l'heure qu'il est. De même, tout le monde ne sait pas utiliser son horoscope, mais l'on peut toujours rencontrer quelqu'un qui apportera son aide.

La véritable tâche de l'astrologie individuelle est d'assister une personne désorientée se retrouvant dans une situation complexe à une certaine période de sa vie, afin de définir son problème momentané d'après son horoscope et de lui proposer une solution.

En revanche, les principales tâches de l'astrologie mondiale sont de reconnaître opportunément qu'un danger menace un État ou toute autre entité collective, et de l'en prévenir quand il est encore temps de faire quelque chose, ainsi que de surveiller les changements à long terme et leur impact sur la vie de la société. Peu importe que l'astrologue effectue ces tâches en tant qu'indépendant ou au service de l'État, comme c'était habituellement le cas au temps des empereurs de la Chine ancienne. Il met de toute façon sa réputation en jeu.

La pendule de Trautmannsdorf – détail d'une allégorie de l'astronomie (Augsburg, début du XVIIe siècle. Laiton doré, haut. 60 cm. Bibliothèque nationale de Prague).

Un petit test illustré pour le lecteur. Essayez de choisir, ▶ sans trop réfléchir, parmi ces créations automobiles de François Dallegret – bizarres mais soigneusement pensées – celle qui vous plaît le plus. Ce choix devrait correspondre au type de votre signe zodiacal – pas celui donné par le Soleil, mais le signe qui est le plus accentué, par exemple par la position de l'Ascendant ou un groupement de plusieurs Planètes. Les voitures représentent les signes du Zodiaque successifs rangés en colonne, en commençant par le Capricorne en haut à gauche et en finissant par le Sagittaire en bas à droite ; notez que les couples de signes zodiacaux opposés sont toujours situés côte à côte.

Introduction à l'interprétation d'un horoscope

Les calculs horoscopiques et l'établissement de l'horoscope achèvent la phase préparatoire. La seconde phase – essentielle – est l'interprétation de l'horoscope, ou divination, qui suit un ensemble de règles issues de l'expérience de l'astrologie individuelle et collective.

SYSTÈMES D'HOROSCOPES ET TYPOLOGIE

Le fondement de l'interprétation systématique d'un horoscope est la typologie astrologique, qui se base sur une combinaison de significations relativement constantes des signes du Zodiaque, des Maisons horoscopiques, des Planètes et de leurs Aspects, des Aspects mutuels et des configurations planétaires particulières. L'astrologie suppose fondamentalement qu'un certain type de personnalité se comportera d'une façon plus ou moins prévisible et forgera donc son propre destin. Son horoscope natal (ou thème) représente une sorte de schéma de base, dont les réalisations successives probables peuvent être lues dans les horoscopes prédictifs (ou prévisionnels).

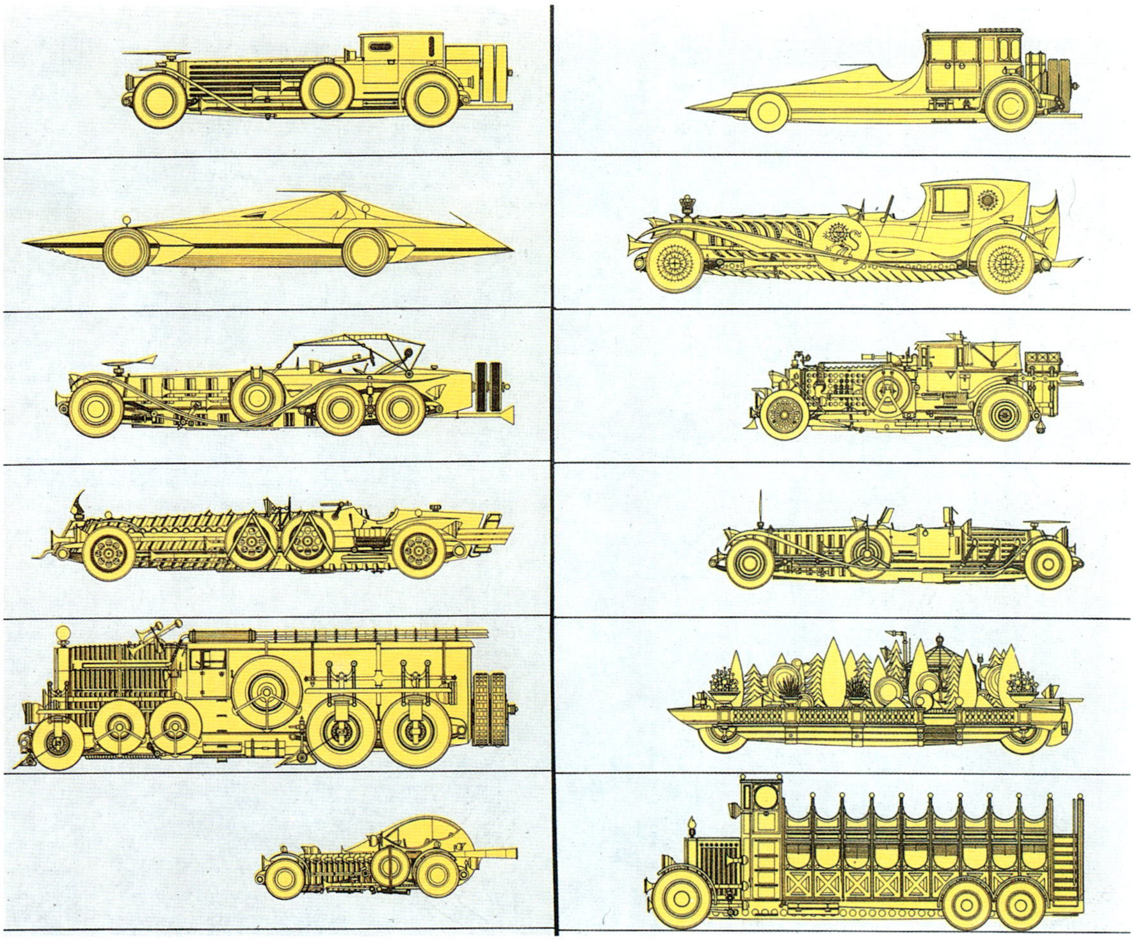

La Cène par Léonard de Vinci, une fresque située dans le réfectoire du monastère de Santa Maria delle Grazie à Milan, peinte dans les années 1490. L'ordre des apôtres de droite à gauche (de Vinci était gaucher) correspond à la fois à leur énumération dans l'évangile de Mathieu, 10, 2-4, et à la séquence des signes du Zodiaque, du Bélier aux Poissons. Le personnage du Christ au centre, dont la tête se projette sur l'horizon distant, est une représentation astrologique du Soleil. À sa manière remarquable, le peintre a réussi à exprimer au travers d'une scène biblique la relation entre les douze apôtres et les douze signes du Zodiaque, auxquels correspondent les douze types humains de base.

Des personnalités bipolaires

La notion du bien et du mal n'est pas présente en soi dans l'horoscope, de même que l'économie ne différencie pas l'argent propre de l'argent sale. Du point de vue éthique, les types de personnalité humaine définis par l'astrologie sont bipolaires : chaque signe du Zodiaque, chaque Planète, Aspect ou structure de l'horoscope contient en germe la possibilité d'une réalisation positive ou négative. Ainsi, le couteau, en tant qu'instrument martien, peut être un outil utile ou bien mortel. Les astrologues de l'ancienne génération employaient les termes de « forme moralement haute ou basse » d'un type astral.

Ainsi, une personne dont les Planètes sont très régulièrement disposées dans son horoscope peut posséder un caractère mal défini, avoir une orientation trop généraliste, s'avérer superficielle et sans intérêt, comme elle peut être un génie de l'équilibre ou un polyglotte-né. Mars symbolisant l'élan et la force d'action, le type martien peut tout aussi bien exploiter intelligemment ses capacités d'action et son efficacité, comme se fourvoyer dans l'arrogance et la violence ; entre le chirurgien et le meurtrier, lequel de ces deux extrêmes l'individu choisira-t-il, consciemment ou inconsciemment. Un horoscope n'excuse pas les crimes, mais permet d'en comprendre les ressorts.

La dialectique de la typologie astrologique

Elle vient de ce que le positif cache toujours un négatif potentiel et vice versa. La propension humaine au bien ou au mal fait pencher la balance vers l'une des deux alternatives et rejette la seconde. L'astrologie, toutefois, est trop descriptive pour faire cela et, par la suite, la lecture de l'horoscope contient toujours en germe les deux voies possibles. Finalement, l'une d'entre elles est choisie, non par l'astrologue, mais par le sujet de l'horoscope. La tâche de l'astrologue est d'attirer l'attention de ce dernier sur chacune d'elles.

Une question surgit alors, liée à la typologie : qui peut être rangé comme un Bélier, un Taureau ou un Gémeaux typique ? L'astrologie populaire se base surtout sur la position du Soleil dans un signe du Zodiaque sans tenir compte des autres éléments de l'horoscope. Cela constitue une simplification outrancière, même si dans quelques rares cas, il peut sembler qu'une telle caractérisation suffise. C'est notamment le cas lorsque plusieurs Planètes, ainsi que éventuellement l'Ascendant, se trouvent dans ce même signe ; le signe du

Zodiaque ainsi accentué devient relativement prépondérant. Il suffit de trois Planètes (parmi lesquelles le Soleil ne doit pas nécessairement figurer) pour qu'un signe soit accentué.

Cependant, la personnalité complète du natif exige toujours la prise en compte de l'ensemble de l'horoscope, car seule la somme de tous ses composants, y compris leurs relations horoscopiques mutuelles, toujours inimitables, peut offrir une image explicite d'un individu unique. Si seuls quelques éléments partiels isolés sont pris en compte, on peut uniquement parler d'une tendance typologique majeure ou mineure de l'individu. Pour l'astrologie prévisionnelle ou comparative, une telle approche est insuffisante ; l'horoscope complet doit être exploité.

Exemples de fragments de thèmes de douze écrivains et poètes mondiaux, montrant une accentuation caractéristique d'un signe zodiacal particulier due à la présence d'au moins trois Planètes, dont le maître du signe en question (sauf pour le Cancer) ainsi que Mercure, qui représente l'écriture, le verbe, l'information et la communication en général. Les maîtres planétaires sont indiqués au centre de la figure, en face de chaque signe.

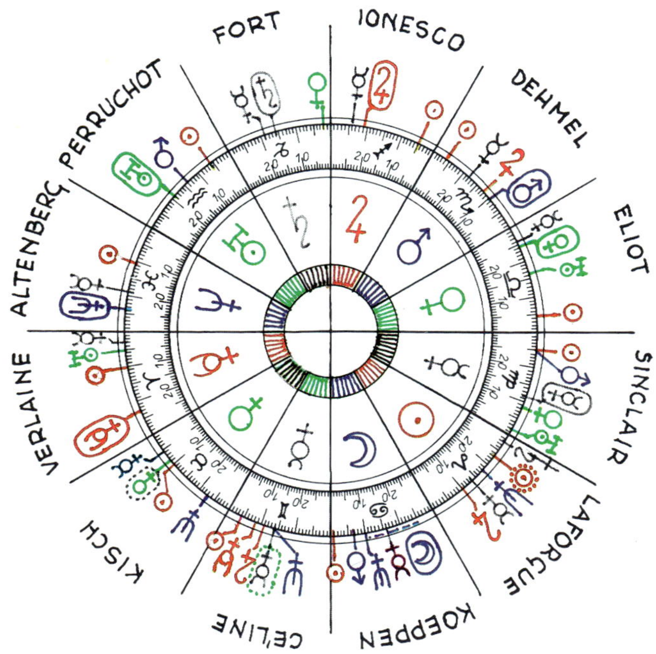

L'élite zodiacale de la littérature moderne, en exemples choisis parmi cinq générations d'écrivains. La position de Mercure – maître astrologique de l'expression verbale, de l'écriture et de la communication – au moment de la naissance dans leur signe zodiacal natal s'avère décisive.

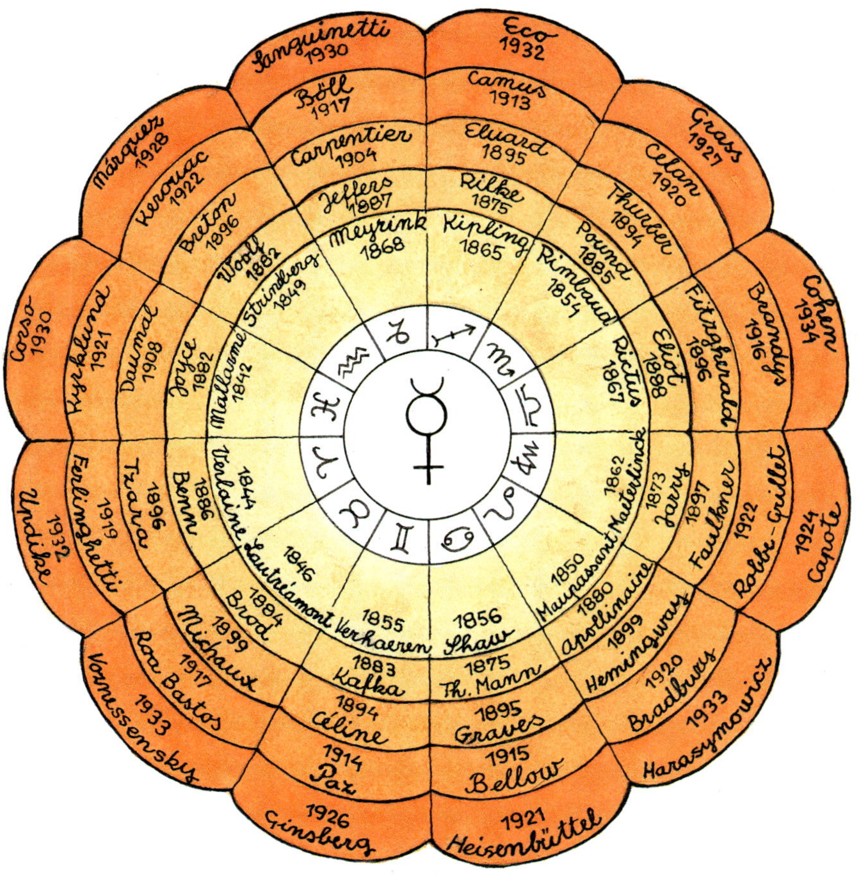

INTERPRÉTATIONS TRADITIONNELLES ET MODERNES

La méthode de lecture et d'interprétation d'un horoscope, qui constitue l'essentiel du contenu de l'astrologie individuelle et mondiale, n'est pas restée absolument constante. Au cours des deux millénaires, environ, de développement de l'horoscopie, la pratique divinatoire a connu des changements substantiels qui ne sont pas tous dus aux percées de l'astronomie, tels que la découverte de nouvelles Planètes. L'astrologie moderne est notamment caractérisée par l'emploi de méthodes non conventionnelles, certains de ses représentants et écoles tentant d'aborder l'interprétation horoscopique à la lumière des avancées de la science moderne, en particulier en sciences humaines.

L'une des particularités de l'astrologie ancienne est l'emploi d'aphorismes (*aphorisma*) – formules d'interprétation ancillaires se présentant sous la forme de phrases succinctes créées sur la base d'une expérience partielle que nous pouvons difficilement vérifier aujourd'hui. Par le passé, on examinait les particularités d'un horoscope plutôt que sa globalité. C'est seulement après J.-B. Morin – l'un des derniers grands astrologues de l'avant-dernière apogée de l'astrologie, au XVIIe siècle – que s'observe une déviation par rapport à la classique collection d'aphorismes et à l'examen analytique de l'horoscope, vers sa lecture synthétique et son interprétation sur une base syntactique.

Représentation du Soleil dans le cercle des douze mois de l'année, dans un calendrier astrologique du XVe siècle.

Dans l'astrologie moderne, à la série hasardeuse d'aphorismes en partie préfabriqués se substitue l'utilisation des éléments horoscopiques comme d'un alphabet qui permet de lire les syllabes individuelles et finalement le texte entier de l'horoscope, considéré comme un message codé. La divination devient alors un décodage au moyen d'un nombre relativement faible de composants : les signes zodiacaux, les Maisons, les Planètes et leurs Aspects – l'alphabet astrologique.

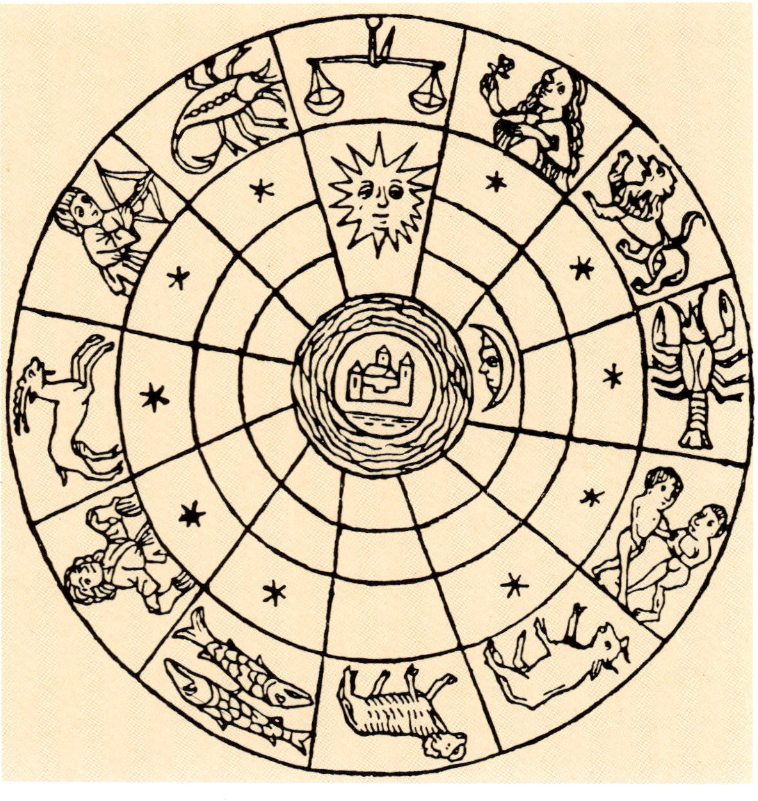

Le Zodiaque de Lucidarius (Augsburg, 1479).

Le symbolisme astrologique du Zodiaque

Le plan principal où se projettent les relations entre tous les éléments de l'horoscope est le Zodiaque et son échelle de longitudes écliptiques ; tout mouvement ou configuration planétaire s'observant dans l'horoscope prend place sur cet arrière-plan global. Aussi, le Zodiaque, avec sa structure interne fondée sur les douze signes, forme-t-il le principe de la lecture de l'horoscope.

LE FONDEMENT ZODIACAL DE L'HOROSCOPE

Lorsqu'on ignore le moment exact d'un événement, l'arrière-plan zodiacal des positions planétaires reste la seule donnée caractéristique astrologiquement valable (à des changements mineurs près) pour l'entière durée d'un jour calendaire donné. Un tel « horoscope sans Maison » représente une configuration commune à tous les gens nés et à tous les événements ayant eu lieu ce jour-là où que ce soit dans le monde – une configuration à qui seuls un moment précis et un lieu donné donneront une validité individuelle.

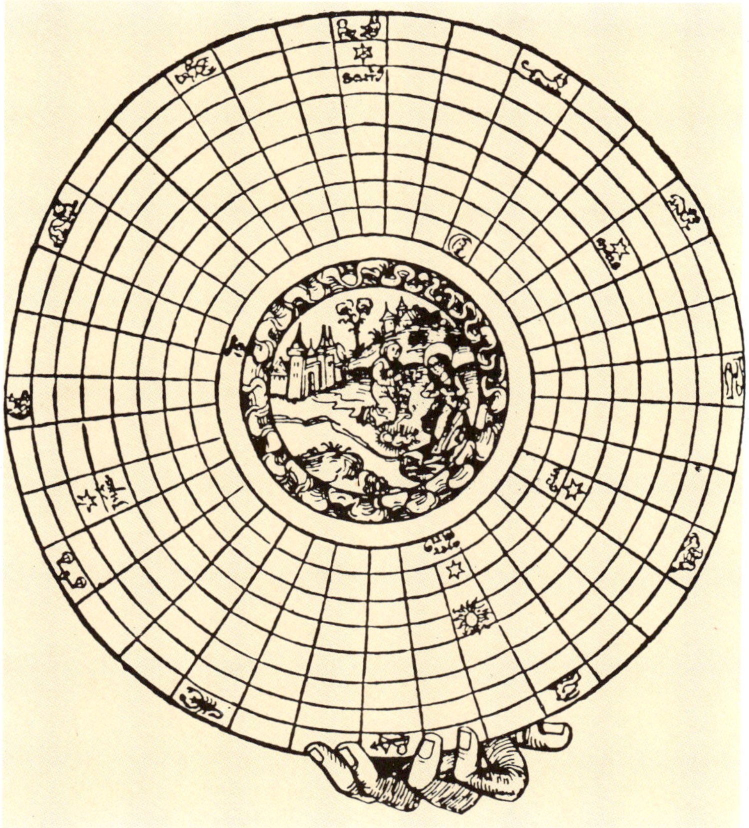

L'une des nombreuses tentatives pour dresser l'horoscope fictif de la naissance du Christ (sans Maisons). La scène de nativité à Bethléem est entourée des sept Planètes traditionnelles dans les signes du Zodiaque, placées dans leurs sept sphères respectives (gravure sur bois allemande de 1500).

« Azoth des philosophes », avec les symboles astraux des sept Planètes et du Dragon (les nœuds lunaires), montrant le principe des triades et tétrades, le fondement du Zodiaque et le système des principaux Aspects.

Dans l'astronomie populaire, les signes du Zodiaque sont encore presque exclusivement liés à la position du Soleil. Ils ont alors la signification des signes des mois calendaires. Bien que l'axe de la bande zodiacale (l'écliptique) soit le trajet géocentrique du Soleil et que, astrologiquement, le Soleil soit l'un des éléments majeurs de l'horoscope, dans la véritable horoscopie, la signification des signes du Zodiaque ne peut se réduire au Zodiaque solaire. Un tel appauvrissement – inacceptable – des possibilités de l'astrologie réduit celle-ci à un simple amusement.

LE ZODIAQUE, SYNTHÈSE DE LA POLARITÉ : TRIADES ET TÉTRADES

Le Zodiaque n'est pas uniquement une bande écliptique divisée, pour des besoins calendaires, en douze parties égales (les signes). Du point de vue astrologique, c'est un système de tétrades de trigones élémentaires alternant ingénieusement avec des triades de tétragones zodiacaux ; la signification symbolique des signes dans ce cadre est résumé dans le tableau page 93. Le Zodiaque contient de surcroît la dialectique des couples de signes opposés. Chaque signe d'un trigone représente l'une des trois phases du cycle de développement d'un Élément donné : cardinalité, mutabilité et fixité. De façon imagée, disons que dans le trigone de Feu, si le signe cardinal du Bélier est l'étincelle, le Sagittaire mutable est le flambeau et le Lion fixe, l'âtre ; de façon similaire, dans le trigone d'Air, si la Balance est l'idée, les Gémeaux sont le dialogue, et le Verseau, la loi ; dans le trigone de Terre, si le Capricorne est la semence, la Vierge est l'épi et le Taureau, le grenier ; et, finalement, dans le trigone d'Eau, si le Cancer est la source, les Poissons sont la rivière et le Scorpion, la mer. Ainsi, les signes forment un cycle, une rotation des Éléments dans la nature.

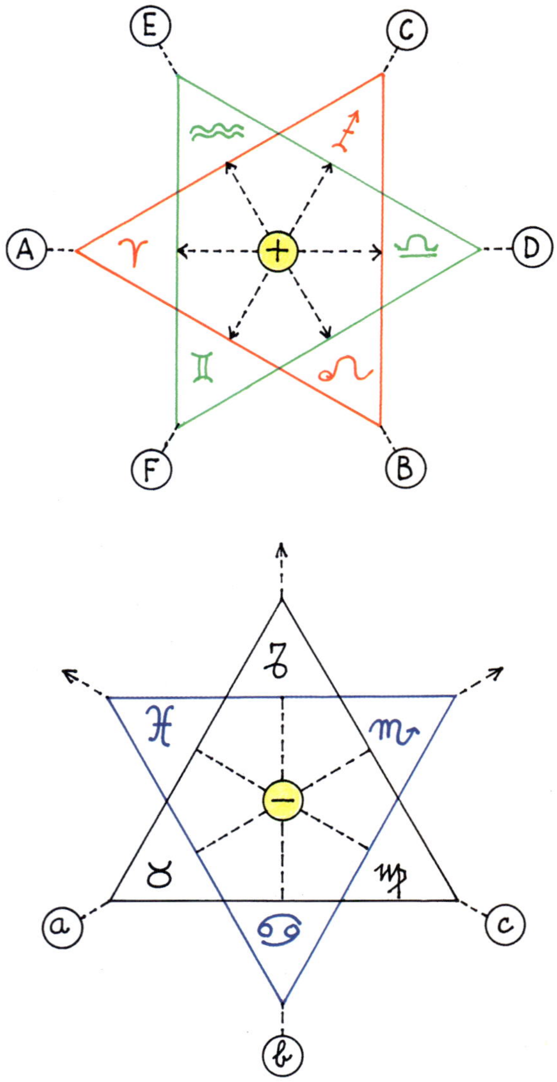

Les trigones élémentaires du Zodiaque et leur sens figuré caché : **A :** espoir, **B :** amour, **C :** foi, **D :** égalité, **E :** liberté, **F :** fraternité ; **a :** axe de la vanité, **b :** axe du transitoire, **c :** axe du destin.

Les relations antipodales des signes opposés

Les relations antipodales des signes opposés dans le Zodiaque peuvent s'exprimer par les mots clés suivants :

Bélier :	j'existe
Sagittaire :	je crois
Lion :	je crée
Cancer :	je pénètre les profondeurs
Poissons :	j'enferme, je conclus
Scorpion :	je convoite, je désire
Balance :	je soupèse
Gémeaux :	je sais
Verseau :	j'organise
Capricorne :	je gravis le sommet
Vierge :	j'ouvre
Taureau :	je possède

Les relations caractéristiques entre couples de signes opposés se manifestent de façon symptomatique dans certains thèmes, ainsi que pour des couples célèbres de personnalités formant des contrastes marqués :

1. Le couple Bélier-Balance (axe de la parité – au sens d'égalité) est typique du célèbre couple de poètes maudits formé par Paul Verlaine (4 Planètes en Bélier) et Arthur Rimbaud (3 Planètes et l'Ascendant dans la Balance).

2. Le couple Taureau-Scorpion (axe du quantitatif) illustre la bipolarité très accentuée de certaines personnalités nées au début des années 1880 telles que Pablo Picasso (4 Planètes en Taureau, 3 en Scorpion), Stefan Zweig (4 Planètes en Taureau, 2 en Scorpion) ou l'étonnant archéologue et paléontologue amateur tchèque Jaroslav Petrbok (4 Planètes en Taureau, 3 en Scorpion).

3. Le couple Gémeaux-Sagittaire (axe des relations) caractérise le tandem de l'avant-garde poétique tchèque, Vítězslav Nezval (3 Planètes

Les six couples antagonistes de signes opposés dans le Zodiaque (*Kurzer Bericht vom Gebrauch dess Cylinders*, 1624).

en Gémeaux) et Karel Teige (4 Planètes en Sagittaire). Cette bipolarité est aussi très marquée dans les horoscopes de plusieurs artistes modernes nés au début du XXe siècle, notamment chez l'écrivain Antoine de Saint-Exupéry (3 Planètes en Gémeaux, 3 en Sagittaire), le poète Robert Desnos (3 Planètes en Gémeaux, 3 en Sagittaire et un nœud lunaire dans chaque signe) et le peintre surréaliste René Magritte (2 Planètes en Gémeaux, 5 en Sagittaire).

4. Le couple Cancer-Capricorne (axe du temporel) se manifeste clairement chez le célèbre astrologue et prophète Nostradamus (3 Planètes en Cancer, 3 en Capricorne).

5. Le couple Lion-Verseau (axe de l'espace) est caractéristique du couple de poètes russes d'avant-garde Vladimir Maïakovski (3 Planètes dans le Lion) et Boris Pasternak (3 Planètes en Verseau). Cette bipolarité est fortement accentuée dans l'horoscope de l'ex-président de Roumanie Nicolae Ceausescu (3 Planètes dans chaque signe). Elle marque aussi l'horoscope de l'origine du mouvement dada en 1916 (2 Planètes et l'Ascendant en Lion, 3 Planètes et le Descendant en Verseau, un nœud lunaire dans chaque signe).

6. Le couple Vierge-Poissons (axe des modalités – au sens de manière d'être et de faire) est marqué dans l'horoscope de l'actrice italienne Giuletta Massini (3 Planètes dans chaque signe).

Le Zodiaque comme synthèse des triades et tétrades

Croix / *Élément*	***Cardinale*** initiation, impulsion, germe, origine	***Mutable*** adaptation, transformation, processus	***Fixe*** stabilisation, résultat
Feu vitalité (énergie vitale)	Bélier *l'étincelle*	Sagittaire *le flambeau*	Lion *l'âtre*
Terre réalité (sens pratique)	Capricorne *la semence*	Vierge *l'effort*	Taureau *le fruit*
Air rationalité (théorie)	Balance *l'idée*	Gémeaux *le dialogue*	Verseau *la loi*
Eau sensibilité (émotions)	Cancer *la source*	Poissons *la rivière*	Scorpion *la mer*

LA SIGNIFICATION ASTROLOGIQUE DES DOUZE SIGNES ZODIACAUX

Les dates d'entrée et de sortie dans chacun des signes zodiacaux varient selon l'année (notamment, si elle est bissextile ou non) et le lieu ; c'est pourquoi ces dates peuvent différer notablement selon les auteurs. Nous donnons ici, à titre indicatif, une fourchette de dates valables en France (dans l'hémisphère Nord), les éphémérides vous indiquant le moment exact de l'entrée du Soleil dans le signe correspondant au moment et au lieu de votre naissance.

Illustration extraite d'une édition de 1491 de *La Divine Comédie* de Dante. Le Soleil est dans le signe du Bélier.

Certains signes sont gouvernés par deux Planètes : le maître planétaire principal est cité en premier, puis vient le maître secondaire.

LE BÉLIER (latin : *Aries*, grec : *Krios*)

Du 21 mars au 20-21 avril. Premier signe du Zodiaque. Dans le cycle solaire annuel, il est le signe de l'équinoxe et marque le début du printemps dans l'hémisphère Nord.

Symbole Les cornes stylisées d'un bélier. Le symbolisme du bélier se retrouve aussi dans l'agneau pascal, symbole de résurrection.

Caractéristiques Signe de Feu, cardinal, de polarité positive (masculin).

Maîtres planétaires Mars et Pluton.

Signification L'existence, l'être.

Mot clé JE SUIS.

Image symbolique L'étincelle de vie, le jaillissement cyclique des eaux du chaos (Poissons). Les natifs du Bélier sont des initiateurs, des inspirateurs. Le Bélier est le commencement.

Personnalité D'indépendant et dynamique à arrogant, irréfléchi et impétueux.

Exemples Parmi les natifs du Bélier au signe accentué par trois Planètes ou plus dans leur thème natal se trouvent des personnalités telles que le philosophe René Descartes (4 Planètes), les scientifiques Charles Darwin (3), Wilhelm Conrad Röntgen (5) et Ivan Petrovitch Pavlov (3) – initiateurs d'importants courants nouveaux de la science moderne –, l'empereur Charlemagne (3) – l'un des principaux représentants de la renaissance de l'Europe occidentale au VIIIe siècle –, des écrivains fondateurs de la littérature moderne tels Charles Baudelaire (6), Émile Zola (5), Paul Verlaine (4) et le comte de Lautréamont (3), les peintres Francisco de Goya (4), Odilon Redon (3), Alfred Kubin (3), Fernand Léger (4) et Juan Gris (4), et le compositeur Joseph Haydn (3).

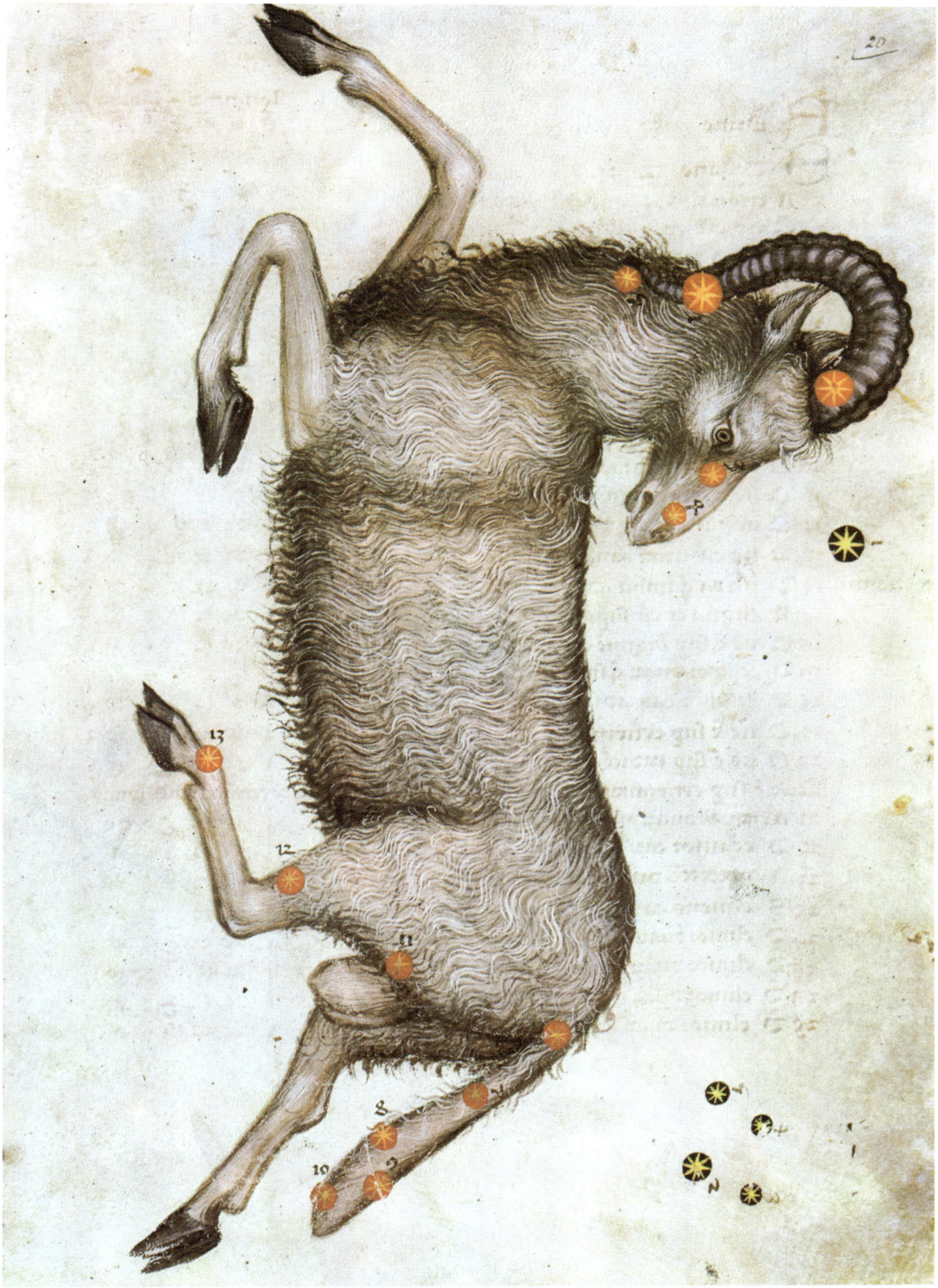

La constellation du Bélier, d'après un atlas astronomique manuscrit de Petrus de Guioldis,
publié sous le règne de Charles IV au milieu du XIVe siècle (37,6 cm × 25,5 cm, bibliothèque Strahov de Prague).
L'une des douze constellations de cet atlas reproduites dans ces pages.

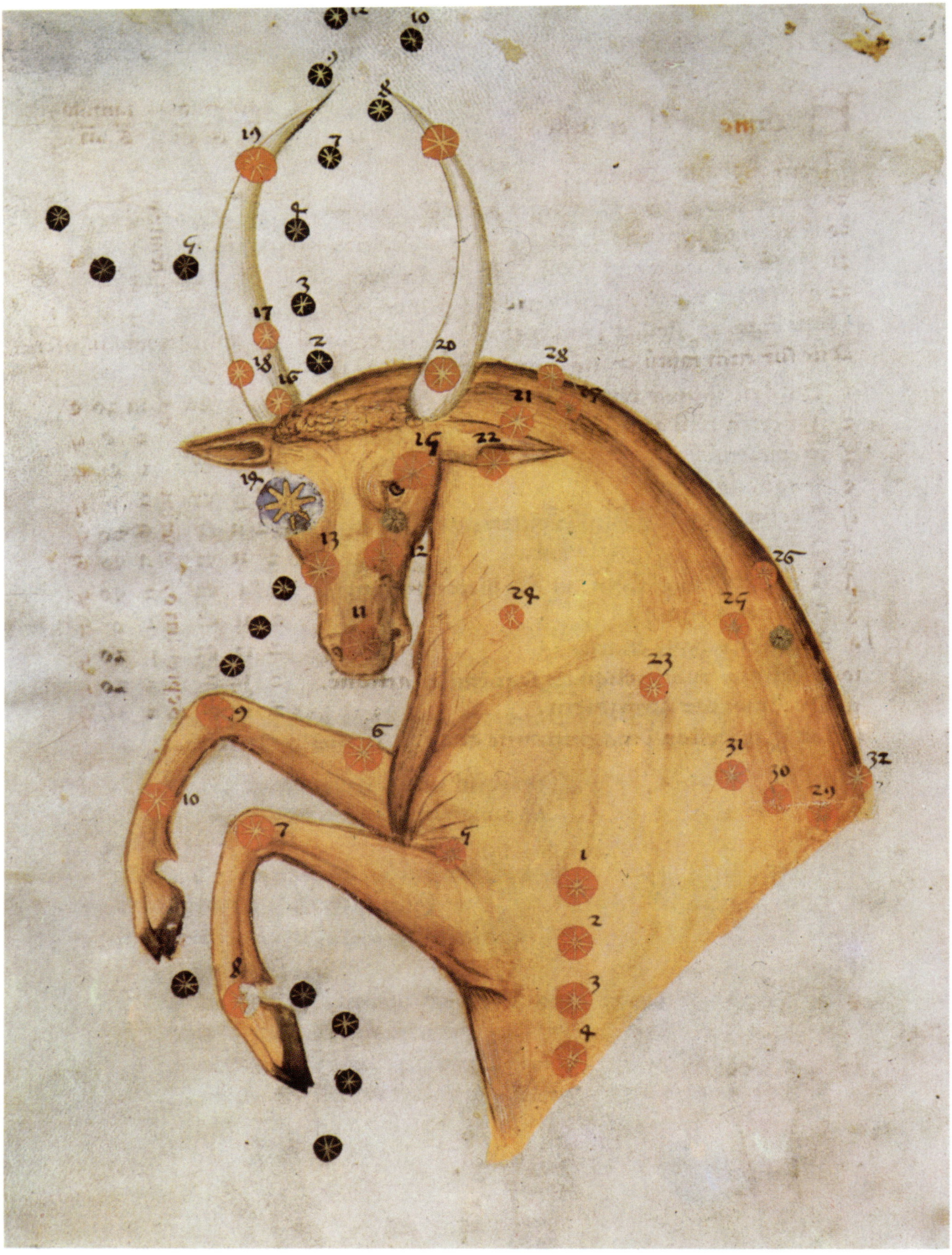

La constellation du Taureau. Atlas astronomique médiéval (voir page 95).

LE TAUREAU (latin : *Taurus*, grec : *Tauros*)

Du 21 avril au 20-21 mai. Deuxième signe du Zodiaque. Dans le cycle solaire annuel, il représente l'apogée du printemps dans l'hémisphère Nord.

Symbole Une tête de taureau stylisée. Le taureau symbolise la fertilité et la richesse matérielle (le troupeau).

Caractéristiques Signe de Terre, fixe, de polarité négative (féminin).

Maître planétaire Vénus.

Signification La possession, la richesse, la vitalité et la sensualité.

Mots clés JE POSSÈDE, JE THÉSAURISE.

Image symbolique « *Omnia mea mecum porto* » (tout ce que j'ai, je l'emporte avec moi). Le natif du Taureau est un thésauriseur, un collectionneur, un archiviste, quelqu'un qui acquiert, donne, accorde mais aussi accumule, administre, ordonne et préserve les biens de la vie matérielle.

Personnalité De puissant, sensuel, loyal, calme et stable à égoïste, avare, obstiné, indocile et têtu.

Exemples Parmi les natifs du Taureau au signe accentué par trois Planètes ou plus dans leur thème natal se trouvent des personnalités telles que Karl Marx (3) – dont le principal ouvrage, *Le Capital*, a un titre symptomatique –, Sigmund Freud (4), Max Planck (6), Bertrand Russell (5), l'inventeur du télégraphe sans fil Guglielmo Marconi (4) et le paléontologue et théologien Teilhard de Chardin (6), mais aussi les peintres Gustave Courbet (3), Pablo Picasso (4) et Salvador Dalí (4), des écrivains fondateurs de la littérature moderne tels que Gérard de Nerval (3), Christian Morgenstern (3), Martin Buber (3), Stefan Zweig (4), Virginia Woolf (4), James Joyce (4), Jaroslav Hašek (5), des acteurs comme Jean Gabin (4) et Barbra Streisand (4), des musiciens tels Béla Bartók (4), John Lennon (3) et le légendaire « King » Joe Oliver. Le célèbre et fertile astrologue du XVIIe siècle, William Lilly (4 Planètes), qui a probablement dressé et interprété le plus grand nombre d'horoscopes, est aussi un Taureau typique. Parmi les puissants de ce monde, citons l'empereur romain Marc Aurèle (3), la reine de France Catherine de Médicis (3) et l'impératrice Marie-Thérèse d'Autriche (4), mais aussi Vladimir Ilitch Oulianov dit Lénine (4), Joseph Djougachvili dit Staline (3), Adolf Hitler (3) et Saddam Hussein (3).

LES GÉMEAUX (latin : *Gemini*, grec : *Didymoi*)

Du 21-22 mai au 21 juin. Le troisième signe du Zodiaque. Dans le cycle solaire annuel, il représente la fin du printemps dans l'hémisphère Nord.

Symbole Il représente deux individus en contact physique.

Caractéristiques Signe double d'Air, mutable, positif (masculin).

Maître planétaire Mercure.

Signification La raison, la science comme composante principale de la connaissance.

Mots clés JE PENSE, JE SAIS, JE COMMUNIQUE.

Image symbolique Le dialogue, la fraternité. Les Gémeaux sont des médiateurs de l'information, reporters, publicistes, penseurs, orateurs, des individus amoureux de la parole, du geste et du symbole.

Personnalité De grand communicant et spirituel à comploteur, intrigant, calomnieur, commère ; d'infatigable et curieux à agité, distrait ou inquisiteur.

Exemples Parmi les natifs des Gémeaux au signe accentué par trois Planètes ou plus dans leur thème natal se trouvent des personnalités telles que les rois de Bohême Charles IV (3 Planètes), Venceslas IV (3) et Georges de Poděbrady (3), le président américain John Fitzgerald Kennedy (3), et le physicien lord William Kelvin (4). L'expression artistique des Gémeaux se manifeste chez des acteurs comme Douglas Fairbanks (4) et Fernandel (3), Joséphine Baker (5), le compositeur Josef Mysliveček (4) et le jazzman Sidney Bechet (3), les peintres Albrecht Dürer (4), « le Douanier » Henri Rousseau (3), Raoul Dufy (3) et Joan Miró (4), le sculpteur tchèque Josef Mařatka (3) – pupille d'Auguste Rodin qui a organisé sa fameuse exposition à

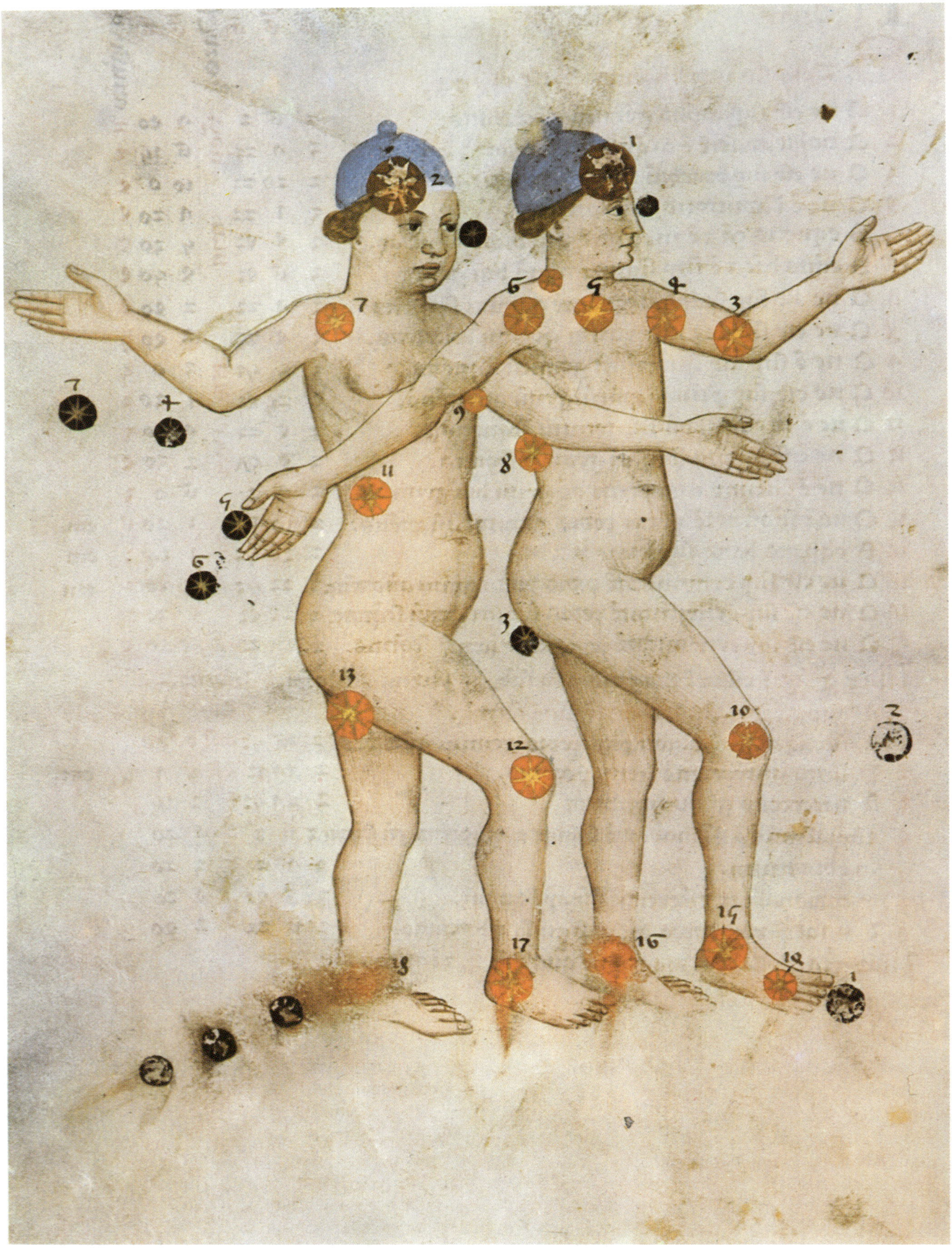

La constellation des Gémeaux. Atlas astronomique médiéval (voir page 95).

Prague –, les photographes John Heartfield (5), André Kertész (4), Renger-Patzsch (3), Jiří Jeníček (4). Ce signe, gouverné par Mercure, symbole de la parole et de l'écriture, est littéralement une pépinière d'écrivains et de poètes, tels William Shakespeare (3 Planètes), Jean-Jacques Rousseau (3), Gilbert Keith Chesterton (3), Franz Kafka (5), Max Brod (3), Georges Ribemont-Dessaignes (3), Saint-John Perse (4), Anna Akhmatova (3), Joseph Delteil (3), Louis-Ferdinand Céline (5), Henri Michaux (3), Vítězslav Nezval (3) et Marguerite Yourcenar (3). Nous retrouvons également les astrologues qui ont tenté de créer le courant moderne de « l'astrologie scientifique » : Friedrich Schwickert (4 Planètes), Maurice Privat (4), Dane Rudhyar (4) et Cyril Fagan (4).

LE CANCER (latin : *Cancer*, grec : *Karkinos*)

Du 21-22 juin au 22-23 juillet. Quatrième signe du Zodiaque. Dans le cycle solaire annuel, ce signe solsticial marque le début de l'été dans l'hémisphère Nord.

Symbole Le retour, le tournant ; astronomiquement, le Tropique du Cancer.

Caractéristiques Signe d'Eau, cardinal, négatif (féminin).

Maître planétaire La Lune.

Signification L'inconscient, l'imaginaire, l'émotivité ; la mère et les sentiments maternels.

Mots clés JE RESSENS, JE SUIS NÉ, JE M'ÉLÈVE.

Image symbolique Le nid natal, les sources et puits cachés. Le Cancer est l'homme de l'éternel retour, pour qui la route est toujours un peu un chemin vers la maison, le pays, la famille, le clan, l'arbre familial. Le Cancer signifie origine, passé, histoire, famille, nation.

Personnalité Sensible, sympathisant et compatissant à hypersensible, délicat, facilement manipulable, susceptible, réservé.

Exemples Parmi les natifs du Cancer au signe accentué par trois Planètes ou plus dans leur thème natal se trouvent des personnalités telles que les empereurs Jules César (3), Rudolf II (3) et Joseph II (3), le compositeur Benjamin Britten (3), le physicien théoricien et naturaliste Carl Friedrich von Weizsäcker (4), l'actrice Gina Lollobrigida (4), des peintres tels que Diego Velásquez (3), Amadeo Modigliani (3) et Giorgio de Chirico (3). Parmi les écrivains, le signe accentué du Cancer se manifeste par une tendance aux réminiscences, au retour à la maison, au pays ou aux sources : ainsi du poète espagnol Luis Góngora y Argote (4), du fabuliste Jean de La Fontaine (4 Planètes en Cancer dont 3 en conjonction), la poétesse Marceline Desbordes-Valmore (4), Honoré de Balzac (3) et, bien sûr, Marcel Proust (3) avec *À la recherche du temps perdu*, Max Jacob (3), le poète tchèque Josef Hora (3) et son *Livre de la maison*, le surréaliste René Char (4), l'existentialiste Albert Camus (3) et le poète moderne allemand Helmut Heissenbüttel (4) qui descend aux racines de sa langue dans son œuvre.

Un groupe de trois Planètes ou plus accentuant le signe du Cancer se retrouve assez fréquemment lors des moments significatifs de l'histoire tchèque. Ainsi, une telle configuration signe le meurtre du prince Venceslas (si la date historique du 28 septembre 929 est correcte), le début de la construction du pont Charles à Prague, le 9 juillet 1357, le supplice du bûcher de maître Jan Hus à Constance le 6 juillet 1415 (il y avait six Planètes dans le Cancer dont la Lune, en domicile), la mort du roi Venceslas IV en 1419, la bataille victorieuse des hussites (partisans de Jan Hus) sur le mont Vítkov en 1420 et la Défenestration de Prague en 1419 (là encore, six Planètes, dont la Lune, se trouvaient dans le Cancer), la mort en 1424 de Jan Žižka de Trocnov, le leader hussite, la bataille de Lipanie en 1434, l'exécution des chefs protestants de la révolte bohémienne contre les Habsbourg à Prague le 21 juin 1621, l'arrivée des Suédois aux portes puis dans Prague en 1639. Et dans l'histoire moderne, l'Ascendant dans le signe du Cancer apparaît dans de nombreux horoscopes de moments très sensibles tels que l'immolation par le feu des étudiants Jan Palach (le 16 janvier 1969) et Jan Zajíc (le 25 février 1969), le début de la révolution de Velours le 17 novembre 1989 à Prague, avec les événements de l'avenue Nationale (Národní třída) et leurs conséquences : la fin de l'hégémonie du Parti communiste tchèque le 24 novembre de la même année et de son rôle dominant par le vote de l'Assemblée fédérale le 29 novembre 1989.

La constellation du Cancer. Atlas astronomique médiéval (voir page 95).

La constellation du Lion. Atlas astronomique médiéval (voir page 95).

LE LION (latin : *Leo*, grec : *Leon*)

Du 22-23 juillet au 22 août. Cinquième signe du Zodiaque. Dans le cycle solaire annuel, il correspond au plus chaud de l'été dans l'hémisphère Nord.

Symbole Une queue de lion stylisée.

Caractéristiques Signe de Feu, fixe, positif (masculin).

Maître planétaire Le Soleil, régnant sur l'été.

Signification Le jeu, la volonté, la passion, la créativité, le don ; l'amour de sa progéniture.

Mots clés JE VEUX, JE DONNE, JE JOUE

Image symbolique La vie est un jeu formidable. Les natifs du Lion sont de grands enfants qui prennent la vie comme un jeu, des personnages emplis de grandeur majestueuse, fiers de leur rôle.

Personnalité D'assuré, magnanime, noble d'esprit et généreux à vaniteux, ostentatoire et pompeux, de chaleureux et ardent à exagérément émotif et sans mesure.

Exemples Parmi les natifs du Lion au signe accentué par trois Planètes ou plus dans leur thème natal se retrouvent des personnalités telles que les écrivains Pedro Calderón de la Barca (3 Planètes), Jules Laforgue (5), John Galsworthy (3), André Maurois (3), Vladimir Maïakovski (3) et Julien Gracq (3). Parmi d'autres créateurs typiquement léonins, citons les peintres Petrus Paulus Rubens (3), Alfons Mucha (4), Ota Janeček (5) et le maître actuel de la photographie, Henri Cartier-Bresson (avec 4 Planètes en conjonction dans le Lion), le compositeur Gustav Mahler (4) et le musicien de jazz Claude Luther (4). Le dernier empereur austro-hongrois, François-Joseph Ier, avait 3 Planètes en Lion ; la tendance mégalomane du Lion se manifeste superbement chez Napoléon Ier avec, outre le Soleil en culmination, le Milieu du Ciel et l'étoile Régulus en Lion. Le fier signe du Lion accentué par 4 Planètes caractérisait aussi l'horoscope de l'espionne Mata Hari et de l'astrologue anglais connu sous le pseudonyme éloquent d'Allan Leo.

LA VIERGE (latin : *Virgo*, grec : *Parthenos*)

Du 23 août au 22-23 septembre. Sixième signe du Zodiaque. Dans le cycle solaire annuel, il marque la fin de l'été dans l'hémisphère Nord, le temps de la moisson, ce que suggérait déjà l'autre nom de ce signe aux temps anciens : l'Épi de blé.

Symbole Probablement un hiéroglyphe assez récent mêlant les lettres M et P (pour Maria Parthenos, c'est-à-dire la Vierge) issu de l'astrologie chrétienne. Le symbole utilisé à la fin de l'Antiquité avait une forme quelque peu différente.

Caractéristiques Signe double de Terre, mutable, négatif (féminin).

Maître planétaire Mercure.

Signification Effort, travail, épreuves.

Mot clé J'ESSAIE.

Image symbolique Le travail à la sueur du front. Les natifs de la Vierge sont diligents, perfectionnistes, analytiques, précis et soigneux – voire pointilleux –, soucieux et aiment l'ordre.

Personnalité De l'imposition d'exigences justes du fait d'un grand sens du discernement à l'esprit excessivement scrupuleux, à la maniaquerie, à l'étroitesse d'esprit et à l'obsession du détail, de l'humanitarisme à la froideur et à la solitude, voire à la cruauté.

Exemples Parmi les natifs de la Vierge au signe accentué par trois Planètes ou plus dans leur thème natal se trouvent des personnalités telles que le chimiste John Dalton (4 Planètes) et le naturaliste Georges Cuvier (3), les actrices Ingrid Bergman (3), Sophia Loren (3) et Romy Schneider (5), le jazzman Jelly Roll Morton (3), le chanteur Ray Charles (4), les compositeurs Christoph Willibald Gluck (3) et Claude Debussy (3), ou le photographe français d'origine hongroise Gyula Halász dit Brassaï (3). Parmi les puissants, nous trouvons l'empereur romain Caligula (3), le tsar Ivan le Terrible (4 Planètes en Vierge et 3 en Balance), Frédéric V du Palatinat (3) et Louis XVI (3 Planètes plus l'Ascendant). En dehors des Gémeaux, l'autre signe gouverné par Mercure, le signe de la Vierge est lui aussi souvent accentué chez les

La constellation de la Vierge. Atlas astronomique médiéval (voir page 95).

La constellation de la Balance. Atlas astronomique médiéval (voir page 95).

écrivains; c'est notamment le cas de Laurence Sterne (3 Planètes) et Denis Diderot (3), nés la même année, du comte Léon Nikolaïevitch Tolstoï (3), Guy de Maupassant (3), Maurice Maeterlinck (3), Jehan Rictus (3), Alfred Jarry (3), Upton Sinclair (5), Agatha Christie (5 Planètes en Vierge, dont 4 en conjonction y compris Mercure, en domicile), David Herbert Lawrence (3), William Faulkner (3), Louis Aragon (3), Philippe Soupault (3) et William Saroyan (3).

LA BALANCE (latin : *Libra*, grec : *Stathmos*)

Du 23 septembre au 21-22 octobre. Septième signe du Zodiaque, opposé au Bélier. Dans le cycle solaire annuel, c'est le signe de l'équinoxe, qui marque le début de l'automne dans l'hémisphère Nord.

Symbole Les plateaux stylisés d'une balance, symbole de l'équilibre et de la symétrie.

Caractéristiques Signe d'Air, cardinal, positif (masculin).

Maître planétaire Vénus.

Signification Coexistence, coopération, hésitation, réflexion.

Mots clés JE SOUPÈSE, JE COOPÈRE.

Image symbolique L'idée née de l'inspiration, comme Aphrodite de la mer; la justice.

Personnalité De l'équilibre, la prudence et la réflexion à l'indifférence, l'apathie, l'inconsistance et l'indécision. Les natifs de la Balance sont souvent inspirés et pacifistes. Ils ont un esprit tourné vers l'esthétique et un sens aigu de la beauté et de l'harmonie. Ils sont élégants, urbains et raffinés mais parfois trop hésitants, ils ont un besoin éperdu de l'autre (partenaire sentimental) ou des autres (altruisme) pour exister.

Exemples Parmi les natifs de la Balance au signe accentué par trois Planètes ou plus dans leur thème natal se trouvent l'inventeur du cinématographe, Auguste Lumière (4), les photographes Man Ray (3) et Paul Strand (3), l'artiste et poète Hans Arp (3) ainsi que nombre d'autres poètes, tels Virgile (3), Arthur Rimbaud (3) ou Thomas Stearns Eliot (4), et d'écrivains, tels Miguel de Cervantes (4), l'écrivain utopiste et astrologue Tommaso Campanella (4), François de La Rochefoucauld (5) et Alain Robbe-Grillet (3). Les natifs de la Balance au signe accentué comptent l'actrice Brigitte Bardot (3) et le réalisateur Michelangelo Antonioni (4), les compositeurs Camille Saint-Saëns (3) et Georges Bizet (3), mais aussi plusieurs scientifiques et ingénieurs tels que Jérôme Cardan (de son nom latin Hieronymus Cardanus) (3) et Michael Faraday (4).

LE SCORPION (latin : *Scorpio*, grec : *Scorpios*)

Du 22-23 octobre au 21 novembre. Huitième signe du Zodiaque, opposé au Taureau. Dans le cycle solaire annuel, il marque la culmination de l'automne dans l'hémisphère Nord.

Symbole Le dard stylisé d'un scorpion.

Caractéristiques Signe d'Eau, fixe, négatif (féminin).

Maîtres planétaires Pluton et Mars.

Signification Les désirs, l'attente impatiente, la frustration, et la mort – également passage – ou la destruction réformatrice.

Mots clés JE DÉCOUVRE, JE CONQUIERS, J'INVESTIS.

Image symbolique La mer, mère de toute chose vivante; la mort est comme la mer.

Personnalité De la profondeur tourmentée, capable de pénétrer au cœur même de la matière, à la méfiance, la suspicion, la jalousie; de l'émotivité et la passion à la dépendance. Les gens nés sous ce signe sont d'intrépides chercheurs, conquérants, explorateurs, prospecteurs et découvreurs, toujours coriaces, parfois même rudes et sombres, d'autres fois extraordinairement audacieux, et souvent effrontés et impertinents.

Exemples Parmi les natifs du Scorpion au signe accentué par trois Planètes ou plus dans leur thème natal se trouvent les empereurs romains Tibère (3), Vespasien (3) et Domitien (5). Les Scorpion typiques comptent dans leurs rangs l'écrivain et savant russe Mikhaïl Vassilievitch Lomonossov (3), le géologue britannique Charles Lyell (3), la physicienne

La constellation du Scorpion. Atlas astronomique médiéval (voir page 95).

La constellation du Sagittaire. Atlas astronomique médiéval (voir page 95).

Marie Curie (4) découvreur du radium, le fondateur de la cybernétique Norbert Wiener (4) et le voyageur norvégien Thor Heyerdahl (3). L'art moderne porte l'empreinte de plusieurs natifs du Scorpion dont les peintres Alfred Sisley (3) et Edvard Munch (3) et le sculpteur Alberto Giacometti (3). Citons aussi l'écrivain de la littérature moderne tchèque Karel Hynek Mácha (3), à l'œuvre tourmentée, les écrivains ou poètes Richard Dehmel (4), Stefan Zeromski (3), Andrei Belyï (3), Hermann Broch (3) et Hans Magnus Enzensberger (3). Le Scorpion marque également l'actrice Annie Girardot (4), le compositeur Paul Hindemith (6), le réalisateur soviétique de films d'avant-garde Dziga Vertov (3) et le cinéaste tchèque Karel Zeman (4), qui mêle marionnettes, acteurs et dessins animés.

LE SAGITTAIRE

(latin : *Sagittarius*, grec : *Toxotes*)

Du 21-22 novembre au 21 décembre. Neuvième signe du Zodiaque, opposé au signe des Gémeaux. Dans le cycle solaire annuel, il représente la fin de l'automne dans l'hémisphère Nord, ainsi que l'avent.

Symbole Une flèche tirée.

Caractéristiques Signe double de Feu, mutable, positif (masculin).

Maîtres planétaires Jupiter et Neptune.

Signification La communication à longue distance (tout ce qui commence par les préfixes télé-, apo- ou trans-), la foi (un autre chemin vers la connaissance que la science), les voyages.

Mot clé JE VOIS, JE CROIS.

Image symbolique La torche dans la main de celui qui vola le feu aux dieux.

Personnalité D'enthousiaste, visionnaire, compréhensif ou transcendant la raison pure à maniaque, abusif ou excessif. Les natifs du Sagittaire sont de grands voyageurs, des coureurs de fond dans le marathon de la vie, mais aussi des visionnaires exaltés, des fanatiques religieux, des utopistes et idéalistes de tout type ; leur slogan : l'idéal.

Exemples Parmi les natifs du Sagittaire au signe accentué par trois Planètes ou plus dans leur thème natal se trouvent des personnalités telles que le roi Alphonse X de Castille (4), le duc de Berry (3) et le réformateur religieux Ulrich Zwingli (4), les cinéastes René Clair (4), Luis Buñuel (3) et Alfréd Radok (4). S'y trouvent également Friedrich Engels (4), le physicien Max Born (5) et l'inventeur de l'esperanto, Ludwig Zamenhof (avec une conjonction Mercure-Soleil). La plus forte accumulation de Planètes dans le Sagittaire échoit jusqu'ici au musicien de jazz Milton « Mez » Mezrow (6). Toujours dans le domaine de la musique se rencontrent de nombreux autres Sagittaire typiques tels Carl Maria von Weber (3), Hector Berlioz (3), Antonín Dvořák (3) et Bohuslav Martinů (3) ; Ludwig van Beethoven a 3 Planètes dans le Sagittaire et 3 dans le Capricorne, tout comme l'écrivain et grand voyageur Richard Haliburton. En littérature, outre R. Haliburton, le signe accentué du Sagittaire caractérise les auteurs regardant par-delà de longues distances – littéralement ou symboliquement –, des visionnaires, romantiques ou idéalistes tels Torquato Tasso, dit le Tasse (3), William Blake (3), Alfred de Musset (5), Rudyard Kipling (3), Georges Limbour (3), le théoricien de l'avant-garde tchèque Karel Teige (4), Eugène Ionesco (3), ainsi que Voltaire (3). Parmi les peintres, remarquons Claude Monet (3), Henri de Toulouse-Lautrec (3), Vassily Kandinsky (3), René Magritte (5), Yves Tanguy (4) et Wifredo Lam (4).

LE CAPRICORNE

(latin : *Capricornus*, grec : *Aigokeros*)

Du 21-22 décembre au 20 janvier. Dixième signe du Zodiaque, opposé au Bélier. Dans le cycle solaire annuel, ce signe solsticial marque le début de l'hiver dans l'hémisphère Nord, et voit le temps de Noël et le nouvel an.

Symbole Une chèvre à queue de poisson très stylisée.

Caractéristiques Signe de Terre, cardinal, négatif (féminin).

Maîtres planétaires Saturne et Uranus.

Signification Le but des efforts, le sommet d'une carrière, les possibilités maximales.

Mots clés J'ACCOMPLIS, JE VISE.

Image symbolique La chaîne montagneuse – le squelette du paysage.

La constellation du Capricorne. Atlas astronomique médiéval (voir page 95).

La constellation du Verseau. Atlas astronomique médiéval (voir page 95).

Personnalité De strict, responsable et économe à scrupuleux à outrance, étroit d'esprit et avare. Le natif du Capricorne a une autorité naturelle dans son milieu ou sa discipline qui peut tourner à la tyrannie et au despotisme. Souvent vieux jeu et patriarcal, son puritanisme fréquent peut devenir un obstacle infranchissable ; mais quel feu s'il aime vraiment ! Tourmenté, nerveux et exclusif, il a soif d'absolu.

Exemples Parmi les natifs du Capricorne au signe accentué par trois Planètes ou plus dans leur thème natal se trouvent de nombreux personnages publics tels que l'orateur, écrivain et politicien romain Marcus Tullius Cicero dit Cicéron (5), l'empereur romain Titus (5), le président américain Richard Nixon (4) et trois présidents tchécoslovaques communistes – Antonín Zápotocký (3), Antonín Novotný (3) et Gustáv Husák (4). La main de fer politique trouve son pendant dans l'autorité et l'exigence dans d'autres domaines : ainsi de Paracelse (3), en médecine, Johannes Kepler (4), en astronomie, Louis Pasteur (6), en biologie, Jean-François Champolion (4), en égyptologie, mais aussi Karl Brandler-Pracht (3) et Reinhold Ebertin (3), en astrologie moderne. Dans le domaine des arts, nous trouvons de typiques Capricorne parmi les peintres Émile Bernard (5) et Maurice Utrillo (3), l'illustrateur Gustave Doré (3 Planètes en Capricorne et 3 en Verseau), l'actrice Marlene Dietrich (5), le cinéaste Federico Fellini (3), le chanteur Elvis Presley (3) et le trompettiste de jazz « Kid » Ory (4), les écrivains ou poètes Fedor Mikhaïlovitch Dostoïevsky (3 Planètes en conjonction), Romain Rolland (3), Gustav Meyrink (3), Paul Fort (3), Carl Sandburg (3), Robinson Jeffers (3), le Cubain Alejo Carpentier (3), Simone de Beauvoir (3) et l'Italien Umberto Eco (3).

LE VERSEAU

(latin : *Aquarius*, grec : *Amphora* ou *Hydrechoos*)

Du 21 janvier au 19-20 février. Onzième signe du Zodiaque, opposé au Lion. Dans le cycle solaire annuel, il représente la culmination de l'hiver dans l'hémisphère Nord.

Symbole Le flot stylisé de l'eau versée d'une cruche.

Caractéristiques Signe d'Air, fixe, positif (masculin).

Maîtres planétaires Uranus et Saturne.

Signification La loi, la doctrine, l'enseignement.

Mots clés J'ADOPTE, JE PROMULGUE.

Image symbolique « Le ciel seul au-dessus de moi et le code moral en moi » (Pascal).

Personnalité De la synthèse des formes, la systématisation des choses et des pensées, la justice et l'altruisme au formalisme, au dogmatisme à outrance et à la pétrification spirituelle sous la forme de phrases-clichés, schémas vidés de sens, préceptes et slogans. Imaginatif, changeant, aimant l'imprévu, très indépendant mais serviable, le Verseau privilégie pardessus tout l'amitié dans ses rapports avec l'autre.

Exemples Parmi les natifs du Verseau au signe accentué par trois Planètes ou plus dans leur thème natal se trouvent de nombreux scientifiques : l'astronome Tycho Brahe (3) et le physicien et astronome François Arago (4), l'ingénieur Thomas Alva Edison (3), le zoologiste Alfred E. Brehm (3), le physicien Dmitri I. Mendeleïev (6), père de la table périodique des éléments, Étienne de Montgolfier (3), inventeur du ballon qui porte son nom, mais aussi deux systématiciens de l'astrologie, Ebenezer Sibly (4) et Charles E. O. Carter (4). Dans le domaine des arts, citons le compositeur Wolfgang Amadeus Mozart (4), les cinéastes Milos Forman (3) et Jiří Trnka (3), l'actrice Jeanne Moreau (3) et les peintres Édouard Manet (3) et Paul Cézanne (3). Les écrivains comptent de nombreux Verseau typiques, notamment Lewis Carroll (5 Planètes en Verseau dont Uranus, maître du signe), mais aussi George Byron (4), Gertrude Stein (4), Jack London (3), le poète tchèque Georg Trakl (3) et Gabriel García Márquez (3).

La constellation des Poissons. Atlas astronomique médiéval (voir page 95).

LES POISSONS (latin : *Pisces*, grec : *Ichtyes*)

Du 21 février au 20-21 mars. Douzième et dernier signe du Zodiaque, opposé à la Vierge. Dans le cycle solaire annuel, il marque la fin de l'hiver dans l'hémisphère Nord mais porte en lui les germes du renouveau.

Symbole Un couple de poissons stylisés liés par un ruban – la déesse Aphrodite et son fils Éros fuyant Typhon dans la mythologie grecque.

Caractéristiques Signe double d'Eau, mutable, négatif (féminin).

Maîtres planétaires Neptune et Jupiter.

Signification L'illimité, l'irrationnel, l'insaisissable, l'informel, le transitoire, les choses cachées, les limitations, les projets, les intrigues, les obstacles et la réserve.

Mot clé JE ME SACRIFIE.

Image symbolique L'eau – fluide, insondable, illimitée ; les eaux du fleuve Chaos.

Personnalité De l'esprit de sacrifice, l'intuition et le mystère calme à la dépression, l'incertitude, le manque de fiabilité, la dissimulation et la tricherie. Les natifs des Poissons sont souvent des mystiques sensibles cachés, des personnalités raffinées et non violentes difficiles à cerner, parfois excentriques, insondables, mystérieuses. Ils peuvent être tentés par les drogues et l'alcool.

Exemples Parmi les natifs des Poissons au signe accentué par trois Planètes ou plus dans leur thème natal se trouvent l'empereur romain Trajan (3), sous la coupe duquel l'Empire romain connut sa plus grande expansion, Henri le Navigateur (4), ainsi que le président Abraham Lincoln (3), qui fut l'instigateur de l'abolition de l'esclavage aux États-Unis. De célèbres Poissons ont été attirés par l'horizon illimité des cieux, tant physique – tels les cosmonautes soviétiques Iouri Gagarine (3) et Valentina Terechkova (3), les astronomes et astrologues Franciscus Junctinus (5), Petr Codicillus (4), Galilée (4), Jean-Baptiste Morin (5) et l'astronome Camille Flammarion (4), très attiré par l'occulte – que spirituel, avec le théosophe Rudolf Steiner (3). S'y ajoutent plusieurs grands scientifiques tels Albert Einstein, qui se disait lui-même mystique, l'auteur du célèbre herbier Pietro Andrea Mattioli (3 Planètes), Georg Simon Ohm (5), Charles Darwin (3) et Simon Newcomb (5). Le signe compte aussi dans ses rangs les compositeurs Jean-Sébastien Bach (3) et Franz Schubert (3), l'actrice Elizabeth Taylor (3), la chanteuse de jazz Billie Holiday (4), qui mourut droguée, les peintres Honoré Daumier (5) et Kasimír Malevitch qui voulait abolir la peinture (3 Planètes en Poissons et 3 en Taureau), et de très grands écrivains ou poètes notoirement attirés par l'imaginaire tels Victor Hugo (4), Edgar Allan Poe (4), Stéphane Mallarmé (4), Raymond Queneau (3) et ses *Annales de la pataphysique*, mais aussi Elizabeth Browning (5 Planètes en Poissons et 3 en Balance), Giacomo Casanova (4) et Allen Ginsberg (3).

Plaque murale moderne représentant le Bélier sur la maison de l'Agneau blanc à Prague (rue Úvoz, dans le Petit Quartier), exécutée par le sculpteur tchèque Vincenc Vingler en 1966 en remplacement de l'originale, détruite en 1912.

La signification astrologique des Maisons

Seules les Maisons horizontales permettent de considérer un homme ou un événement comme un phénomène unique et non reproductible, défini par un temps et un lieu précis à la surface de la Terre. Dans l'astrologie ancienne, les Maisons étaient d'ailleurs désignées par le terme grec topoi *ou son équivalent latin* loci, *qui signifient « lieu ». Les Maisons astrologiques sont donc les lieux où il se passe quelque chose. Ce quelque chose est déterminé, d'une part, par la disposition des Planètes dans les Maisons et, d'autre part, par la relation entre les Maisons et les signes du Zodiaque et leurs maîtres planétaires.*

LES MAISONS HORIZONTALES : LE PLAN INDIVIDUEL

Il existe d'indéniables corrélations entre les douze signes zodiacaux et les douze Maisons de l'horoscope. Dans une certaine mesure, la première Maison correspond au signe du Bélier, la deuxième au Taureau et ainsi de suite jusqu'à la douzième Maison qui correspond aux Poissons. Ce lien étroit se retrouve ainsi dans l'étymologie du terme latin désignant la deuxième Maison : *locus pecuniae*, c'est-à-dire le lieu de la richesse, de l'argent. Or le sens originel du mot *pecunia* était « bétail », ce qui le rattache directement au signe du Taureau, la richesse étant alors souvent évaluée à la taille du troupeau.

L'analogie entre les Maisons et les signes se comprend peut-être mieux sous l'angle de la biologie : la même analogie existe entre la phylogenèse (l'origine et le développement de l'individu) et l'ontogenèse (l'origine et le développement d'une espèce ou d'un genre). Comme l'astrologie traite des problèmes de l'homme, une telle comparaison n'est pas inappropriée.

Les Maisons ne peuvent être dessinées si l'horoscope est établi sur la seule base du jour de la naissance d'un individu ou de la survenue d'un événement, et non de son heure exacte. Or la position des Planètes dans le Zodiaque, qui change à peine au cours d'un jour pour les Planètes rapides et au cours d'une année pour les Planètes les plus lentes, est à peu près la même pour tous les gens nés le même jour, ou tous les événements survenus ce jour-là. Ceci généralise par conséquent considérablement leur signification et permet d'établir des tendances générales plutôt que des destins individuels.

Les Planètes comme dispositeurs et significateurs

Si la position des Planètes dans les signes zodiacaux a un caractère assez général, en revanche, leur position dans les Maisons a une interprétation purement individuelle. Cependant, seule la synthèse des significations des positions planétaires dans les Maisons <u>et</u> dans le Zodiaque ouvre la possibilité d'une lecture syntactique d'un horoscope particulier ; en effet, chacune des douze Maisons est influencée par un ou plusieurs signes du Zodiaque, alors que les Maisons ne sont pas nécessairement toutes occupées par des Planètes.

Ceci offre la possibilité de baser la lecture de l'horoscope sur le système des Planètes considérées comme maîtres des Maisons individuelles (c'est-à-dire maîtres des signes qui influencent les Maisons) – les Planètes sont alors les dispositeurs des questions auxquelles les Maisons respectives apportent des réponses – et, simultanément, comme significateurs du contenu des Maisons où elles se trouvent. À la différence de l'ancienne méthode d'interprétation astrologique des Planètes, trop mécaniste car considérant séparément leur signification dans les signes du Zodiaque et dans les Maisons, la lecture syntactique des Planètes comme significateurs et dispositeurs des problèmes abordés révèle aussi la structure de leurs causes. Les méthodes de divination modernes rendent donc possible un plus grand approfondissement jusqu'au cœur du problème.

LA PERSONNALITÉ RÉVÉLÉE PAR L'HOROSCOPE

Deux axes principaux divisent l'horoscope en moitiés. L'axe horizontal, qui joint l'Ascendant (ASC) et le Descendant (DSC), le divise en une moitié diurne (ou arc diurne) et une moitié nocturne (arc nocturne) ; l'axe vertical, qui joint le Milieu du Ciel (MC) et le Fond du Ciel (IC pour *Imum Coeli*, ou nadir), le divise en une moitié occidentale (arc occidental) et une moitié orientale (arc oriental).

Les quatre quadrants de l'horoscope résultent simultanément de ces divisions et sont délimités par les quatre points principaux (ASC, DSC, MC et IC). Dans l'horoscope natal (thème), ces points s'interprètent comme les quatre principaux points personnels auxquels peut s'appliquer, dans une certaine mesure, la terminologie psychanalytique.

Le Moi

Ainsi l'Ascendant exprime le Moi (ou *ego*), la personne en tant qu'élément conscient ayant une vie spirituelle, des activités pensantes, interactives, adaptatives et communicantes, en relation avec la réalité ambiante. L'Ascendant révèle comment le natif se voit lui-même par introspection.

Le Toi

Le Descendant représente quant à lui le Toi (ou *alter ego*), l'autre « moi-même » comme facteur de dialogue interne ou de partenaire intime, l'opposé dialectique du Moi. Le Descendant montre par conséquent comment le natif est perçu par son entourage, son partenaire.

Le Surmoi

Le Milieu du Ciel correspond au Surmoi (ou *superego*), une instance spirituelle qui se manifeste par son action d'évaluation – approuvant, récompensant, interdisant, punissant. C'est l'élément autoritaire de la personnalité, qui régule son action par l'autoréflexion. Le Milieu du Ciel représente l'objectif suprême, le credo du natif ; il indique comment celui-ci est vu du point de vue d'un principe supérieur.

Le Ça

Le Fond du Ciel est proche de la notion psychologique du Ça, qui désigne la strate la plus profonde et la plus ancienne de la personnalité ; dans l'inconscient, le Ça englobe l'énergie instinctive (la libido) et la source des motivations de comportement instinctif. Le Fond du Ciel révèle l'archétype de la personnalité, ses racines et ses caractères hérités.

Par suite, l'axe principal vertical (axe MC-IC) représente la force et les capacités du natif, la noblesse de son être et de ses buts, tandis que l'axe principal horizontal (axe ASC-DSC) exprime sa confiance en soi.

L'objectivité

Lorsque les Planètes sont majoritairement diurnes, c'est un signe d'objectivité. Le natif a sans doute une personnalité forte et extravertie, il est perspicace et ambitieux, et plutôt tourné vers une vie publique. Exemples : Bardot, Chaplin, Dalí, Einstein.

La subjectivité

Lorsque les Planètes sont majoritairement nocturnes, c'est un signe de subjectivité. Nous pouvons supposer que le natif a une personnalité introvertie, intuitive et émotive, solitaire et effacée, qu'il préfère la solitude de la vie privée mais qu'il possède une extraordinaire connaissance générale acquise grâce à son sens du recul ; il a parfois un talent artistique marqué. Exemples : Cézanne, le Douanier Rousseau, Joyce, Zola.

L'activité

Une prédominance de Planètes dans la moitié orientale (est) de l'horoscope exprime l'activité. Une telle configuration caractérise les personnalités actives : des individus impulsifs, individualistes et souvent égoïstes, affirmant activement leur indépendance par leur libre arbitre. Exemples : Apollinaire, Nietzsche, Shaw, Maïakovski.

La passivité

Une prédominance de Planètes dans la moitié occidentale (ouest) de l'horoscope exprime en revanche la passivité d'une personnalité réactive ; une telle configuration caractérise les personnes à la sensibilité pénétrante, soumises, dépendantes et malléables, au penchant altruiste. Exemples : Daumier, Rudolf II, Strindberg, Verlaine.

Par suite, une accumulation de Planètes dans un quadrant particulier nous informe sur une tendance forte de la personnalité du natif. Ainsi, lorsque le premier quadrant de l'horoscope, comprenant les Maisons I à III, est très occupé par des Planètes, ceci suggère une personnalité à prédominance intuitive caractérisée par une confiance en soi subjective, l'amour de la solitude, une forte intuition et une nature intransigeante.

Lorsque le deuxième quadrant de l'horoscope, comprenant les Maisons IV à VI, est très occupé par des Planètes, cela suggère une personnalité à prédominance émotive et caractérisée par une conscience subjective du monde extérieur, l'émotivité, l'imagination et la retenue.

Lorsque le troisième quadrant de l'horoscope, comprenant les Maisons VII à IX, est très occupé par des Planètes, ceci suggère une personnalité sensible caractérisée par une conscience objective du monde extérieur et une indécision.

Lorsque le quatrième quadrant de l'horoscope, comprenant les Maisons X à XII, est très occupé par des Planètes, ceci suggère une personnalité à prédominance réfléchie caractérisée par une confiance en soi objective et une nature insubordonnée et rebelle.

Lorsque les Planètes se trouvent majoritairement dans les quadrants impairs (premier et troisième quadrant de l'horoscope, soit entre ASC et IC et entre DSC et MC), ceci suggère une personnalité de type intuitif et sensible. En revanche, quand les Planètes se trouvent majoritairement dans les quadrants pairs (deuxième et quatrième quadrant de l'horoscope, soit entre IC et DSC, et entre MC et Ascendant), la personne est plutôt de type émotif et réfléchi.

LES SIX AXES CATÉGORIQUES

Le contenu astrologique des couples de Maisons opposées est directement rattaché au principe dialectique des opposés, tout comme le sont les moitiés et quadrants opposés et les couples de signes opposés.

Les Maisons I et VII expriment la personnalité (le Moi) et sa relation avec le monde environnant (autrui), c'est-à-dire le domaine de la qualité : elles signifient l'être.

Les Maisons II et VIII expriment la nature physique de la vie, c'est-à-dire le domaine de la quantité : elles signifient l'argent, la possession.

Les Maisons III et IX informent sur les intérêts intellectuels, c'est-à-dire le domaine de la relation : elles signifient le mental, la participation, la communication et les voyages.

Les Maisons IV et X expriment la succession, la continuité, le destin : elles révèlent les rapports au temps.

Les Maisons V et XI expriment le potentiel créatif et se rapportent au domaine de l'espace : elles signifient la création, la créativité, l'expansion mais aussi l'attachement aux autres.

Les Maisons VI et XII se rapportent aux conditions de la vie et à ses soucis, au domaine des modalités, du comment : elles révèlent les transformations et les changements.

LES TROIS TYPES DE MAISONS

De façon similaire au Zodiaque et à sa séquence de signes respectivement cardinaux, fixes et mutables (ou doubles), chaque quadrant de l'horoscope contient une succession de Maisons respectivement angulaires (ou cardinales), suivantes (ou succédantes), et tombantes. L'analogie se poursuit :

• Les Maisons angulaires (Maisons I, IV, VII et X, ou croix cardinale) correspondent aux signes cardinaux du Zodiaque.

• Les Maisons suivantes (Maisons II, V, VIII et XI) correspondent aux signes fixes du Zodiaque.

• Les Maisons tombantes (Maisons III, VI, IX et XII) correspondent aux signes mutables du Zodiaque.

Le contenu de la tétrade des Maisons cardinales est l'être, l'existence et leurs conséquences temporelles qualitatives ; elle signifie l'impulsion et le métissage (au sens biologique du terme) entre nos ancêtres et nous.

La tétrade des Maisons suivantes exprime l'utilisation, l'usage et leurs conséquences spatiales quantitatives ; elle signifie la propagation, l'expansion et la croissance, c'est-à-dire le métissage (au sens biologique du terme) entre nous et notre progéniture.

Le contenu de la tétrade des Maisons tombantes est la compréhension, le changement et leurs conséquences méthodologiques relatives ; elle signifie la médiation, le transfert et la consommation, c'est-à-dire les croisements au sens de « transformations ».

CONTENU ASTROLOGIQUE DES DOUZE MAISONS

Dans la pratique astrologique, la signification de chaque Maison de l'horoscope a toujours été exprimée en mots clés, tout d'abord en grec et en latin, puis dans les autres langues. De ce fait, le mot clé ayant désigné à l'origine le contenu astrologique d'une Maison a fini par devenir son nom. Le nombre des termes basés simplement sur le contenu factuel des Maisons (tels que père, fratrie, mariage, mort) fut aussi enrichi – de façon parfois assez malencontreuse – par des termes à caractère astronomique ou technique s'appliquant aux Maisons, certains désignant initialement seulement leurs cuspides ; ainsi en est-il de l'Ascendant (*horoskopos*).

Au nom de la précision, l'astrologie moderne a restauré les axes et points initiaux. Dans le tableau récapitulatif ci-dessous, les termes techniques figuratifs sont donnés à titre informatif, pour rappeler le développement historique de la terminologie horoscopique.

NOMS ET CONTENUS ASTROLOGIQUES DES MAISONS DE L'HOROSCOPE

Maison	Désignation	Terme ancien	Sens général
I	Ascendant (*Horoskopos, Anatole*) *locus geniturae*	*vita* (vie)	La personnalité (l'ego) individualité, être spirituel
II	Porte de l'enfer (*Porta inferna*) *locus pecuniae*	*lucrum* (richesse)	L'avoir richesses, biens, être physique
III	Bonne déesse (*bona dea, bona thea*)	*fratres* (fratrie)	La communication relations, voyages courts, correspondance épistolaire, contacts, connaissance
IV	Fond du Ciel (*Imum Coeli, Hypogeion*)	*genitor* (géniteur)	Les origines (le Ça) maison, famille, ancêtres, compatriotes, pays natal ; le père
V	Bonne fortune (*bona fortuna, Agathe tyche*)	*natio* (progéniture)	L'amour plaisirs, désirs, joies, jeux, enfants
VI	Infortune (*mala fortuna, kake tyche*)	*valetudo* (santé)	La condition devenir, santé, emploi, aspirations
VII	Descendant (*Occasus, Dysis*)	*uxor* (femme)	Le partenariat (l'alter ego) mariage, contrats
VIII	Porte céleste (*Porta superna, Argon*) *locus piger*	*mors* (mort)	La mort changements, héritage, biens d'autrui
IX	Pérégrinations (*peregrinationes ; deus, helion ; gloria*) *locus dei*	*pietas* (piété)	La foi éloignement, longs voyages, régions étrangères, distance, séparation
X	Milieu du Ciel (*Medium Coeli, Mesuranema, Hypergeion, honores*)	*regnum* (règne, autorité)	Le statut social honneur, ambition, orgueil
XI	Bon génie (*bonus daemon, agathodaimon*)	*beneficio* (charité)	L'amitié vie en société, opportunités, fortune, bonne ou mauvaise
XII	Mauvais génie (*malus daemon*)	*carcer* (prison)	Les limitations difficultés, intrigues, pertes, isolement

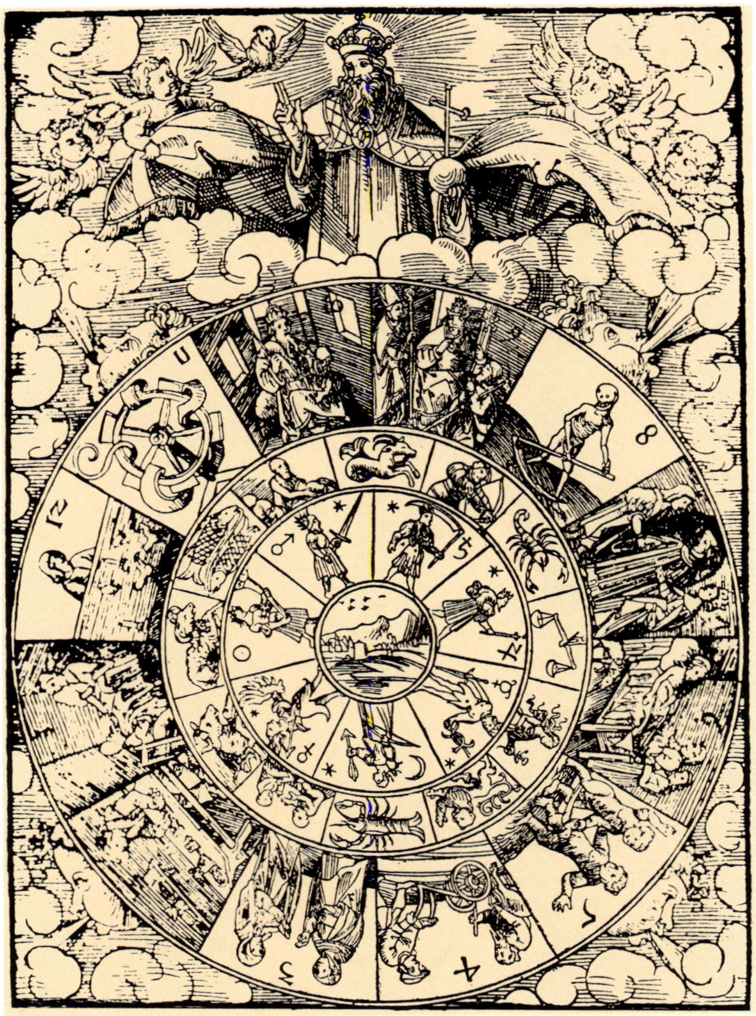

Le système astrologique traditionnel montrant les sept Planètes, douze signes zodiacaux et douze Maisons et leur signification respective. Gravure sur bois de Erhard Schön pour la page de titre du *Calendrier de la Nativité* de Leonhard Keymann (1515).

Le contenu des Maisons

Le contenu des Maisons, tel que détaillé plus loin, diffère quelque peu pour l'horoscopie individuelle et l'horoscopie mondiale – par exemple, entre le thème natal d'un individu et l'horoscope de l'origine d'un État. Pour l'horoscopie horaire, nous donnons les significations spécifiques uniquement lorsqu'elles diffèrent de l'interprétation habituelle. Notons que l'imagerie traditionnelle associée à de nombreuses Maisons est similaire à celle des arcanes du tarot divinatoire.

Outre son contenu principal (concernant le natif lui-même), chaque Maison a une signification dérivée développant les rapports et circonstances avec les personnes entourant le natif. Ainsi, puisque la Maison X est la Maison de la mère, la Maison XI (devenant la deuxième Maison pour la mère du natif) peut donner des informations sur la condition matérielle maternelle, la Maison XII (sa troisième Maison), des informations sur ses (autres) enfants, la Maison I (sa quatrième Maison), des informations sur son père, et ainsi de suite. C'est pourquoi les questions sont posées dans le même ordre que dans le thème natal : la première Maison représente toujours la personne en question.

De façon similaire, il est possible d'utiliser le contenu fondamental des douze Maisons de l'horoscope d'un natif pour étudier, outre ses parents les plus proches (qui s'y trouvent traditionnellement représentés), d'autres parentés plus éloignées telles que les grands-parents, neveux et nièces ou petits-enfants, en utilisant la même clé. Si, par exemple, la Maison III est la Maison de la sœur du natif, alors sa cinquième Maison (la Maison VII dans le thème du natif) nous informe sur ses enfants (les neveux et nièces du natif) ; et la Maison VII nous informe simultanément sur l'épouse (le conjoint) du natif. De telles significations dérivées sont faciles à déduire et n'ont pas besoin d'être mentionnées dans le texte qui suit, qui n'explique que le contenu astrologique fondamental des douze Maisons de l'horoscope.

MAISON I – analogue au Bélier

Signification générale : l'identité et les idées générales.

Horoscope individuel : la personnalité, l'individualité, l'étendue des connaissances, les conceptions sur le monde, l'être spirituel (l'âme) ; plus généralement « ce que je suis ».

Horoscope mondial : le système étatique, les conditions générales de l'État, la forme et la compétence de l'État.

Horoscope horaire : la façon de penser du requérant, son état de santé général et son espérance de vie présumée.

Termes traditionnels : *vita* = la vie (également : souffle, âme), *locus geniturae* = lieu de naissance ; termes techniques = *Ascendant, Horoskopos, Anatole* (au sens d'ascension, d'essor).

Représentation ancienne : une femme parturiente, des scènes de naissance.

MAISON II – analogue au Taureau

Signification générale : les possessions, les biens matériels.

Horoscope individuel : les biens, la propriété, la richesse, l'assurance matérielle, l'argent, l'être physique (son corps) ; plus généralement « ce que j'ai ».

Horoscope mondial : l'état des finances, les banques, le budget, les profits et pertes ; plus

généralement, les propriétés, la trésorerie, la richesse et la prospérité de l'État, ses profits.
Horoscope horaire : la richesse du requérant.
Termes traditionnels : *lucrum* = richesse, *locus pecuniae* = le lieu de la richesse, de l'argent, *Porta inferna* = la Porte de l'enfer.
Représentation ancienne : un homme à table comptant son argent.

Maison III – analogue aux Gémeaux
Signification générale : la conscience des relations, des contacts latéraux, de la proximité.
Horoscope individuel : la communication, les contacts, le toucher, l'environnement, les relations et les voisins, les voyages, la correspondance (épistolaire ou autre), les écrits, la science ; tout ce qui peut être touché ; plus généralement « tout ce que je connais ».
Horoscope mondial : les transports, les télécommunications, la littérature, la presse et l'information, le service public et l'administration, l'opinion publique, les problèmes à la tête de l'État ; plus généralement, les communications internes et les télécommunications, la science, l'informatique.
Horoscope horaire : les rumeurs, les messages, les visites et les lettres, les rêves.
Termes traditionnels : *thea, dea* = déesse, *bona dea* = bonne déesse, bonne fée, *fratres* = la fratrie, les enfants.
Représentation ancienne : deux personnages qui parlent.

Maison IV – analogue au Cancer
Signification générale : la certitude, la sécurité, l'origine, le nid (le foyer), le commencement.
Horoscope individuel : les origines, la maison, la famille, le lieu de naissance, le milieu familial, le clan, le père (ou la mère), les compatriotes, le pays natal, les racines, les sources, la vie privée ; plus généralement « où je suis né, d'où je viens, mes débuts ».
Horoscope mondial : l'agriculture, les champs, jardins, vergers, vignobles et houblonnières, les mines, ressources naturelles et matières premières, les sources et nappes phréatiques, l'environnement naturel, les catastrophes naturelles ; l'opposition gouvernementale et les élections ; le pays et ses habitants.
Horoscope horaire : le père (ou la mère) du requérant.
Termes traditionnels : *genitor* = le géniteur (père ou mère), *parentes* = les parents ; termes techniques figuratifs : *Imum Coeli, antimesuranema, Hypogeion* (au sens de : les profondeurs des cieux) = Fond du Ciel.
Représentation ancienne : un laboureur et son fils au champ.

Maison V – analogue au Lion
Signification générale : la création.
Horoscope individuel : l'amour, les tentations, le plaisir, la joie, l'énergie créative, les jeux, la progéniture, les enfants ; plus généralement « ce que je crée, procrée, donne, ce que je mets au monde, ce que j'aime ».
Horoscope mondial : les jeunes gens, l'éducation des enfants, les écoles, la natalité, le théâtre, la musique et les loisirs, les festivités et les jeux ; la mort d'un membre du gouvernement ou du chef de l'État ; plus généralement, la population, la création, les arts.
Horoscope horaire : les paris, la loterie, les courses ; le succès des envoyés.
Termes traditionnels : *natio* = la progéniture (littéralement la naissance, le clan) ; *bona fortuna, Agathe tyche* = la bonne fortune, le sort favorable.
Représentation ancienne : un groupe d'enfants.

Maison VI – analogue à la Vierge
Signification générale : le travail (l'œuvre), le labeur, l'effort, l'activité ; le sort ; la maladie.
Horoscope individuel : la destinée, la santé physique, l'emploi, le travail, les conditions de vie et de subsistance, l'offre de ses services ; plus généralement « ce que j'entreprends, sers et fais, ce dont je souffre et ce que j'endure ».
Horoscope mondial : les services de santé, le travail et l'emploi, les affaires sociales, l'armée ; plus généralement, l'économie.
Horoscope horaire : la santé ou les maladies du requérant ; ses subordonnés.
Termes traditionnels : *valetudo* = santé, *mala fortuna* = infortune, mauvais sort.
Représentation ancienne : un homme malade au lit.

Maison VII – analogue à la Balance
Signification générale : les liens et attaches, les accords, la coopération, la participation, l'appartenance.
Horoscope individuel : le partenariat, les relations d'affaires, les liens contractuels, les liens matrimoniaux et attachements équivalents ; plus généralement « mon partenaire ».
Horoscope mondial : conventions et traités internationaux, guerres, relations étrangères, alliances ; plus généralement, les relations et obligations extérieures.
Horoscope horaire : le mariage et les affaires publiques du requérant, les gens avec qui celui-ci est en relations contractuelles, d'affaires ou de partenariat ; également les émigrés, les amendes, les vols, les spéculations financières.
Termes traditionnels : *uxor* = épouse, *nuptiae* = mariage ; termes techniques figuratifs : *Occasus* = coucher du soleil, *Dysis* = coucher du

soleil, extinction, *descendent* = descente, Descendant.

Représentation ancienne : mariée et marié devant le prêtre, des noces.

Maison VIII – analogue au Scorpion

Signification générale : les biens d'autrui, les investissements, la destruction et la transformation.

Horoscope individuel : la mort, l'héritage, les successions, la richesse d'autrui, la monnaie étrangère ; plus généralement « ce que je convoite (qui est à vous) ».

Horoscope mondial : la mortalité, les capitaux étrangers, les droits de succession, la police secrète ; plus généralement, les investissements.

Horoscope horaire : la mort du requérant, les dernières volontés et testament, les legs et successions, les amis des supérieurs du requérant.

Termes traditionnels : *mors* = mort, *locus piger* = lieu d'immobilité, immobilisation, *Porta superna, Argon* = Porte céleste.

Représentation ancienne : la Mort et sa faux.

Maison IX – analogue au Sagittaire

Signification générale : les aspirations, l'énergie spirituelle, l'idéalisme et l'optimisme ; le lointain.

Horoscope individuel : la distance, la séparation, les régions étrangères lointaines, les longs voyages ; les aspirations, l'idéal, la foi, le pèlerinage de la vie ; plus généralement, ce qui est inaccessible, intouchable, hors d'atteinte ; « ce que je crois ».

Horoscope mondial : les relations avec les régions étrangères, lointaines ou outre-mer, la religion et l'Église, le clergé ; plus généralement, l'idéologie et les croyances ; la distance.

Horoscope horaire : les longs voyages du requérant, son assurance, ses relations avec le clergé et avec les tribunaux.

Termes traditionnels : *pietas* = piété, *deus* = dieu, *locus dei* = le lieu de dieu, *gloria* = la gloire, *peregrinationes* = les voyages à l'étranger.

Représentation ancienne : la hiérarchie de l'Église (pape, évêque, ecclésiastique, pèlerin).

Maison X – analogue au Capricorne

Signification générale : la reconnaissance par les autres, le prestige, le statut, la position, le rôle, la vocation, le but.

Horoscope individuel : l'honneur, la position sociale, les honneurs, la vie publique, l'ambition, la carrière, les opportunités maximales, la mission, l'accomplissement ; plus généralement : « ce que je vise, ma vocation, mon but ».

Horoscope mondial : le gouvernement, le pouvoir exécutif, la tête de l'État, la fierté et la réputation nationale, le niveau de vie de la population ; plus généralement : la souveraineté, le pouvoir exécutif.

Horoscope horaire : la vocation du requérant, son crédit, ses rapports avec les autorités et les tribunaux, les biens volés.

Termes traditionnels : *regnum* = le règne, l'autorité, *honores* = les honneurs ; termes techniques figuratifs : *Medium Coeli, Mesuranema, Hypergeion* = le Milieu du Ciel (le point le plus haut), *summum coeli* = le zénith.

Représentation ancienne : un roi sur le trône tenant sceptre et orbe, symbole du père.

Maison XI – analogue au Verseau

Signification générale : la loi, les idées, le partenariat.

Horoscope individuel : l'amitié, la société, les beaux-fils et belles-filles ; les accidents ; plus généralement « ce que j'accepte ».

Horoscope mondial : le Parlement et le Sénat, les sociétés à capital social, les associations publiques ; plus généralement : le pouvoir législatif.

Horoscope horaire : l'accomplissement des souhaits du requérant.

Termes traditionnels : *beneficio* = charité, philanthropie, *amici* = amis, *bonus genius, bonus daemon, agathodaimon* = bon génie.

Représentation ancienne : la Roue de la fortune avec cinq rayons et des aubes.

Maison XII – analogue aux Poissons

Signification générale : la dissolution, le soulagement d'une anxiété cachée, le mystère.

Horoscope individuel : les limitations, contraintes et difficultés, les intrigues, les pertes ; l'isolement, le séjour en prison, à l'hôpital ou en institution, la santé mentale ; plus généralement « ce qui gêne mes activités, les obstacles ».

Horoscope mondial : les complots, la criminalité, les prisons, l'asile, l'obstruction au développement ; les institutions humanitaires ; plus généralement, l'isolement, la séparation.

Horoscope horaire : les souffrances du requérant, les facteurs défavorables influençant son destin, les obstacles au travail et à ses activités.

Termes traditionnels : *carcer* = prison, *inimici* = ennemis, *malus genius, malus daemon* = mauvais génie.

Représentation ancienne : un homme sur un chevalet de torture.

La signification astrologique des Planètes

Si nous considérons figurativement le Zodiaque comme le décor général d'un théâtre et les Maisons horoscopiques comme des espaces individuels en son sein, les Planètes y ont alors le rôle de dramatis personae *– les acteurs du drame de la vie –, et les Aspects qu'elles forment font fonction de signal de réplique – les déclencheurs de l'action. Cette comparaison peut-être simpliste clarifie néanmoins les différences essentielles entre les fonctions des principaux éléments de l'horoscope.*

Les sept Planètes traditionnelles, leurs douze domiciles, leurs enfants et les jours de la semaine qui leur sont associés. À l'intérieur du cercle sont représentés les principaux Aspects utilisés en astrologie : la conjonction, le sextile, le carré, le trigone (trine) et l'opposition. Gravure sur bois de 1490.

LES PLANÈTES, ACTRICES DE L'HOROSCOPE

Les rôles assignés aux sept Planètes classiques sont restés pratiquement inchangés depuis l'ancien temps, tandis que les trois Planètes modernes se sont vues attribuer un rôle peu après leur découverte. Les astrologues semblent ne pas avoir hésité, même en ces moments relativement défavorables à l'astrologie. La fonction des trois dernières Planètes n'a en effet connu aucune modification notable jusqu'à aujourd'hui, et leur signification astrologique semble être aussi stable que celle des sept anciennes Planètes.

En astrologie, chaque Planète a d'abord un sens symbolique général qui est pratiquement constant. Outre celui-ci, toutefois, elle adopte un autre rôle, variable : celui de significateur ou de dispositeur des personnes, choses ou événements suggérés par le signe du Zodiaque et la Maison où elle se trouve à un moment donné.

MAÎTRES, SIGNIFICATEURS ET DISPOSITEURS

Le rôle spécifique de significateurs et de dispositeurs, joué par toutes les Planètes en plus de leur rôle général habituel, est dérivé de la notion de maître d'un signe du Zodiaque. Comme nous l'avons vu, chaque Planète gouverne un ou plusieurs signes zodiacaux ; ainsi, le Soleil est maître du signe du Lion ; Mercure, de la Vierge et des Gémeaux ; Jupiter et Neptune gouvernent le Sagittaire et les Poissons, et ainsi de suite.

Les Planètes assument également le rôle de maîtres des Maisons. Le maître de telle Maison sera ainsi la Planète qui gouverne le signe zodiacal où se situe la Pointe de cette Maison. Lorsque la Maison couvre plusieurs signes, les maîtres des autres signes contenus dans la Maison sont les corégents de la chose ou de la personne désignée par la Maison. En outre, toute Planète est aussi le significateur de la chose ou personne désignée par la signification de la Maison où elle se trouve.

Enfin, la Planète qui gouverne le signe où est en train de passer le significateur est appelée son dispositeur. Pour les signes allant du Scorpion au Bélier, il y a toujours deux dispositeurs. Seules les Planètes en domicile dans leur signe n'ont pas de dispositeur, puisque ce sont elles qui gouvernent le signe où elles passent.

Ces fonctions associées développent les principaux rôles symboliques des Planètes dans l'horoscope d'une façon qui constitue véritablement la substance de la divination dans l'astrologie moderne, et elles multiplient leur signification dans des cas particuliers.

L'arbre planétaire et deux adeptes de l'alchimie.

PRINCIPALES SIGNIFICATIONS DES DIX PLANÈTES

LE SOLEIL

Nom et symbole

Première des sept anciennes Planètes, le Soleil était présent dans les plus anciens mythes astraux. L'*Helios* grec avait son homologue romain – *Sol* –, égyptien – le dieu *Re* (ou *Râ*) ou le disque solaire *Athon* –, sumérien avec *Utu* ou *Babbar* (« le rayonnement aveuglant »), akkadien – *Shamash* – et indien – *Ravi* ou *Surya*.

Le symbole astrologique du Soleil est un cercle comprenant un point au centre ; il n'est apparu qu'au Moyen Âge byzantin – auparavant, un autre symbole était utilisé.

Cycle zodiacal

Du point de vue géocentrique, le Soleil parcourt le Zodiaque en une année tropicale. Il reste un mois dans chaque signe.

Signification astrologique, domicile et influence

• Élément central de tout horoscope, le Soleil représente un principe purement masculin. Il modèle la personnalité, façonne la force vitale créative, la vitalité, l'objectivité, les aptitudes au commandement, la détermination et l'esprit de décision – des attributs considérés comme masculins. Selon sa position dans l'horoscope, il désigne ce qui engendre ces caractéristiques chez l'individu. Le signe solaire zodiacal (le signe où se trouve le Soleil à la naissance) est l'un des fondements de la typologie zodiacale.

Du fait de leur mouvement orbital, deux Planètes – Mercure et Vénus – ne s'éloignent jamais du Soleil de plus d'un signe ou d'un signe et demi respectivement. Par suite, ces Planètes se trouvent souvent dans le même signe que le Soleil, et renforcent donc la signification de ce secteur du Zodiaque par leur présence. Même s'il est impossible de simplifier la typologie zodiacale au point de soustraire le Soleil du contexte des neuf autres Planètes, comme le fait souvent l'astrologie populaire, il reste que la signification de celui-ci est primordiale dans tout horoscope.

La place du Soleil indique si le natif sera capable d'exploiter les possibilités qui sont offertes par les autres Planètes, s'il est suffisamment fertile, procréatif ou créatif, s'il est capable de développer ses capacités et d'utiliser toutes ses potentialités. Le Soleil est le principe vital premier, le pourvoyeur de la santé et la source de toute vie. Sa position dans l'horoscope indique le cadre de vie du natif, comment ce dernier se réalise, quel

Le Soleil, domicilié dans le Lion, et ses enfants. Extrait de l'almanach médiéval allemand *Hausbuch*.

Le Soleil, maître astrologique du signe du Lion, et ses enfants. Miniature extraite d'un manuscrit enluminé du xve siècle, *De Sphaera* (Biblioteca Estense, Modène, lat. 209) ; voir aussi pages 127, 129, 132, 135, 138, 141.

Le Soleil, qui gouverne le signe du Lion (*Das Gross-Planetenbuch*, 1553).

est son point le plus fort, où il emploiera au mieux son énergie, mais aussi dans quel domaine de la vie il restera un enfant même à l'âge adulte, et dans quelle mesure il prendra la vie comme un jeu. En d'autres mots, ce qui est un jeu d'enfant pour lui, ce qui est son domaine de prédilection.

• Si des Planètes se trouvent en exaltation avec le Soleil dans le thème, le niveau de force vitale sera réduit, de même que la capacité du natif à organiser la vie autour de lui ; celui-ci peut devenir alors passif, indécis et manquer de ténacité.

• Le Soleil gouverne le signe du Lion. Ce signe est son unique domicile zodiacal.

• Les représentations allégoriques anciennes du Soleil montrent traditionnellement un cadre de palais citadins comprenant des aires pour les jeux, les sports et les joutes ; la cour des enfants du Soleil consiste en monarques et aristocrates, musiciens, joueurs et lutteurs. La figure allégorique du Soleil conduit habituellement un attelage aux roues ornées du signe du Lion et tiré par quatre chevaux. Les principaux attributs du Lion sont le sceptre et un halo de rayons émanant de sa tête.

LA LUNE

Nom et symbole

Au mot grec *Selene* (ou *Semele*), désignant la Lune, correspondent *Luna* en latin, *Nannar* en sumérien, *Sin* en babylonien, *Ah* (« le Soleil de la nuit ») en égyptien, et *Chandra* en indien. Les astrologues de l'ancienne Égypte l'appelaient la « Petite Lumière », le miroir de la vie.

Le symbole astrologique de la Lune est un croissant.

Le Soleil, maître du Lion, et ses enfants.
Gravure extraite de *Sept Planètes*, de Hans Sebald Beham (vers 1530-1540).

Cycle zodiacal

La Lune parcourt le Zodiaque en un mois tropical, soit 27,22 jours. Elle reste en moyenne 2,25 jours dans chaque signe.

Signification astrologique, domicile et influence

• En astrologie, la Lune représente le principe féminin : les émotions, humeurs et rêves, les habitudes et la cyclicité, l'adaptabilité, la variabilité et la versatilité, la mémoire. Elle est le partenaire féminin du Soleil, l'expression de l'âme de l'individu. Dans l'horoscope, elle représente aussi la mère, et plus généralement une femme plus âgée que le natif – le principe bienveillant, protecteur et réceptif.

La Lune, gouvernant le Cancer. Gravure sur bois extraite d'un texte du Maître Johannes Kündigsperger, édité à Strasbourg en 1528.

La Lune, domiciliée dans le Cancer, et ses enfants. Extrait de l'almanach médiéval allemand *Hausbuch*.

• Dans le Zodiaque, la Lune gouverne le signe du Cancer. Ce signe est son unique domicile zodiacal.
• À sa manière remarquable, la Lune est liée au principe de la terre – pas tant la planète Terre ou l'élément Terre, mais plutôt la mère nourricière de toute chose vivante. Depuis des temps immémoriaux, la Lune a été ainsi reliée à la fertilité; c'est en partie dû à la similitude des durées du cycle lunaire astronomique et du cycle menstruel de la femme.
• Seule Planète astrologique purement féminine, la Lune peut – dans certaines circonstances et dans le signe approprié – modérer la vitalité et la détermination par trop unilatérales apportées par le principe solaire masculin, et l'enrichir de quelque spiritualité. Par conséquent, l'Aspect formé par le Soleil et la Lune est l'une des relations devant être particulièrement étudiées dans tout horoscope. Si le Soleil est la fanfare de la vie, la Lune est murmure calme, rêveries subjectives et compassion. Sa position dans l'horoscope détermine le résultat concret de ces tendances.

La Lune, maître astrologique du signe du Cancer, et ses enfants. Miniature extraite d'un manuscrit enluminé du XVe siècle, *De Sphaera*.

• Les scènes des anciennes images allégoriques de la Lune représentent habituellement des paysages montrant des plans d'eau pour pêcher, chasser les oiseaux et se baigner, des activités domestiques, souvent un moulin, et des personnages du cercle familial. La cour des enfants de la Lune se compose de pêcheurs, navigateurs, lavandières et meuniers. La figure allégorique de la Lune conduit un attelage tiré par deux femmes en blanc ou, lorsque la Lune est personnifiée par Diane chasseresse, par deux cerfs ; les roues sont ornées du signe du Cancer. Le principal attribut de la Lune est le croissant lunaire.

La Lune et ses enfants. Gravure sur bois extraite de *Sept Planètes*, de Hans Sebald Beham (vers 1530-1540).

MERCURE

Nom et symbole

Mercure, première des planètes intérieures de notre système solaire et Planète inférieure pour l'astrologie, s'est vu octroyer de nombreuses attributions : messager des dieux – sous le nom grec d'*Hermès* (qui signifie jalon, borne, poteau) et latin de *Mercurius* –, scribe des dieux et guide des morts sous le nom égyptien de *Thovt*, tandis que les Babyloniens l'appelaient *Nebo* ou *Nabu*, et les Indiens, *Buddha*.

Le symbole astrologique de Mercure est le caducée ou « bâton d'Hermès », qui figure habituellement dans les représentations anciennes, de même que ses sandales et sa cape ailées. Plus tard, ce bâton deviendra le symbole de la médecine car cette Planète gouverne la Vierge, signe de la santé physique et de la maladie.

Cycle zodiacal

Dans son voyage à travers le Zodiaque, Mercure est le constant compagnon de route du Soleil dont il ne s'écarte jamais de plus de 27° 56′ (son élongation maximale) du point de vue géocentrique. Dans ce système de coordonnées, la Planète parcourt le Zodiaque aux côtés du Soleil en un an en moyenne.

Signification astrologique, domicile et influence

• Mercure représente la communication, la finesse et la vivacité d'esprit, la souplesse, la curiosité, l'agilité intellectuelle. L'ampleur de ces qualités dépend de la position de la Planète dans l'horoscope ; elles peuvent ainsi se muer en inconstance, agitation, nervosité, distraction ou indiscrétion.

D'une façon générale, Mercure est la Planète de la raison et de la compréhension, de la pensée et de la communication, de la médiation et du transfert, de l'intelligence brillante et de la perspicacité. Selon l'astrologie traditionnelle, Mercure n'est ni masculin ni féminin : c'est une Planète neutre ou hermaphrodite, médiatrice entre les deux polarités – la Planète des médiations par excellence. Le mercurien est orateur, traducteur, interprète et négociateur. En position favorable, Mercure favorise l'esprit critique, la pensée logique et l'agilité d'esprit, et dans le domaine matériel, la compétence et le talent, l'ingéniosité, l'adresse et la rapidité.

Mercure, maître astrologique des signes des Gémeaux et de la Vierge, et ses enfants.
Miniature extraite d'un manuscrit enluminé du XVe siècle, *De Sphaera*.

• Dans le Zodiaque, Mercure a deux domiciles – signes qu'il gouverne et qui reflètent ses deux aspects fonctionnels principaux, théoriques et pratiques. L'un d'eux est les Gémeaux, signe d'Air où Mercure symbolise la théorie, la logique et la raison pure. L'autre est la Vierge, signe de Terre où il symbolise la raison pratique, le commerce, l'artisanat et la médecine, c'est-à-dire des talents et de l'habileté plutôt que des mots...

• Les représentations allégoriques de Mercure ont souvent pour cadre une rue avec des passants, des commerces, des laboratoires scientifiques et des observatoires astronomiques. La cour des enfants de Mercure comprend des scribes, écrivains, poètes, savants, astronomes, géomètres, géographes, horlogers et fabricants d'orgues, ainsi que des artistes (peintres, sculpteurs et graveurs), des artisans et des commerçants. La figure allégorique de Mercure conduit un attelage tiré par deux coqs, aux roues ornées des signes des Gémeaux et de la Vierge. L'attribut de Mercure est le caducée autour duquel s'enroulent deux serpents entrelacés.

Mercure et ses enfants. Gravure sur bois extraite de *Sept Planètes*, de Hans Sebald Beham (vers 1530-1540).

Mercure, gouvernant les signes des Gémeaux et de la Vierge (*Das Gross-Planetenbuch*, 1553).

VÉNUS

Nom et symbole

Seconde planète intérieure, Planète inférieure en astrologie, les Grecs l'appelait *Aphrodite* (« née de l'écume ») – la déesse de la beauté et de l'amour –, les Romains *Venus*, les Sumériens *Inanna* (« maîtresse des cieux »), les Akkadiens *Ishtar*, les Assyriens *Mylita*, les Syriens *Astarte*, les Phéniciens *Astarot*, les Égyptiens *Ashtoret*, et les Indiens *Shukra*. Dès l'Antiquité, les astronomes la considéraient comme une Planète à deux visages, apparaissant dans le ciel tantôt comme l'Étoile du matin (*Phosphoros, Tiunutiri*), tantôt comme l'Étoile du soir (*Hesperos, Uaiti*).

Son symbole astronomique, une croix surmontée d'un cercle, est interprété par certains scientifiques comme un miroir stylisé – le compagnon permanent du charme des jeunes femmes. Aujourd'hui, il symbolise le sexe féminin.

Cycle zodiacal et symbolisme général

Du point de vue géocentrique, Vénus accompagne le Soleil dans son périple à travers le Zodiaque, s'écartant de lui de 46° 47′ au plus (élongation maximale). Par suite, comme Mercure, elle accomplit le tour du Zodiaque en un an en moyenne.

Après 5 révolutions synodiques, soit 8 ans moins 2,4 jours, Vénus revient en conjonction avec le Soleil. Durant cette période, elle adopte cinq fois un mouvement rétrograde et s'arrête donc à plusieurs reprises (ce sont les stations de Vénus) ; cette particularité cinétique était symbolisée par une étoile à cinq branches tracée d'un trait (pentagramme). Les anciens hermétistes accordaient à l'orientation du pentagramme, également appelé « pentalpha », deux significations essentielles diamétralement opposées : lorsque le pentagramme était orienté la pointe en haut, il symbolisait l'homme ; orienté la pointe en bas, il symbolisait la tête d'un animal (habituellement un taureau). Une dualité similaire fut trouvée par les astrologues en Vénus, à la fois maître du signe d'Air de la Balance (positif, masculin) et du signe de Terre du Taureau (négatif, féminin) – d'un côté l'inspiration spirituelle et artistique, de l'autre les valeurs matérielles, le désir ou la luxure, et la corne d'abondance. En général, pour l'astrologie, Vénus gouverne à la fois sur le plan spirituel et matériel.

Mercure, domicilié dans les Gémeaux et la Vierge, et ses enfants. Extrait de l'almanach médiéval allemand *Hausbuch*.

Vénus, maître de la Balance et du Taureau. Gravure sur bois extraite d'un texte du Maître Johannes Kündigsperger, édité à Strasbourg en 1528.

Vénus, gouvernant les signes de la Balance et du Taureau, et ses enfants. Miniature extraite d'un manuscrit enluminé du xve siècle, *De Sphaera*.

Diagramme des stations de Vénus dans le modèle géocentrique. Les stations forment un pentagramme qui tourne en sens contraire à l'ordre des signes du Zodiaque au cours d'un cycle de presque huit ans.

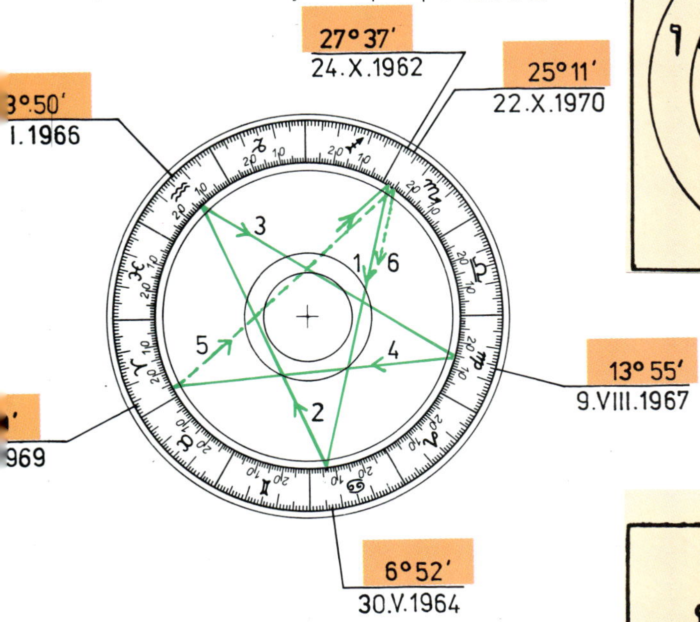

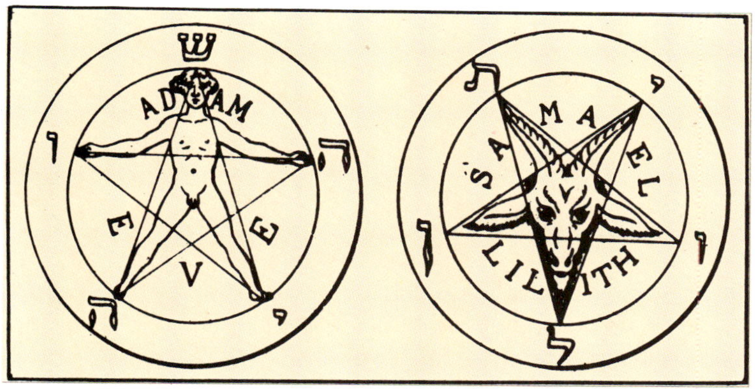

▲ Deux variantes hermétiques du pentagramme : l'homme et Baphomet, de nature respectivement divine et diabolique.

Signification astrologique, domicile et influence

• Vénus, autrefois appelée la « Petite Fortune », représente la beauté, le raffinement, la sérénité, l'inspiration, le goût et l'art, mais aussi la séduction, la sensualité, l'amour, la joie et le plaisir. Elle signifie inclination et adaptation. Le mot clé de l'influence de Vénus est la bonté. En horoscopie, Vénus représente généralement le principe de félicité.

• Maître de ces signes, Vénus est en domicile en Balance et en Taureau.

• Les anciennes images allégoriques de Vénus ont pour cadre un lieu de repos, de loisirs, de réjouissances et de promenades, avec des bains, des pavillons de jardin, de la musique, des danses et des recoins plus intimes – lieux de l'amour. La cour des enfants de Vénus comprend des amants, musiciens de chambre, danseurs, hommes élégants et belles femmes. La figure allégorique de Vénus conduit un attelage tiré généralement par deux chouettes, sinon par deux cygnes, aux roues ornées des signes de la Balance et du Taureau. Les principaux attributs de Vénus sont le coquillage et Cupidon armé de son arc et de ses flèches.

Vénus, domiciliée dans la Balance et le Taureau, et ses enfants. Extrait de l'almanach médiéval allemand *Hausbuch*.

MARS

Nom et symbole

Arès, le « guerrier courageux » grec, et *Mars*, dieu romain des batailles impitoyables et lui-même un grand guerrier, ont leur homologue chez les Sumériens et Akkadiens avec *Nergal*, et chez les Égyptiens avec *Harmakhis* (« Horus noir »). Les Indiens appellent la planète Mars *Kudja* ou *Mangala*.

Le symbole astrologique de Mars – un cercle muni d'une flèche pointant vers le haut à droite,

Mars, gouvernant les signes du Scorpion et du Bélier (*Das Gross-Planetenbuch*, 1553).

Vénus et ses enfants. Gravure sur bois extraite de *Sept Planètes*, de Hans Sebald Beham (vers 1530-1540).

utilisé aux temps modernes pour désigner le sexe mâle – est interprété comme une stylisation du bouclier et de la lance, principales armes du dieu de la guerre. Les anciens astrologues avaient coutume d'appeler cette Planète « le Destructeur ».

Cycle zodiacal

Mars, première planète extérieure et, pour l'astrologie, première Planète supérieure, parcourt le Zodiaque en 2 ans environ. Sa période de révolution héliocentrique est de 1 881 ans.

Signification astrologique, domicile et influence

• Mars représente en astrologie le principe clairement manifesté de la capacité d'action, devenant ainsi la contrepartie de Vénus. Il signifie mouvement physique, énergie, impulsion, acte décisif et énergique, affirmation de la volonté, compétitivité, lutte, agressivité et courage. L'individu martien vient et fait ; c'est un exécuteur, qui n'attend plus rien. En astrologie, Mars est la Planète de l'action directe, de l'intrusion violente, de la pénétration. Foin d'atermoiements : il faut agir ici et maintenant ! Si la colère monte, si la rage refoulée explose, les effets de Mars dans un horoscope sont aussi clairs qu'une hampe de pique.

Mars, maître astrologique des signes du Scorpion et du Bélier, et ses enfants. Miniature extraite d'un manuscrit enluminé du XVe siècle, *De Sphaera*.

• Dans l'horoscope, cette exigeante Planète de lutte indique comment la force sera appliquée dans la vie et dans quel but, et comment l'essentiel de l'énergie sera employé. Les mots clés de l'influence de Mars sont le courage et l'audace, l'énergie et l'action.

• Avec Pluton, Mars est le maître du Bélier et du Scorpion – les signes de la naissance et de la mort.

• Les domaines de prédilection du Martien sont les instruments techniques et les armes. La Planète gouverne par le fer et sa poigne d'acier tient le pouvoir exécutif.

• Les anciennes représentations allégoriques de Mars montrent un paysage à l'extérieur d'une ville – généralement un champ de bataille. La cour des

Mars, domicilié dans le Scorpion et le Bélier, et ses enfants. Extrait de l'almanach médiéval allemand *Hausbuch*.

Mars et ses enfants. Gravure sur bois extraite de *Sept Planètes*, de Hans Sebald Beham (vers 1530-1540).

enfants de Mars se compose de soldats, guerriers, lutteurs, agresseurs et meurtriers, d'incendiaires et de personnes se bagarrant. La figure allégorique de Mars, souvent en armure, conduit habituellement un attelage tiré par deux loups, parfois par deux chevaux, aux roues ornées des signes du Bélier et du Scorpion. Ses principaux attributs sont l'épée et le bouclier, ou parfois la lance.

JUPITER

Nom et symbole

Le dieu grec *Zeus* (« ciel dégagé ») et son homologue romain *Jupiter* sont les équivalents d'*Ishtur* pour les Sumériens, *Adad* (ou *Ramman*) pour les Akkadiens, *Marduk* pour les Babyloniens, et *Brhaspati* ou *Guru* pour les Indiens.

L'origine du symbole astrologique de Jupiter – une sorte de chiffre quatre – n'a pas été encore totalement élucidée.

Jupiter, domicilié dans le Sagittaire et les Poissons, et ses enfants. Extrait de l'almanach médiéval allemand *Hausbuch*.

Cycle zodiacal

Jupiter est la plus grosse des planètes du système solaire ; sa période de révolution héliocentrique est de 11,86 ans. Planète lente (mais la plus rapide de celles-ci), Jupiter parcourt le Zodiaque en un

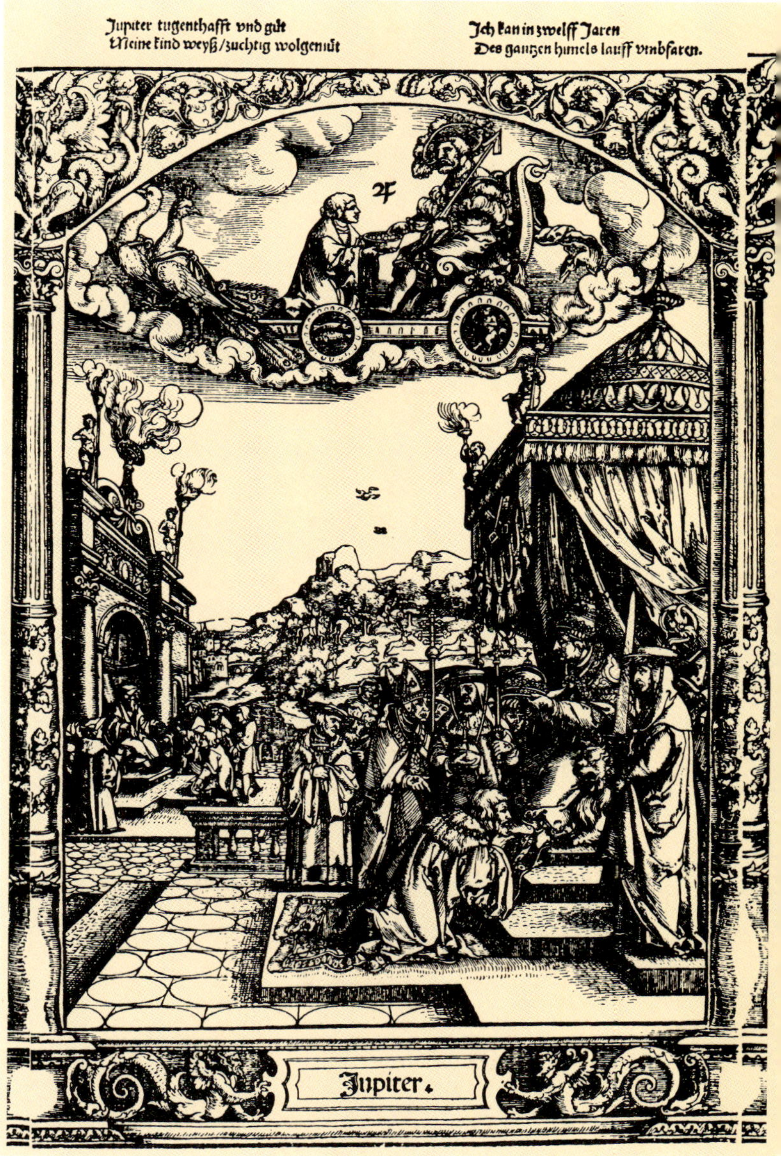

Jupiter et ses enfants. Gravure sur bois extraite de *Sept Planètes*, de Hans Sebald Beham (vers 1530-1540).

Jupiter, gouvernant les signes du Sagittaire et des Poissons (*Das Gross-Planetenbuch*, 1553).

Jupiter, maître astrologique des signes du Sagittaire et des Poissons, et ses enfants. Miniature extraite d'un manuscrit enluminé du XVe siècle, *De Sphaera*.

Saturne, gouvernant les signes du Capricorne et du Verseau (*Das Gross-Planetenbuch*, 1553).

cycle d'environ 12 ans et reste donc environ un an dans chaque signe zodiacal. Au cours de la vie d'un homme, elle revient au plus neuf ou dix fois à sa position initiale, celle du jour de la naissance.

Signification astrologique, domicile et influence

• Jupiter, également appelé « la Grande Fortune » par les anciens, tient ses caractéristiques astrologiques du grand Zeus, roi de l'Olympe : jovialité (terme dérivé de l'adjectif *jovien,* « de Jupiter »), bonté bienveillante, générosité, magnanimité, noblesse et tolérance. Dans l'horoscope, la Planète est un protecteur puissant du domaine qu'elle régit par sa position ; Jupiter offre de grandes chances dans le cours de la vie de l'individu. Dieu expansif, Jupiter élargit la perspective spirituelle du natif, l'aide à surmonter les obstacles, stimule sa confiance, son optimisme et ses potentialités de développement et de grandeur, l'aide à obtenir reconnaissance, honneurs et gloire. La Planète favorise la prospérité et la liberté, et accorde des dons prophétiques. Jupiter amplifie toujours, contrebalançant ainsi Saturne, qui diminue.

Toutefois, si un individu est trop fortement influencé par Jupiter, il devient suffisant et orgueilleux – il se prend pour un dieu ; mais ces défauts ne sont pas mortels. La position de cette Planète dans l'horoscope indique aussi la possibilité d'une amélioration.

• Jupiter gouverne les signes du Sagittaire et des Poissons où il est donc en domicile ; il est le maître principal du Sagittaire.

• Le théâtre des anciennes représentations allégoriques de Jupiter est une série de temples, de tabernacles et de lieux de pèlerinage, de cérémonies religieuses et de couronnement, ainsi

Saturne, domicilié dans le Capricorne et le Verseau, et ses enfants. Gravure extraite de l'almanach médiéval allemand *Hausbuch*.

que de chasses. La cour des enfants de Jupiter consiste en dignitaires ecclésiastiques, théologiens, pèlerins, chasseurs et cavaliers entreprenant de grands voyages. La figure allégorique de Jupiter conduit habituellement un attelage de deux paons ou de deux aigles, aux roues ornées des signes du Sagittaire et des Poissons. Son principal attribut est un faisceau d'éclairs (Zeus est le dieu de la foudre).

Saturne et ses enfants. Gravure sur bois extraite de la série des *Sept Planètes*, de Hans Sebald Beham (vers 1530-1540).

SATURNE

Nom, symbole et historique

De l'Antiquité au Moyen Âge, Saturne est restée la plus lointaine planète connue. Déifiée par les Grecs sous le nom de *Chronos* (« le corbeau ») et de *Saturnus* par les Romains, la planète était appelée *Ninurta* par les Sumériens, *Ninib* par les Akkadiens et *Shani* (ou *Manda*) par les habitants de l'Inde.

L'origine du symbole astrologique de Saturne – une sorte de « h » à la verticale barrée – est mal connue. Certains y voient une faucille stylisée à la lame pointée vers le bas (la faux de la Mort), d'autres la Terre (symbolisée par une croix) surmontant un croissant ouvert à gauche.

Cycle zodiacal

Saturne a une période de révolution héliocentrique de 29,42 ans. La Planète, lente, parcourt l'ensemble du Zodiaque en 30 ans environ, et reste donc en moyenne 2,5 ans dans chaque signe. Elle revient à sa position initiale dans l'horoscope d'un homme au plus quatre fois durant sa vie.

Signification astrologique, domicile et influence

Saturne représente la temporalité (la racine grecque *chrono* signifie « temps »). Les anciens astrologues l'appelaient aussi « la Grande Infortune » et avaient coutume de dire qu'alors que le direct Mars frappe immédiatement, le réservé Saturne prend son temps – il en a assez, étant le maître du temps. Parfois, il essaie lentement d'amener l'homme à la connaissance, la sagesse, la compréhension et à l'amélioration.

Tandis que Jupiter donne, Saturne prend. La sagesse saturnienne consiste à savoir s'arrêter, se concentrer et regarder en arrière le chemin parcouru. Saturne a une fonction de retardateur plutôt que de moteur; aussi la position de Saturne dans un horoscope indique l'existence d'interférences extérieures restrictives pour la vie de l'individu, souvent ressenties comme infortunées. Le principe saturnien de baisse lente suggère la direction qui doit être prise pour combattre l'incertitude, les désappointements et la mélancolie. La dernière des sept Planètes classiques correspond astrologiquement à la vieillesse et à tout ce qui s'y rapporte : l'expérience, la responsabilité, la connaissance, le sérieux, mais aussi l'inertie ainsi qu'une certaine tristesse ou mélancolie.

Saturne, maître astrologique des signes du Capricorne et du Verseau, et ses enfants. Miniature extraite d'un manuscrit enluminé du xve siècle, *De Sphaera*.

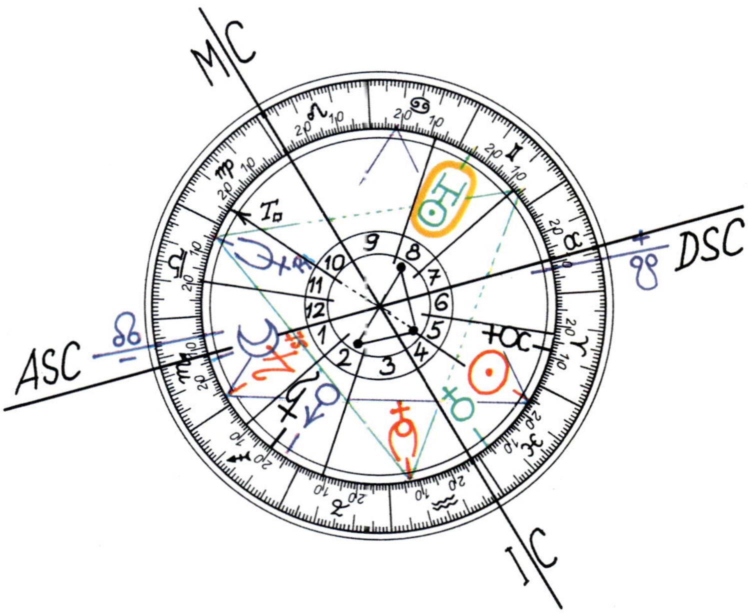

Horoscope approché de la découverte d'Uranus par William Herschel à Greenwich le 13 mars 1781, entre 22 et 23 heures (d'après son journal) ; l'horoscope a été dressé pour 22 h 30 dans le système de domification de Koch. Outre Uranus, Neptune – autre planète non encore découverte – flottait dans le ciel nocturne ; elle était en trigone avec la troisième planète encore inconnue, Pluton.
Le Soleil, qui fait une croix égyptienne (aspect en T) et se trouve à mi-distance entre Mars et Uranus, suggère un soudain événement révolutionnaire en rupture avec un système existant. Dans ce cas précis, il marque la fin du système astrologique à sept Planètes – une coupure abrupte dans l'histoire de l'astrologie.
La Lune et Jupiter en Scorpion dans la Maison I et le trigone Jupiter-Soleil soulignent le caractère perturbateur de l'événement et sa grande importance.

• Avec Uranus, Saturne régit les signes du Capricorne et du Verseau. Son domicile principal est le Capricorne.
• Les anciennes représentations allégoriques de Saturne montrent un paysage campagnard où figurent des champs et des vergers, une place de marché et une fête villageoises, avec au loin des mines, des funérailles, un échafaud et une prison. La cour des enfants de Saturne consiste en vieilles personnes et infirmes, forçats et prisonniers, en fermiers et cultivateurs, tanneurs et bouchers. La figure allégorique de Saturne mène un attelage tiré par deux griffons, ou par un lion et un dragon mordant sa queue, aux roues ornées des signes du Capricorne et du Verseau. Le principal attribut de Saturne est la faucille, parfois remplacée par une faux.

URANUS

Découverte, nom et symbole

Uranus est la première des planètes découvertes à l'ère moderne. Elle fut observée pour la première fois à l'observatoire astronomique de Greenwich le 13 mars 1781, entre 22 et 23 heures. L'un de ses symboles comprend la lettre H, l'initiale de son découvreur, sir Frederic William Herschel. Il fut question d'appeler la nouvelle planète par le nom de ce dernier, mais, finalement, elle reçut un nom dérivé d'*Ouranos*, le dieu grec du firmament.

Uranus est représenté par deux symboles astrologiques. Le plus ancien, de moins en moins utilisé, est le symbole de Mars auquel s'ajoute un point au centre du cercle. Le second est la lettre H « fixée » sur un axe sortant d'une sphère.

Cycle zodiacal

La période de révolution héliocentrique d'Uranus est de 83,75 ans. Uranus parcourt tout le Zodiaque en environ 84 ans et reste dans un même signe pendant environ 7 ans ; durant ce même temps, Saturne aura parcouru tout un quadrant de l'écliptique (trois signes). Uranus ne reviendra au plus qu'une seule fois à sa position initiale au cours de la vie d'un homme.

Signification astrologique, domicile et influence

• En astrologie, Uranus est rattaché à tout ce qui est excentrique, aberrant, révolutionnaire, apparemment fortuit, bref, à tout ce qui sort de l'ordinaire, de la norme ou de la tradition. Sa présence dans un signe zodiacal ou une Maison désigne le domaine où le natif sera original, inclassable, différent de la moyenne, et dans quelle mesure il doit s'attendre à des événements inattendus et à des surprises.

Uranus indique donc des phénomènes extraordinaires ; il est aussi relié à la soudaine compréhension de leur sens caché. C'est la Planète de la clairvoyance, la planète prophétique des illuminations soudaines, des magiciens – c'est aussi celle des astrologues. Cependant, elle est aussi rattachée au monde moderne – à la science, à l'électricité et aux découvertes innovatrices –, aux événements révolutionnaires en général.
• Avec Saturne, Uranus gouverne les signes du Capricorne et du Verseau. Leur conjonction avec Neptune en Capricorne, jointe à un sextile avec Pluton en Scorpion, peut être considérée comme

le principal phénomène astrologique ayant accompagné les changements révolutionnaires qu'a connu le monde dans les années 1980 et 1990, années charnières s'il en est.

L'influence d'Uranus est plus forte dans son domicile principal, le Verseau, et tout particulièrement dans le troisième décan. Le meilleur exemple dans le domaine de l'horoscopie individuelle se trouve dans le thème d'Albrecht von Wallenstein (page 64) où une telle configuration apparaît dans la Maison I, et dans le domaine de l'horoscopie mondiale, dans l'horoscope de l'origine de la République tchécoslovaque où elle tombe dans la Maison II.

Uranus est la Planète des effets de choc, le destructeur des traditions. Ses caractéristiques astrologiques ont été en partie déduites des circonstances de sa découverte. Inattendue, son arrivée a en effet détruit le système alors hermétique et compact des sept Planètes astrologiques traditionnellement reconnues, resté inchangé depuis l'Antiquité ; la découverte d'Uranus révolutionna donc l'astrologie et ses méthodes traditionnelles. Huit ans plus tard, la Révolution française débutait, aux conséquences mondiales. Il n'est donc pas surprenant que les astrologues expérimentés aient assigné relativement vite à la nouvelle planète les changements révolutionnaires, les crises, bouleversements et tournants inattendus.

En horoscopie individuelle, Uranus exprime l'originalité, l'intuition, le sens des cycles temporels et du rythme, le goût de la liberté et l'enthousiasme pour tout ce qui est nouveau ou révolutionnaire ; la Planète implique aussi une révélation potentielle. Uranus, l'incitateur, conduit aux changements et à la liberté. En exaltation avec d'autres Planètes, la déviation uranienne se manifeste encore plus fort. Mais l'originalité peut alors se muer en obstination et incapacité à s'adapter, l'amour de la liberté en insoumission, l'intuition en fort stress spirituel ; l'esprit original et inventif se mue en esprit purement révolutionnaire.

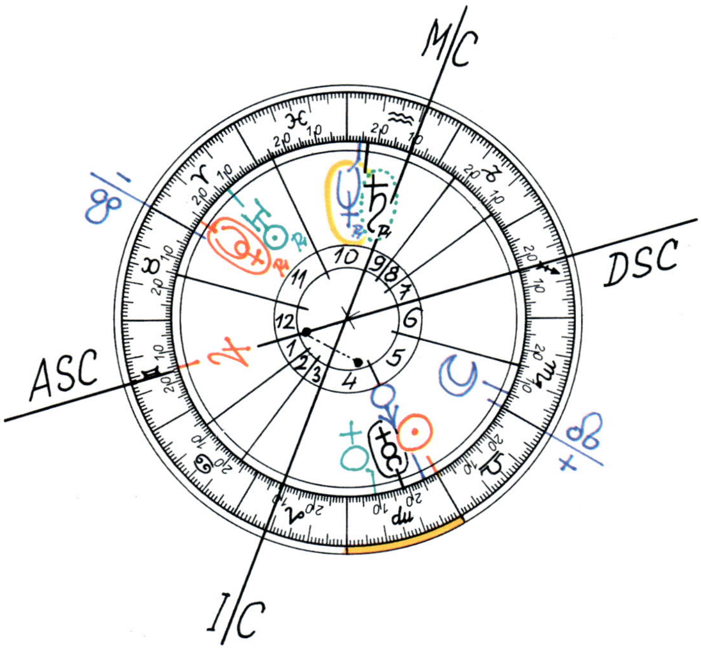

Horoscope approché de la découverte de Neptune par J. G. Galle et H. L. d'Arrest à Berlin le 23 septembre 1846 (domification de Koch).
La nouvelle planète, située à moins d'un degré d'arc de sa position calculée auparavant par Le Verrier, était en conjonction avec Saturne dans le Verseau.
Outre Saturne, en domicile (secondaire), seules deux autres Planètes étaient au-dessus de l'horizon : Uranus, récemment découverte, et Pluton, alors encore inconnue, en domicile dans le Bélier ; Pluton faisait en outre un sextile avec la conjonction Neptune-Saturne.

NEPTUNE

Découverte, nom et symbole

La découverte d'une deuxième Planète, Neptune, n'était pas surprenante pour l'astronomie après la découverte d'Uranus – elle était même attendue ; l'astrologie ne fut pas non plus surprise. Le 23 septembre 1846, à Berlin, en Allemagne, J. G. Galle et H. L. d'Arrest trouvent la planète à moins de 1° d'arc de sa position hypothétique calculée par Le Verrier. La Planète reçut le nom du dieu romain des mers, Neptune, homologue du dieu grec Poséidon.

Le symbole astrologique de Neptune est son célèbre trident.

Cycle zodiacal

Neptune a une période de révolution héliocentrique de 163,74 ans. La Planète parcourt l'ensemble du Zodiaque en 164 ans environ, et ne revient jamais à sa position initiale au cours d'une vie humaine. Son passage à travers chaque signe dure 13 à 14 ans.

Signification astrologique, domicile et influence

• En astrologie, Neptune est une Planète spirituelle, mystérieuse, toujours associée à la transcendance, qui gouverne les émotions et l'idéalisation. Elle est liée au mysticisme, à l'imagination et à l'intuition, aux plongées dans le subcons-

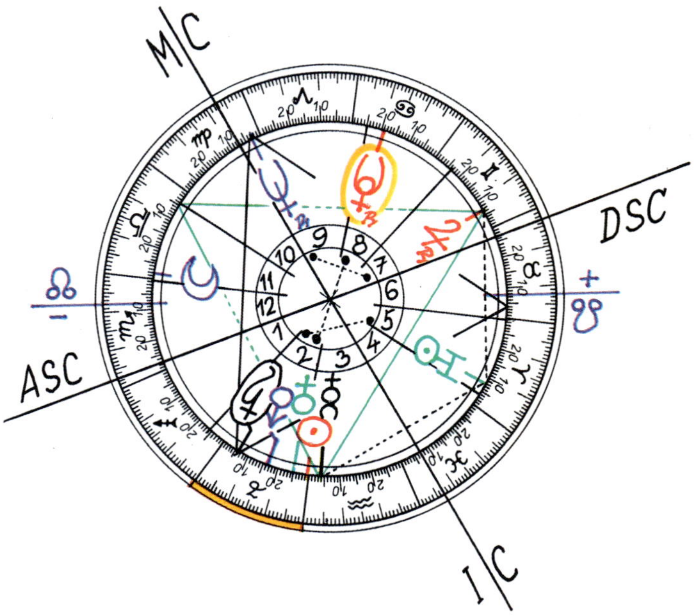

Horoscope de la découverte de la dernière planète du système solaire, Pluton, par C. W. Thombaugh à l'observatoire de Flagstaff, le 21 janvier 1930 à 2 h 36, heure locale (domification de Koch).
Le moment propice à sa découverte était astrologiquement prédisposé par Uranus, situé à la Pointe de la Maison V et faisant un semi-sextile d'un côté avec Mercure, à la Pointe de la Maison III (Maison de la science et de la connaissance) et, de l'autre, avec Jupiter. Pluton lui-même est situé dans la Maison VIII (Maison des quêtes), en opposition avec Mars et dans l'axe des relations trigonales entre, d'une part, Mercure et Jupiter (les présupposés théoriques de la découverte) et, d'autre part, Saturne en domicile et Neptune (la recherche effective sur d'anciennes plaques photographiques).

cient, à tout ce qui est latent, mystérieux, illusoire et fluide, aux rêves et aux illusions, à l'extase et à la contemplation. Sa présence est symptomatique de quelque chose d'étrange, de mystérieux ou de caché. Neptune règne également sur les domaines liés à la foule.

Les Neptuniens typiques sont occultistes ou mystiques. Dans la sphère matérielle, ils travaillent avec des solutions, des produits chimiques, des médicaments – avant tout des opiacés et des anesthésiques –, mais peuvent être aussi psychanalystes ou psychiatres.

• Comme Jupiter, Neptune gouverne les signes des Poissons et du Sagittaire, la Planète étant le maître principal des Poissons. Contrairement aux effets astrologiques bien visibles de Jupiter, l'influence de Neptune est moins évidente, plus latente et secrète : la Planète agit sur l'homme par des liens et des courants invisibles. Si nous qualifions de dure l'influence astrologique d'Uranus, celle de Neptune est très douce, dissolvante. La révolution est remplacée par l'évolution, la percée novatrice par une diffusion progressive, le choc électrique par une lente dissolution des contours.

Ces différences se retrouvent dans les circonstances de la découverte des deux Planètes. Alors que la découverte d'Uranus fit l'effet d'un éclair déchirant un ciel clair, celle de Neptune fut anticipée par la présomption de son existence et le calcul de sa position probable ; par suite, cette deuxième découverte ne représentait une révolution ni pour l'astronomie ni pour l'astrologie.

La position de Neptune dans l'horoscope permet de deviner si le natif idéalise le monde où il vit, quelles choses suscitent en lui le plus d'illusions, avec quelles personnes il aura le plus d'affinités spirituelles, celles dont il peut attendre le plus grand appui, et dans quelle mesure il doit s'attendre à des déceptions, chimères, désillusions et impostures. La Planète lui révèle ce qui le limite le plus, dans quel plan il paraît mystérieux, insondable – en bref : quels sont ses rêves, ses inclinaisons mystiques, ses illusions et ses sources d'autodéception.

• En astrologie mondiale, Neptune révèle les tendances spirituelles, les sources d'émotion populaire, de même que les fausses idéologies, les illusions vaines, les doctrines aberrantes et la drogue. L'influence de Neptune se retrouve dans tout ce qui est irrationnel ; la Planète semble être la quintessence de l'adage « les apparences sont trompeuses ». Dans le contexte du Zodiaque, Neptune est à l'opposé de Mercure, Planète de la raison.

PLUTON

Découverte, nom et symbole

Pluton – *Pluto* pour les Romains, *Hadès* pour les Grecs – était le dieu des enfers, du royaume de l'autre monde et de la nuit éternelle ; son casque rendait invisible celui qui le portait. Quel parallélisme avec cette minuscule planète si éloignée du Soleil ! Dernière planète connue du système solaire à ce jour, Pluton ne fut découverte que le 21 janvier 1930.

Le symbole astrologique de Pluton a beaucoup évolué et n'est pas encore figé. Sa version actuelle la plus courante est une combinaison des lettres P et L, mais nous préférons une altération du symbole de Vénus où le cercle s'inscrit dans une coupe.

Cycle zodiacal

La révolution héliocentrique de Pluton dure 245,33 ans. Parcourant l'ensemble du Zodiaque en environ 246 ans, Pluton, la plus lente des Planètes astrologiques, ne pourra jamais revenir à sa position initiale dans l'horoscope au cours d'une vie humaine ; elle peut au plus former une opposition avec cette dernière. Du fait de son orbite très allongée et inclinée par rapport au plan de l'écliptique, Pluton reste dans chaque signe pendant une durée variable, entre 13 et 30 ans. Dans son périple entre le Bélier et le Scorpion (ses deux domiciles), la Planète a été notre compagnon depuis les débuts du romantisme.

Signification astrologique, domicile et influence

• En tant que maître du Bélier et du Scorpion, qu'il gouverne conjointement avec Mars, Pluton est le garant astrologique de la naissance et de la mort, ou de la mort et de la renaissance. Il régit tous les processus cachés résultant finalement en la transformation visible de l'ancien en nouveau.
• Pluton fut découvert au moment de l'essor du mouvement fasciste occidental (en Allemagne, en Italie et en Espagne) et du mouvement bolchevique à l'Est (en URSS et en Chine). Par suite, en astrologie, Pluton est rattaché à tous les types de fanatisme, crimes de masse, actes impitoyables et violence organisée.

Toutefois, Pluton est aussi la Planète de la régénération essentielle de la société et de l'individu. Cet aspect de son influence se fait sentir notamment lorsque la Planète en transit vient en carré avec sa position initiale.
• En astrologie mondiale, Pluton est relié aux changements sociaux globaux de portée fondamentale et s'accompagnant de transformations à grande échelle. Cependant, l'influence astrologique de Pluton est littéralement « souterraine ». Le mythe du dieu grec Hadès nous suggère toutefois non seulement un mouvement souterrain, mais aussi tout ce qui se rapporte aux aspects cachés de la vie – du subconscient humain à la police secrète.
• Alors que l'astrologie mondiale voit principalement dans Pluton une puissance invisible et une sorte de contrôle supérieur du destin de masse, en horoscopie individuelle, la position de la Planète indique avant tout la volonté d'accomplir de grands actes, la découverte de forces intérieures inconnues, et parfois aussi l'aspiration à influer sur le cours des événements. En exaltation, l'influence de Pluton va de la sincérité brutale à la soif de pouvoir absolu, en passant par le fanatisme et la démagogie. Pluton, en tant que sombre maître absolu de l'autre monde, révèle les problèmes et les complications auxquels le natif devra faire face par un effort de volonté, par sa capacité à se renouveler, sa tentative pour se dépasser.

Biologiquement, Pluton est la Planète de la régénération et montre qu'au sein du vieux le nouveau est déjà en germe, tout d'abord imperceptiblement, puis visiblement. Plus généralement, Pluton s'avère le grand transformateur de la vie dans tout horoscope.

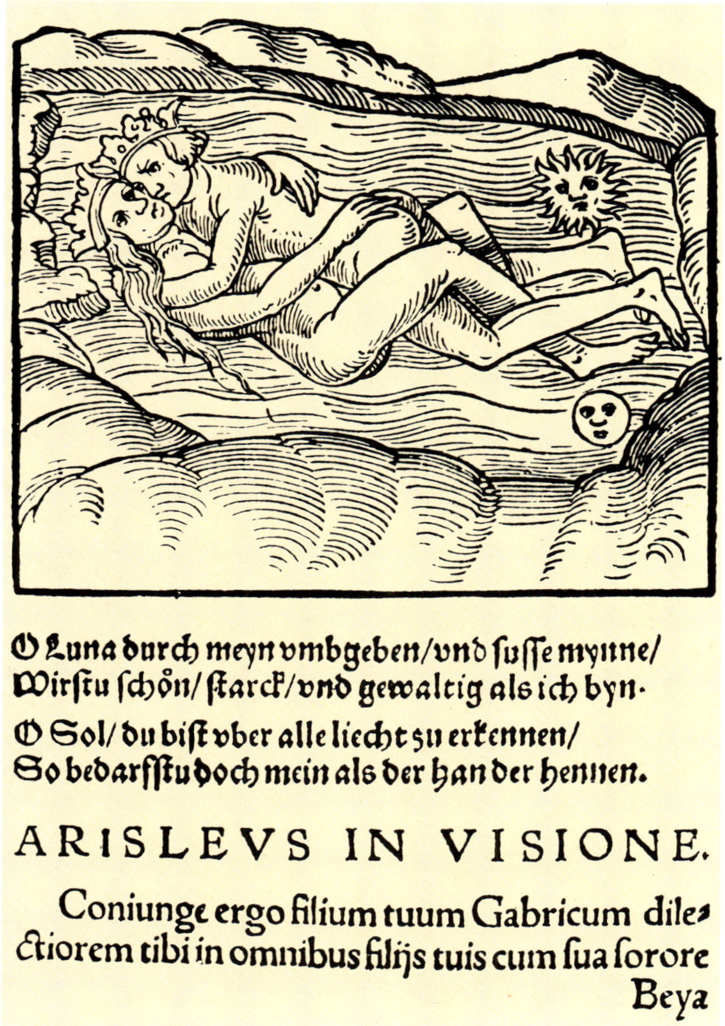

Représentation allégorique de la conjonction du Soleil et de la Lune comme le coït des deux Luminaires (*in Rosarium philosophorum*, Francfort, 1550).

La signification des Aspects dans l'horoscope

Chaque Planète représente un certain principe traduit par des mots clés. Cependant, la façon dont la Planète joue son rôle dépend de sa position dans les signes du Zodiaque et dans les Maisons, et des relations géométriques (angulaires) entretenues avec les autres Planètes – c'est-à-dire de ses Aspects. Les astrologues classiques parlent de rayonnements bénéfiques ou maléfiques, ou de la promotion ou des dommages occasionnés à une Planète par une autre – ce que nous appelons aujourd'hui des Aspects harmonieux ou dissonants. Les premiers sont principalement le sextile et le trigone, tandis que les seconds sont principalement le carré et l'opposition. La conjonction est, quant à elle, harmonieuse ou dissonante selon les Planètes en conjonction.

LES ASPECTS : POTENTIALITÉS ET MÉCANISMES DÉCLENCHEURS

Les significations astrologiques des Planètes s'ajoutent les unes aux autres par le biais des Aspects, tantôt de façon constructive (bénéfique) lorsqu'une Planète promeut ou favorise l'action d'une autre, ou destructive (néfaste) lorsqu'une Planète se heurte ou s'oppose à une autre, diminuant ou annulant ainsi son influence.

Lors d'une conjonction, les influences de chaque Planète s'additionnent simplement. Le sextile multiplie ces influences, et le trigone augmente leur force car les Planètes concernées sont nécessairement placées dans des signes associés au même Élément. En revanche, en opposition, les Planètes luttent en quelque sorte « à la corde » : leurs influences s'équilibrent. Comme dans une conjonction, l'accent est mis sur la Planète dont la position dans le Zodiaque est la plus forte. Les positions planétaires astrologiquement les plus fortes sont le domicile puis l'exaltation.

L'Aspect le plus puissant est le carré. Si la conjonction et l'opposition représentent des points nodaux de la sinusoïde des Aspects, les carrés sont ses extrema – les points maximal et minimal où la pente de la courbe change. Par suite, tout carré présent dans un horoscope indique un tournant, un moment décisif. Des Planètes lentes formant un carré signalent un tournant à long terme de caractère fondamental. Les Planètes indiquent, avec les signes zodiacaux et les Maisons où elles se trouvent, la direction de ce tournant et le domaine qu'il concerne.

En astrologie natale, les Aspects constituent un réseau de relations révélant les liens entre les différents problèmes du natif – en d'autres termes, ils signifient l'existence de potentialités. L'astrologie prédictive, en revanche, considère les Aspects comme des mécanismes déclencheurs. Dans la méthode des transits, par exemple, seules sont activées les Planètes du thème qui se trouvent directement « aspectées » par les Planètes en transit.

LA SIGNIFICATION ASTROLOGIQUE DES PRINCIPAUX ASPECTS

Outre le dynamisme communiqué à l'horoscope par le nombre et le type des Aspects présents, chacune de ces relations angulaires joue un rôle précis qui là encore peut se traduire en mots clés. Ce rôle s'observe particulièrement dans les Aspects de la série duodénaire. Ainsi :

- la conjonction symbolise l'union, la fusion, la concentration, les nouveaux débuts ;
- le semi-sextile symbolise la suggestion, l'émergence, l'inclusion ;
- le sextile symbolise l'opportunité, l'utilisation, l'usage ;

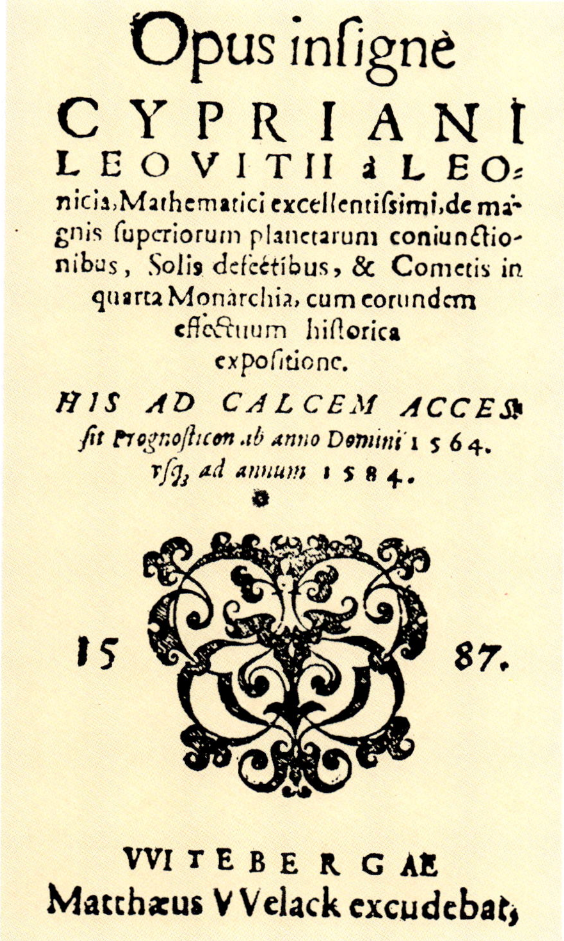
Opus insignè
CYPRIANI
LEOVITII à LEO-
nicia, Mathematici excellentissimi, de ma-
gnis superiorum planetarum coniunctio-
nibus, Solis defectibus, & Cometis in
quarta Monarchia, cum eorundem
effectuum historica
expositione.
HIS AD CALCEM ACCES-
sit Prognosticon ab anno Domini 1564.
usq; ad annum 1584.
15 87.
VVITEBERGAE
Matthæus VVelack excudebat.

Page de titre de l'écrit astrologico-astronomique de Cyprien Lvovický de Lvovice (dit Leovitius) traitant des conjonctions planétaires, éclipses et comètes majeures (Wittenberg, 1587).

- le carré symbolise l'apogée associée à un défi, une grande crise, un test ;
- le trigone symbolise la satisfaction, l'expansion, la coalescence, la fusion ;
- le quinconce symbolise la réorganisation (et les processus de changement associés), la confusion, la révision ;
- l'opposition symbolise la mise en balance ou en perspective, le conflit, une nouvelle polarisation.

Pour chaque Aspect, c'est la signification de la Planète ayant la position zodiacale la plus forte qui prévaut. Une Planète en domicile sera plus forte qu'une en exil, une Planète en exaltation, plus forte qu'une en chute, et ainsi de suite.

Aux temps anciens, l'astrologie différenciait de façon assez stricte les Aspects maléfiques – où une Planète blesse une autre, d'où il résulte une dysharmonie – des Aspects bénéfiques, harmonieux, où les Planètes renforcent mutuellement leurs influences. L'astrologie moderne abandonne toutefois un dualisme aussi mécanique. Le carré, autrefois si inquiétant, est interprété aujourd'hui davantage comme un défi, l'opposition comme une mise en perspective, etc.

En revanche, les astrologues modernes accordent beaucoup plus d'attention à la configuration générale de l'horoscope, à son apparence caractéristique, ainsi qu'aux groupements d'éléments. Certaines configurations s'avérant revenir assez fréquemment se sont vues attribuer pour des raisons pratiques des noms évoquant leur forme : le « splash » (ou éclaboussure), le coin, le bol, le seau, la balançoire... Chaque configuration a un sens et une interprétation spécifiques.

La répartition des Planètes dans une moitié particulière de l'horoscope est également considérée comme significative – par exemple, si les Planètes se trouvent uniquement dans la moitié diurne, nocturne, occidentale ou orientale de l'horoscope.

Enfin, les Aspects mutuels – c'est-à-dire la combinaison de plusieurs Aspects tels que le trigone majeur (un triple trigone), la croix (qui se décompose en deux oppositions et quatre carrés), la croix égyptienne (une opposition et deux carrés), le stellatium (la conjonction multiple) – sont considérés comme des configurations géométriques significatives de l'horoscope.

ASPECTS MUTUELS, CONFIGURATIONS HOROSCOPIQUES ET STRUCTURE GÉNÉRALE DE L'HOROSCOPE

Les Aspects apparaissent rarement isolés dans un horoscope. Le plus souvent, ils se combinent et forment un réseau géométrique reliant plusieurs Planètes. L'attention de l'astrologue est tout particulièrement attirée par les combinaisons mutuelles résultant en configurations multiplanétaires visibles au premier coup d'œil. Les plus caractéristiques ont reçu des noms parlants. Elles sont interprétées comme un tout intégral lors de la lecture de l'horoscope. Les configurations formées par des mi-Points (demi-distances angulaires entre les Planètes) forment un groupe à part.

La croix égyptienne ou Aspect en T

La combinaison d'une opposition et de deux carrés est la plus influente de toutes les combinaisons d'Aspects. Elle incite le natif à une quête opiniâtre de l'objet suggéré par le quatrième point (inoccupé) du T.

Dans l'horoscope de Charles Baudelaire, par exemple, pratiquement toutes les Planètes faisaient partie d'une telle configuration.

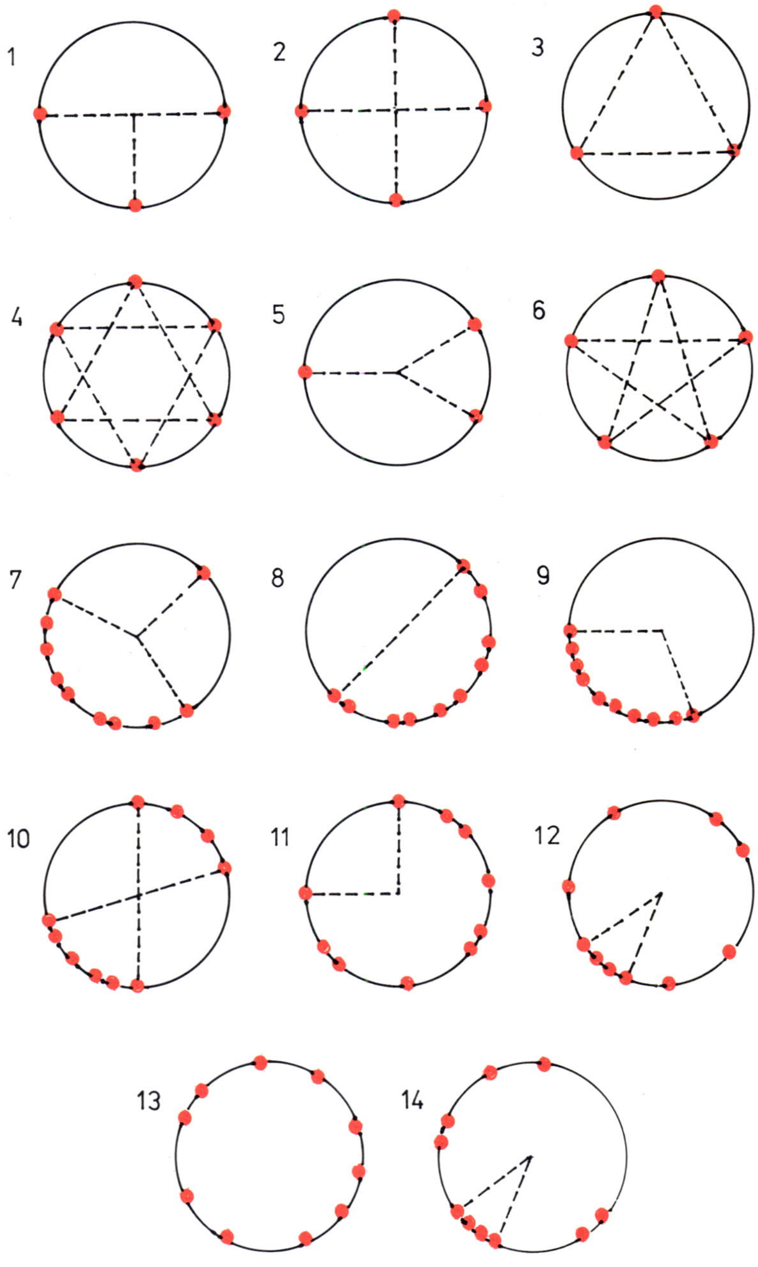

Aspects mutuels et configurations planétaires :
1 : croix égyptienne, **2 :** croix, **3 :** trigone,
4 : hexagramme, **5 :** yod, **6 :** pentagramme, **7 :** seau,
8 : bol, **9 :** coin, **10 :** balançoire, **11 :** locomotive,
12 : jet, **13 :** splash, **14 :** stellatium.

La croix

Des Planètes situées aux coins d'un carré (ou d'une croix) dans l'horoscope symbolisent une solide stabilité due à l'équilibre de deux oppositions et de quatre carrés. Le natif nanti d'une telle configuration supportera avec une humeur égale les difficultés de la vie et fera stoïquement face aux situations inévitables. Toutefois, cette configuration s'accompagne aussi d'une petite possibilité d'être « mis à la torture ». Son influence exacte dépend de la croix zodiacale ainsi accentuée.

Une croix cardinale s'observe ainsi dans l'horoscope du peintre Henri de Toulouse-Lautrec, une croix fixe dans ceux de l'écrivain Jack London et du poète Rainer Maria Rilke, la croix mutable, dans ceux de Charles IV et de l'écrivain Václav Havel.

Le trigone majeur

Les Planètes, situées aux trois sommets d'un triangle équilatéral, forment l'un des quatre trigones élémentaires associés aux tempéraments humains. Pour chaque horoscope, la proportion de tempérament colérique (Élément Feu), mélancolique (Terre), sanguin (Air) et flegmatique (Eau) se déduit du nombre de Planètes occupant tel ou tel Élément, et s'exprime en pourcentage (dix Planètes = 100 %). Les horoscopes où un Élément n'est occupé par aucune Planète sont donc très outrés. Outre les conséquences pour la santé, l'occupation ou la non-occupation particulière d'un Élément joue sur le tempérament du natif ou le caractère d'un événement.

Ainsi, dans l'horoscope de Guillaume Apollinaire, seuls les signes de Feu et de Terre sont occupés par des Planètes, ce qui explique sa personnalité littéralement « volcanique ». Autres exemples : l'Élément Feu (composante colérique) est absent des horoscopes des astronomes Kepler et Regiomontanus, comme de l'écrivain James Joyce.

L'absence de tout signe de Terre (composante mélancolique), qui se traduit par un manque de sens des réalités et l'absence de matérialisme, s'observe dans les horoscopes de Martin Luther, Marilyn Monroe, Gérard Philipe, et de l'étudiant protestataire tchèque Jan Palach ; en astrologie mondiale, une telle particularité caractérise par exemple l'origine du mouvement dada en 1916 ou la création de la République tchécoslovaque en 1918.

L'absence de signes d'Air (composante sanguine) se traduit par un certain degré d'irrationalité ; elle caractérise les horoscopes du peintre et écrivain Alfred Kubin, et du président de l'Irak, Saddam Hussein.

L'Eau (composante lymphatique ou flegmatique donnant sensibilité et sensualité) est absente des horoscopes du poète Christian Morgenstern, du peintre Fernand Léger comme du compositeur Jan Václav Voříšek. Si dans la vie de ces artistes créatifs, cela s'est seulement manifesté par une sensibilité réduite, dans le cas d'Adolf Hitler, cela devint totale insensibilité et cruauté.

L'hexagramme

Les Planètes situées, au moins approximativement, aux sommets d'une étoile symétrique à six branches sont mutuellement reliées par des trigones et des sextiles. Dans cette configuration assez rare et très équilibrée, les deux Éléments de même polarité (Air et Feu, ou Terre et Eau) se renforcent mutuellement. Les natifs de ce type sont particulièrement autosatisfaits, n'envisagent aucun changement, et sont très difficiles à désarçonner ou à prendre au dépourvu. Ils semblent toujours contents et satisfaits.

Exemple : le roi Hussein de Jordanie (Terre et Eau).

Le yod

Les Planètes, disposées aux extrémités d'un « Y », sont mutuellement reliées par un sextile et deux quinconces, de sorte que l'une d'elles se trouve à mi-distance angulaire des deux autres, du côté opposé de l'horoscope. Cette configuration est appelée également « la main de Dieu », « la main du Destin » ou plus prosaïquement « la catapulte ». Dans un thème, elle indique l'aspiration à la stabilité contrée par une agitation permanente.

Exemples : Carl Gustav Jung, Václav Havel, Elvis Presley, Marilyn Monroe.

Le pentagramme

Les Planètes, situées aux sommets d'une étoile à cinq branches, sont mutuellement reliées par des quintiles et des biquintiles. Cette configuration assez rare apporte une force positive incroyablement intense permettant au natif d'interférer avec les événements autour de lui et de maîtriser les tâches les plus difficiles avec l'élégance et le brio d'un magicien.

En astrologie mondiale, un exemple nous est fourni par l'horoscope de la fin de la guerre du Golfe et de la victoire des Alliés sur le dictateur irakien Saddam Hussein, en 1991.

Le seau

Dans cette configuration, une Planète solitaire se trouve à l'opposé de toutes les autres, qui sont groupées dans la moitié opposée du Zodiaque. Le seau incite fortement le natif à accomplir une grande action à l'impact concret, dont l'objet est habituellement suggéré par la Planète solitaire ; cette force motrice, dans une situation où un homme, seul, fait face au monde, révèle aussi parfois un fort instinct de conservation. Un individu dont le thème contient une telle configuration a souvent une grande influence sur les autres ; dans un cas positif, ce sera un professeur, au pire, un propagandiste ou un mécontent.

La configuration du seau se retrouve dans le thème de Paul Verlaine, Bedřich Smetana, Albert Einstein, Marilyn Monroe, et la célèbre espionne Mata Hari (dont le thème comprenait, de surcroît, un stellatium de quatre Planètes dans le Lion). En astrologie mondiale, le seau se retrouve dans l'horoscope établi lors de la découverte d'Uranus, dans lequel la nouvelle Planète a la place de la Planète solitaire.

Le bol

Cette configuration, où toutes les Planètes sont groupées dans une seule moitié du Zodiaque, caractérise un individu « de nature humanitaire », au meilleur cas, un idéaliste, au pire, quelqu'un de réservé à inabordable. Ce sera toujours un individu « incomplet » recherchant assidûment son « autre moitié » ; il pourra la trouver sous la forme d'un ou d'une partenaire aux Planètes groupées dans l'autre moitié du Zodiaque ou régulièrement dans tout le Zodiaque, ou encore dans une situation où son horoscope passe en transit et compense momentanément son excessive latéralisation.

La configuration de type « bol oriental » se retrouve dans les horoscopes de Guillaume Apollinaire, Vladimir Maïakovski, Auguste Renoir et Stéphane Mallarmé ; le bol occidental, dans l'horoscope d'Honoré Daumier (ici proche du coin) ; le bol diurne, dans les horoscopes de Gustave Courbet, Salvador Dalí, de l'astrologue Allan Leo et du mouvement dadaïste ; le bol nocturne, dans les horoscopes d'Émile Zola, Barbra Streisand et de l'astrologue Franciscus Junctinus.

Le coin

Cette configuration, où toutes les Planètes sont regroupées sur quatre ou cinq signes zodiacaux, est peu fréquente. Elle survient quand les Planètes lentes sont déjà groupées, ce qui est rare.

Dans un horoscope, c'est un symptôme infaillible de spécialisation assez étroite du natif, au caractère généralement entier et clairement défini – comme le réformateur social et religieux Ulrich Zwingli, ou les peintres Honoré Daumier et Henri Rousseau. Quant aux événements liés à une telle configuration, leur caractère concentrique marqué en fait des points nodaux de l'histoire, c'est notamment le cas d'un des événements marquants de l'histoire mondiale : le lancement de la bombe nucléaire américaine sur Hiroshima.

La balançoire

Dans cette configuration, les Planètes sont groupées dans deux segments opposés du Zodiaque ; par suite, elles forment souvent de nombreuses oppositions. La balançoire est caractéristique des individus à la personnalité équilibrée et au tempérament égal, avançant clairement et inébranlablement d'un point à un autre sans possibilité ni besoin de dévier du chemin choisi, capables de percevoir le cours de la vie dans sa dialectique et dans ses transformations continues. C'est le type même du médiateur qui trouvera facilement l'équilibre entre besoins et possibilités, et qui est souvent son propre et unique opposant.

Cette configuration se retrouve dans les horoscopes individuels des astrologues Michel Nostradamus et Reinhold Ebertin, de Pablo Picasso, Vassily Kandinsky, Antoine de Saint-Exupéry, Édith Piaf, Jean Marais, et Mikhaïl Gorbatchev, ainsi que dans l'horoscope mondial si caractéristique de la découverte de la Planète Neptune, conséquente à la découverte d'Uranus.

La locomotive

Cette fois, les Planètes occupent les trois-quarts du Zodiaque, les trois signes restant étant vides. Le segment contenant les Planètes, dont la disposition rappelle la roue excentrique d'une locomotive, caractérise un homme ayant une faculté et une énergie primordiales pour faire bouger les choses. Ces gens – initiateurs, littéralement « promoteurs » – sont souvent, dans l'histoire et particulièrement le développement de la culture, ceux qui donnent naissance à un mouvement, une mode, une tendance.

Ainsi retrouve-t-on cette configuration dans le thème de Léonard de Vinci, Louis XIV, Wolfgang Amadeus Mozart, Arthur Rimbaud, Friedrich Nietzsche, Adolf Hitler, Rudolf Steiner, Charlie Chaplin, James Joyce et André Breton.

Le jet

Les Planètes sont assez régulièrement distribuées dans tout le Zodiaque sauf en un endroit (au moins) où elles s'accumulent en un stellatium. Cette configuration caractérise un fort individualisme, l'indépendance d'esprit et un ou quelques centres d'intérêts très intenses mais aussi très différents.

C'est une configuration que l'on trouve chez les poètes modernes américains Robinson Jeffers et Allen Ginsberg, l'écrivain et théoricien de l'art italien Umberto Eco, et Molière.

Le splash (ou éclaboussure)

Cette configuration planétaire appelée aussi « thème éparpillé » est l'exact opposé du seau. Les Planètes sont distribuées au hasard et assez régulièrement dans tout le Zodiaque, ce qui traduit un universalisme marqué des centres d'intérêt, l'absence d'objectif unique, une capacité parfois sans limite d'entreprendre de nombreuses choses différentes. Les individus présentant cette configuration ont une vision encyclopédique, un caractère équilibré et un universalisme qui peut, au pire, se muer en une connaissance certes étendue mais superficielle.

Chez les personnes créatives, cette configuration se manifeste généralement par la possibilité d'atteindre la maîtrise de l'équilibre classique – ce qu'illustre bien la maxime favorite du sculpteur Aristide Maillol, dont le thème a cette configuration : « Une statue doit pouvoir rouler au bas d'une colline sans s'abîmer. »

Le splash se retrouve aussi dans les horoscopes du sculpteur Charles Despiau, les peintres Georges Seurat, Max Ernst et Maria Toyen, les écrivains Paul Valéry et Honoré de Balzac, les compositeurs Friedrich Händel et Leoš Janáček, Charlie Chaplin, mais aussi saint Augustin, Laurent de Médicis, Pierre le Grand, Comenius, sir Winston Churchill, l'empereur Hirohito et le président tchèque Václav Havel.

Le stellatium

Également appelé « stellium », « satellitium » ou « amas », c'est une accumulation de trois Planètes ou plus dans un arc de quelques degrés. Le stellatium a un effet multiplié par rapport à la simple conjonction de deux Planètes. Il exprime une grande concentration sur un problème précis ou un engagement extrême dans une direction, allié à la capacité de mener à terme toute chose entreprise. Une telle configuration est caractéristique d'une personnalité aux idées tenaces, voire obsessionnelles, ou excentriques. Dans le meilleur des cas, elle indique que le natif est un pionnier, dans le pire, un égoïste ; tout dépend de la place du stellatium dans le Zodiaque et de celle des Planètes qui y participent. Penser qu'il pourrait exister un horoscope où toutes les Planètes se trouvent dans un stellatium est illusoire ; ce cas ne s'est probablement pas produit de toute l'Histoire. En revanche, le stellatium de plusieurs Planètes est relativement fréquent.

Exemples : chez l'astrologue Jean-Baptiste Morin (7 Planètes dans un arc de 21° en Verseau et Poissons), le théologien et paléontologue Teilhard de Chardin (6 Planètes dans un arc de 24° en Bélier), l'écrivain Alfred de Musset (4 Planètes en conjonction dans le Sagittaire), l'écrivain Émile Zola (5 Planètes dans un arc de 9° en Bélier), l'ancien président tchécoslovaque Klement Gottwald (4 Planètes et l'Ascendant dans un arc de 10° en Scorpion et Sagittaire), le photographe Henri Cartier-Bresson (4 Planètes en conjonction dans le Lion).

LA CONFIGURATION PLANÉTAIRE DU SEAU DANS L'HISTOIRE

Pour illustrer l'influence mondiale de telles configurations planétaires, prenons l'impact historique de l'une d'entre elles, le seau, sur une période de deux cent quarante ans. Le seau est une configuration où une Planète est toujours très isolée des autres, à l'opposé du Zodiaque. Le Soleil, Mercure et Vénus, toujours proches les uns des autres dans le système géocentrique, sont les seules Planètes à ne pouvoir occuper une telle position. Dans les autres cas, selon la Planète accentuée par cet isolement, nous parlerons de « seau lunaire », « seau martien », et ainsi de suite.

La signification des configurations planétaires selon Marc Edmund Jones

La signification des configurations planétaires particulières dans l'horoscope, dont le seau est un exemple, a été développée en astrologie moderne par l'astrologue américain Marc Edmund Jones, notamment dans son livre *Guide d'interprétation de l'horoscope* (publié pour la première fois en 1940 et réédité pour la cinquième fois en 1990). Outre leurs noms symboliques, M. Jones a également assigné aux différentes configurations un type psychologique correspondant. Ainsi, si la configuration « seau » apparaît dans le thème natal de quelqu'un, le natif sera poussé, selon M. Jones, par le besoin de devenir important d'une quelconque manière, le domaine d'éminence étant indiqué par le symbolisme astrologique de la Planète isolée.

Une méthode adaptée à l'astrologie mondiale

Étant donné que l'influence pure de la Planète isolée ne se manifeste que dans la configuration de type « seau » et que l'interprétation de M. Jones peut s'appliquer en dehors du cadre d'un horoscope, j'en suis venu à la conclusion que cette méthode est parfaitement adaptée à l'astrologie mondiale. Toutefois, pour obtenir un panorama global de ces groupements planétaires au cours des deux cent quarante dernières années, il était nécessaire d'établir une éphéméride graphique pour chaque année. Le travail préparatoire étant achevé, c'est maintenant à vous de trouver les parallèles historiques correspondant aux situations individuelles répétées.

Les diverses configurations de type « seau » s'interprètent par les mots clés suivants :

Seau lunaire : sentiment national, patriotisme, nationalisme, émotions, sensibilité.

Seau martien : action, combats, violence, agression, guerre.

Seau jovien (Jupiter) : détente, enthousiasme, euphorie, idéalisme, expansion.

Seau saturnien : stagnation, protection et préservation, pétrification des conditions, régime totalitaire, crise économique.

Seau uranien : mouvement révolutionnaire, déviance radicale, vague d'inspiration, découvertes, réformes, efforts sociaux.

Seau neptunien : courants spirituels, irrationalité, réalité obscurcie, confusion.

Seau plutonien : personnalisme, autocratie, culte de l'individu.

Il arrive que deux Planètes en conjonction se retrouvent isolées des autres. Nous n'avons considéré ici que le cas des deux Planètes les plus lentes, Neptune et Pluton, dont la conjonction ne survient qu'une fois tous les cinq cents ans environ. Le seau Neptune-Pluton signifie une période de changement spirituel, par exemple, ou le culte d'une personnalité spirituelle.

Un mélange d'influences planétaires

Comme vous pouvez le constater d'après le schéma page 153, outre l'alternance de Planètes momentanément accentuées, apparaît également parfois un mélange d'influences planétaires quand deux types différents de seau surviennent la même année. Lors de l'interprétation de périodes entières, il est indispensable de prendre en compte ces mélanges d'influences. Ainsi, entre 1963 et 1968, dans ce qui était alors encore la Tchécoslovaquie, un certain relâchement du contrôle (Jupiter) a atteint le pouvoir politique totalitaire (Saturne), particulièrement dans le domaine de la culture. De la même façon, nous pouvons parler d'un totalitarisme déviant (Saturne combiné à Uranus) apparaissant à la fin de la Révolution française (période de la Terreur révolutionnaire, de 1793 à 1794) et au début des années 1930 (montée du fascisme en Italie et terreur stalinienne en URSS).

Les configurations de type « seau » sont de courte durée (de un à trois mois, voire moins) mais se répètent généralement plusieurs années de suite. Elles définissent donc des périodes qui doivent être considérées et interprétées comme un tout, bien que certaines configurations partielles annoncent elles-mêmes des événements spécifiques. Ainsi, le seau martien caractérise-t-il intégralement l'ensemble de la Seconde Guerre mondiale, même si des configurations individuelles s'appliquent plus spécifiquement à son début (1939), à l'attaque allemande de l'Union soviétique à l'est (1941), au débarquement des Alliés en Normandie en 1944, et à la fin de la guerre en 1945.

Essayez de voir maintenant ce qu'ont signifié les années et périodes ayant connu un Mars (ou Jupiter, ou Saturne) accentué pour votre propre pays, pour l'Europe, ou le monde. Tâchez de vérifier dans quels cas les possibilités suggérées par ces configurations se sont accomplies et quelles prédispositions planétaires sont restées inemployées ou, au contraire, quelles entreprises commencées lors d'une période astrologiquement inappropriée se sont soldées par un échec (par exemple, le « printemps de Prague », en 1968).

Observons ici la séquence d'apparition des configurations de type « seau martien ». Dans l'Histoire, elle coïncide avec :

- les luttes et massacres meurtriers gréco-turcs, de 1821 à 1823 ;
- la guerre de Crimée de 1854 à 1855 ;
- la guerre russo-japonaise en 1905 ;
- la Première Guerre mondiale (1914-1918) ;
- la Seconde Guerre mondiale (1939-1945) ;

In-plano du médecin Ulsenius, imprimé en 1496, expliquant en termes astrologiques les causes de la pandémie de syphilis de 1484 : une accumulation de Planètes dans le signe du Scorpion, alors que Mars était situé à l'opposé, en domicile dans le Bélier. L'astrologie moderne appelle un tel groupement un « seau martien ». La gravure est attribuée à Albrecht Dürer.

La reconstruction moderne de la configuration des Planètes de type « seau martien » en 1484 représentée sur l'*in-plano* d'Ulsenius (*page ci-contre*). Mars, en domicile en Bélier, était nettement séparé des six autres Planètes alors connues, toutes regroupées dans le second domicile de Mars, le Scorpion. La signification astrologique de cette configuration fut donc pressentie en astrologie mondiale bien avant que Marc Jones définisse « le seau ». Les astrologues de l'époque, toutefois, n'imaginaient pas que le groupement planétaire en Scorpion incluait trois autres Planètes (alors inconnues), Uranus, Neptune et Pluton.

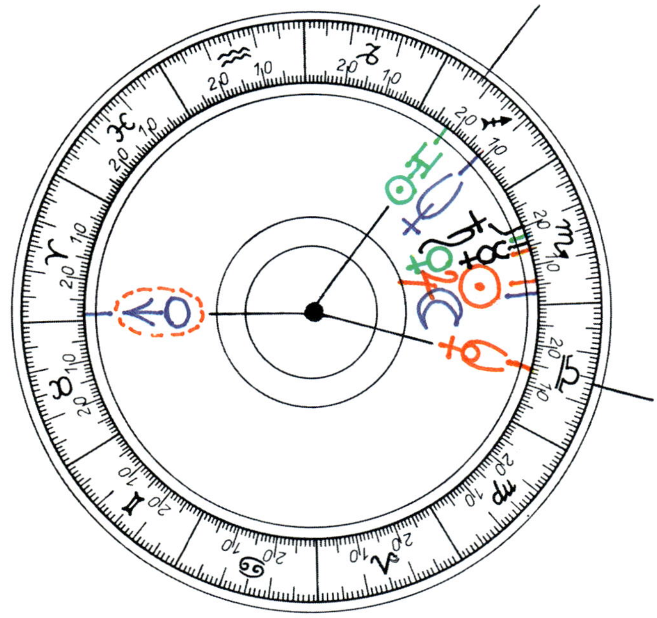

• la série de conflits locaux durant la guerre froide, de 1952 à 1962 (Corée, Algérie, Suez, Cuba, Liban, Afrique) ;
• les conflits au Koweït, en Yougoslavie et en Transcaucasie depuis 1990.

Vous pouvez procéder de manière analogue pour les autres configurations planétaires. Vous serez surpris de la fréquence à laquelle les conditions astrologiques se sont concrétisées.

Séquence d'apparition de configurations de type « seau » entre 1780 et 2010, année par année. Les symboles figurant dans ce schéma, explicités au bas du schéma et ci-dessous, précisent quelle Planète se trouvait isolée des autres : **1 :** Lune, **2 :** Mars, **3 :** Jupiter, **4 :** Saturne, **5 :** Uranus, **6 :** Neptune, **7 :** Pluton, **8 :** conjonction Neptune-Pluton. La répétition d'une configuration « seau » de type donné s'est régulièrement accompagnée d'événements historiques liés à la Planète isolée.

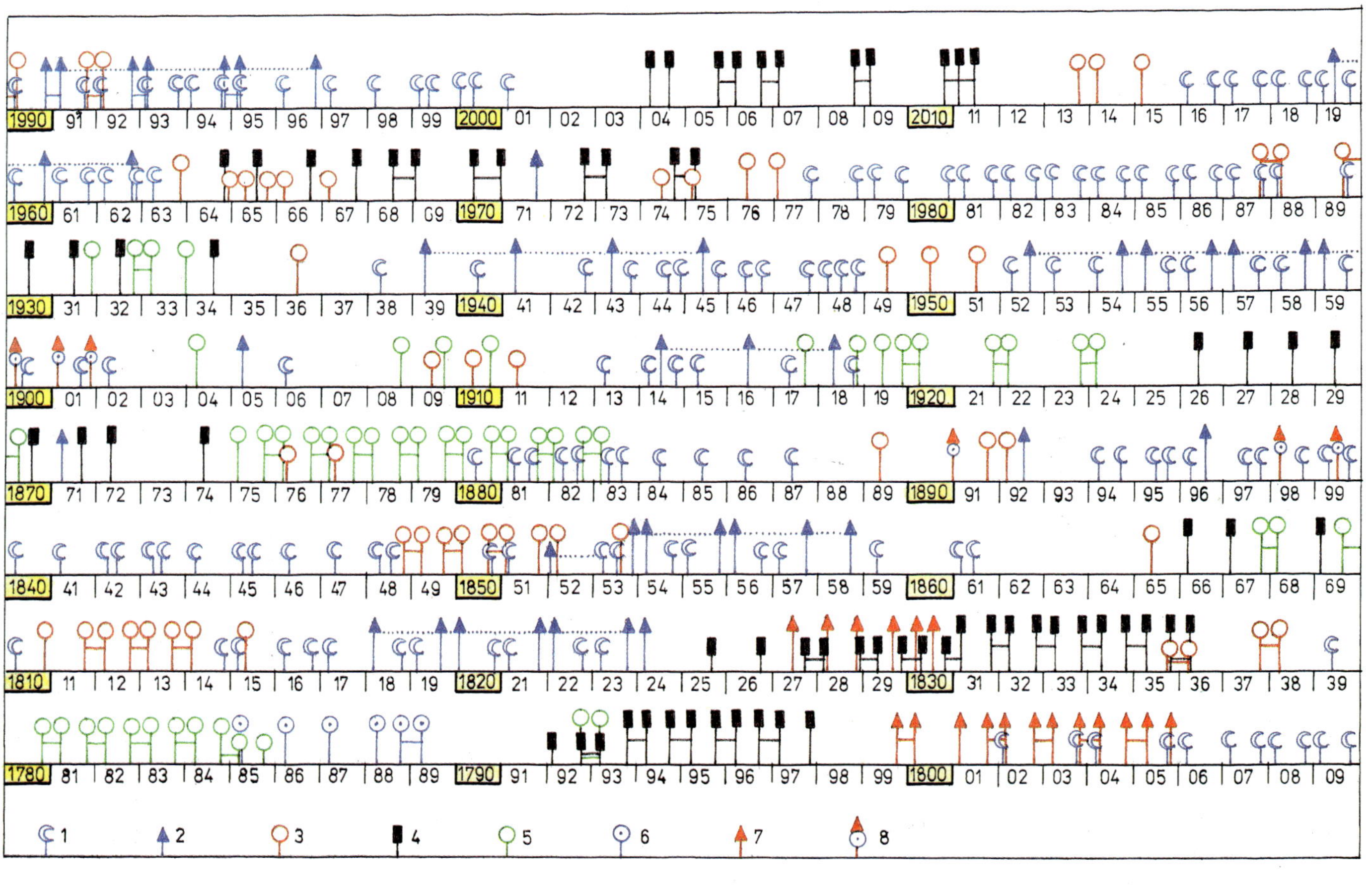

Assemblée de dieux olympiens par Petrus Paulus Rubens (détail). Dans cet inestimable tableau découvert seulement au début des années 1960, le peintre a représenté le groupe allégorique des Planètes présentes dans le Zodiaque vers le solstice d'hiver de 1602 (galerie du château de Prague).

Autres éléments de l'horoscope et leur symbolisme

Outre les pierres angulaires de l'horoscopie – les signes zodiacaux, les Maisons, les Planètes et leurs Aspects –, l'astrologue travaille aussi avec d'autres éléments de l'horoscope, en particulier les nœuds lunaires, les étoiles (appelées étoiles fixes), les axes et les points horoscopiques. Ces éléments jouent un rôle essentiellement passif dans l'horoscope; ils ne peuvent ainsi être à l'origine de nouveaux Aspects, tout au plus en reçoivent-ils.

Les nœuds lunaires

Les nœuds lunaires – le nœud nord, ou Tête du dragon (*caput draconis*), et le nœud sud, ou Queue du dragon (*cauda draconis*) – sont les points d'intersection de la trajectoire de la Lune avec l'écliptique. Ces points se déplacent à travers le Zodiaque en sens contraire aux Planètes tout au long d'un cycle de dix-huit ans. Lorsqu'ils sont situés dans des signes et/ou des Maisons opposés, ils signalent un lien qui peut être exalté ou tombant.

Les étoiles fixes

Les étoiles fixes étaient à l'honneur en horoscopie durant la période médiévale, notamment chez les astrologues arabes. L'astronomie moderne a abandonné le terme d'étoiles fixes puisqu'il n'y a, dans l'absolu, ni étoiles ni Planètes fixes. L'astrologie a toutefois conservé ce terme jusqu'à aujourd'hui. Dans leurs interprétations horoscopiques, les anciens astrologues considéraient les étoiles les plus remarquables, en particulier celles situées dans les constellations écliptiques et équatoriales, comme très importantes.

En simplifiant beaucoup, les étoiles fixes apparaissent dans un horoscope comme des Planètes extrêmement lentes ayant toutes une même période de révolution de vingt-six mille ans. L'astrologie traditionnelle leur attribue à chacune une influence analogue à une combinaison donnée d'influences planétaires. Certains astrologues expérimentalistes modernes, revenant au problème de l'arrière-plan stellaire de l'horoscope, utilisent des termes peu conventionnels tels que « configurations galactiques d'étoiles fixes » ; l'un d'eux est Theodor Landscheit, en Allemagne. En France, les astrologues traditionalistes prennent en compte l'influence d'une soixantaine d'étoiles fixes, mais seulement lorsqu'elles sont en conjonction exacte avec une Planète à 2° d'orbe près.

Les points horoscopiques

Le terme de points horoscopiques recouvre plusieurs systèmes de points sur l'écliptique, dont les positions sont calculées ou qui matérialisent des frontières – comme la démarcation entre les Maisons (Pointes ou cuspides) ou entre les signes zodiacaux. Les plus connus et les plus utilisés sont les Points sensibles classiques (les Parts), ainsi que les dodekatemorions, les antisces et contre-antisces, et les mi-Points. Ces points ont pour effet de renforcer les positions importantes des Planètes, préparant la place pour les conflits de leurs influences.

Les Parts arabes

Les Points sensibles classiques, ou Parts arabes, sont d'origine très ancienne ; les plus connus sont la Part de fortune, la Part de mort, la Part d'amour, la Part de vocation mais aussi la Part de puissance, la Part des maladies et la Part des enfants. Leurs positions se calculent par des équations simples où interviennent les longitudes de deux Planètes et de l'Ascendant. Selon que la naissance est diurne ou nocturne – c'est-à-dire selon que le Soleil se trouve entre la 7e et la 12e Maison, ou entre la 1re et la 6e Maison –, l'équation diffère légèrement. Alors que l'astrologie ancienne n'utilisait que quelques Points sensibles, les astrologues modernes ont considérablement étendu leur nombre, notamment du fait de la présence de trois nouvelles Planètes – nombre qui atteint aujourd'hui 180.

Les Parts arabes sont encore très utilisées dans les pays anglo-saxons. En France, quelques astrologues comme Eudes Picard et Alexandre Volguine les ont sérieusement étudiées d'un point de vue théorique et leur ont redonné un peu de lustre au début du siècle ; mais de nos jours, seule la Part de fortune – le Point sensible le plus connu et le plus ancien dont le symbole est un cercle contenant une croix – figure régulièrement dans l'horoscope. Elle se calcule traditionnellement comme suit :

Part de fortune = Ascendant + Lune – Soleil (pour une naissance diurne)
ou Ascendant + Soleil – Lune (pour une naissance nocturne).

Antisces et contre-antisces

Antisces et contre-antisces sont des points horoscopiques dont l'origine remonte à l'Antiquité. Pour chaque point du Zodiaque, tel que la position d'une Planète, il est possible de déterminer un point symétrique par rapport au point solsticial (0° du Cancer ou 0° du Capricorne), opposé à l'axe solsticial. Pour les contre-antisces, l'axe correspondant est l'axe de symétrie des équinoxes (0° du Bélier et 0° de la Balance). Par exemple, si Mars est à 20° des Gémeaux, son antisce est à 10° du Cancer et son contre-antisce à 10° du Capricorne. Pour la lecture de l'horoscope, ces points sont significatifs seulement s'ils sont occupés par une Planète, que ce soit dans l'horoscope natal (thème) ou dans un horoscope prédictif.

Les dodekatemorions

Les anciens astrologues utilisaient un autre système de points horoscopiques, dit « dodekatemoria ». Des analogues à ce système, déjà connu de l'ancienne horoscopie grecque, ont été retrouvés récemment dans les textes cunéiformes babyloniens ; ces écrits témoignent du fait que le dodekatemoria était un système largement employé dans l'ancien temps. Fondé sur le cycle duodénaire (basé sur le nombre 12), d'où son nom, il permet de définir un nouveau point – ou dodekatemorion – pour chaque Point sensible du Zodiaque ; ce nouveau point est placé à douze fois la distance existant entre le point initial et le début du signe où il est situé. Par exemple, si le point initial est situé à 1° des Gémeaux, son dodekatemorion sera à 13° des Gémeaux ; s'il est à 21° du Taureau, son dodekatemorion se trouvera à 3° du Verseau. Ce système augmente à l'évidence le nombre des possibilités de prédictions horoscopiques. Toutefois, il n'a pas été prouvé de manière fiable que ces points aient une signification plus profonde, par exemple pour la durée de la vie ou autre chose similaire.

Les mi-Points

En revanche, les mi-Points ont trouvé un large domaine d'application en astrologie moderne, en particulier grâce à l'école allemande d'Aalen. Le système KdG (Combinaison des influences stellaires) travaille beaucoup avec les axes à mi-distance entre les positions des Planètes, des nœuds lunaires, de l'Ascendant et du Milieu du Ciel.

Dans les plus récentes tendances de l'astrologie occidentale, d'autres éléments horoscopiques spéciaux sont parfois pris en compte tels que l'apex et le vertex, le centre galactique, certains astéroïdes tels Chiron, la Lune noire (aussi appelée Lilith, second foyer de l'orbite lunaire à son apogée), voire d'autres hypothétiques corps célestes pas même considérés par l'école allemande de Hambourg avant la Seconde Guerre mondiale (qui travaillait pourtant avec un groupe de Planètes fictives au-delà de Neptune, dites « Planètes transneptuniennes »).

En ce qui concerne l'interprétation de l'horoscope, il est impossible de dire quelle contribution positive peut apporter ce domaine non traditionnel et peu étudié.

Illustration de la science occulte des correspondances dans la nature. Les parallèles de forme acausale dans les mondes des plantes, des animaux et de l'homme sont fondés sur le principe de l'analogie.

Le palais de Wallenstein, dans le Petit Quartier à Prague : vue générale de la galerie astrologique, depuis l'entrée sud. Baccio del Bianco en a peint les fresques dans la seconde moitié des années 1620.

Vue sur la voûte en berceau de la galerie astrologique, dans le palais de Wallenstein à Prague, montrant la représentation mythologique des sept Planètes astrologiques traditionnelles et de leurs signes zodiacaux respectifs.

Symbolisme des Planètes peintes au plafond de la galerie astrologique du palais Wallenstein, à Prague

Planète astrologique	*Lune*	*Mercure*	*Vénus*	*Soleil*	*Mars*	*Jupiter*	*Saturne*
Personnification mythologique	Artémis, Diane	Hermès, Mercure	Aphrodite, Vénus	Hélios, Sol	Arès, Mars	Zeus, Jupiter	Kronos, Saturne
Attributs	l'arc et les flèches	le caducée et les sandales ailées	le coquillage et Cupidon	–	la lance, l'armure et le casque emplumé	un faisceau d'éclairs	la faucille et l'enfant dans les bras
Symbole surmontant la tête	le croissant lunaire	une étoile blanche à 6 branches	une étoile blanche à 8 branches et un croissant	des rayons irradiants	une étoile rouge à 8 branches	une étoile blanche à 12 branches et 4 satellites superposés	une étoile blanche à 8 branches et 2 satellites latéraux
Attelage	deux cerfs	deux pigeons	deux cygnes	quatre chevaux	deux chevaux	deux aigles	un lion et un dragon se mordant la queue
Cadre	ovale	octogonal	ovale	octogonal	ovale	octogonal	ovale
Domicile planétaire	Cancer	Gémeaux et Vierge	Taureau et Balance	Lion	Bélier et Scorpion	Poissons et Sagittaire	Verseau et Capricorne
Sens de la course des attelages	←						

Saturne, maître des signes du Capricorne et du Verseau (plafond de la galerie astrologique du palais Wallenstein, Prague). Cette fresque montre l'unique représentation d'une erreur de Galilée : en 1610, il avait conclu que les « deux étoiles mineures » sur les côtés de Saturne (représentées ici par la grosse étoile flanquée de deux plus petites, opposées), étaient des satellites de Saturne ; en fait, c'était l'anneau de la Planète.

Jupiter, maître des signes du Sagittaire et des Poissons (plafond de la galerie astrologique du palais Wallenstein, Prague). Ici, le peintre a représenté les quatre principaux satellites de Jupiter, vraiment découverts par Galilée en 1610.

Mars, maître des signes du Scorpion et du Bélier (plafond de la galerie astrologique du palais Wallenstein, Prague).

Le Soleil, maître du signe du Lion (plafond de la galerie astrologique du palais Wallenstein, Prague).

Vénus, maître des signes de la Balance et du Taureau (plafond de la galerie astrologique du palais Wallenstein, Prague).

Mercure, maître des signes des Gémeaux et de la Vierge (plafond de la galerie astrologique du palais Wallenstein, Prague).

La Lune, maître du signe du Cancer (plafond de la galerie astrologique du palais Wallenstein, Prague).

Mur nord de la galerie. Représentation du contenu de six Maisons (*de gauche à droite*) : *en haut,* Maisons III, I et VI, *au-dessous*, Maisons II, IV et V.

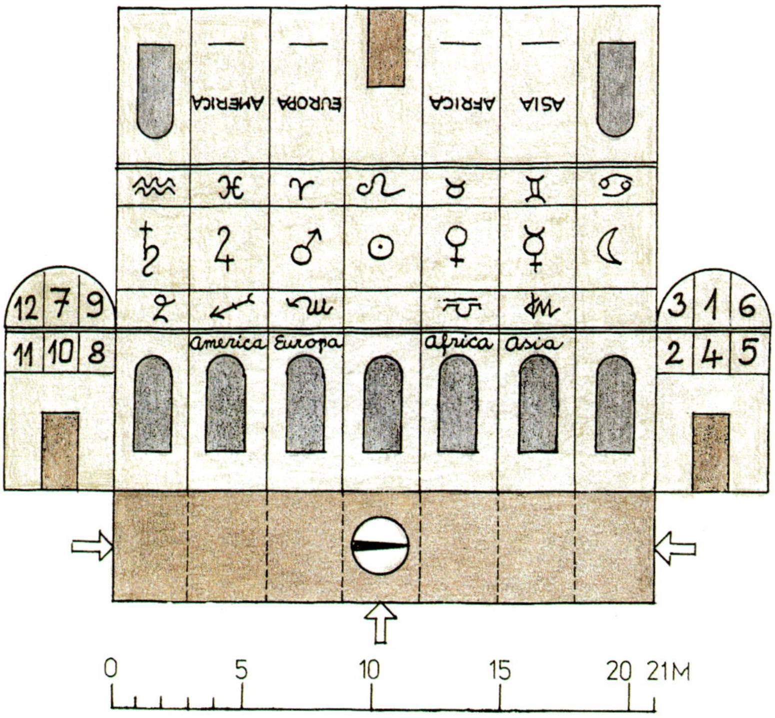

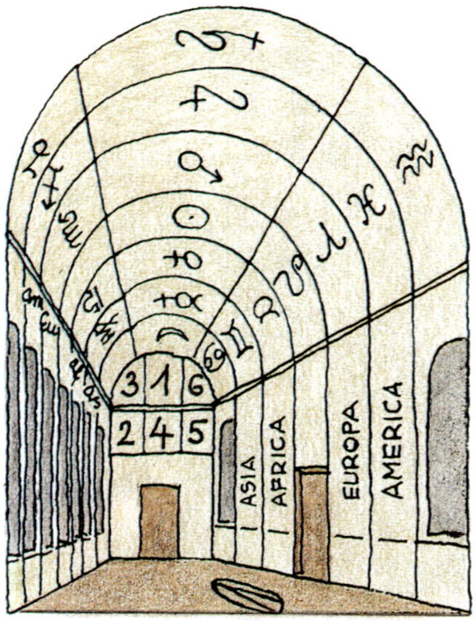

Surface développée (*à gauche*) de la galerie astrologique du palais Wallenstein, à Prague, et vues en perspective depuis le sud (mur nord, *ci-dessus*), puis le nord (mur sud, *page ci-contre*). Sur ces plans, l'emplacement des fresques est figuré par les symboles des Planètes astrologiques (fresques au centre de la voûte) et de leurs signes zodiacaux respectifs (fresques sur les côtés de la voûte), et par le numéro des Maisons (fresques des murs nord et sud) qu'elles représentent.

Mur sud de la galerie astrologique du palais Wallenstein, Prague. Représentation du contenu de six Maisons *(de gauche à droite) : en haut,* Maisons XII, VII et IX, *au-dessous,* Maisons XI, X et VIII.

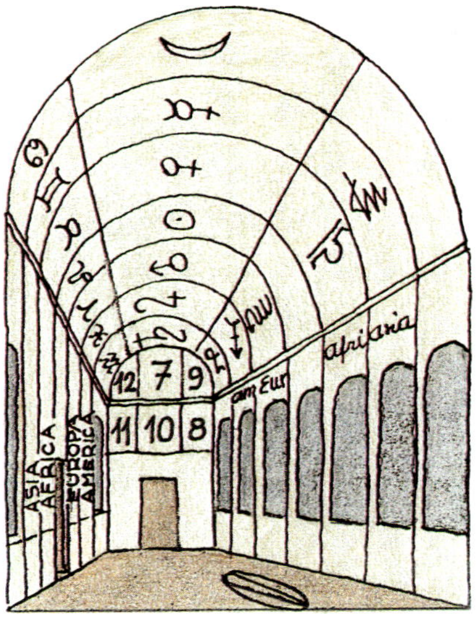

La voûte en berceau symbolise la sphère céleste avec les Planètes et le Zodiaque. Une corniche la sépare des murs latéraux représentant le monde terrestre. Sur l'un de ces murs, des fresques allégoriques dépeignent les quatre continents alors connus (Asie, Afrique, Europe et Amérique), que l'on retrouve représentés dans les lunettes au-dessus des fenêtres du mur opposé.

Les douze Maisons de l'horoscope sont représentées symboliquement sur les murs aux extrémités de la galerie. Les fresques du mur nord figurent les six Maisons au-dessous de l'axe Ascendant-Descendant (Maisons I à VI), celles du mur sud, les six Maisons au-dessus de l'axe Ascendant-Descendant (Maisons VII à XII, voir le tableau page suivante).

Symbolisme des douze Maisons horoscopiques peintes sur les murs aux extrémités de la galerie de l'astrologie, dans le palais Wallenstein à Prague

	Maison	*Type*	*Fresque symbolique*	*Signification traditionnelle*	
				astrologique	*Développée*
Mur nord – Maisons situées sous l'axe Ascendant-Descendant	I	angulaire	un homme en armure, au heaume emplumé, une lance dans la main droite	la vie (*vita*)	la personnalité (le MOI) l'individu
	II	suivante	deux rameaux d'olivier croisés dans une couronne de lauriers	la richesse (*lucrum*)	les possessions
	III	tombante	le caducée (bâton d'Hermès)	la fratrie (*fratres*)	l'environnement proche, la connaissance, la communication
	IV	angulaire	une femme couronnée et la corne d'abondance	la maison, la tribu (*genitor*)	les origines, le géniteur (la mère) (le ÇA)
	V	suivante	deux massues croisées dans une couronne de feuillage	la progéniture (*natio*)	la création, le jeu la joute, le don
	VI	tombante	un casque militaire	la santé (*valetudo*)	servir et entreprendre ; la santé physique
Mur sud – Maisons situées au-dessus de l'axe Ascendant-Descendant	VII	angulaire	une femme couronnée portant un paon au bras gauche	l'épouse (*uxor*)	le partenaire, l'alter ego (le TOI)
	VIII	suivante	deux palmes croisées dans une couronne	la mort (*mors*)	l'héritage, la mort, la piété
	IX	tombante	un paon	la piété (*pietas*)	l'éloignement, les longs voyages, les croyances
	X	angulaire	un homme portant une couronne de fleurs, une lance dans sa main gauche et des plumes vertes dans sa dextre	le règne, les honneurs (*regnum, honores*)	le statut social, le triomphe ; le père (le SURMOI)
	XI	suivante	deux sceptres croisés dans une couronne surmontée d'une croix	la charité (*beneficio*)	la reconnaissance, l'acceptation
	XII	tombante	un sceptre	la prison (*carcer*)	les limitations, les inhibitions, la santé mentale

L'astrologie appliquée

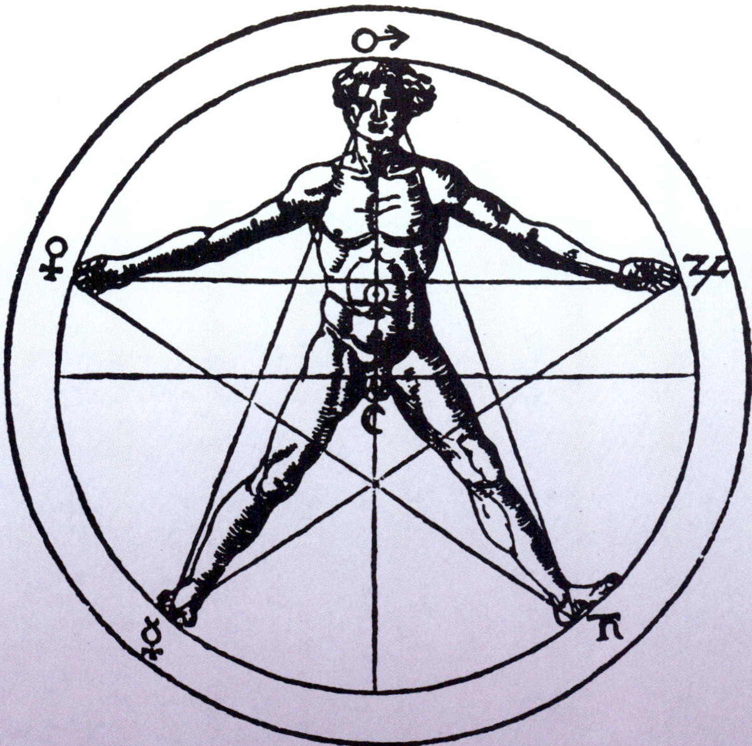

Le corps humain dans le pentagramme et les sept Planètes traditionnelles gouvernant le microcosme (*in De occulta philosophia*, Agrippa de Nettesheim, 1533).

La mélothésie : signatures, analogies et correspondances • L'astrométéorologie • L'astromédecine ancienne • L'homme dans le Zodiaque • La nouvelle astromédecine et l'anthropométrie zodiacale • La géographie zodiacale ancienne • L'astrocartographie moderne • Les limites de la pensée analogique

LA MÉLOTHÉSIE : SIGNATURES, ANALOGIES ET CORRESPONDANCES

Une représentation simple de la mélothésie : le Soleil, dans la main droite, et la Lune, dans la main gauche, expriment la polarité humaine.

Pour comprendre les ressorts de la pensée astrologique des hommes de l'Antiquité et du Moyen Âge, il est nécessaire de se familiariser avec l'antique doctrine des analogies, correspondances et signatures, car leur empreinte se retrouve dans toutes les sous-disciplines de l'astrologie – l'astromédecine, l'astrocartographie et l'astrométéorologie, l'astrologie des herbes médicinales et les diverses formes d'astrologie pratique.

Des liens étroits fondés sur les correspondances lient également l'astrologie avec la chiromancie, la métoposcopie, l'alchimie et la magie.

Analogie entre le macrocosme et le microcosme

Le domaine de la science médiévale qui, dans l'esprit de la philosophie de la nature, considérait l'homme comme faisant partie intégrante de la nature, recourait souvent à l'analogie en tant que manifestation visible de l'adéquation entre substances génériques et spécifiques, cosmiques et terrestres.

Selon l'idée générale de cette philosophie, tout ce qui existe sur Terre a son pendant dans la sphère céleste et vice versa. En d'autres termes, l'observation des phénomènes de la sphère céleste rend possible de prédire ce qui surviendra sans doute sur Terre, dans la sphère humaine. Ceci constitue le fondement de la pensée astrologique : l'analogie entre le macrocosme et le microcosme.

La mélothésie

La mélothésie cherche à décrypter les relations pratiques existant entre les divers organes et parties du corps humain (le microcosme) et les parties de l'organisme cosmique (le macrocosme) – les Planètes et les signes du Zodiaque. De la même façon, les philosophes de la nature définirent peu à peu les rapports entre le cosmos et les objets ou faits terrestres qui portaient aussi l'empreinte de cette relation présumée : une signature astrologique.

L'idée essentielle que le Zodiaque n'est pas seulement l'arrière-plan mais aussi l'espace (le théâtre) des cycles planétaires temporels conduisit les maîtres de l'astrologie antique et médiévale au concept d'analogie. Sur cette base, ils ont

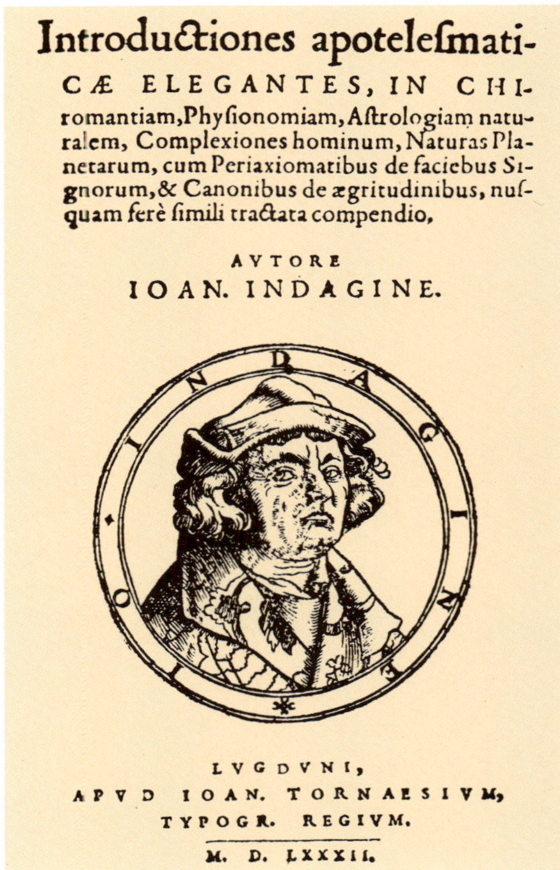

Page de titre d'*Introduction à la physiognomie, la chiromancie et l'astrologie* de J. Indagine (1582).

ainsi associé un signe zodiacal particulier à chacun des pays et villes alors connus dans le monde. Ils créèrent ainsi une sorte de géographie zodiacale qui devint par la suite l'astrocartographie – car l'astrologie prédictive doit non seulement répondre à la question *quand*, mais aussi à la question *où* quelque chose est censé arriver.

Le corps humain fut aussi divisé en zones associées à l'un des douze signes du Zodiaque. De très nombreux dessins et gravures préservés jusqu'à ce jour montrent, dans ses diverses versions, le personnage de l'Homme zodiacal (*Homo signorum*) aux organes et parties corporelles marqués des symboles des signes zodiacaux selon un code qui n'a guère changé jusqu'à la seconde moitié du XXe siècle.

Tête métoposcopique montrant les points significatifs ; certains sont signalés par les symboles des sept Planètes traditionnelles.

Page de titre du premier volume de l'ouvrage *Utriusque cosmi historia* de Robert Fludd (1619), illustrant symboliquement les relations entre le macrocosme et le microcosme.

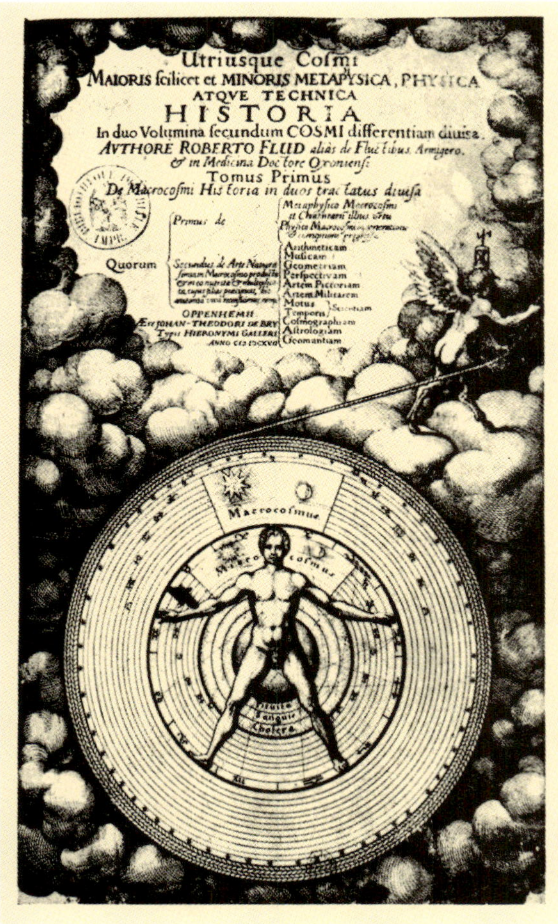

Page de titre du second volume de l'ouvrage de Robert Fludd (1619), montrant la relation entre les cieux – le macrocosme – et l'homme – le microcosme.

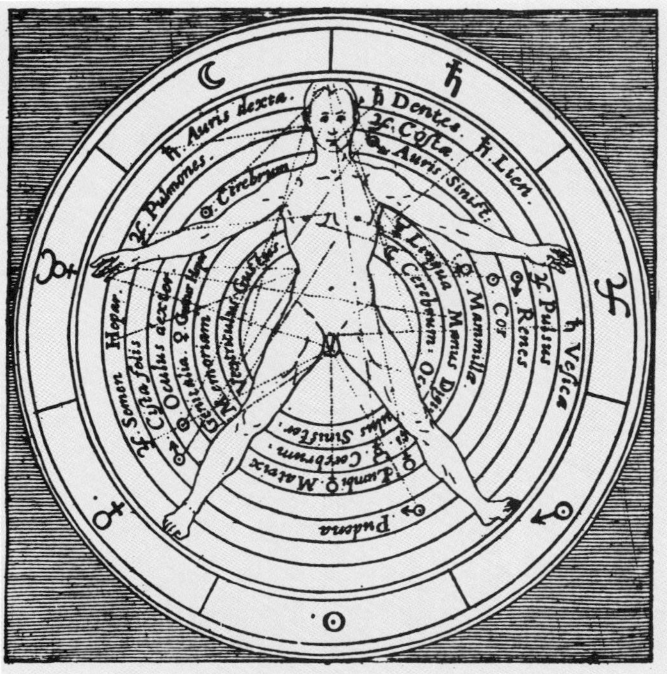

Les sept Planètes gouvernant le corps humain d'après Robert Fludd *in Utriusque cosmi historia* (1619).

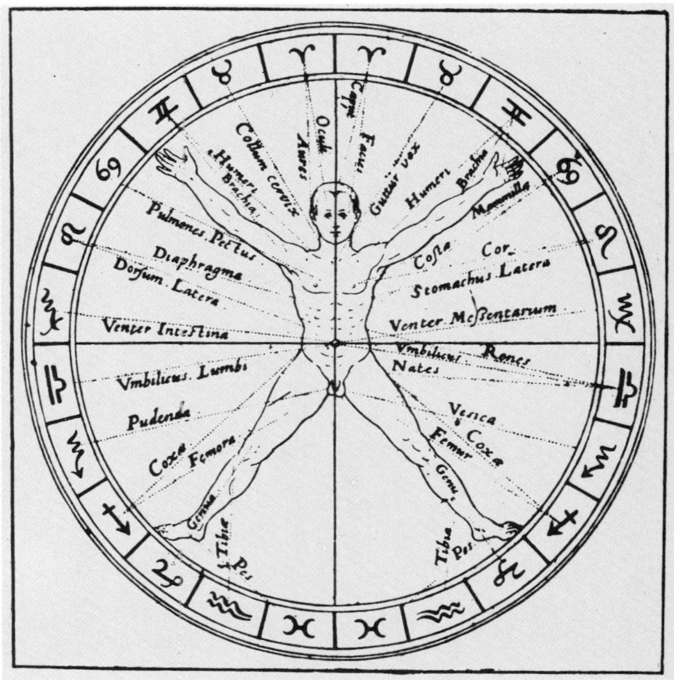

Les douze signes du Zodiaque et leur relation avec l'organisme humain d'après Robert Fludd (1619).

La doctrine des signatures et des correspondances

L'application de l'idée d'une interrelation entre le macrocosme et le microcosme conduisit logiquement à placer d'autres choses sous la loi des signes du Zodiaque : divers produits naturels, les métaux, couleurs et tons, odeurs, animaux, oiseaux, simples (herbes), arbres et pierres précieuses, ainsi que les pays, villes et types de paysages. La doctrine des signatures et des correspondances se construisit ainsi peu à peu, classant les divers composants de la nature terrestre en catégories portant l'empreinte astrologique des signes du Zodiaque et des sept Planètes alors connues. Ces relations hypothétiques furent souvent utilisées en alchimie, en magie et par les guérisseurs. La branche la plus importante de cette astrologie appliquée est sans doute la médecine astrale (ou astromédecine), fondée, d'une part, sur l'Homme zodiacal et, d'autre part, sur les signatures des divers médicaments naturels.

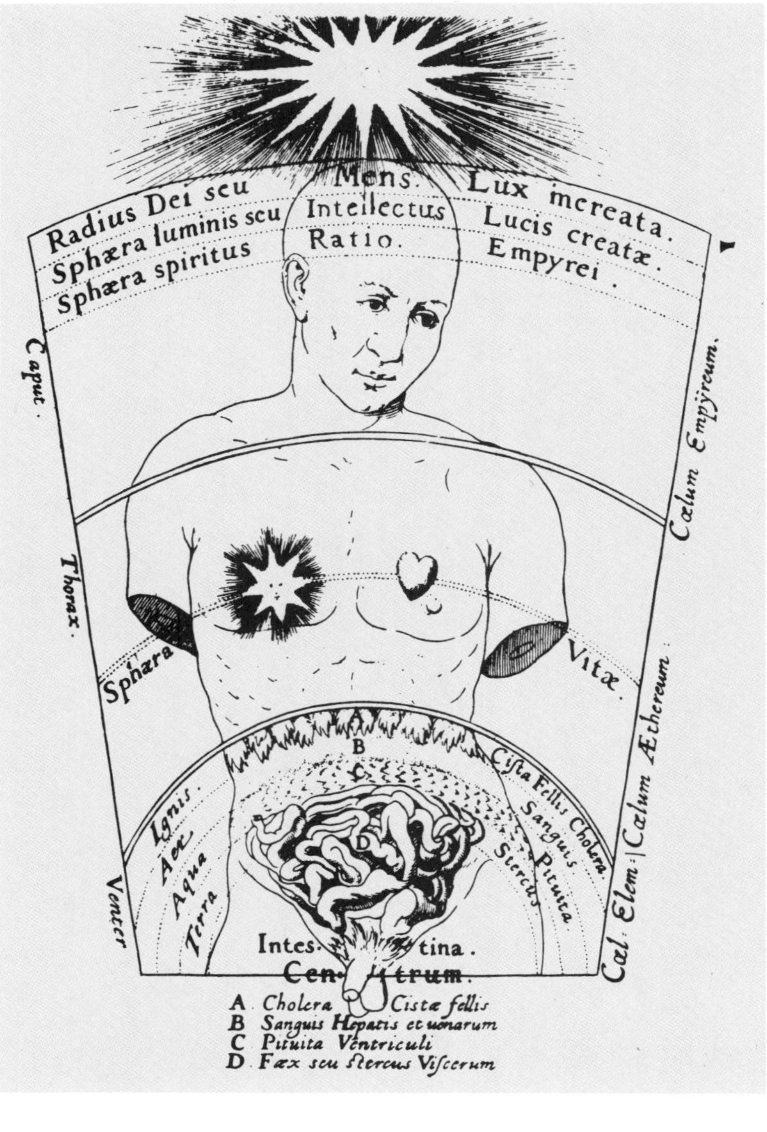

Relations analogiques entre la sphère céleste et la partie supérieure du corps humain, d'après Robert Fludd (1619).

Illustration d'après l'*Ordinal* de Thomas Morton, un alchimiste du XVe siècle. Elle comprend quatre horoscopes d'opérations alchimiques (*in Theatrum chemicum brittanicum* de Elias Ashmole, Londres, 1652).

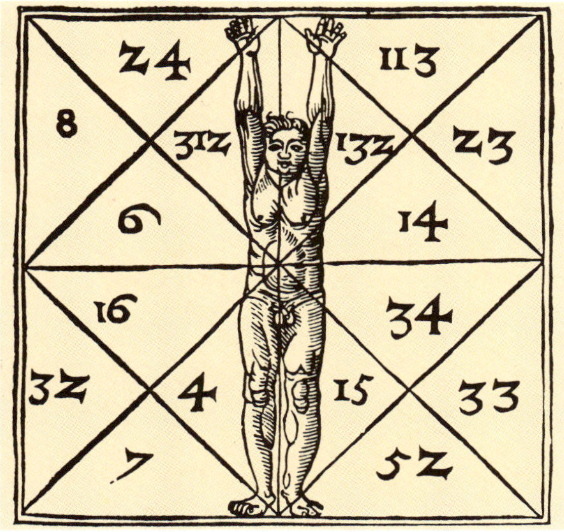

Relations entre les proportions du corps humain et leurs nombres occultes, selon Agrippa de Nettesheim (*in De occulta philosophia*, 1534).

L'ASTROMÉTÉOROLOGIE

L'astrométéorologie est l'une des plus anciennes applications des préceptes astrologiques dans la pratique quotidienne. Les almanachs poétiques classiques, destinés principalement aux agriculteurs et aux marins pêcheurs, qui débutèrent avec les calendriers d'Hésiode et d'Aratus de Soli, et finirent avec ceux de Virgile et d'Ovide, font partie de l'héritage culturel de l'ancien temps au même titre que les nombreuses prophéties protoastrologiques également fondées sur l'observation parallèle des phénomènes célestes et terrestres. Les prédictions sur le temps à venir étaient établies sur la base d'observations du ciel et de divers cycles astronomiques, en particulier du cycle lunaire en Mésopotamie, en Égypte, en Grèce, à Rome et en Chine. Toutes avaient le

Page de titre du *Deutschen Practica* du maître Václav Fabri de Budějovice, pour 1492, année gouvernée par Saturne, son chronocrator.

À gauche : page de titre d'une « pratique » de 1524, dépeignant un désastre naturel causé par le regroupement de Planètes (stellatium ou conjonction majeure) dans le signe des Poissons qui eut lieu cette année-là.

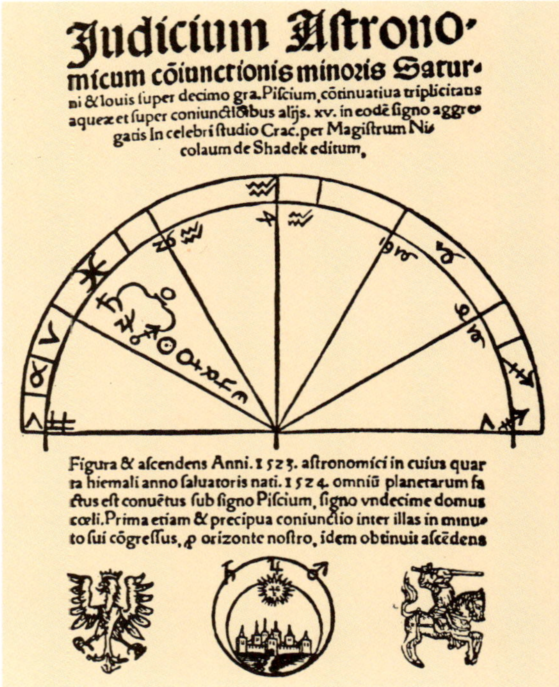

Ci-dessus : représentation schématique de l'amas de Planètes (stellatium) dans le signe des Poissons en 1524 (*in Judicium astronomicum conjunctionis minoris Saturni et Jovis*, de R. de Shadet, 1524).

Ci-dessous : page de titre du *Deutschen Practica* de Johannes Virdung de Hassfurt, montrant une représentation allégorique des constellations le 1er mars 1523 où survinrent une éclipse de la Lune dans la Vierge et simultanément la conjonction de la Lune avec Mars, la conjonction du Soleil et de Saturne dans les Poissons, avec Jupiter dans le Verseau. Le dragon au centre représente les nœuds lunaires, tandis que le Bélier, premier signe du Zodiaque, tourne la manivelle.

caractère d'un diagnostic d'observation. Quand l'astrologie entra-t-elle donc en jeu ?

Le rôle des universités

À quelques exceptions près, l'astrologie semble être intervenue dans l'astrométéorologie au Moyen Âge seulement. Quand les premières universités européennes se créèrent, au cours du XIIIe siècle, leurs principales tâches comprenaient notamment l'établissement de calendriers contenant les prédictions astrologiques pour l'année – des prédictions qui incluaient en tout premier lieu les prévisions astrométéorologiques. Après l'invention de l'imprimerie, ces almanachs furent imprimés ; ils étaient désignés sous le nom de « pratiques » (*practica*), « prognoses » ou *minutiae*.

Les auteurs des *minutiae*

Après la fondation de l'université Charles à Prague, en 1348, les auteurs de ces *minutiae* comprenaient plusieurs personnages valant la

Page de titre de l'ouvrage *Libellus consolatorius* (Vienne, 1523) de Georg Lannstetter, dont l'illustration représente les possibles conséquences du futur groupement des sept Planètes astrologiques dans le signe des Poissons.

La succession d'éclipses de Soleil (trois) et de Lune (deux) en 1617, qui devait amener guerre, morts et inondations, telle qu'exprimée allégoriquement sur une gravure de l'époque. **I :** éclipse de Soleil en Verseau le 6 février 1617, **II :** éclipse de Lune en Vierge le 20 février, **III :** éclipse de Soleil en Poissons le 7 mars, **IV :** éclipse de Soleil en Lion le 1er août, **V :** éclipse de Lune en Verseau le 16 août. En outre, représentée tout à fait à droite, une éclipse de Lune en Poissons survenue le 27 août 1616.

peine d'être cités : le premier d'entre eux, maître Gallus, mais aussi Christian de Prachatice (ayant contribué à appliquer l'astrologie à la médecine), Jan Šindel et Václav Pacovský, dont la réputation franchit les frontières du royaume de Bohême. L'humaniste italien Enea Silvio Piccolomini (qui devint ultérieurement le pape Pie II) exprimait ainsi son admiration dans une lettre adressée à Jan Šindel, le qualifiant « d'ornement de ce siècle », étant selon lui le seul homme capable de prédire correctement le temps, les pestes et les faibles récoltes d'après le mouvement des étoiles.

La portée alors attribuée à l'astronomie, et spécialement à l'astrologie, est manifeste dans les propos du maître Simon Proxen de Sudet dans les *minutiae* de 1560. Il y recommande qu'une plus grande attention soit accordée à l'art des mathématiques, et en particulier à l'astronomie, car non seulement cette dernière mais aussi « l'astrologie qui lui est liée devraient exceller au-dessus de tous les autres arts ».

Parmi les personnalités légendaires de l'école d'astrométéorologie de Prague figure Mikuláš Šud de Semanín, né à Litomyšl ; cet astronome célèbre est l'auteur de prédictions qu'il fit

Page de titre d'une « pratique » illustrant la catastrophe naturelle attendue suite au groupement de Planètes dans les Poissons en 1524 (*Practica* du maître allemand Hansen Birdung – alias Virdung – de Hassfurt, 1524).

In-plano astrologique du poète allemand Sebastian Brandt, dont le texte est en vers (1504). Dans cette représentation allégorique de la constellation des Planètes, la conjonction de Mercure et de Vénus en Capricorne se trouve en opposition avec la conjonction majeure de Jupiter, de Saturne et de Mars en Cancer ; le Soleil est en Verseau et la Lune, en Poissons. Le dessin est daté du « quatrième jour après *calandae Januarii* », c'est-à-dire le quatrième jour après la néoménie de janvier, qui était le 17 janvier 1504, soit du 21 janvier 1504.

Page de titre d'une « pratique » de 1499, par Georg Leimbachs ; on y prédit une année humide gouvernée conjointement par Saturne (en Taureau) et par Jupiter (en Verseau).

paraître jusqu'à sa mort, en 1557. La qualité de ses *minutiae*, avec leurs intéressants avant-propos reflétant bien les connaissances astronomiques officielles de l'époque, est attestée par le fait qu'il bénéficiait d'un privilège royal pour publier ces almanachs. Pourtant, nous apprenons de ses propres dires dans la préface de la prédiction pour 1553, que certains imprimeurs malhonnêtes, en particulier en Moravie, exploitaient l'intérêt général des prédictions de Mikuláš Šud de Semanín pour en faire des éditions pirates. La même année, ce dernier expliquait la signification de ces prédictions et son opinion sur les prophéties astrologiques en général :

« De cette façon et dans ce but j'ai publié mes prévisions afin que les gens, voyant les actes de Dieu et ses étranges pouvoirs et façons, les utilisent et prient son Nom. Je ne les ai pas publiées pour que les gens craignent Saturne ou Mars ou attendent le bien de Jupiter et Vénus, comme si Saturne et Mars étaient des êtres vivants mauvais et que Jupiter et Vénus étaient de bonnes personnes, car ce sont des objets sans vie, sans raison ni volonté. En revanche, c'est un autre souverain et directeur qui les gouverne et les fait tourner selon Sa propre volonté comme Il le veut ; et c'est Lui que les gens devraient craindre. »

La découverte des chronocrators

Une étape importante des prédictions annuelles du temps fut franchie lors de l'établissement de ce qu'on appela le maître de l'année ou son corégent. Ce maître était l'une des sept Planètes, et plus précisément, celle dont le nombre dans la séquence chaldéenne est égal au reste de la division de l'année par 7 (voir Chronocrators et cycles vitaux humains, page 71). Toutefois, la vérification de la validité de ce principe dans les gravures sur bois et les *minutiae* conservées a montré qu'elle dépendait de la numérotation des Planètes dans les séries. Il existait alors deux possibilités de numérotation, qui étaient toutes deux utilisées : la série planétaire chaldéenne – Saturne, Jupiter, Mars, le Soleil, Vénus, Mercure, la Lune – était ainsi numérotée de 1 à 6 (la Lune ayant le numéro 0) ou de 6 à 1 (la Lune étant 0). Cette dernière numérotation était sans doute la plus fréquente, car elle est illustrée par des exemples datant de 1455, 1495 ou 1524, tandis que la première n'est illustrée que par un exemple, datant de 1492. Une telle non unifor-

Page de titre d'une « pratique » allemande de Brotbeyhel pour l'année 1529, gouvernée par Vénus conjointement à Mars et à Mercure.

Page de titre d'une « pratique » de Václav Fabri de Budějovice, pour une année où le chronocrator était Vénus (en Verseau) conjointement à Mars (en Taureau) ; les deux Planètes formaient un carré.

Page de titre d'une « pratique » de Paracelse pour l'année 1535, où Mars, maître du Bélier et du Scorpion, et Vénus, maître du Taureau, étaient considérés comme ses deux chronocrators.

mité est assez déroutante. En outre, l'ensemble du problème se complique du fait que les autres Planètes importantes pour une année donnée étaient déterminées par des ingressions trimestrielles – un fait attesté dans la prévision de Mikuláš Šud de Semanín pour 1544, qui trouva que cette année-là les Planètes semblaient être toutes en compétition pour gouverner l'année : « Il est impossible de trouver et définir adéquatement quelle Planète aura la préférence pour gouverner cette année, comme si toutes les Planètes voulaient usurper son administration. » L'auteur, continuant ensuite dans sa veine personnelle charmante, attribua toutes les Planètes à cette année-là et parvint hâtivement à des conclusions pour chaque trimestre particulier de l'année.

L'ASTROMÉDECINE ANCIENNE

L'astrologie médiévale a donné lieu à nombre de représentations schématiques de l'homme couvert des pieds à la tête de signes du Zodiaque : c'est ce que l'on a appelé l'Homme zodiacal, également dénommé par les initiés et à l'époque moderne « homme macroscopique » ou « homme mélothésique ».

L'Homme zodiacal

Il est remarquable que les Indiens de l'Amérique précolombienne soient arrivés à une idée similaire. En page 75 de ce qu'on appelle le « Code Vatican » des Aztèques se trouve l'image d'un personnage humain debout, dont les parties et organes sont gouvernés, selon la mythologie aztèque, par les vingt signes de leur Zodiaque, associé au calendrier cyclique de Tonalpohualli. Pour les anciennes nations d'Europe comme d'Amérique, l'astrologie médicinale semble avoir été fondée sur la même hypothèse qu'une relation existe entre les choses « du dessus » (de la sphère céleste) et celles « du dessous » (sur Terre). La situation en Extrême-Orient était

L'Homme zodiacal et la pratique de l'astromédecine. Illustration extraite d'un ancien calendrier allemand.

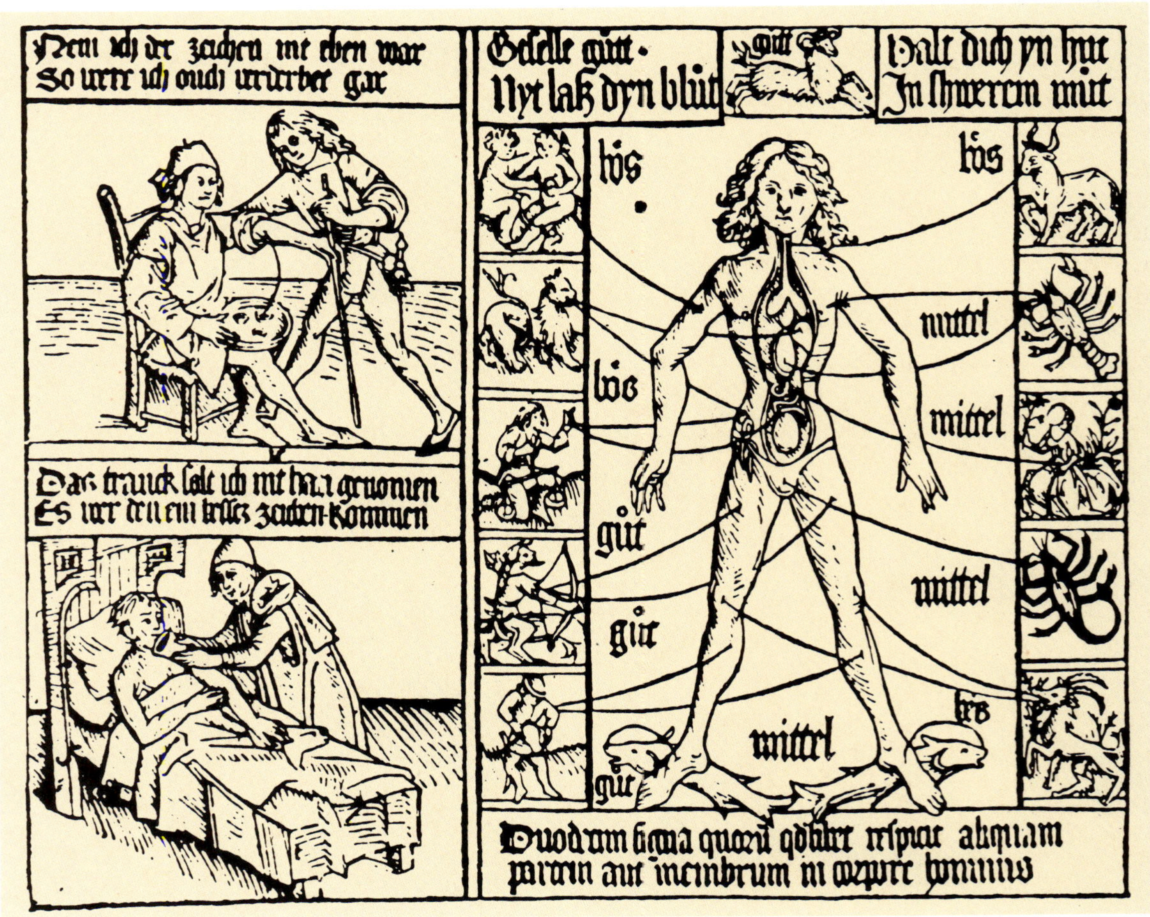

similaire : sur un ensemble de bouteilles de remèdes datant de la période de la dynastie mandchoue en Chine (1644-1911) se trouvent inscrits à l'encre originellement bleue les dessins des douze animaux du Zodiaque chinois, donnant des instructions visuelles pour déterminer le médicament approprié.

Les quatre Éléments et le Zodiaque

La philosophie de la nature classique puis médiévale – une discipline unissant l'astrologie et la médecine – relia la notion de Zodiaque avec la tétrade d'Éléments bien connue : Feu, Terre, Air et Eau. Comme les cinq Éléments de l'ancienne Chine (bois, feu, terre, métal et eau), ces quatre Éléments devinrent la base de l'astromédecine. Le Zodiaque classique y était ingénieusement mêlé.

Les quatre Éléments, d'origine grecque, sont nés spéculativement de la combinaison des quatre qualités fondamentales : le chaud, le sec, le froid et l'humide. Le Feu correspondait au chaud et sec, la Terre, au froid et sec, l'Air, au chaud et humide, et l'Eau, au froid et humide. Chacun des quatre Éléments était représenté dans le Zodiaque par trois variantes dites « cardinales », fixes et mutables dans la terminologie astrologique. Dans le Zodiaque, ces triades formaient donc quatre triangles appelés « trigones d'Éléments ». Chacun d'eux représentait symboliquement l'un des quatre tempéraments connus : le Feu, le tempérament colérique, la Terre, le mélancolique, l'Air, le sanguin, et enfin l'Eau, le tempérament flegmatique (ou lymphatique). La théorie des quatre tempéraments fut développée par le médecin grec Galien qui s'appuyait sur les enseignements d'Hippocrate et d'Aristote.

Selon l'occupation par les Planètes des signes zodiacaux (appartenant chacun à un trigone d'Éléments précis), les astrologues évaluaient le type de tempérament d'un homme né sous une configuration planétaire donnée.

	♄ Saturnus	♃ Iupiter	♂ Mars	☉ Sol	♀ Venus	☿ Mercurius	☾ Luna.
Aries ♈	pectus	ventrē	caput	femora	pedes	crura	genua.
taurus ♉	ventrē	dorsuȝ.	collum	genua	caput	pedes	crura
gemini ♊	ventrē.	verēda	pectus	crura talos	collum	caput	femora
cancer ♋	virilia	femora	pectus	pedes	brachia hūeros	oculos	caput
Leo ♌	verēda	femora genua.	ventrē	caput	cor.	guttur.	collum
Virgo ♍	pedes	gēnua	ventreȝ	collum	ventreȝ	cor	hūeros
libra ♎	genua.	oculos	verēda	hūeros	caput	ventrē	cor
scorpio ♏	talos	pedes	caput brachia	cor	verēda	dorsuȝ.	ventreȝ
sagit. ♐	pedes.	crura	manus	ventreȝ	femora	verēda	dorsuȝ.
capricō. ♑	caput oculos	crura	dorsuȝ.	cor	verēda	femora	femora
aquarius ♒	collum	pectus	cor	verēda	genua.	femora	verēda
pisces ♓	hūeros	cor.	ventrē	femora	dorsuȝ.	crura	femora

Table d'appartenance astromédicale des organes du corps humain aux sept Planètes traditionnelles et aux douze signes zodiacaux (*in Margarita philosophica*, Gregor Reisch, 1503).

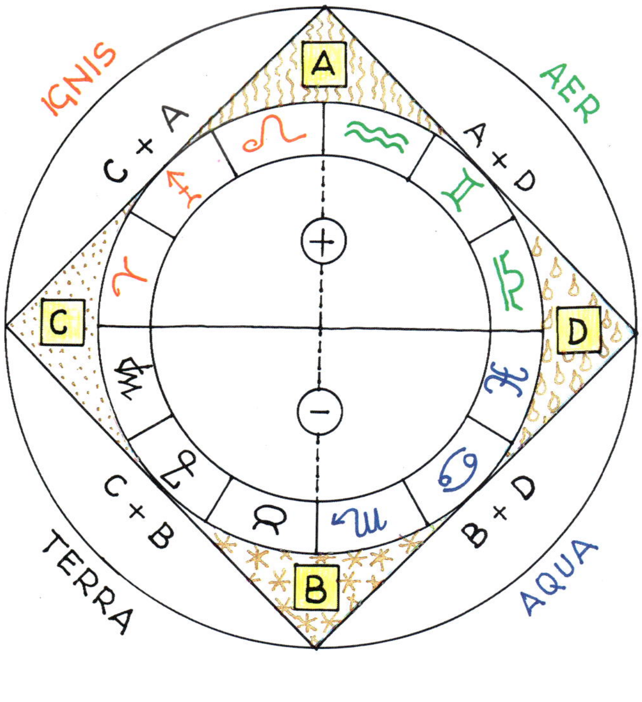

Les quatre qualités fondamentales et leur relation avec les quatre Éléments de la philosophie de la nature classique. **A** représente le chaud, **B**, le froid, **C**, le sec, **D**, l'humide. Les Éléments – Feu (*Ignis*), Eau (*Aqua*), Air (*Aer*) et Terre (*Terra*) – sont engendrés par la combinaison de deux qualités primordiales.

Allégorie au Feu, peinte par Giuseppe Arcimboldo en 1566 (cycle d'œuvres intitulé *Les Éléments*). Peinture à l'huile sur bois, 66,5 cm × 51 cm, Kunsthistorisches Museum de Vienne.

La théorie des signatures

La pensée médiévale, s'intéressant aux problèmes astronomiques et astrologiques en relation étroite avec l'homme et la nature –, et, par la suite, à la guérison, à l'alchimie et à la magie –, élabora progressivement la théorie des signatures. Dans la théorie de ce courant de pensée totalement figé, toute chose semblait porter l'empreinte d'un certain signe du Zodiaque, d'une certaine Planète ou d'un certain Élément. Ceci s'appliquait aux métaux et minéraux de même qu'aux herbes médicinales, aux animaux et aux couleurs.

On croyait ainsi qu'une amulette faite dans un métal donné protégeait l'homme contre les influences mauvaises en renforçant l'Élément trop faible. Parmi les métaux, l'or était associé au Soleil, l'argent à la Lune, le fer à Mars, le cuivre à Vénus, le mercure à Mercure, l'étain à Jupiter et le plomb à Saturne.

Le fameux herbier de Pietro Andrea Mattioli décrivait entre autres, pour chaque plante, son contenu en chacune des substances élémentaires. Ainsi le chou était décrit comme étant « du principe chaud et sec du premier degré » et le concombre, « du principe froid et humide du second degré ». Par suite, chaque plante devait être administrée pour pallier un désordre aux causes opposées : le chou était ainsi donné à un patient ayant subi un léger refroidissement et étant enrhumé (humide), tandis que le concombre était administré en cas de léger coup de chaleur et de dessiccation de l'organisme. Leur administration devait rétablir l'équilibre du corps, la maladie étant due à la perte de l'équilibre en Éléments.

De manière analogue, la médecine chinoise traditionnelle cherche à restaurer l'équilibre entre les deux principes fondamentaux du *yin* (masculin) et du *yang* (féminin).

Les cinq polyèdres réguliers et leur relation avec les quatre Éléments selon la pensée platonicienne : le tétraèdre est associé au Feu, le cube, à la Terre, l'octaèdre, à l'Air, l'icosaèdre, à l'Eau. Le cinquième corps, associé au dodécaèdre pentagonal, fut, selon Platon, utilisé par Dieu pour ordonner l'univers. Gravure sur bois illustrant *Harmonices mundi* de J. Kepler (Linz, 1619).

L'équilibre corporel et spirituel était rétabli tant par des moyens médicaux que spirituels. Outre l'astrodiagnostic de la maladie et le choix des remèdes appropriés, l'astrologie devait aussi déterminer le moment le plus approprié pour administrer le traitement. Ce dernier consistait fréquemment en saignées, ou applications de sangsues ou de ventouses.

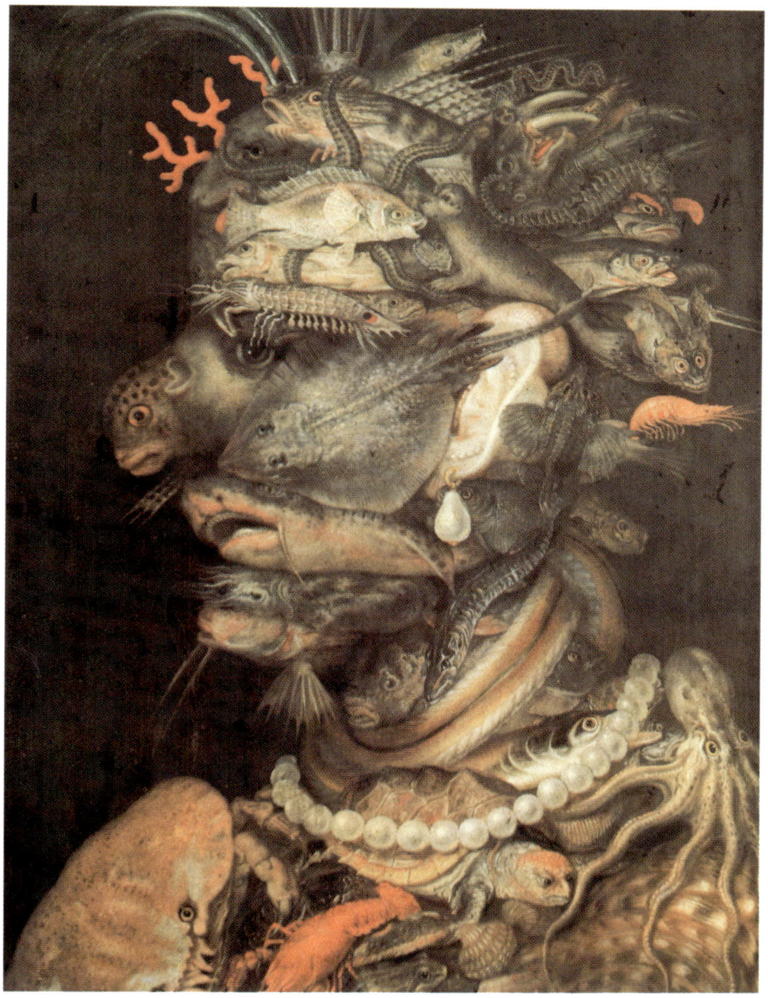

Allégorie à l'Eau, peinte par Giuseppe Arcimboldo (cycle d'œuvres intitulé *Les Éléments*). Huile sur bois, 66,5 cm × 50,5 cm, Kunsthistorisches Museum de Vienne.

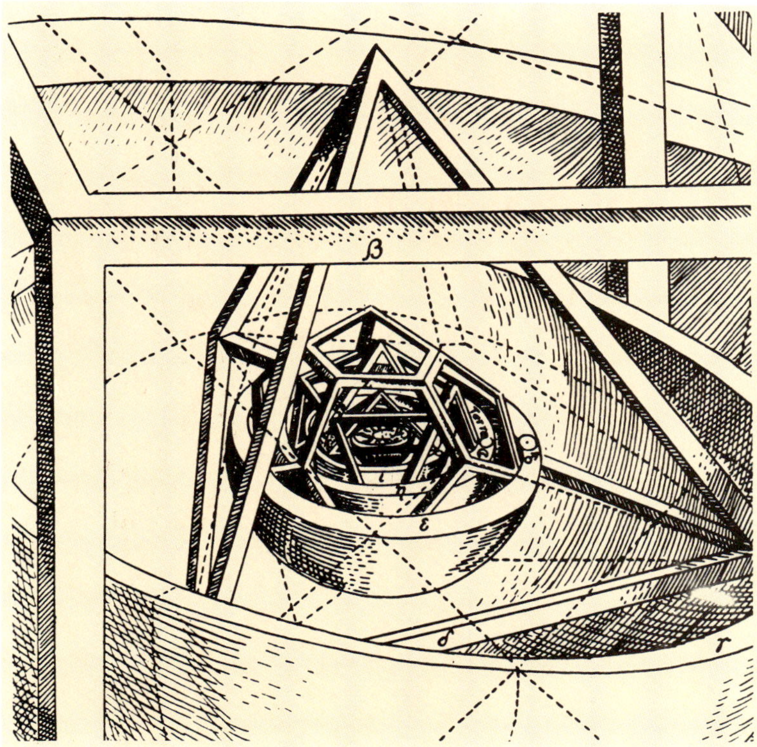

Ci-dessous à droite : détail des sphères planétaires intercalées avec les polyèdres réguliers correspondants aux quatre Éléments, selon la pensée platonicienne. Gravure illustrant *Mysterium cosmographicum* de J. Kepler (Tübingen, 1596).

Le Zodiaque et les couleurs. Une prédilection pour une certaine couleur du spectre indique souvent un signe zodiacal accentué dans l'horoscope.

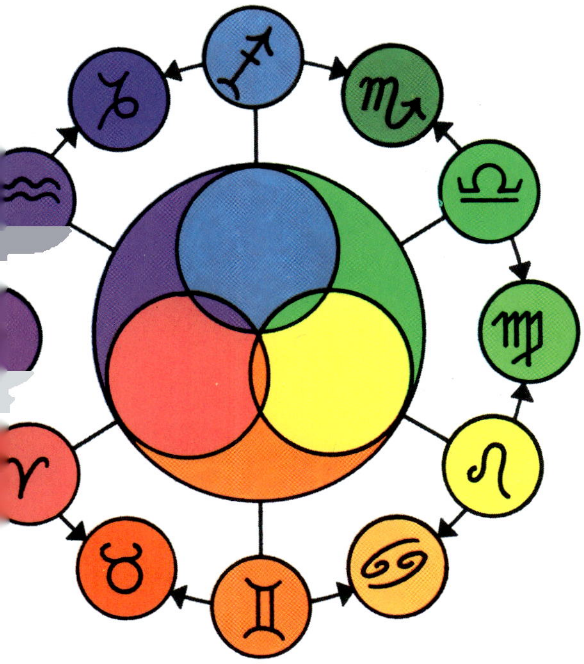

L'HOMME DANS LE ZODIAQUE

Depuis le Moyen Âge, la médecine astrale était fondée sur l'Homme zodiacal (*Homo signorum*) – un personnage humain au corps divisé en zones gouvernées chacune par l'un des douze signes du Zodiaque et leurs maîtres astrologiques, les sept Planètes traditionnelles. Les sources anciennes de documentation contiennent d'innombrables versions du modèle de base de l'Homme zodiacal, montrant une unité rare dans le partage des zones et l'attribution de leurs maîtres respectifs.

Ainsi le Bélier gouverne la tête, le Taureau, la gorge et le cou, les Gémeaux, les épaules, les bras, les mains et les poumons, le Cancer, l'estomac et les seins, le Lion, le cœur, la Vierge, l'abdomen et les intestins, la Balance, les reins (organes et dos) et l'utérus, le Scorpion, les organes sexuels, la vessie, le rectum et le pubis, le Sagittaire, les hanches et les cuisses, le Capricorne, les genoux, le Verseau, les tibias et les mollets, et les Poissons, les pieds. Ces divisions fondamentales furent juste enrichies de détails spécifiques variables d'un auteur à l'autre. Mais la question est de savoir si ces zones correspondent à une quelconque réalité.

L'idée de l'Homme zodiacal (ou Homme mélothésique) est née alors que les connaissances en anatomie humaine étaient encore très incomplètes. La dissection n'était pas ou exceptionnellement pratiquée, et la médecine s'appuyait toujours sur les principes de Galien. La Renaissance, qui entreprit d'étudier le corps humain sous l'angle de la géométrie – tel que l'ont fait Léonard de Vinci ou Albrecht Dürer –, n'apporta pas de changement notable au concept de l'Homme zodiacal. Ceci est surprenant et ne s'explique peut-être qu'à cause de la force du conservatisme et de la survivance du traditionalisme en astrologie, issus de la pensée médiévale. L'Homme zodiacal continua d'être présenté sous une forme immuable.

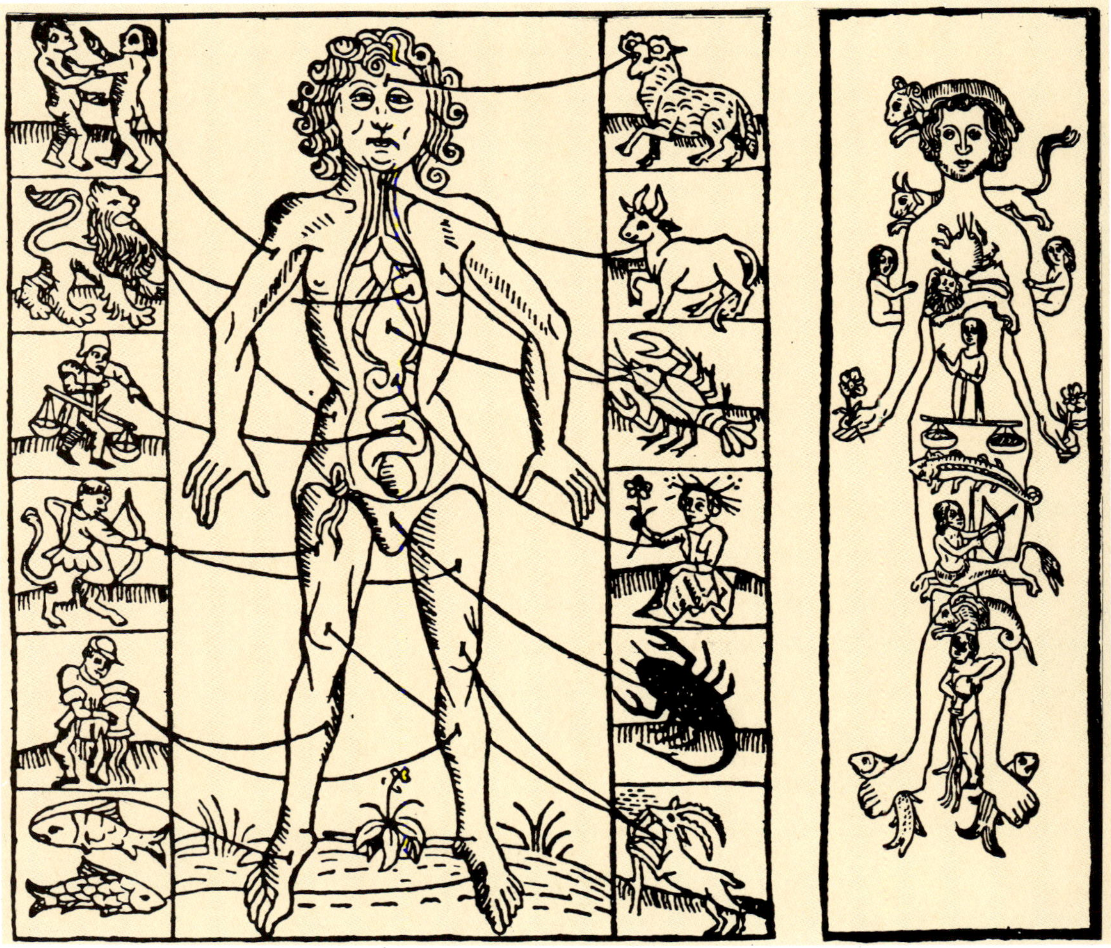

L'Homme zodiacal. Relations entre les signes du Zodiaque et les différentes parties et organes du corps humain d'après deux gravures anciennes : *à gauche*, une gravure sur bois extraite du livre *Martyrologium der Heiligen nach Kalender* (Strasbourg, 1484) ; *à droite*, une gravure sur plaque de cuivre pour le livre *Cy est Compost et Calendrier des Bergers* (Paris, 1499).

L'une des nombreuses versions alternatives de l'Homme zodiacal (gravure sur bois).

L'Homme zodiacal d'après Gregor Reisch (*in Margarita philosophica*, 1503). ▶

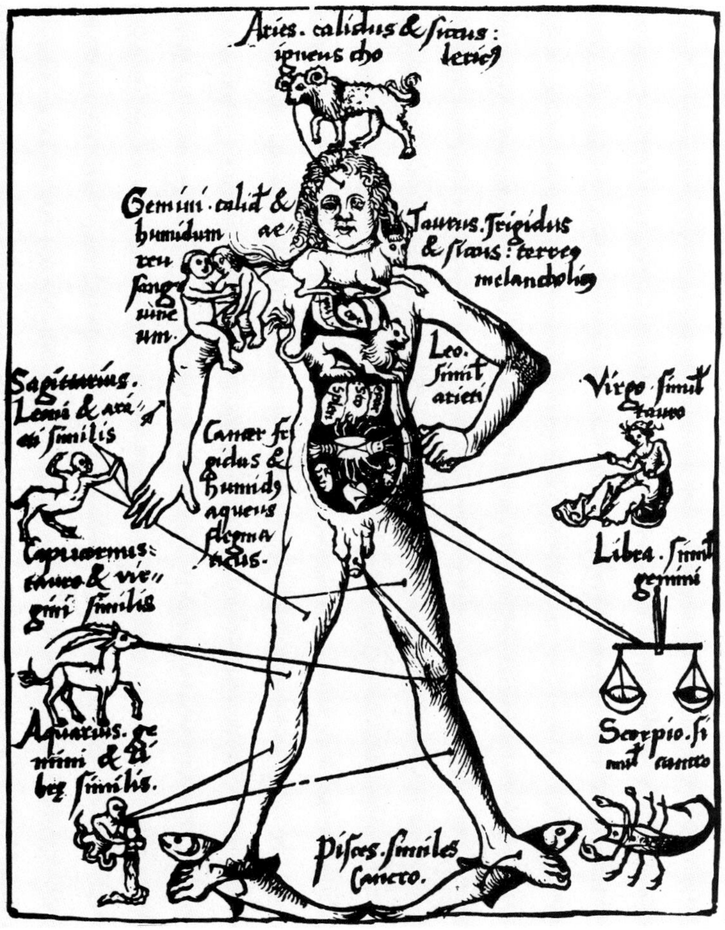

L'Homme zodiacal dans l'astrologie traditionnelle (*in Flores Albumasaris*, 1488).

L'Homme zodiacal (*Homo signorum*) selon Regiomontanus (*in Temporal*, 1534).

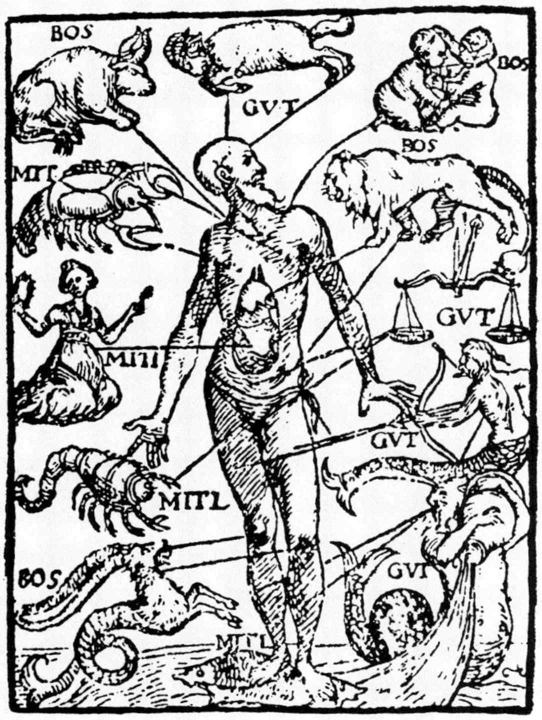

▲
Influence des signes du Zodiaque sur les organes et parties du corps humain, telle que décrite dans un texte sur la saignée de J. Berka Choceňský (1597).

LA NOUVELLE ASTROMÉDECINE ET L'ANTHROPOMÉTRIE ZODIACALE

La division pétrifiée de l'Homme zodiacal ne reflétait pas les proportions changeantes du corps humain de la naissance à la maturité, et la tutelle des signes zodiacaux sur les différents organes fut déterminée avant que la dissection se généralise. Il n'est donc pas surprenant que, aux temps modernes, l'Homme zodiacal ait été entièrement revu. La vérification astrologique plus fréquente des cas cliniques concrets et les statistiques sur les diverses maladies sont aussi entrées en jeu. Avec les nouvelles découvertes, la vieille théorie des correspondances et des signatures dut être remplacée.

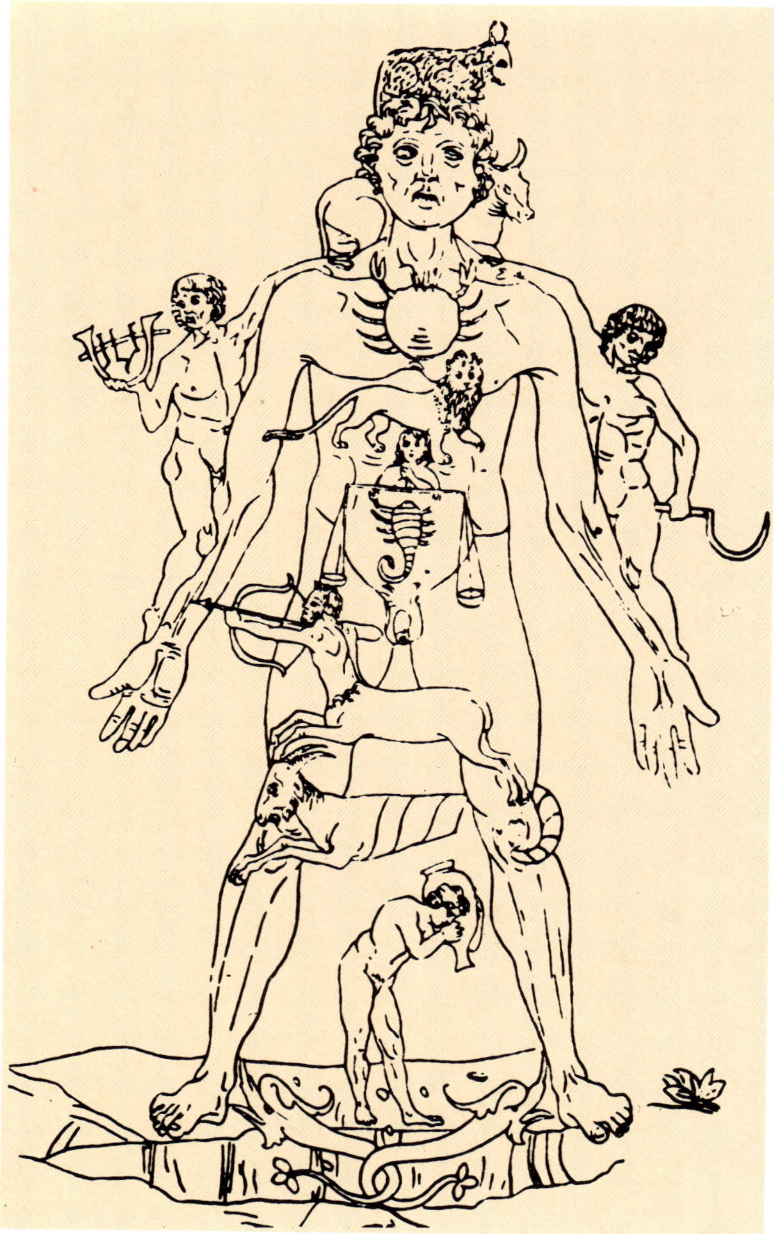

L'Homme zodiacal selon Ketham (*Tractatus de anatomia*, 1495).

L'Homme zodiacal a été révisé non seulement quant à la fonction des différents organes et parties du corps humain, mais aussi eu égard aux relations et lois anthropométriques qui ont tant attiré les artistes de la Renaissance. Se référant à l'art classique, ces artistes avaient tenté de redécouvrir l'ordre supérieur présent, par exemple, dans les « canons » mathématiques régissant les proportions du corps humain. Il semble cependant que l'astrologie des XVIe et XVIIe siècles fut incapable de réagir adéquatement à ces instigations. C'est seulement à l'ère moderne que le système astrologique fut fondamentalement révisé, ce qui a provoqué des changements significatifs.

La nouvelle division anthropométrique

La nouvelle division anthropométrique de l'être humain en douze parties égales se présente de la manière suivante :

Le premier quadrant couvre la tête et le buste, et plus particulièrement :

- *le Bélier* gouverne la tête, les yeux, les oreilles, le nez, les cheveux ;
- *le Taureau* gouverne la bouche, le gosier, la gorge, le cou, la barbe ;
- *les Gémeaux* gouvernent la zone claviculaire, la partie supérieure de la cage thoracique jusqu'au sternum, les omoplates, les épaules, les bras, les mains, les poumons, le cœur, les bronches.

Le deuxième quadrant couvre la partie inférieure du tronc :

- *le Cancer* gouverne la partie inférieure de la cage thoracique, les seins, l'estomac, le diaphragme, la vésicule biliaire, le foie, les reins et les glandes surrénales ;
- *le Lion* gouverne l'abdomen et l'ombilic, le duodénum, le pancréas, la rate, la partie supérieure de l'intestin et l'utérus lors de la grossesse ;
- *la Vierge* gouverne le bassin, le sacrum, les hanches, le siège, la région pubienne, l'appendice, le colon, la vessie, les organes excrétoires, les organes sexuels.

Le troisième quadrant couvre les cuisses jusqu'aux genoux, et plus particulièrement :

- *la Balance* gouverne le haut des cuisses ;
- *le Scorpion* gouverne le bas des cuisses au-dessus des genoux ;

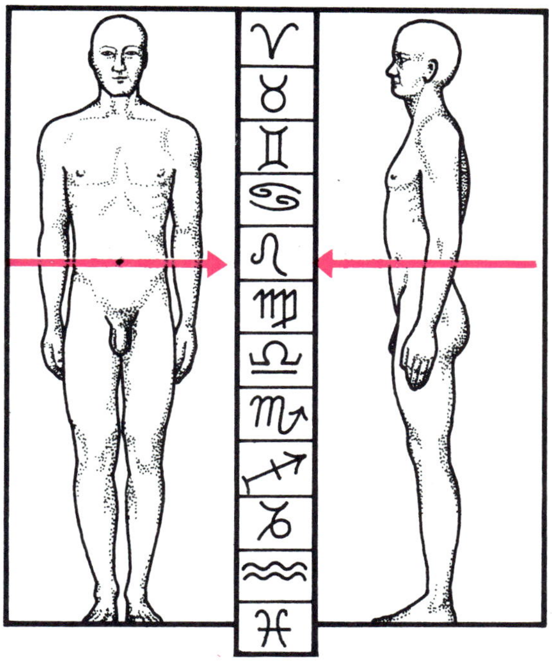

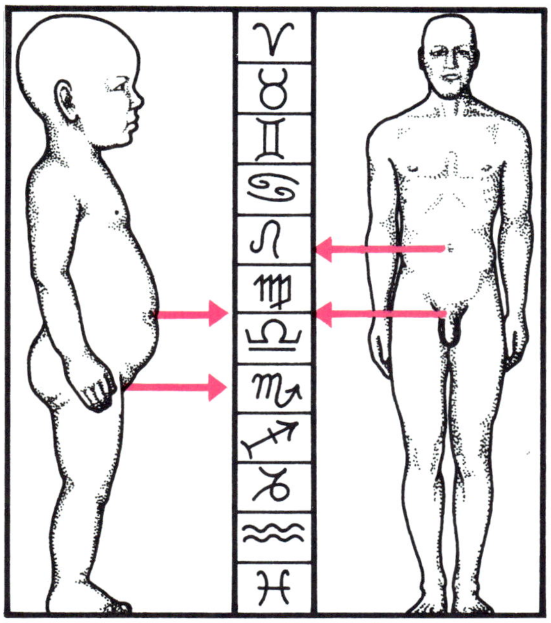

Ci-dessus : anthropométrie zodiacale.
Vue de face et de profil du corps humain en relation avec le Zodiaque (du sommet de la tête aux orteils) ; l'emplacement de la « Divine Proportion » est signalé par la flèche.

Ci-dessus à droite : les proportions zodiacales respectives des corps de l'enfant et de l'adulte.

Ci-contre : la division zodiacale du crâne humain (vue de profil).

Ci-dessous : l'évolution des proportions anthropométriques zodiacales de l'enfance à l'âge adulte.

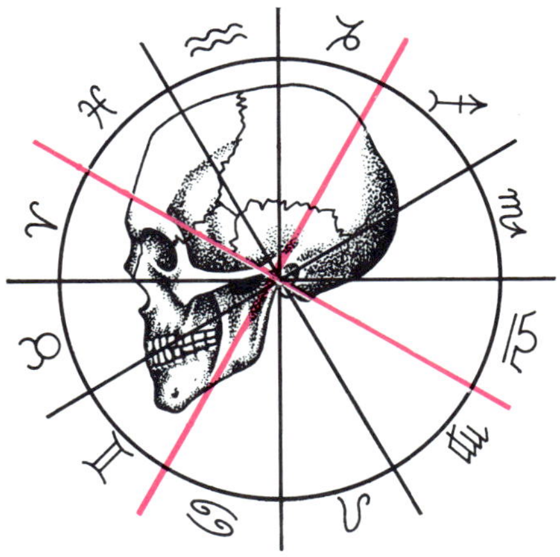

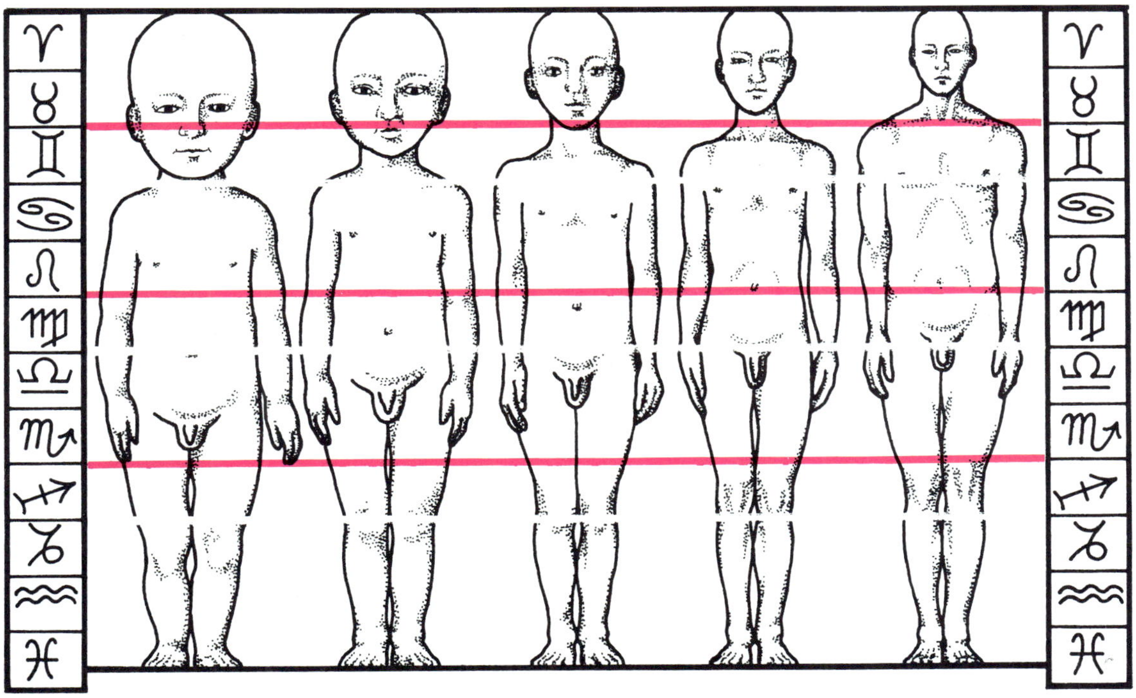

- *le Sagittaire* gouverne les genoux.

Le quatrième quadrant couvre les jambes au-dessous des genoux jusqu'aux pieds, et plus particulièrement :

- *le Capricorne* gouverne la partie supérieure des tibias et des mollets ;
- *le Verseau* gouverne la partie inférieure des tibias et des mollets ;
- *les Poissons* gouvernent les chevilles, les pieds, les orteils, le talon d'Achille.

Des corrélations clés

La logique interne de cette division se fonde sur plusieurs corrélations clés. Les signes doubles et mutables du Zodiaque correspondent ainsi aux principales articulations duelles du corps : les Gémeaux gouvernent donc les épaules, les coudes et les poignets, la Vierge, les hanches, le Sagittaire, les genoux, et les Poissons, les chevilles ; plus précisément, tandis que les mains nous mettent en contact avec les objets par le toucher et nous servent aussi à communiquer (Gémeaux), les genoux servent aux longs voyages et à la course aussi bien qu'à la prière ou à manifester son respect, et sont donc liés au Sagittaire. L'abdomen abrite potentiellement une nouvelle vie (grossesse) et le nombril est situé selon la « Divine Proportion » du personnage zodiacal ; ils sont donc associés au Lion. Les seins, source de la toute première nourriture du nouveau-né, appartiennent au Cancer (qui symbolise le jaillissement).

En considérant la tête comme une unité distincte, la face correspond grossièrement à quatre signes zodiacaux : les Poissons au front, le Bélier aux yeux, le Taureau au nez, les Gémeaux à la bouche. Quatre autres signes sont associés à la base du crâne, et les quatre derniers, à l'arrière de la tête, de la nuque à l'occiput. Un proverbe dit que les yeux sont le miroir de l'âme, c'est pourquoi le Bélier est le signe qui reflète le Moi, la personnalité. La bouche, organe de la parole, est bien sûr associée aux Gémeaux, et le Capricorne montre où, sur la tête, se place la couronne ou tout autre attribut symbolisant le statut social. Les rides sur le front témoignent des problèmes et soucis de la vie ; ce sont les codes traduisant nos luttes mortelles, nos victoires et nos désappointements. Le front est une zone qui a été laborieusement étudiée par certains savants célèbres s'intéressant à la métoposcopie comme Hieronymus Cardanus (Jérôme Cardan) ou Thaddeus Hájek de Hájek, qui tenta d'y découvrir la clé de la personnalité et de son destin probable.

L'ancienne tradition astrologique de la division de l'Homme zodiacal était fondée sur le symbolisme hermétique. De plus, ainsi qu'on l'a découvert récemment, elle a déduit certaines correspondances non pas de la silhouette d'un adulte mais de celle d'un enfant ; c'est pourquoi le sexe fut associé au Scorpion, les genoux au Capricorne, le cœur au Lion, et ainsi de suite. Cependant, la tête d'un enfant, compte tenu de ses proportions par rapport à l'ensemble du corps, n'aurait pas dû être uniquement associée au Bélier, comme ce le fut, mais à l'ensemble du premier quadrant, soit trois signes. Alors que, chez l'adulte, la frontière partageant le Zodiaque en deux, entre la Vierge et la Balance, tombe dans la région pubienne, chez l'enfant, elle passe par le nombril. Ce décalage est logiquement lié à la conception, la naissance et le développement de l'enfant à l'adulte capable de concevoir un descendant. L'étude de telles relations s'avère très instructive et fructueuse.

LA GÉOGRAPHIE ZODIACALE ANCIENNE

Selon la compréhension des relations naturelles prévalant durant l'Antiquité et le Moyen Âge, non seulement le corps humain – et par suite, la santé humaine – mais aussi l'ensemble du monde connu était régi par la loi du cosmos. Avec l'astrocartographie, l'astrologie tentait de répondre non seulement à la question *Quand ?* mais aussi à la question *Où ?*

Dans les troisième et quatrième chapitres du second livre du *Tetrabiblos* de l'astronome, chronologue et géographe de l'ancienne Alexandrie Claude Ptolemaios (dit Ptolémée) se trouvent les listes des pays « appartenant » aux différents signes du Zodiaque (voir le tableau page 188). Ptolémée déduisit aussi de cette distribution les caractéristiques des nations et des groupes ethniques respectifs où intervenaient également les Planètes gouvernant les signes zodiacaux. Les astrologues postérieurs développèrent la méthode jusqu'à couvrir le monde entier, créant ainsi une sorte de carte zodiacale du monde. Ils essayaient ainsi de localiser les prédictions de caractère (trop) général.

Toutefois, les méthodes utilisées pour développer le schéma classique originel étaient incompatibles avec son principe initial. En effet,

Ptolémée divisa logiquement l'ensemble du monde en zones partant de la Méditerranée et gouvernées par chacun des douze signes du Zodiaque selon un certain système, alors que les catégories zodiacales ultérieures en vinrent à inclure divers États, souvent très récents (tels les États-Unis ou l'URSS) dont l'ajout fut fondé sur des critères entièrement différents et incompatibles – comme l'horoscope de l'origine de l'État, ses caractéristiques terrestres ou un certain « caractère national » de sa population. Il est clair qu'un puzzle créé de cette façon n'avait plus grand-chose en commun avec l'idée initiale de l'érudit d'Alexandrie.

Le système astrographique de Ptolémée

Quels étaient les réels fondements du système astrographique de Ptolémée ? Il en donne une explication assez détaillée dans le troisième chapitre du second livre de son *Tetrabiblos*. Ptolémée divisa le monde connu par une croix orientée selon les quatre points cardinaux. Il subordonna le nord à Jupiter, le sud à Vénus, l'ouest à Mars et l'est à Saturne, et plaça Mercure au centre.

> *« De cette façon, notre monde connu* [oikumene] *est divisé en quatre quadrants qui correspondent au nombre de trigones. La frontière parallèle va des Piliers d'Hercule à la baie des Issus à travers la Méditerranée et à travers la chaîne montagneuse orientale, séparant ainsi les régions boréales et australes.*
> *La frontière méridionale va de la baie arabique, à travers la mer Égée, jusqu'au Pontus et à la mer de Mayotte, séparant les régions orientales des régions occidentales. Ces frontières définissent quatre quadrants correspondant aux positions des trigones. Le quadrant nord-ouest, la terre des Celtes, est généralement appelé l'Europe.*
> *Le quadrant sud-est, opposé, situé près de l'Éthiopie orientale, est appelé la région australe de l'Asie Majeure. Le quadrant nord-est de l'*oikumene*, la terre des Scythes, est la région boréale de l'Asie Majeure et, à l'opposé, le quadrant sud-ouest ou Éthiopie occidentale est généralement appelée la Libye.*
> *Les territoires situés à l'intérieur de ces quadrants ont les caractéristiques spécifiques de leur quadrant respectif, dont ils se prévalent vis-à-vis de l'ensemble du monde connu. »*

Dans chaque quadrant, la partie proche du centre est du caractère élémentaire du quadrant opposé, contrairement au reste des quadrants tels que définis ci-dessus.

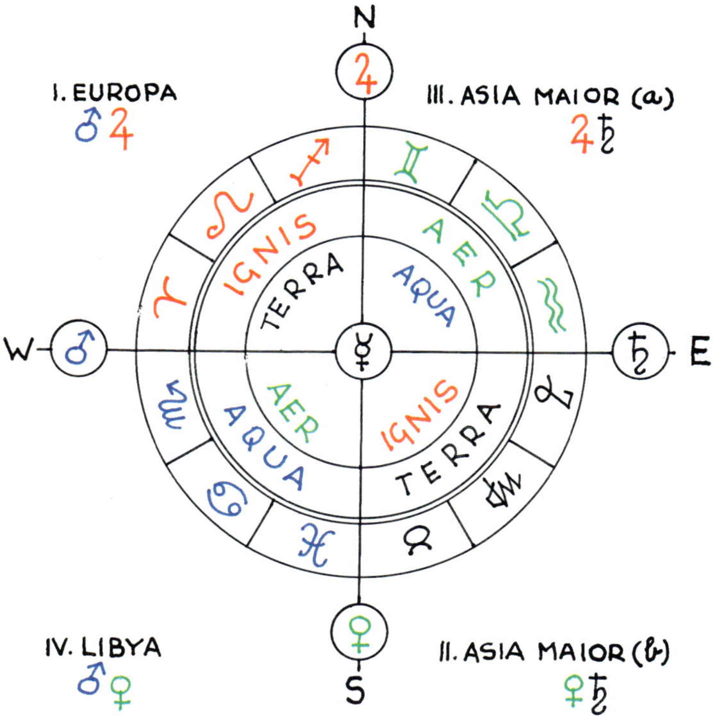

Reconstruction du système de géographie zodiacale de Ptolémée d'après le texte de son *Tetrabiblos*.
Le centre est situé à l'est de la mer Méditerranée. Les quatre quadrants définis par le méridien et le parallèle du lieu ont été associés aux quatre Éléments : le Feu (*ignis*), la Terre (*terra*), l'Air (*aer*) et l'Eau (*aqua*).
Les quadrants géographiques, comme les quatre points cardinaux et le centre, sont chacun gouvernés par l'une des sept Planètes classiques. Les signes du Zodiaque sont assignés aux différents pays selon la règle suivante : dans un quadrant donné, les pays les plus éloignés du centre sont régis par les signes zodiacaux donnés sur la circonférence, tandis que les pays situés près du centre sont régis par les signes zodiacaux associés à l'Élément du quadrant opposé.
De la sorte, tous les pays du monde connu furent placés sous la loi de l'un des signes zodiacaux.
Il est manifeste que toute tentative pour étendre ce système au reste du monde était vouée à l'échec.

Le système de Ptolémée ne manquait pas d'une certaine logique interne, même si certains détails révèlent quelques inconsistances géométriques. Bien que fondé sur un « centre du monde » donné (ou *oikumene*) situé à proximité de Chypre, ce système n'est pas global – il est donc de peu d'utilité à l'astrologie moderne.

La géographie zodiacale selon trois sources antiques					
		Sources historiques			
Signe zodiacal	Décan	*Corpus Hermeticus* (Ier siècle av. J.-C. - Ier siècle ap. J.-C.)	Ptolémée, *Tetrabiblos* II chap. 3-4 (IIe siècle ap. J.-C.) — régions périphériques	Ptolémée — centre	Paul d'Alexandrie (IVe siècle ap. J.-C.)
Bélier	1 2 3	Oceana Vactriani Lydie	Grande-Bretagne Gaule Germanie et terre des Bastarnes	Syrie Palestine Idumée et Judée	Perse
Taureau	1 2 3	Médie Pays des Amazones Semiradis	Parthie Médie Perse	Cyclades Chypre Côte de l'Asie Mineure	Babylonie
Gémeaux	1 2 3	Région troyenne Perse Parthie	Hyrcania Arménie Matiana	Cyrénaïque Marmarique Basse Égypte	Cappadoce
Cancer	1 2 3	Syrie Assyrie Éthiopie	Numidie Carthage Afrique	Bithynie Phrygie Colchide	Arménie
Lion	1 2 3	Inde Pays inconnu Pays inconnu	Italie Gaule cisalpine Sicile et Apulie (Pouilles)	Phénicie Chaldée Orchenia	Asie Mineure
Vierge	1 2 3	Arabie Arménie Éléphantine	Mésopotamie Babylonie Assyrie	Hellade Achaïe Crète	Hellade et Ionie
Balance	1 2 3	Égypte Trachonitide (Ledja) Libye	Bactriane Caspienne Serica	Thébaïde Oasis Pays des Troglodytes	Syrie et Cyrénaïque
Scorpion	1 2 3	Palestine et Phénicie Cilicie Cappadoce, Galatie et Phrygie	Matagonia Mauritanie Gétulie	Syrie Commagène Cappadoce	Italie
Sagittaire	1 2 3	Achaïe et Pamphylie Mer Noire Afrique	Tyrrhénie Pays des Celtes Hispanie	Arabie Heureuse	Cilicie et Crète
Capricorne	1 2 3	Mauritanie Pannonie Galatie	Inde Ariania Pays des Druses	Thrace Macédoine Illyrie	Syrie
Verseau	1 2 3	Syrie Germanie Sarmatie	Sauromatia Pays oxien (mer d'Aral) Sogdiane	Arabie Azanie Éthiopie centrale	Égypte
Poissons	1 2 3	Grande-Bretagne Dacie (Roumanie) Chaucilicanonia, Étrurie, Italie, Campanie	Phazanie (Fezzan) Pays des Nasamons Pays des Garamantes	Lydie Cilicie Pamphylie	Mer Rouge

L'ASTROCARTOGRAPHIE MODERNE

La découverte d'Uranus, de Neptune et de Pluton bouleversa le traditionnel jeu magique des sept Planètes, et l'astrologie fut confrontée à la nécessité de réviser fondamentalement tout ce qui s'y rattachait. En particulier, les correspondances zodiacales classiques durent être à nouveau revues.

La découverte de l'Amérique, de l'Australie, de l'Antarctique et d'autres régions lointaines de la Terre recula les limites du monde connu. De ce fait, la division traditionnelle de la géographie zodiacale, fondée notamment sur le système de Ptolémée et centrée sur la région de la Méditerranée classique, dut également être revue.

C'est pourquoi des critères globaux furent graduellement établis. Chacun à leur façon, les divers courants de l'astrologie contemporaine ont essayé de traiter le problème de l'astrocartographie mondiale. Tandis que certains tentaient seulement de compléter ou de développer les systèmes conventionnels, d'autres appliquèrent des mesures beaucoup plus radicales. Leurs représentants croyaient en la nécessité de trouver des approches et des méthodes entièrement nouvelles non traditionnelles. Certains ont divisé le globe en douze zones égales et fixes, parallèles aux méridiens, avec une origine située sur une position variable, qui divisent la surface de la Terre d'un pôle à l'autre comme les quartiers d'une orange. D'autres ont repris l'idée des antipodes, qu'ils ont tenté d'appliquer à la Terre sous la forme d'un dodécaèdre pentagonal régulier ; ce qui donne douze surfaces pentagonales, chacune associée à un signe zodiacal, dont la signature est projetée sur la surface correspondante de la Terre.

L'approche de l'Américain Jim Lewis, de San Francisco, auteur du système informatisé dit « Astro-Carto-Graphie », est complètement différente. Le principe de ce concept dynamique d'astrocartographie mondiale consiste à projeter sur la carte mondiale la progression des positions planétaires sur les axes principaux de l'horoscope. Cette méthode détermine les lieux du globe où les Planètes se trouvaient en des positions angulaires (ASC, MC, DSC, FC) – donc activées – par rapport à leur position lors de la naissance de l'individu ; ces lieux sont donc particulièrement influents dans la vie du natif. Cette méthode est techniquement très éloignée de l'idée ptoléméenne – statique – de l'influence des signes du Zodiaque sur les pays individuels du globe. Intéressant beaucoup d'astrologues français modernes, l'astrocartographie n'est sans doute pas la dernière version de ce champ de l'astrologie appliquée. Les cartes astrographiques sont utilisées aujourd'hui plus pour évaluer rapidement l'impact astrologique sur le natif d'un déménagement par rapport à son lieu de naissance, notamment lorsque certaines Planètes arrivent sur les axes principaux de l'horoscope.

LES LIMITES DE LA PENSÉE ANALOGIQUE

De l'Antiquité jusqu'au début de l'ère moderne, et particulièrement au XVIe siècle, le splendide lien entre l'homme (le microcosme) et l'univers (le macrocosme) décrit par l'ancien concept, aux relations étroites avec l'astrologie et l'alchimie, devint le fondement du développement de l'humanisme européen dans la philosophie et les arts. Toutefois, le principe d'analogie et l'ensemble de la doctrine largement répandue des correspondances reliant l'animé et l'inanimé, l'homme et la nature, les phénomènes terrestres et cosmiques, atteignit sa limite éthique au-delà de laquelle l'harmonie souhaitée se transformait en son contraire.

Une mauvaise compréhension du principe de l'analogie s'ajoutant aux agissements de l'homme à la poursuite frénétique de ses buts égoïstes a eu pour résultat de dépasser la mesure et de blesser activement la nature. Un exemple l'illustre bien : l'arme puissante du rhinocéros fait penser à l'organe sexuel mâle en érection. La superstition, se fondant sur cette analogie superficielle, eut pour résultat la chasse intensive et le massacre des rhinocéros africains, car les riches orientaux payaient au poids de l'or la poudre de corne de rhinocéros, encore considérée comme un puissant aphrodisiaque à l'époque moderne. Le rhinocéros blanc d'Afrique était tué dans ce seul but – et c'est aujourd'hui l'une des espèces les plus menacées d'extinction.

C'est seulement au seuil du troisième millénaire que l'humanité commence à réaliser que le pillage unilatéral de la nature est suicidaire. Dans le nouvel humanisme qui voit le jour, le maître mot est l'écologie. Ce n'est pas un hasard si l'un des plus récents courants de l'astrologie a adopté le nom d'astrologie humaniste.

Le grand hall du Clementinum à Prague (1722), et la rangée de globes astronomiques.

Un regard en arrière

Correspondance entre les signes du Zodiaque et les mois calendaires de l'année solaire décrits par les activités agricoles associées à ces derniers (gravure sur bois française de 1504).

La durée de l'année platonique et le mythe de l'Âge du Verseau

L'échelle des cycles astronomiques utilisée dans l'Antiquité n'était pas assez étendue pour mettre en évidence des relations événementielles sur de longues périodes historiques. C'est pourquoi des unités de temps plus grandes ont été recherchées – telles qu'un quelconque cycle astronomique –, afin de déterminer l'existence de phases périodiques de longue durée dans l'Histoire.

L'ANNÉE PLATONIQUE DANS L'ANTIQUITÉ

C'est ainsi que se forma le concept de « grande année ». Pour la différencier de deux autres « années » – l'année solaire (ainsi dénommée pour la distinguer de la « petite année », ou mois synodique) et le cycle métonien (cycle de 19 ans couvrant 235 lunaisons défini par Méton, astronome athénien du ve siècle avant notre ère) –, elle fut aussi appelée « année complète ». C'est le temps que devaient mettre toutes les Planètes alors connues pour revenir à leurs positions initiales, de sorte que tout devait recommencer depuis le début. C'était un concept que partageaient les deux plus grandes autorités de la philosophie grecque : Platon et Aristote.

Le problème était la durée effective de cette grande année. Les pythagoriciens lui prêtaient une durée, à l'évidence arrondie, de 10 000 années solaires. Selon Héraclite d'Éphèse (576-480 avant J.-C.), la grande année durait au moins 10 800 années solaires, nombre obtenu à la fois de manière spéculative et comme le produit de 30 par 360.

De leur côté, les Romains Cicéron et Tacite lui attribuèrent tous deux une durée de 12 954 années solaires – un nombre paraissant à première vue plus authentique que les précédents, manifestement spéculatifs. Plus près de nous, un auteur chrétien du IIIe siècle, saint Hippolyte, avança la durée, là encore très symbolique, de 7 777 ans.

Le symbole universel du serpent mordant sa queue – *Uroboros* –, avec au centre l'inscription « L'un en tout ». Détail d'un manuscrit grec du *Chrysopolis* de Cléopâtre.

LE ZODIAQUE ET LA PRÉCESSION DES ÉQUINOXES

Aujourd'hui, toutefois, nous ne sommes plus tant intéressés par le groupement des Planètes dans le Zodiaque (qui est un problème distinct) que par un autre cycle du même nom qui, pour le distinguer de la grande année « planétaire », fut ultérieurement appelé « année cosmique ». Aujourd'hui, on désigne habituellement ce cycle par le terme d'« année platonique » ; c'est la durée du cycle de précession.

En effet, l'axe de rotation de la Terre n'est pas fixe : ses extrémités décrivent un mouvement conique dit « mouvement de précession ». De ce fait, le point vernal et le point automnal (les deux points d'intersection de l'écliptique avec l'équateur céleste, c'est-à-dire la position du Soleil au moment des équinoxes de printemps et d'automne) se déplacent eux-mêmes par rapport à l'arrière-plan « fixe » des constellations.

Du fait du déplacement du point vernal, les longitudes écliptiques des étoiles augmentent et les signes du Zodiaque s'éloignent progressivement des constellations qui leur ont donné leur nom.

La divergence actuelle entre les positions des signes du Zodiaque (Zodiaque tropical) et des douze constellations astronomiques du même nom (Zodiaque sidéral) est une conséquence de la précession de l'axe de rotation terrestre. La lettre **α** indique le début du Zodiaque sidéral, et la lettre **R**, l'étoile Régulus qui est utilisée pour mesurer le décalage du point vernal. La flèche montre le sens du déplacement relatif du Zodiaque sidéral par rapport au Zodiaque tropical schématisé dans le cercle intérieur.

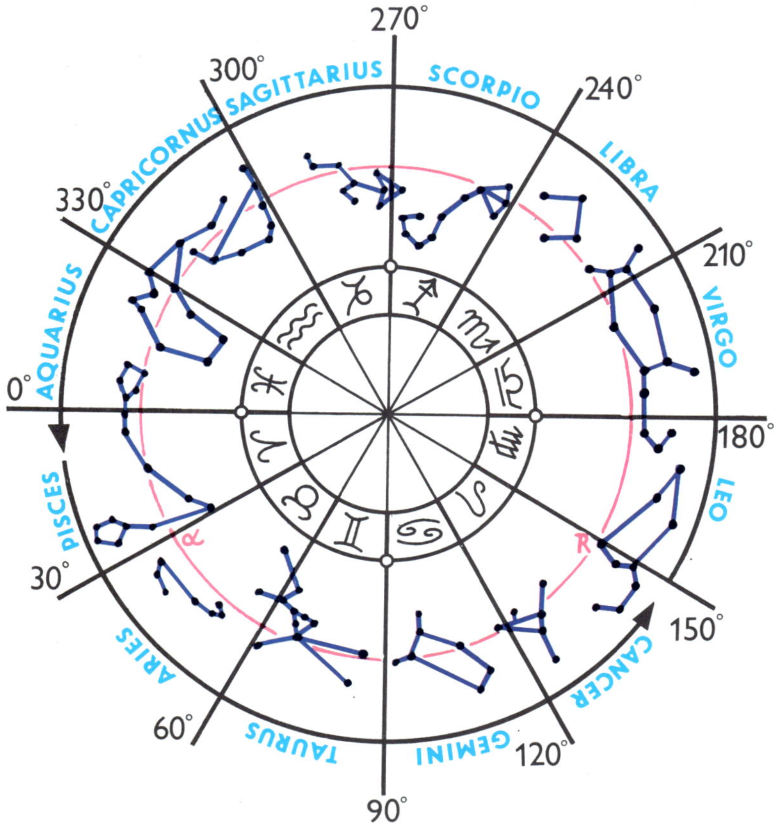

DURÉE ET SUBDIVISION DE L'ANNÉE PLATONIQUE

Le nombre rond le plus fréquemment donné pour la durée de l'année platonique est de 26 000 ans ; sa durée réelle, toutefois, est plus courte. Le point vernal se déplace le long de l'écliptique du fait de la précession de l'axe de rotation terrestre, elle-même due à la combinaison des effets gravitationnels du Soleil et de la Lune s'exerçant sur la Terre.

Bien que les causes physiques de la précession soient claires, celle-ci ne peut être calculée avec précision par la théorie. Nous ne connaissons sa durée que par l'observation et la mesure du déplacement du point vernal par rapport aux étoiles, que viennent compliquer les déplacements des étoiles elles-mêmes. C'est pourquoi la constante de précession en longitude écliptique, dont est déduite la durée moyenne de l'année platonique, est déterminée empiriquement.

Le décalage du point vernal par rapport aux étoiles au cours du mouvement annuel du Soleil le long de l'écliptique est de 50,371 secondes d'arc par an. En d'autres termes, cette valeur représente l'augmentation apparente des longitudes écliptiques des étoiles, mesurées à partir du point vernal. Par suite, la durée moyenne de l'année platonique est exactement de 25 729 années solaires.

Le mois platonique

Le douzième de cette durée, que nous appellerons « mois platonique », représente 2 144 ans durant lesquels le point vernal se décale de 30°. Cependant, une subdivision plus fine est possible : un décalage de 2,5° du point vernal prend 178,7 ans, un décalage de 1°, 71,5 ans, et ainsi de suite.

Nous utiliserons certains de ces nombres dans les sections traitant de la chronologie zodiacale et de la périodicité de l'histoire de l'astrologie.

L'ASTROLOGIE SIDÉRALE

La nécessité d'un retour aux principes de la protoastrologie – l'époque précédant la découverte et l'introduction de la notion de Zodiaque tropical – s'est manifestée même aux temps modernes, notamment chez la plupart des astrologues hindous. Elle a également été ressentie en Occident, après la Seconde Guerre mondiale, par une poignée d'astrologues représentés principalement par l'Américain d'origine irlandaise Cyril Fagan et ses amis, James Hines et Donald Bradley (ce dernier écrivant aussi sous le nom de plume de Garth Allen).

Ce groupe, appelé par la suite « l'école sidérale » ou « les sidéralistes », défendait principalement l'idée que l'application du principe du Zodiaque tropical, avec ses douze signes et le point vernal situé à 0° du Bélier, a été précédée en astrologie classique par le Zodiaque sidéral, également divisé en douze parties égales de 30° chacune – les « signes sidéraux ». Le point origine de ce Zodiaque ne coïncida avec l'origine du Zodiaque tropical (le point vernal) qu'à un moment particulier ; selon les sidéralistes, c'était en 221 après J.-C.

Le point vernal sidéral

Les deux zéros zodiacaux différant depuis lors, les sidéralistes convertissent les longitudes écliptiques tropicales en valeurs valables pour le Zodiaque sidéral à l'aide du point vernal sidéral (PVS), dont la valeur numérique est donnée au moins une fois par mois dans les éphémérides ; la longitude sidérale d'un corps céleste est par suite égale à la longitude tropicale, plus 360°, moins le PVS.

La valeur du point vernal sidéral est le complément à 30° de l'*ayanamsa* hindou. L'astrologie hindoue convertit les longitudes écliptiques dans le Zodiaque tropical (*sayana*) en longitudes dans le Zodiaque sidéral (*nirayana*) au moyen de l'*ayanamsa* et de la formule : longitude sidérale égale longitude tropicale moins *ayanamsa*. Bien qu'il puisse sembler à première vue qu'une analogie existe entre les pratiques de l'astrologie hindoue et de l'astrologie sidérale, les deux méthodes diffèrent considérablement, en principe comme numériquement.

Se basant sur l'étude de sources babyloniennes et grecques anciennes, les sidéralistes occidentaux sont parvenus, de manière plus ou moins univoque, à fixer le début de l'année platonique – où la valeur du PVS était nulle (année zéro) – à l'an 221. Pour cela, ils ont fondé leurs considérations sur la longitude écliptique de l'étoile Aldébaran (α Tauri) à cette époque-là, soit 15° 00′ 00″ dans le Taureau sidéral. Le point vernal sidéral (ou point Alpha) au 1er janvier 1996, par exemple, était ainsi situé à 5° 18′ 49″ dans les Poissons sidéraux.

L'*ayanamsa* hindou

Les astrologues hindous, en revanche, n'ont pas encore réussi à s'accorder sur le début exact des cycles de changement de l'*ayanamsa* ni même sur le sens de ces changements. Certains d'entre eux, représentés par Mahata et Murphy, soutiennent que ces changements ne sont pas cycliques selon un mouvement de révolution mais oscillants, et que la différence entre le Zodiaque tropical « mobile » et le Zodiaque sidéral « fixe » fluctue dans la limite de ± 27°. Cela modifie naturellement complètement la durée totale du cycle qui se ramène à 7 200 ans, au lieu de quelque 26 000 ans. L'année zéro (où l'*ayanamsa* avait une valeur nulle) varie donc de quelque 274 ans suivant les sources hindoues, ce qui représente une différence de position du point vernal de près de 4° de longitude écliptique. De telles fluctuations sont naturellement inconciliables.

C'est pourquoi, à l'époque moderne, le Comité de réforme calendaire a décrété que l'origine du Zodiaque sidéral (*nirayana*) était exactement à l'opposé de *Chitra* (l'étoile Spica, ou α Virginis). L'*ayanamsa* est, par suite, la distance angulaire toujours changeante entre ce point et le point vernal. N. C. Lahiri a basé ses éphémérides sur ce principe. Outre cette valeur de l'*ayanamsa*, une autre valeur donnée par B. V. Raman est très largement employée par les astrologues hindous. Les différences relatives avec la conversion par le PVS de C. Fagan sont les suivantes :

Auteur	*ayanamsa* au 01/01/1950	année du 0° de l'*ayanamsa*
B. Raman	– 21° 42′	397 ap. J.-C.
N. Lahiri (Comité de réforme calendaire)	– 23° 09′	293 ap. J.-C.
C. Fagan et D. Bradley (PVS = 5° 57′ 32″ des Poissons sidéraux)	– 24° 02′	221 ap. J.-C.

Se référant à l'usage horoscopique de la conversion des longitudes écliptiques des éléments de l'horoscope dans les signes du Zodiaque tropical en leurs positions dans les « signes sidéraux » à l'aide de la valeur du point Alpha, les sidéralistes occidentaux pensent pouvoir utiliser ces derniers en prédiction pour indiquer les événements en horoscopie natale, mais pensent qu'ils conviennent moins bien, par exemple, pour évaluer les caractéristiques psychologiques d'un individu.

L'école des sidéralistes occidentaux a sans aucun doute été inspirée par l'astrologie hindoue. C. Fagan entretenait ainsi des liens amicaux avec B. Raman. Toutefois, cette inspiration ne concernait que le principe de l'application du Zodiaque sidéral parallèlement au Zodiaque tropical ; pour le reste, l'école a suivi sa propre voie. Ainsi, elle utilise le système de domification de Campanus, alors qu'en Inde sont exclusivement utilisés deux systèmes de Maisons égales. Des différences majeures existent aussi dans les méthodes de prédiction.

Ainsi, ni l'application inconsistante et hors contexte des éléments de l'horoscopie hindoue par l'Allemand W. Y. Wulff dans la première moitié du XXe siècle, ni la seconde vague d'inspiration orientale représentée par l'école sidéraliste, dans la seconde moitié du XXe siècle, ne peuvent être considérées comme une orientalisation importante de l'horoscopie occidentale. Tout au plus peut-on considérer ces mouvements comme une sorte de « flirt » avec un système astrologique totalement différent qui, comme l'astrologie chinoise, est globalement incompatible avec le système occidental.

LE MYTHE DE L'ÂGE DU VERSEAU

Selon une idée largement répandue – et pas seulement parmi les astrologues –, nous serions sur le point d'entrer dans une « ère du Verseau » – mais les opinions divergent quand au début de cette ère. Certains prétendent que l'Âge du Verseau a déjà commencé, d'autres croient que son moment est seulement proche.

Les tenants de l'ère du Verseau en tant que nouvelle phase dans l'histoire de la civilisation associent cette ère de quelque 2 000 ans avec le terme « ère nouvelle » (ou *New Age*) et lui attribuent les caractéristiques astrologiques du signe du Verseau. Ils pensent donc que nous allons entrer dans une période de fraternité et de raison généralisées, dans une phase plus spirituelle du développement de l'être humain. Après les ères précédentes du Taureau, du Bélier et des Poissons, le prochain Âge du Verseau ouvre, selon ses défenseurs, de nouvelles perspectives spirituelles, des possibilités jusqu'ici sans précédent, etc. C'est une perspective séduisante. Cependant, examinons d'abord d'où vient ce beau mythe et sur quoi il se fonde.

La théorie de la rotation des ères

La théorie de la rotation cyclique des ères s'appuie sur le phénomène de la précession. À l'époque de la découverte de cette dernière par l'astronome grec Hipparque, vers 150 avant J.-C. (ou peut-être par l'astronome babylonien Kiddinnou, cent cinquante ans plus tôt), les constellations et les signes zodiacaux du même nom coïncidaient à peu près. Néanmoins, aux signes, de tailles égales, correspondaient des constellations de tailles inégales.

C'est à cette époque qu'est née l'astrologie telle que nous la connaissons aujourd'hui – c'est-à-dire l'horoscopie. Au début, signes et constellations coïncidant spatialement, l'horoscopie se confondait avec la mythologie astrale du Zodiaque sidéral (et ses douze constellations écliptiques) caractéristique de la phase protoastrologique ; les nouvelles expériences horoscopiques étaient toutefois explicitement fondées sur le Zodiaque tropical (et ses douze signes) défini par les équinoxes et les solstices. Depuis, cependant, les signes du Zodiaque tropical et les constellations se sont décalés d'environ un signe. La précession étant un fait avéré, aucune objection ne s'est élevée contre la disparité croissante entre les Zodiaques tropical et sidéral : elle était connue de l'astrologie depuis le début.

Le fondement de la théorie de la rotation des ères, où chaque ère dure exactement un douzième de l'année platonique – soit un peu moins de 2 150 ans –, est par conséquent correct. Toutefois, la méthode pour désigner ces ères est douteuse, pour le moins, car elle est fondée sur une interprétation astrologique incorrecte.

Des théories divergentes

En effet, la plupart des disciples de l'idée d'un Âge du Verseau à venir soutiennent (à raison) que, du fait de la précession, le point vernal effectue un mouvement rétrograde à travers l'arrière-plan sidéral des divers signes du Zodiaque – c'est-à-dire à travers les constellations situées sur l'écliptique. Ils commettent en revanche une erreur quand ils attribuent à ces constellations l'actuelle signification astrologique des douze signes zodiacaux du même nom et essaient de caractériser l'ère correspondante d'après celles-ci. Certains, comme l'Allemand Joachim Schultz dans son livre *Les Rythmes des étoiles*, respectent toutefois logiquement les longueurs inégales des constellations écliptiques individuelles en utilisant les frontières des constellations telles que déterminées par les conventions internationales, et en donnant par suite aux ères des durées inégales (de 1 300 à 3 300 ans selon Schultz).

Ce concept « d'âges » irréguliers diffère fondamentalement de celui de l'école occidentale moderne des sidéralistes conduite par Cyril Fagan. L'astrologie sidérale est mise à mal par le fait que les grands fondateurs de l'horoscopie, dont les doctrines sont à la base de tous les développements subséquents – Ptolémée en Occident et, plus tard, Varâha Mihira et Aryabhata en Inde –, ont construit leurs doctrines sur le Zodiaque tropical, c'est-à-dire sur les signes zodiacaux et non sur les constellations de l'écliptique.

Les sidéralistes occidentaux, cependant, fondent leur théorie sur une strate plus ancienne de l'astrologie antique datant d'avant l'introduction du Zodiaque tropical. Ils soutiennent que, le Zodiaque sidéral avec ses douze sections égales (les signes sidéraux) étant antérieur, il est nécessaire aujourd'hui de revenir à lui – ce qu'ils font, en remplaçant le point vernal, déterminé objectivement comme le point d'intersection de l'écliptique avec l'équateur, par une étoile fiducielle arbitrairement choisie (dans leur cas, Aldébaran).

Définition et durée des différentes ères selon plusieurs sources

Ère	Taureau	Bélier	Poissons	Verseau
Fagan, C. (1965)	4139 av. J.-C. à 1953 av. J.-C. (2 186 ans)	1953 av. J.-C. à 221 ap. J.-C. (2 174 ans)	221 à 2376 (2 155 ans)	2376 av. J.-C.
Rosenberg, A. (1958 ; 1971 2e éd.)	4300 av. J.-C. à 2200 av. J.-C. (2 100 ans)	2200 av. J.-C. à 150 av. J.-C. (2 050 ans)	150 av. J.-C. à 1950 ap. J.-C. (2 100 ans)	1950 à 4000 (2 050 ans)
Schultz, J. (1977)	4500 av. J.-C. à 1900 av. J.-C. (2 600 ans)	1900 av. J.-C. à 100 av. J.-C. (1 800 ans)	100 av. J.-C. à 2500 ap. J.-C. (2 600 ans)	2500 à 4400 (1 900 ans)

LES EFFETS DU DÉCALAGE DU POINT VERNAL

La théorie de la succession d'ères – Taureau, Bélier, Poissons et prochainement Verseau – durant environ deux mille ans fut présentée comme un mythe moderne par les théosophistes du XIXe siècle. Les astrologues l'adoptèrent sans trop l'approfondir et s'y sont tenus depuis. La précession de l'axe de rotation terrestre sur laquelle se fonde la théorie a donc pour effet de décaler progressivement les douze signes du Zodiaque (le Zodiaque tropical) par rapport aux douze constellations écliptiques du même nom (Zodiaque sidéral).

Ce décalage relatif peut être considéré comme un mouvement rétrograde continu du point vernal et de l'ensemble du Zodiaque tropical par rapport à l'arrière-plan des constellations écliptiques « fixes », ou inversement, comme une révolution dans le sens direct (le principal sens de déplacement apparent des Planètes) du Zodiaque sidéral par rapport aux signes tropicaux. Ce décalage est évidemment très lent par rapport au mouvement des Planètes : observable par le déplacement apparent d'une étoile donnée, il est de 1° en 71,5 ans, 2,5° en 178,7 ans et de 30° (soit un signe) en 2 144 ans ; une étoile parcourra donc l'ensemble du Zodiaque (360°) en une année platonique, soit 25 729 ans.

Comme il en a été discuté dans la section précédente, les avocats de la théorie de la rotation des ères zodiacales fondent leurs considérations sur le principe, correct, que signes et constellations du même nom s'éloignent progressivement dans le temps, de sorte qu'au cours des derniers deux mille ans, ils se sont décalés d'un signe : le signe du Bélier coïncide approximativement aujourd'hui avec la constellation des Poissons, et ainsi de suite. Toutefois, prendre ceci comme fondement d'une suite d'ères, c'est commettre une grave erreur méthodologique.

La seule méthode fondée est, en effet, de définir les ères dans le référentiel inverse, c'est-à-dire à partir du mouvement de l'origine (degré zéro) du Zodiaque sidéral à travers le Zodiaque tropical. C'est le seul moyen astrologiquement correct d'assigner aux ères les caractéristiques des signes à travers lesquels passe le degré zéro sidéral. De ce point de vue, l'ère chrétienne ne fut pas l'ère des Poissons mais celle du Bélier, et nous nous trouvons au seuil non pas de l'ère du Verseau mais de l'ère du Taureau. Le *New Age* est sans conteste à venir, mais il aura des caractéristiques zodiacales radicalement différentes.

L'origine du Zodiaque sidéral

Si l'origine du Zodiaque tropical est explicitement définie par le point vernal – point d'intersection de l'écliptique avec l'équateur céleste et origine commune des systèmes de coordonnées écliptiques et équatoriales –, la détermination de l'origine du Zodiaque sidéral, à la frontière entre les constellations des Poissons et du Bélier, donne matière à débats.

L'origine du Zodiaque sidéral, ou point Alpha (noté α), peut ainsi être déterminée indirectement par le mouvement de précession d'une étoile fiducielle ou étoile de référence. La mieux adaptée à cet objectif semble être Régulus (α Leonis), qui se déplace pratiquement sur l'écliptique à une latitude d'à peine 0° 28′.

D'autres étoiles ont été essayées, notamment des étoiles fixes traditionnelles telles Aldébaran, Spica (l'Épi), Bételgeuse ou Alcyone (dans les Pléiades). Toutefois, en procédant par élimination, les divers essais empiriques ont finalement désigné Régulus – appelé dans l'Antiquité *Stella Regina*, « l'Étoile reine » – comme le candidat le plus sérieux à la fonction de maître temporel (ou chronocrator) naturel de référence pour le mouvement de l'origine du Zodiaque sidéral à travers les signes du Zodiaque tropical.

Régulus, roi de la précession

Le bien-fondé du choix de Régulus comme « roi de la précession » (Régulus signifie « petit roi ») a été confirmé par la chronologie zodiacale détaillée, basée sur une division toujours plus fine du cycle de précession par le nombre 12. L'année platonique est ainsi divisée en douzièmes ou « mois platoniques », eux-mêmes divisés en douze ou « pouces platoniques », divisés à leur tour par 12. D'après le principe d'analogie, les douze caractéristiques zodiacales ont été appliquées à chacun de ces trois niveaux de division. La correspondance entre les événements réels survenus durant ces périodes respectives est d'ailleurs remarquable.

Les cycles successivement dérivés de l'année platonique sont donc :

- *l'année platonique* (le cycle complet de précession) : 360°, soit 25 729 ans ;
- *le mois platonique* (un douzième d'année platonique) : 30°, soit 2 144 ans ;
- *le pouce platonique* (un douzième de mois platonique) : 2° 30′, soit 178,7 ans ;

• *la « microphase » platonique* (un douzième de pouce platonique) : 12′ 30″, soit 14,9 ans.

Les deux périodes d'environ 179 et 15 ans s'avèrent suffisamment courtes pour établir des corrélations avec les changements importants dans l'Histoire. Les tenants inconditionnels de l'Âge du Verseau se consoleront peut-être de savoir qu'au cours des quinze dernières années, entre 1981 et 1996, nous avons vécu un « micro-âge du Verseau » au travers d'une microphase platonique régie par le signe du Verseau.

La raison la plus sérieuse pour privilégier Régulus dans son rôle de chronocrator du cycle de précession est toutefois la découverte d'une synchronicité parfaite des périodes définies par son mouvement avec les moments des conjonctions des deux plus grosses planètes du Système solaire, Jupiter et Saturne – conjonctions survenant selon un cycle de 19,86 ans.

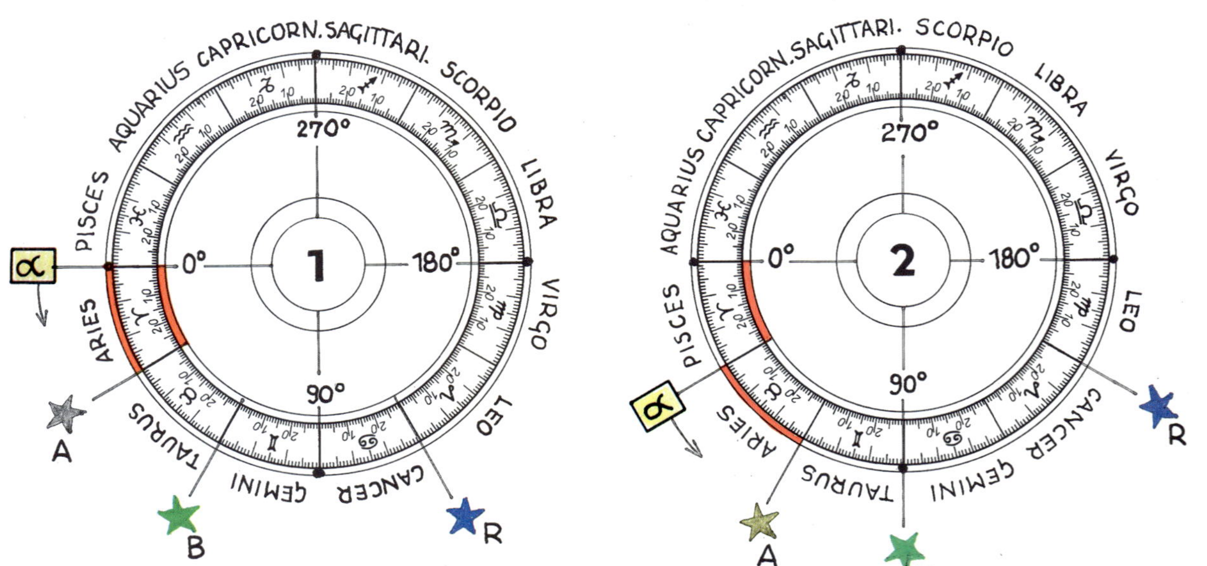

Positions respectives des signes du Zodiaque tropical et des constellations sur l'écliptique (Zodiaque sidéral) au début de l'actuel cycle de précession (1) (soit entre 148 et 50 av. J.-C.) et aujourd'hui, c'est-à-dire avant le début du premier mois zodiacal de l'année platonique – ou ère – du Bélier (2).
Les signes du Zodiaque tropical sont indiqués par leur symbole habituel, les constellations du même nom sont indiquées par leur nom latin, sur la périphérie. L'origine du Zodiaque sidéral est repérée par la lettre grecque **α** (alpha), et les lettres **A**, **B** et **R** indiquent les positions respectives de trois étoiles fiducielles possibles, Alcyone des Pléiades, dans la constellation du Taureau, Bételgeuse, dans la constellation d'Orion, et Régulus, dans la constellation du Lion.
La nouvelle ère, qui va commencer très bientôt, ne sera toutefois pas le tant attendu Âge du Verseau, mais l'Âge du Taureau, car c'est dans le signe du Taureau que va bientôt entrer le point Alpha, origine du Zodiaque sidéral. Cette origine est déterminée indirectement par la longitude écliptique de Régulus (moins 120°) ; selon ce système, le début de l'année platonique en cours se situait en 136 av. J.-C. Alcyone et Bételgeuse sont ici des étoile de référence auxiliaires.

LES PRINCIPES DE LA CHRONOLOGIE ZODIACALE

Il est difficile de comprendre pourquoi une telle confusion a résulté à propos du phénomène de la précession, alors que ce problème est relativement simple. Le modèle du Zodiaque tropical (ou équinoxial) est la seule base sûre à laquelle puissent se rapporter les cycles temporels de durée variable, que ce soit les périodes de révolution de la Lune, du Soleil et des Planètes, ou celles des étoiles fixes. Et c'est sur ce principe que se fonde la chronologie zodiacale.

Division de l'année platonique

L'année platonique, de 25 729 ans en moyenne, comprend douze mois platoniques de durées pratiquement égales : 2 144 ans en moyenne. Chaque mois platonique, qui représente un douzième du cycle complet de la précession, peut être divisé à son tour en douze ; chaque douzième correspond à un décalage de 2,5° (un pouce angulaire) du Zodiaque tropical et dure 178,7 ans. Comme les différents mois platoniques, chacun de ces pouces platoniques est associé à l'un des douze signes zodiacaux.

L'origine de l'année platonique, et par suite de ses subdivisions, est le point Alpha dont la longitude écliptique vaut : $\lambda_{\alpha} = \lambda_{\text{Régulus}} - 120°$. Cependant, si Régulus est la plus intéressante étoile écliptique (elle a la plus petite latitude) pour déterminer l'origine du Zodiaque sidéral, on arrive pratiquement au même résultat en se servant d'Alcyone, dans les Pléiades, à l'aide de la formule : $\lambda_{\alpha} = \lambda_{\text{Alcyone}} - 30°$.

Selon les calculs dérivés de la position de Régulus, l'année platonique a débuté vers l'an 136 avant J.-C. L'origine du Zodiaque sidéral a, depuis, dérivé le long de l'écliptique et se situe aujourd'hui au voisinage de l'étoile γ du Bélier ; dans les catalogues stellaires, de Ptolémée à Bayer, cette étoile a toujours été placée en premier d'où sa désignation par *Prima Arietis* (la première du Bélier), avant même l'étoile la plus brillante du Bélier, α Arietis (*Hamal*).

L'élaboration du concept de cycle platonique a permis de découvrir de très intéressants rythmes dans notre histoire culturelle, et aussi que le développement historique de l'astrologie elle-même est parfaitement synchronisé dessus.

Une pendule de style Art nouveau fabriquée dans le sud de l'Allemagne vers 1900 (Muséum des Arts décoratifs de Prague). La pendule présente le principe de la mesure du temps d'une manière originale, en s'appuyant sur la rotation de la Terre : un personnage féminin semble faire rouler le globe terrestre sur sa guirlande de fleurs.

Essors et déclins de l'astrologie dans l'Histoire

Un regard superficiel sur l'histoire très énigmatique de l'astrologie donne forcément l'impression d'un développement aléatoire, sans schéma, ni rythme ou raison. Néanmoins, ce chaos apparent commence à s'organiser si nous prenons la peine et avons la patience d'assembler les pièces de la mosaïque qu'est l'histoire de l'astrologie. Le résultat – en un mot, une histoire descriptive de l'astrologie – est surprenant car il nous amène à trois découvertes significatives.

EXISTE-T-IL UNE PÉRIODICITÉ DANS L'HISTOIRE DE L'ASTROLOGIE ?

Du point de vue descriptif, le trait le plus remarquable de l'histoire entière de l'astrologie est son caractère cyclique. L'astrologie a toujours connu un regain d'intérêt marqué après que se soient écoulés quelque 360 ans, tandis que le nombre d'astrologues réputés augmentait aussi. Dans l'histoire assez chaotique de la discipline, ce nombre s'avère un indicateur fiable de sa renaissance à répétition.

Renaissance et décadence tous les 179 ans

Entre deux pics successifs, en revanche, il y a toujours eu un déclin de l'astrologie, s'accompagnant d'une nette baisse du nombre de ses personnalités marquantes. Toutefois, l'astrologie ne disparaissait jamais totalement ; elle se retirait seulement à l'arrière-plan de la scène historique, pour ensuite émerger de nouveau sous une forme actualisée. Au cours des derniers 2 500 ans, des périodes de renaissance et de décadence ont clairement alterné selon des intervalles d'environ 179 ans.

Durant ses phases de déclin, l'astrologie ne se développait pas activement ; elle préservait seulement les acquis pétrifiés de la période faste précédente, principalement sous la forme de motifs décoratifs ou triomphaux dans l'art. Durant ces périodes intérimaires, le nombre d'astrologues actifs a toujours été faible, et leurs travaux, lorsqu'ils n'étaient pas perdus ou ne tombaient pas dans l'oubli, ne contribuaient généralement guère au développement général de la discipline.

Le synchronisme de l'astrologie et du maniérisme

Le rythme des retours de l'astrologie sur le devant de la scène historique a un contexte plus large. Il est lié à des modifications du climat social – dont il est bien connu que l'art est un baromètre sensible. Nous parvenons ainsi à un fait intéressant : les phases de développement de l'astrologie sont synchrones des courants artistiques que l'on pourrait qualifier de maniéristes, que ce soit dans l'art moderne, le maniérisme conscient des XVIe et XVIIe siècles, ou celui de l'art roman. Tout un ensemble de liens profonds prouve que cette simultanéité n'est pas accidentelle.

Un arrière-plan cosmique

Plus surprenant encore que la simple régularité des phases d'essor et de déclin, ce rythme s'avère avoir un arrière-plan cosmique spécifique : il est parfaitement synchrone avec la division harmonique du cycle de précession (l'année platonique). Cette découverte confère à l'histoire de l'astrologie un cadre solide.

LE FONDEMENT COSMIQUE DU DÉVELOPPEMENT CYCLIQUE DE L'ASTROLOGIE

Le cadre historique de l'astrologie est l'échelle de temps résultant de la division de l'année platonique en douze mois platoniques – périodes de 2 144 ans correspondant à un déplacement de 30° du point vernal. Une subdivision analogue du mois platonique conduit au module historique de 179 ans, fondamental, qui correspond à un glissement du point vernal de 2,5°, soit un pouce angulaire. L'origine du Zodiaque sidéral (point Alpha) a été située en un point dont la longitude écliptique est égale à celle de l'étoile Régulus moins 120° exactement. La précession de Régulus à travers le Zodiaque tropical devient donc indirectement l'échelle de mesure du déroulement de l'année platonique contemporaine.

L'année platonique en cours a donc débuté vers 136 avant J.-C. Depuis lors, l'origine du Zodiaque sidéral a traversé le signe du Bélier. Vers 2011, le point Alpha entrera dans le signe du Taureau, entamant le deuxième mois de l'année platonique actuelle. Les origines de l'astrologie, quant à elles, remontent à la fin de l'année platonique précédente. Celle-ci a commencé vers l'an 25 865 avant notre ère, si l'on prend comme durée moyenne d'une année platonique la valeur de 25 729 ans.

LES PRINCIPALES PHASES DU DÉVELOPPEMENT DE L'ASTROLOGIE

Le rythme régulier des phases d'essor et de déclin, d'une périodicité d'environ 360 ans, a persisté depuis l'époque où l'astrologie (au sens actuel du terme) a commencé à se structurer jusqu'à aujourd'hui. Au cours de son histoire, l'astrologie a traversé huit phases de développement, identifiées dans les schémas des pages 201 et 202 à 205 par les codes P-7 à. P-0 Ces phases correspondent en outre à des périodes historiques précises (période classique, Renaissance, etc.) Cette identification met en lumière le caractère non répétitif des phases individuelles au sein d'une même année platonique où chaque combinaison « mois platonique/pouce platonique » de signature zodiacale déterminée n'apparaît qu'une seule fois.

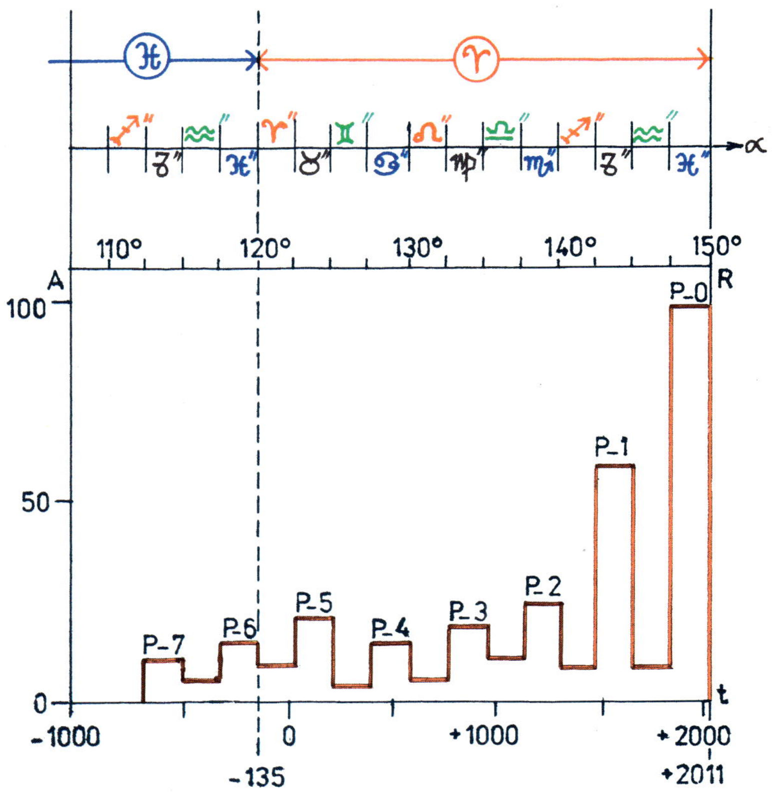

Statistiquement, l'histoire de l'astrologie montre une périodicité marquée qui se manifeste clairement par les fluctuations du nombre de grands astrologues (**A**) au cours du temps (**t**). Les phases d'essor sont survenues tous les 360 ans environ, pendant lesquelles l'évolution de la valeur absolue de **A** depuis l'invention de l'imprimerie a continûment dépendu de la qualité du transfert de l'information. Ces maxima alternent avec des phases de déclin de durée égale (environ 180 ans), durant lesquelles l'astrologie disparaît du devant de la scène historique. Plus intéressante, cette périodicité de l'histoire de l'astrologie est gouvernée par les lois même de l'astrologie : le rythme d'environ 180 ans correspond en effet à la durée d'un pouce platonique : le douzième du douzième du cycle de précession (ou année platonique).
Le déroulement de l'année platonique est indiqué sur le schéma par la longitude écliptique de l'étoile Régulus (**R**), dont la position minorée de 120° donne l'origine du Zodiaque sidéral ou point Alpha (**α**). Pour clarifier le schéma, les phases actives (d'essor) du développement de l'astrologie ont été notées par **P-7** (période chaldéenne), **P-6** (période hellénistique), **P-5** (période romaine), **P-4** (période classique), **P-3** (période arabe), **P-2** (haut Moyen Âge), **P-1** (Renaissance), **P-0** (Temps modernes). L'année platonique présente a commencé en 136 avant notre ère (an –135 sur le schéma), au moment où le point **α** passait par le point vernal ; sa longitude écliptique était alors égale à zéro, tandis que Régulus était exactement à 120°, au début du signe du Lion. Le premier mois platonique de cette année (l'ère du Bélier, ou ère chrétienne) s'achèvera vers 2011. Ce sera aussi la fin de la phase d'essor de l'astrologie moderne (P-0). Les débuts de l'astrologie au sens actuel du terme (horoscopie) ont coïncidé avec les dernières phases du dernier mois platonique – l'ère des Poissons – de l'année platonique précédente, et plus précisément avec les pouces platoniques régis par le Capricorne (P-7) et les Poissons (P-6).

L'existence de rythmes réguliers dans l'histoire de l'astrologie est mise en évidence par ce schéma. Les différentes phases d'essor ont été déterminées empiriquement et notées par les codes P-7 à P-0 (du passé vers le présent) ; elles coïncident parfaitement avec la division fine de l'année platonique en arcs de 2,5° (ou pouces platoniques), correspondant à des périodes de 179 ans environ et représentant le décalage de l'origine du Zodiaque sidéral dû à la précession des équinoxes. Chaque pouce platonique est identifié sur l'échelle au bas du schéma par un double symbole zodiacal : celui du signe zodiacal régissant le mois platonique considéré (ici Poissons puis Bélier) et celui du signe zodiacal régissant le pouce considéré ; par exemple, le double symbole ♈/♌ désigne le 5e pouce platonique (sous le signe du Lion) du 1er mois platonique (ère du Bélier) de l'année platonique en cours, et correspond à un « creux » dans l'histoire de l'astrologie. Les phases d'épanouissement et de déclin de l'astrologie, dont le principal indicateur est le nombre d'astrologues vivant et travaillant à telle période, alternent assez régulièrement selon des demi-périodes de 179 ans. Dans le domaine de l'histoire culturelle, auquel appartient sans conteste l'astrologie, cette périodicité se manifeste par l'alternance de périodes maniéristes et classiques. Le schéma, à l'échelle chronologique constante, inclut la durée de vie des personnalités ayant significativement contribué au développement de l'astrologie occidentale. (Dans le cas de personnages ayant régné, c'est la durée de leur règne qui est reportée.) Les dates de naissance et/ou de mort inconnues ou imprécises sont indiquées par le symbole ~ précédant et/ou suivant leur nom. Outre le nom de ces personnalités figurent aussi les noms de certains objets ou écrits anonymes historiques importants relatifs à l'astrologie, ainsi que l'année de la découverte des planètes Uranus, Neptune et Pluton. Durant la dernière période (les temps modernes, notée P-0), les astrologues étant si nombreux, ils sont cités en proportion bien plus faible que durant les périodes précédentes (P-7 à P-1).

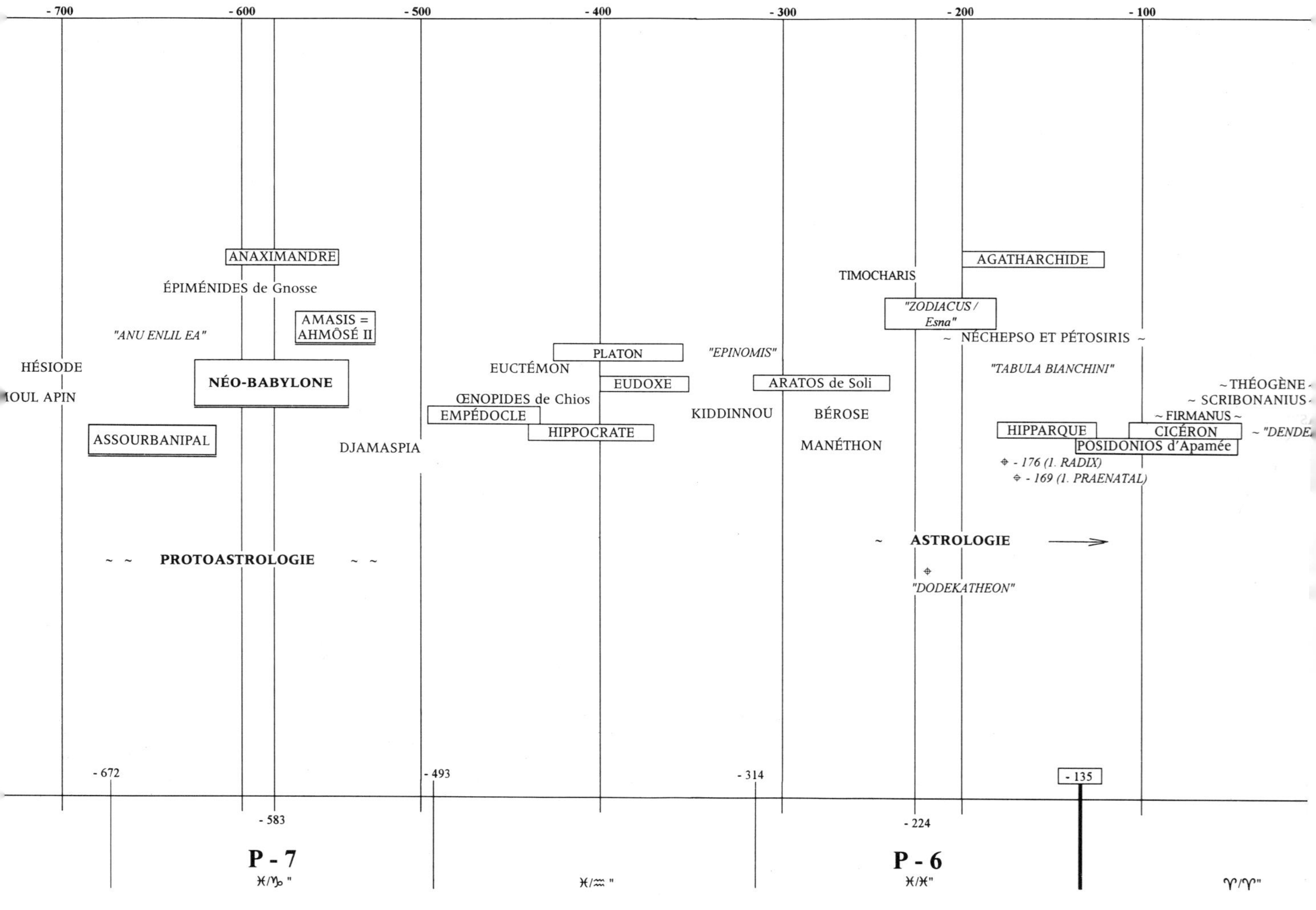

Horloge à automates dans son état actuel du palais du Capitaine (*palazzio del Capitano*) à Padoue. Trait intéressant de l'agencement original de son cadran de type italien, le symbole du signe de la Balance, où se trouve ici le Soleil, n'y figure pas ; il est remplacé par les pinces du Scorpion, qui, dans l'Antiquité, tenaient lieu de constellation de la Balance, d'origine plus récente. Le centre du cadran montre, comme c'était de tradition, les principaux Aspects astrologiques : la conjonction, le sextile, le carré, le trigone (trine) et l'opposition.

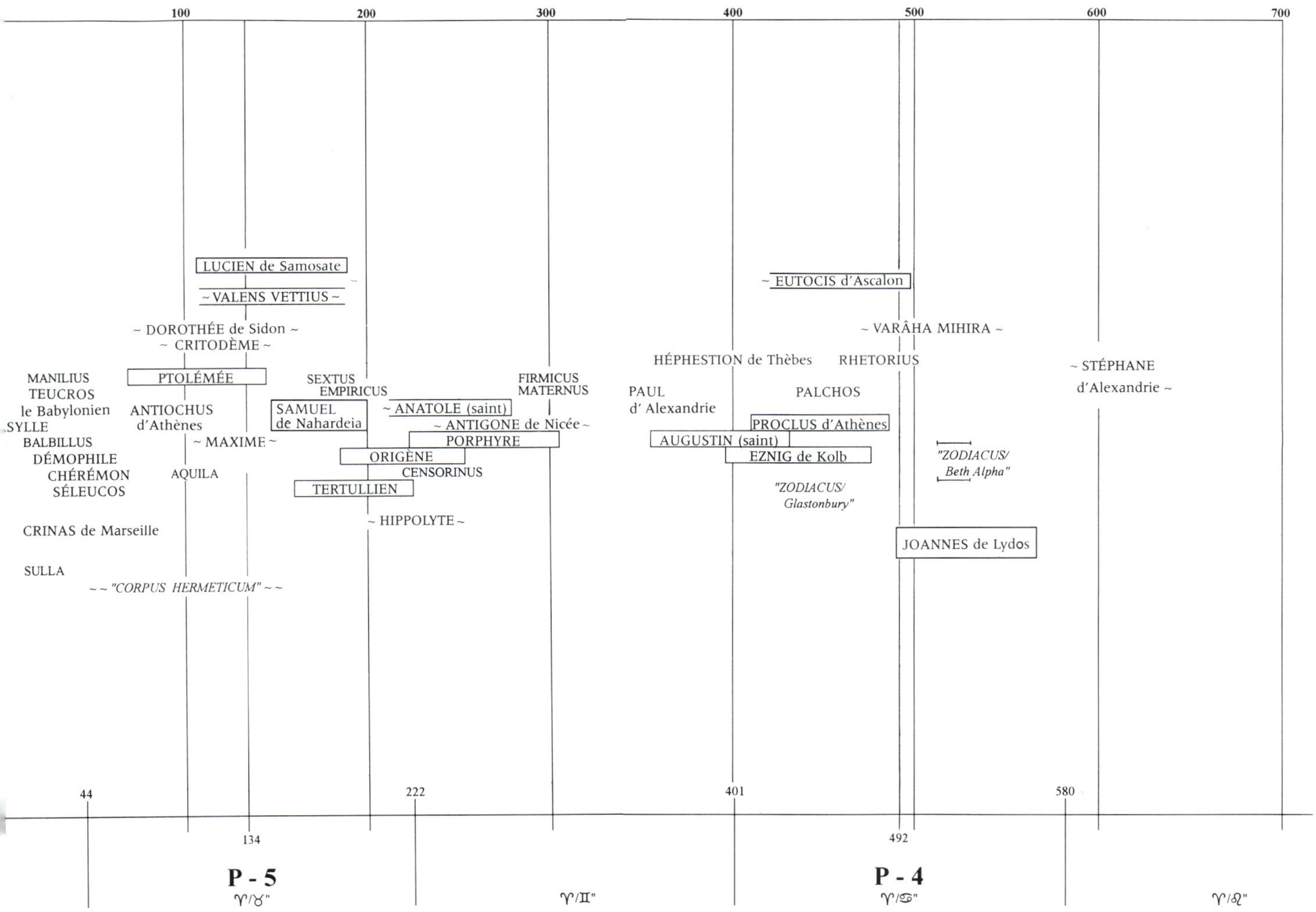

L'ouverture de la période chaldéenne, à la charnière des VIIe et VIe siècles avant J.-C., marque la fin de la protoastrologie et le début de l'astrologie au sens propre. Elle fut suivie par les périodes hellénistique, romaine, classique, arabe, le haut Moyen Âge, la Renaissance et finalement par la période moderne. Plus précisément :

- *la période chaldéenne* (notée P-7) correspond au mois platonique des Poissons et au pouce platonique du Capricorne ; son apogée se situe vers 584 avant J.-C. ;
- *la période hellénistique* (notée P-6) correspond à la combinaison Poissons/Poissons ; son apogée se situe vers 225 avant J.-C. ;
- *la période romaine* (notée P-5) ouvre une nouvelle année platonique par le mois platonique du Bélier et le pouce platonique du Bélier ; son apogée se situe vers l'an 134 de notre ère ;
- *la période classique* (notée P-4) correspond à la combinaison Bélier/Cancer ; son apogée se situe vers l'an 492 ;
- *la période arabe* (notée P-3) correspond à Bélier/Vierge ; son apogée se situe vers l'an 848 ;
- *le haut Moyen Âge* (notée P-2) correspond à Bélier/Scorpion ; son apogée se situe vers l'an 1206 ;
- *la Renaissance* (notée P-1) correspond à Bélier/Capricorne ; son apogée se situe vers 1563 ;
- *les temps modernes* (notée P-0) correspondent à Bélier/Poissons ; son apogée se situe vers l'année 1921.

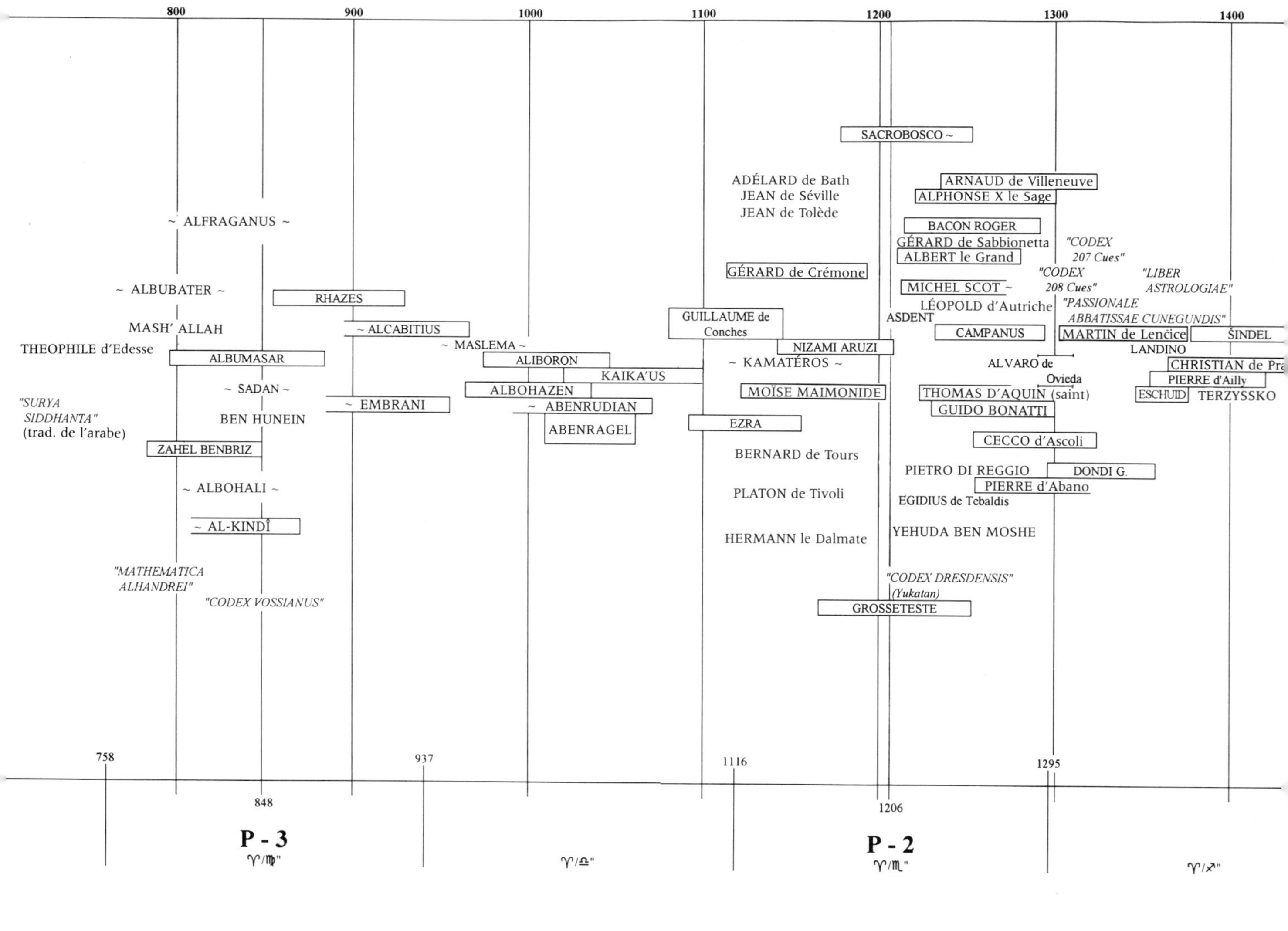

Coïncidence remarquable, les maxima de ces périodes sont synchrones avec les conjonctions périodiques de Jupiter et de Saturne.

Le schéma chronologique du bas des pages 202 à 205 détaille chacune de ces périodes ; la durée de la vie des personnalités marquantes de l'histoire de l'astrologie y est représentée à l'échelle. Il montre que les phases de renaissance historique de l'astrologie coïncident avec des périodes caractérisées par un pouce platonique pair, c'est-à-dire régies par un signe astrologique de polarité négative (signes de Terre et d'Eau).

Même lorsque le signe associé au pouce platonique se répète (c'est le cas du Capricorne et des Poissons), la période d'essor diffère par son mois platonique (Poissons, puis Bélier). Cela démontre bien la non-répétitivité du développement de l'astrologie en termes absolus, bien qu'il existe des répétitions spatiales et que les phases régies par le même signe zodiacal montrent certains parallèles.

Il semblerait que le développement de la protoastrologie antérieur au VIIe siècle avant J.-C. ait connu la même périodicité d'environ 360 ans jusque relativement loin dans le passé, comme le suggèrent les artefacts et autres sources conservés. La précision des données historiques et archéologiques diminuant avec le temps à mesure qu'on s'éloigne du présent, ce qui n'est pas le cas de l'échelle de temps astronomique de la précession, il est envisageable d'appliquer à l'avenir cette échelle pour dater plus précisément les phénomènes.

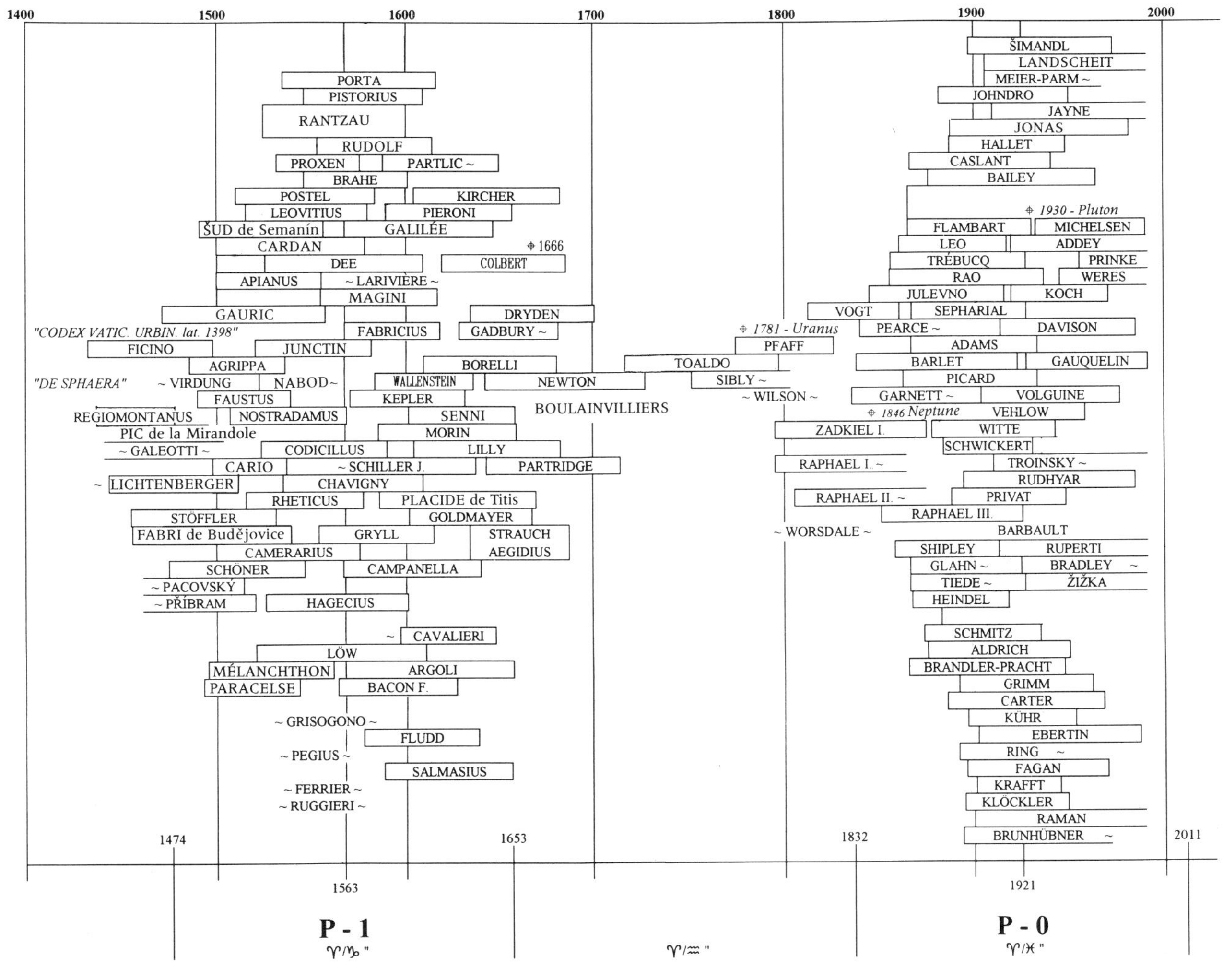

Le développement cyclique de l'astrologie de l'Antiquité à nos jours

Il est naturel que l'histoire d'une discipline traitant depuis deux millénaires des relations entre les événements terrestres et cosmiques connaisse elle-même un développement cyclique, et que cette périodicité puisse être associée à un cycle cosmique scientifiquement démontré. L'application du rythme du cycle de précession (ou année platonique) et de ses subdivisions à l'évolution historique de l'astrologie a fourni des informations entièrement nouvelles sur la division naturelle de l'histoire de l'astrologie, sur sa phase actuelle et son développement futur probable. Deux millénaires et demi sont une période suffisamment longue pour mettre en évidence des répétitions partielles de certaines phases du développement astrologique.

LA PROTOASTROLOGIE

Les origines de l'astrologie ont fréquemment été situées à l'époque de l'Empire akkadien de la basse Mésopotamie, et plus particulièrement à la seconde moitié du XXIVe siècle avant J.-C., sous le règne de Sargon l'Ancien. Cependant, si, comme le surréaliste André Breton, nous considérons l'astrologie comme une noble vieille dame, il n'est guère poli de la vieillir inutilement. L'astrologie, au sens défini au début de ce livre, n'a en effet pas été documentée de façon fiable avant le IIIe siècle avant J.-C., et tout ce qui précède devrait donc être désigné par le terme de protoastrologie. Les textes de cette époque montrent clairement la différence entre la période protoastrologique et l'astrologie (horoscopie) qui lui a succédé.

Des oracles mantiques

Les oracles et allégations protoastrologiques étaient de caractère nettement mantique (prophétique). En outre, ils ne concernaient jamais l'individu mais l'ensemble d'un pays ou, à la rigueur, la personnalité du gouvernant considéré comme le représentant du pays. Ils étaient déduits de l'observation des phénomènes célestes, généralement d'origine météorologique ou astronomique. Les astrologues de cette époque étaient particulièrement sensibles aux phénomènes exceptionnels ou ostensibles – par exemple, si la Lune en conjonction avec Jupiter présentait un halo, ou si Mars apparaissait d'un rouge plus ou moins intense.

Les textes cunéiformes mésopotamiens

Lorsque les prédictions protoastrologiques étaient liées à certains jours calendaires, nous parlons parfois d'hémérologie. Si elles étaient de caractère mantique, il est d'usage de parler d'astromancie, d'augures ou d'astrologie prézodiacale. Les collections de textes cunéiformes mésopotamiens (qui remontent au VIIe siècle avant J.-C., et proviennent de Ninive) sont ainsi tout à fait typiques du premier type :

« Si la Lune est visible le 15e jour : bon présage pour Akkad, mauvais pour Shubarta.
Si la Lune est visible le 16e jour : mauvais présage pour Akkad et Amurra, bon pour Shubarta.
Si la Lune est visible le 17e jour : bon présage pour Akkad et Amurra, mauvais pour Shubarta.
Si la Lune est visible avec le Soleil en dehors du moment normal, un puissant ennemi conquerra le pays ; le roi d'Akkad sera vaincu par son ennemi. »

Ces exemples concernaient le cycle du mois synodique. Deux autres exemples sont révélateurs d'une transition discrète et progressive des prédictions purement astrométéorologiques à des prédictions mantiques :

« Si un halo entoure la Lune et que Mars le touche : troupeaux décimés, déclin d'Amurra.
Si un halo entoure la Lune et que Jupiter se trouve

à l'intérieur : le roi d'Akkad sera assiégé et le bétail mourra dans la campagne. »
(Extraits de *Enuma-Anu-Enlil*, Archiv für Orientalforschung, vol. 14, 172, 308, 1942.)

La collection d'augures de la bibliothèque d'Assourbanipal

La collection d'augures trouvée dans la bibliothèque d'Assourbanipal à Ninive (VIIe siècle avant J.-C.) fut appelée *Anu Enlil Ea* d'après les premiers mots du texte : « Lorsqu'Anu Enlil et Ea, les dieux suprêmes, rassemblèrent selon leur décision tous les augures des cieux et du ciel [...]. » Elle contient entre autres des prédictions se fondant sur des données calendaires décrivant l'apparence de Vénus, appelée « le maître des cieux colorés » :

> « *Au mois d'Ululu, le 26e jour, Vénus a disparu à l'Ouest ; elle sera absente des cieux durant onze jours et, le septième jour du mois d'Ululu II, elle réapparaîtra à l'est. Le cœur de la Terre se réjouira.*
> *Au mois de Duzu, le 25e jour, Vénus a disparu à l'ouest ; elle sera absente des cieux durant sept jours. Le deuxième jour du mois d'Abu, Vénus réapparaîtra à l'est. Inondation des terres, la famine approche.* »

Le texte de l'Ecclésiaste

L'idée qu'« il y a une saison pour toute chose et un temps pour tout faire sous le ciel » est déjà proclamée par le prophète de l'Ecclésiaste. La sagesse de ce texte de l'Ancien Testament considère que la vie de l'homme sur la Terre doit suivre un certain rythme et un certain ordre. Ainsi, il y a, dit-il :

> « *Un temps pour enfanter, et un temps*
> *pour mourir ;*
> *un temps pour planter, et un temps*
> *pour arracher le plant.*
> *Un temps pour tuer, et un temps pour guérir ;*
> *un temps pour détruire, et un temps pour bâtir.*
> *Un temps pour pleurer, et un temps pour rire ;*
> *un temps pour gémir, et un temps pour danser.*
> *Un temps pour lancer des pierres,*
> *et un temps pour en ramasser ;*
> *un temps pour embrasser, et un temps*
> *pour s'abstenir d'embrasser.*
> *Un temps pour chercher, et un temps pour perdre ;*
> *un temps pour garder, et un temps pour jeter.*
> *Un temps pour déchirer, et un temps pour coudre ;*
> *un temps pour se taire, et un temps pour parler.*
> *Un temps pour aimer, et un temps pour haïr ;*
> *un temps pour la guerre, et un temps pour la paix.* »

Les conseils calendaires d'Hésiode

Le poème didactique du poète grec Hésiode, *Les Travaux et les Jours*, écrit au tournant du VIIIe et VIIe siècles avant J.-C., contient lui aussi toute une série de conseils calendaires pratiques destinés au simple paysan grec. Hésiode y donne des avis concrets sur le meilleur moment pour faire telle ou telle chose :

> « *Lorsque les Pléiades, filles d'Atlas, apparaissent dans les cieux, préparez-vous pour la moisson, et quand elles se couchent, soyez prêts à labourer. Et quand le farfadet commence à grimper aux tiges, craignant les Pléiades, il n'est plus temps de biner la vigne. Quand Orion et Sirius atteignent le milieu des cieux, et quand la lumière d'Arcturus est aperçue*

Un *kudurru* ou pierre de bornage décorée de symboles astraux. Trouvée à Suse en Iran, elle date de la dernière dynastie kassite (1188-1174 av. J.-C.) et est conservée au musée du Louvre. Outre la Lune, le Soleil et Vénus, elle contient aussi quelques figures zodiacales, mais pas encore sous la forme de signes du Zodiaque tropical.

par l'Aube aux doigts roses, cueillez toutes les grappes, Perses, et rapportez-les à la maison.»

Ces termes et ces dates propres à ce que nous qualifierions aujourd'hui de technologie agraire étaient basés sur un calendrier horizontal dont les points fixes étaient les équinoxes et les solstices, et les moments du lever et du coucher de certaines étoiles et constellations (Orion, Sirius, les Pléiades, etc.). Dans la partie finale de son poème didactique, Hésiode passe du Soleil et des étoiles à la Lune. Au cours du cycle synodique, les quatre phases lunaires – nouvelle Lune, premier quartier, pleine Lune, dernier quartier – alternent sur une période de 29,5 jours. Hésiode conseille alors :

«À compter du jour de la nouvelle Lune, prenez garde à semer le treizième jour qui, toutefois, nourrit bien les plantules. En revanche, le sixième jour après la pleine Lune est néfaste aux plantes mais engendre de bons hommes : il n'est pas propice à une fille, qu'elle soit née ou mariée ce jour-là.»

Ci-dessus à gauche : cet antique Zodiaque babylonien montre quelques différences mineures par rapport à la version ultérieurement stabilisée du Zodiaque classique.

Figures zodiacales du Sagittaire, du Capricorne et du Verseau inscrites sur des bornes frontalières mésopotamiennes (*kudurru*), comparées (*au-dessous*) aux mêmes figures de l'Égypte hellénistique trouvées à Denderah (d'après Hinke, *in A New Boundary Stone*).

La sphère de Démocrite, d'après un manuscrit ancien.

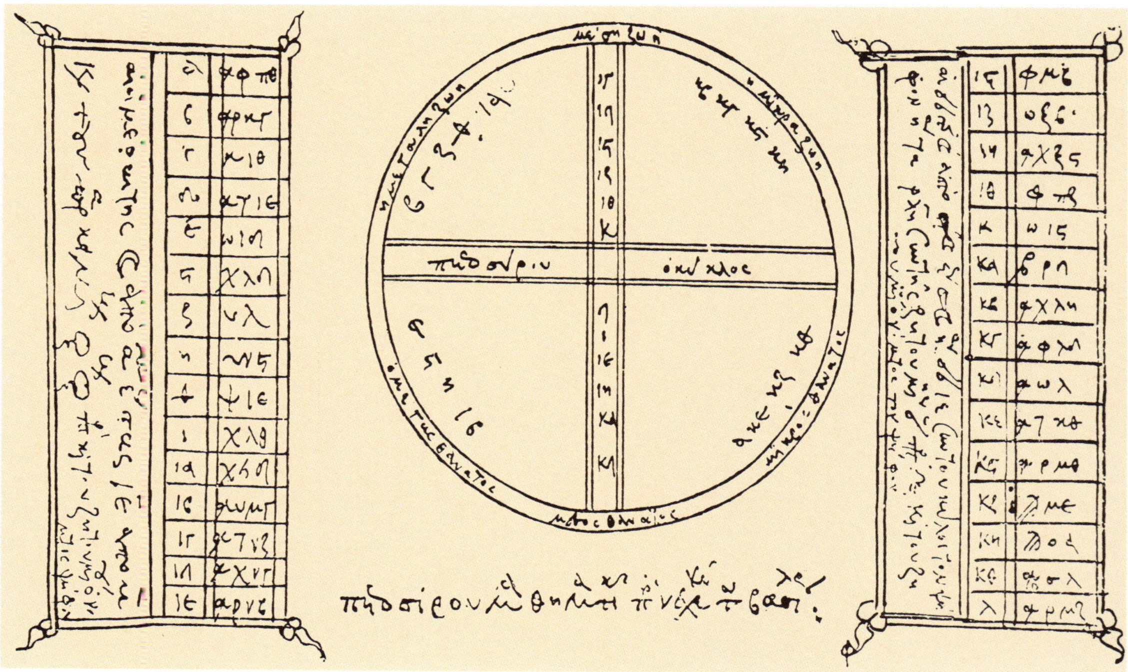

Par la suite, l'astrologie abandonna graduellement la pratique observationnelle susmentionnée et la remplaça par un système totalement autosuffisant d'interprétation de la carte horoscopique – complètement indépendant du fait que Mars brille d'une lueur plus ou moins rouge ou que la Lune en conjonction avec Jupiter a un halo.

LA NAISSANCE DE L'ASTROLOGIE

Période P-7

La transition graduelle de la divination prophétique à partir des étoiles (protoastrologie) à l'astrologie (consistant à interpréter l'horoscope) fut permise par les progrès de l'astronomie et de sa technologie. Des changements révolutionnaires ont en particulier résulté du remplacement progressif des observations et mesures dans le système de coordonnées horizontales par des mesures dans un système de coordonnées sphériques.

Les observations sphériques

Cette évolution, qui, en astronomie, se fit entre le VIIe et le IVe siècle avant J.-C., est explicitement signalée par l'auteur grec du dialogue *Epinomis* – selon l'opinion de certains, Platon lui-même, selon d'autres, son élève Philippe d'Oponte, à la fin du IVe siècle avant J.-C. Contrastant avec les observations d'Hésiode, le dialogue met l'accent sur les observations dans le référentiel sphérique qui seules, d'après l'auteur, représentent l'astronomie véritable. De fait, seul le passage de l'observation du lever héliaque des Planètes et des étoiles à la mesure des angles azimutaux du lever et du coucher du Soleil et de la Lune, afin de vérifier leur révolution à travers le Zodiaque, permet de définir les débuts de la véritable astrologie, qui commença alors à s'appuyer toujours plus sur les tables de positions astronomiques des Planètes.

La notion de Zodiaque

La période protoastrologique, qui plongeait ses racines dans un lointain passé, culmina du VIIe au VIe siècle avant J.-C., époque à laquelle furent aussi établis les préalables indispensables à la naissance de la véritable astrologie. Le premier de ceux-ci était la notion de Zodiaque – inconnue d'Hésiode. En Grèce, sa découverte est à rattacher aux noms d'Anaximandre, d'Œnopides de Chios et d'Euctémon, autour du VIe siècle avant J.-C., tandis qu'en Babylonie, selon F. H. Cramer, elle est probablement apparue au Ve siècle avant J.-C. Le système de calcul duodénaire (en base 12) est aussi indirectement à l'origine de la notion de Zodiaque.

La théorie des quatre Éléments

Le deuxième préalable important à la naissance de l'astrologie est la théorie des quatre Éléments élaborée par la philosophie de la nature grecque que nous connaissons sous sa forme intégrale grâce à Empédocle, également du Ve siècle avant J.-C.

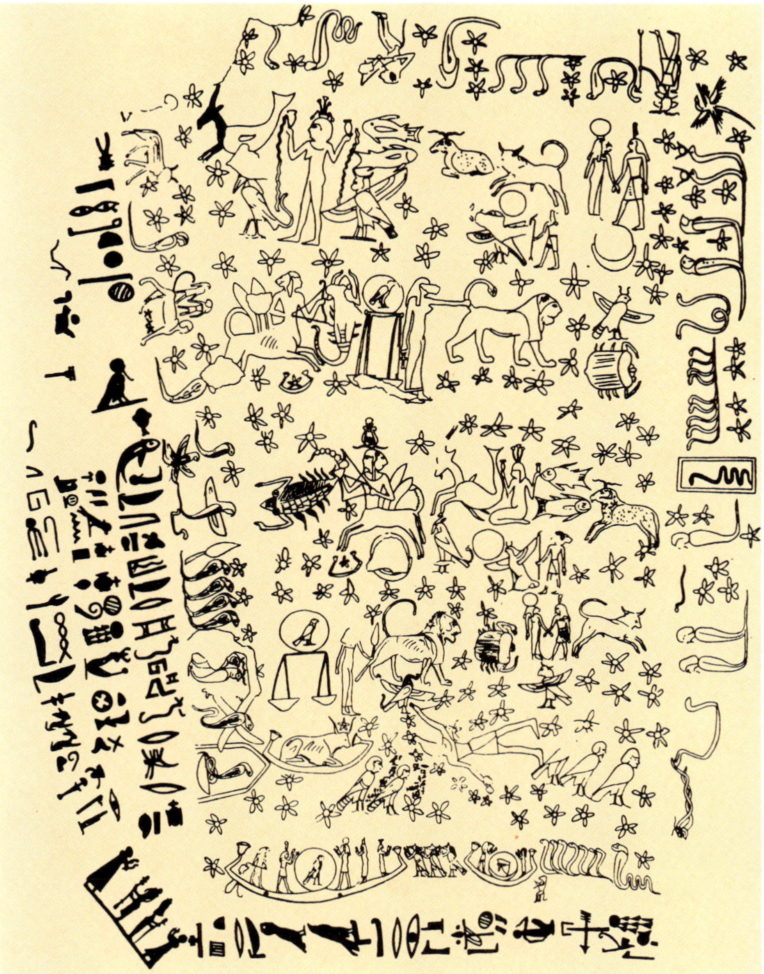

Deux « horoscopes » figurant sur une tombe égyptienne ancienne à Athribis, en haute Égypte. Au centre figurent deux Zodiaques comprenant les positions du Soleil, de la Lune et des Planètes. Les symboles partiellement tracés sur le pourtour sont peut-être les positions de la Lune ou les chronocrators des différents décans.

Les constellations dessinées sur la Table de Berlin selon les données d'Aratos de Soli (d'après Thiel, *in The Stars Above Us* de E. Zinner, Londres, 1957).

Représentation sphérique et concept de système solaire

Le troisième préalable, indispensable au développement ultérieur des techniques horoscopiques, fut la représentation sphérique de l'Univers, élaborée par Parménide au VIe siècle avant J.-C., et le concept de Système solaire, construit par Philolaos de Thèbes à la fin du Ve siècle avant J.-C.

Ces trois préalables fondamentaux indispensables à la naissance de l'astrologie ont pris corps durant la période chaldéenne (P-7). Cependant, les nombreux textes cunéiformes de Babylonie et d'Assyrie – et notamment ceux provenant de la fameuse bibliothèque d'Assourbanipal découverte lors des fouilles de la ville de Ninive et datant du VIIe siècle avant J.-C. – attestent que la pratique divinatoire d'alors était toujours basée sur des diagnostics observationnels ; ces vestiges sont probablement des copies de tablettes cunéiformes remontant au règne de Sargon l'Ancien d'Akkad, au XXIVe siècle avant J.-C.

Le poème *Les Travaux et les Jours* d'Hésiode (qui date aussi du VIIe siècle avant J.-C.) contient des conclusions protoastrologiques très similaires se fondant sur l'observation des relations entre les phénomènes terrestres et célestes. Le système astrologique actuel d'interprétation horoscopique n'est cependant apparu que dans la période suivante (P-6 ou période hellénistique).

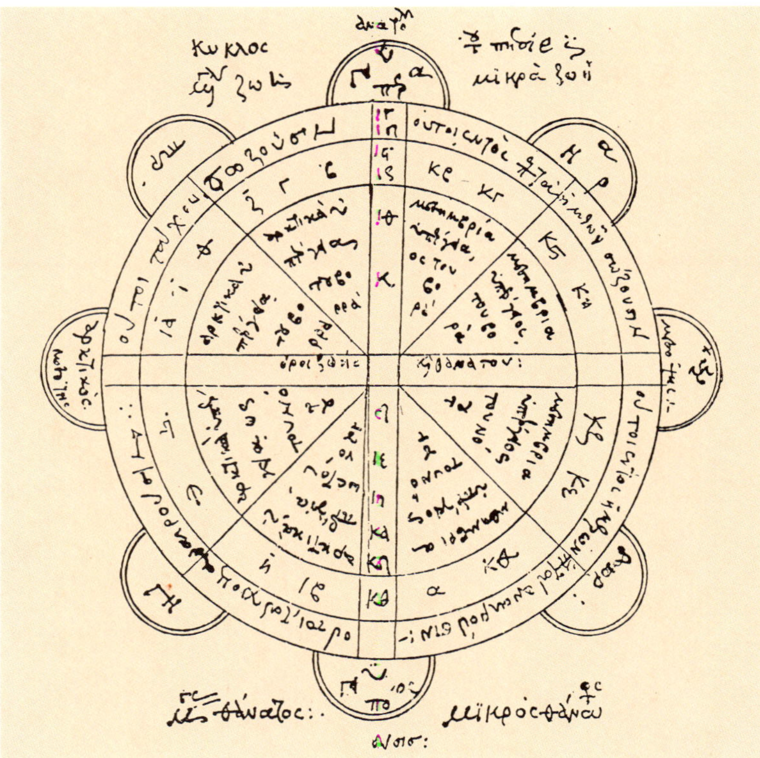

La sphère, d'après l'ouvrage de Néchepso et Pétosiris (IIe siècle av. J.-C.).

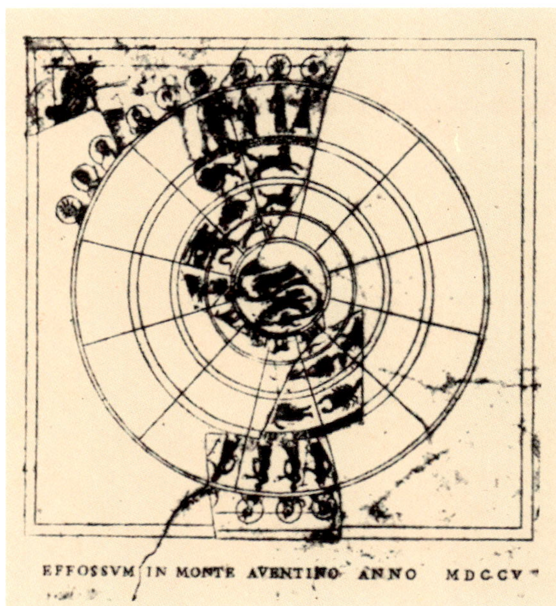

La Tabula Bianchini – fragment montrant l'ancien Zodiaque (IIe siècle av. J.-C.).

La découverte de la précession des équinoxes

Le dernier préalable nécessaire à la venue de la véritable astrologie fut la découverte de la précession des équinoxes et des différences de fonction patentes entre les constellations de l'écliptique, d'origine ancienne, et les signes zodiacaux (d'origine plus récente) liés à ces dernières. Il n'est pas impossible que la précession ait été connue avant Hipparque, pour l'astronome babylonien Kiddinnou, à la fin du IVe siècle avant J.-C. Dès lors, tous les préalables indispensables existaient et les temps étaient mûrs pour que naisse l'astrologie.

Nut, la déesse égyptienne des cieux, entourée des douze signes du Zodiaque égyptien, figurant sur le couvercle d'un sarcophage datant de l'époque de Ptolémée (gravure du XIXe siècle).

Ci-dessous : le plus vieil horoscope rédigé connu, gravé sur des tablettes cunéiformes, et se référant à la date du 29 avril de l'an 410 av. J.-C. (d'après A. Sachs, 1952).

Le deuxième plus vieil horoscope rédigé retrouvé, gravé sur des tablettes cunéiformes, se référant à la date du 4 avril de l'an 263 av. J.-C. (d'après A. Sachs, 1952).

LES PREMIERS HOROSCOPES

Période P-6

Vers le IIIe siècle avant J.-C. apparut une forme rudimentaire de l'astrologie. Son système complet de règles d'interprétation horoscopique est issu du mélange de plusieurs traditions – babyloniennes, grecques et égyptiennes. Il s'appuyait principalement sur les données astronomiques babyloniennes, complétées et très soigneusement conservées, et sur l'esprit géométrique et le rationalisme grecs qui réussirent à fondre des pratiques astrologiques hétérogènes en un système cohérent qui resta valable dans ses grandes lignes tout au long du Moyen Âge jusqu'à la Renaissance.

Les Grecs se familiarisèrent avec les principes de la doctrine astrale babylonienne au IIIe siècle avant J.-C. grâce au prêtre babylonien Bérose, qui fonda une école d'astrologie sur l'île de Cos dans le Dodécanèse vers 280 avant J.-C. Les méthodes égyptiennes furent importées à peu près à la même époque par Manéthon, historien et prêtre d'Alexandrie. Le plus important poète didactique hellénistique, Aratos de Soli, était leur contemporain. Son fameux poème, *Phainomena*, traduit ensuite plusieurs fois en latin, a été retrouvé avec les commentaires de ses traducteurs et interprètes successifs. Il fut inspiré par *Des phénomènes célestes, Mouvement des étoiles et signes du temps* – ouvrage scientifique, n'ayant malheureusement pas été sauvegardé, d'Eudoxe de Cnide, un astronome grec de la première moitié du IVe siècle avant J.-C. Eudoxe lui-même, qui exerça à Athènes et en Égypte, s'intéressait à l'astrométéorologie mais rejetait l'horoscopie personnelle sous prétexte que les prédictions astrologiques pouvaient saper la confiance en soi de l'homme.

Un important recueil de textes sur l'astrologie, d'une grande portée, non seulement pour l'astrologie grecque et romaine ultérieure mais aussi pour l'astrologie arabe, apparut au IIe siècle avant J.-C. en Égypte. Ses auteurs – Néchepso et Pétosiris – étaient supposés être le roi et son prêtre. Une partie de ce recueil contient de nombreuses règles traditionnelles d'interprétation d'un horoscope natal individuel (thème) ; l'autre partie se présente sous forme de lettres adressées par le prêtre à son souverain. Seuls des fragments du recueil nous sont parvenus.

Nous ne pouvons reconstruire aujourd'hui qu'une esquisse grossière de ce qu'était l'astrologie durant l'époque hellénistique car, à quelques exceptions près, l'héritage littéraire de cette période a brûlé dans les incendies qui ont ravagé les bibliothèques d'Alexandrie, d'Athènes et de Pergame.

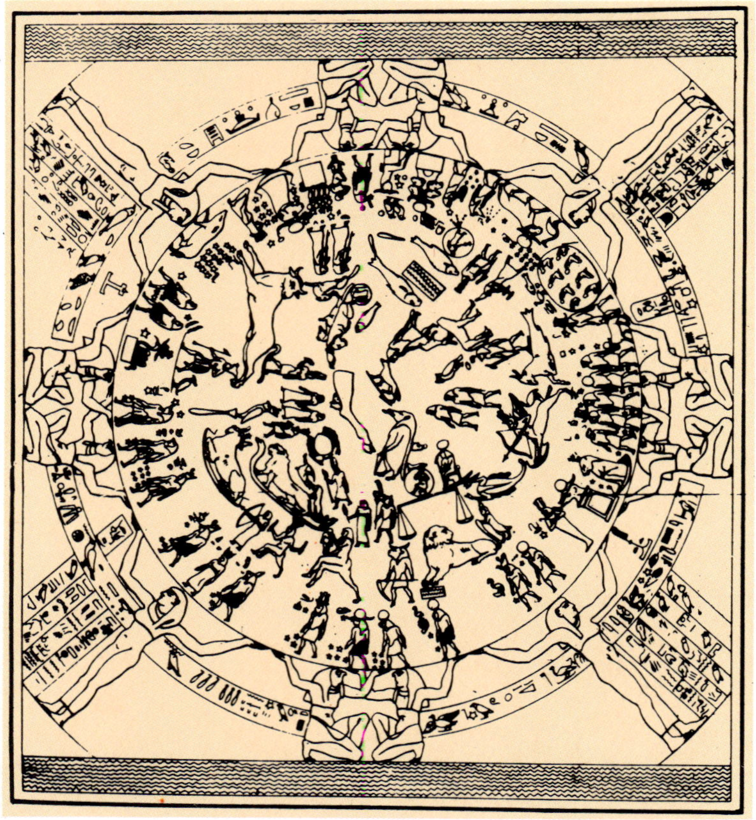

Zodiaque circulaire provenant de Denderah et datant du début de notre ère environ. Il représente la sphère céleste soutenue par douze personnages, puis, à l'intérieur de la circonférence du cercle, les 36 décans égyptiens représentés par leurs maîtres et enfin, au centre, le Zodiaque et des décorations symboliques. Ce dessin a été fait *in situ*, en Égypte, avant que l'objet ne soit transporté en France (d'après un livre de J.-L. Hugo publié en 1912).

Il est souvent affirmé que le plus vieil horoscope connu concerne la date du 29 avril de l'an 410 avant J.-C. (voir page 211 en bas à gauche). Toutefois, cette affirmation appelle quelques nuances. C'est un texte cunéiforme gravé dans une tablette et conservé à la bibliothèque de Bodley à Oxford. Ce n'est pas un horoscope au véritable sens du terme, bien que F. H. Cramer le taxe d'« horoscope zodiacal » : le texte contient seulement les positions des Planètes dans le Zodiaque, ce qui est trop peu pour parler d'horoscope. Selon Joseph Needham, sinologue, les plus vieux exemples de véritables horoscopes dressés dans la Babylonie hellénistique se réfèrent à l'an 176 avant J.-C. pour le premier thème natal et à l'an 160 avant J.-C. pour le premier horoscope de conception. Bien que Bérose (IIIe siècle avant J.-C.) soit considéré comme le fondateur de l'horoscope individuel, les artefacts actuellement en notre possession montrent que l'horoscopie est un peu plus récente.

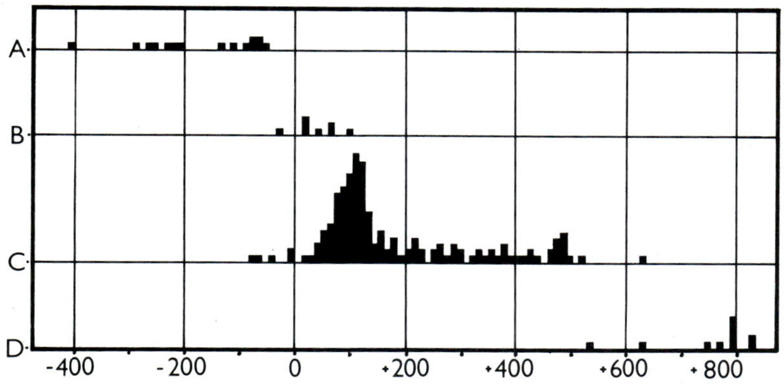

Distribution chronologique de 215 horoscopes anciens dressés autour du début de notre ère. L'échantillon comprend 16 textes cunéiformes babyloniens (**A**), 8 horoscopes égyptiens rédigés en écriture démotique (**B**), 180 horoscopes grecs (**C**) et 11 horoscopes arabes (**D**). (Adapté de O. Neugebauer et H. B. Van Hoesen, 1959.)

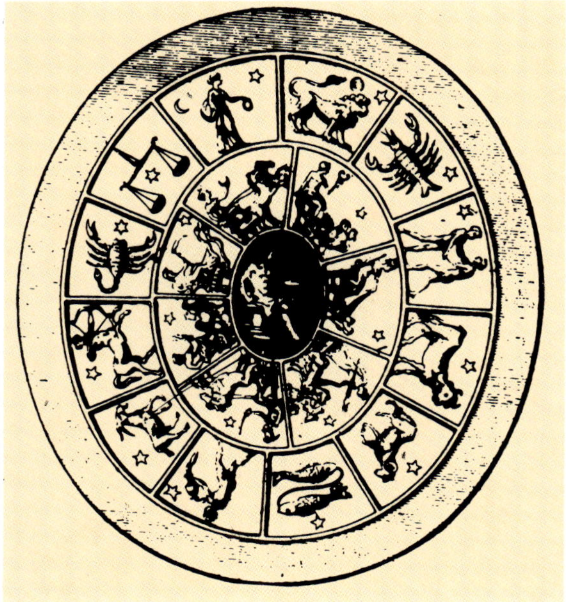

Les sept Planètes traditionnelles et les douze signes zodiacaux. Gravure romaine sur tablette d'onyx (*in L'Origine de tous les cultes* de C. Dupuis, 1794).

Le Zodiaque et les sept Planètes sur un relief d'Argos.

Le Lion de Commagène. Stèle de pierre monumentale qu'Antiochus Ier (69-34 av. J.-C.), roi de Commagène, fit placer sur la montagne Nemrud dans le Taurus. La stèle représenterait la constellation réelle du Lion où se trouvaient alors Mars, Jupiter, Mercure et la Lune ; la date correspondante serait celle de la naissance du roi ou de son couronnement.

L'ASTROLOGIE SOUS L'EMPIRE ROMAIN

Période P-5

Grâce aux analystes et chroniqueurs anciens, nous connaissons assez bien la vie et les œuvres d'un certain nombre d'astrologues de l'époque romaine. La plupart étaient grecs. Certains de leurs travaux sont parvenus jusqu'à nous, dans leur intégralité ou partiellement ; la plupart d'entre eux furent cependant perdus à l'époque classique. Quelques horoscopes authentiques ont aussi été préservés. Leur signification astronomique et linguistique, de même que l'arrière-plan politique de l'époque où ils ont été dressés ont été analysés par des experts remarquables comme A. Bouché-Leclercq, O. Neugebauer et H. B. Van Hoesen, ou F. H. Cramer. Sont aussi arrivés jusqu'à nous quelques écrits polémiques classiques tels les dialogues *De divinatione* en deux volumes de Cicéron.

Du Ier siècle avant J.-C. au Ier siècle après J.-C.

Au Ier siècle avant J.-C., les écrivains d'alors considéraient Firmanus comme le meilleur astrologue de la République romaine. Au temps de l'empereur Auguste, les astrologues réputés étaient notamment Scribonanius et Théogène, et durant le règne de Tibère ce furent Thrasylle, le poète Manilius (auteur du poème astrologique didactique en cinq livres *Astronomica*, remarquablement préservé) et surtout Dorothée de Sidon, particulièrement influent au Moyen Âge. Parmi les importants astrologues préptolémaïques, il faut citer Teucros le Babylonien – dont l'œuvre, bien que fragmentairement préservée, fut d'une

La Fête de Trimalcion, une illustration hollandaise du XVIIIe siècle du *Satiricon* de Pétrone (Ier siècle ap. J.-C.). Dans son œuvre, Pétrone décrit avec humour comment les douze signes du Zodiaque furent répartis autour d'un plateau circulaire sur lequel de la nourriture fut placée selon le principe d'analogie : des pois chiches pour le Bélier, un morceau de bœuf pour le Taureau, les testicules et les rognons d'un cochon pour les Gémeaux, une couronne pour le Cancer, une figue pour le Lion, le ventre d'une truie stérile pour la Vierge, une balance avec un gâteau sur un plateau et une tarte dans l'autre pour la Balance, un poisson de mer appelé « scorpion d'eau » pour le Scorpion, une seiche pour le Sagittaire, un homard épineux pour le Capricorne, une oie pour le Verseau et deux barbeaux pour les Poissons.

grande importance au moment du mélange syncrétique des astrologies occidentale et orientale au Ier siècle de notre ère –, le Grec Démophile, Balbillus – fils de Thrasylle, qui servit successivement les empereurs Néron, Claude et Vespasien comme astrologue –, et Séleucos, mentionné au temps de l'empereur Othon. Le remarquable auteur d'éphémérides, l'astrologue Crinas de Marseille, avait tellement de succès que, selon Pline, il laissa à sa mort 10 millions qui servirent à construire les murs de la ville.

Au IIe siècle après J.-C.

Au IIe siècle après J.-C., l'astronome le plus célèbre, également astrologue, chronologue et géographe, Claude Ptolémée écrivit à Alexandrie deux traités majeurs d'astronomie : *Megale syntaxis* – la grande syntaxe mathématique, plus connue ensuite sous le nom d'*Almageste*, une compilation des connaissances astronomiques des Anciens –, et *Tetrabiblos* – quatre livres qui posent les fondements de l'astrologie. Ces deux travaux furent considérés comme les bases fondamentales de l'astronomie tout au long du Moyen Âge jusqu'à l'époque de Copernic et de Kepler.

Parmi les contemporains de Ptolémée figuraient les astrologues grecs Critodème, auteur de *Révélation*, et Antiochus d'Athènes, auteur du poème didactique *Les Trésors*, ainsi que l'astrologue chrétien Aquila, connu sous l'empereur Hadrien. La génération suivante comprenait le poète Maxime, dont le poème didactique *Des origines*, parvenu jusqu'à nous, traite des constellations favorables à l'entreprise de certaines activités, et l'astrologue Antigone de Nicée, mentionné à propos de l'horoscope d'Hadrien. L'ouvrage conservé en totalité de Valens Vettius, *L'Anthologie*, est très précieux pour reconstruire les méthodes horoscopiques classiques ; c'est une compilation d'explications des principales notions d'horoscopie donnant en exemple 130 naissances réelles entre 37 et 188 après J.-C. Mentionnons également l'œuvre particulièrement concise de Lucien de Samosate (IIe siècle), *De l'astrologie*.

Au IIIe siècle après J.-C.

Au IIIe siècle, non seulement les philosophes grecs mais aussi les auteurs chrétiens traitaient d'astrologie dans leurs œuvres. Le philosophe néoplatonicien Porphyre, élève de Plotin et commentateur du *Tetrabiblos* de Ptolémée pour lequel il écrivit une préface, est l'auteur d'*Isagoge*, un pamphlet astrologique dont s'inspirèrent par la suite les Arabes. Porphyre créa aussi un nouveau système de domification, différant structurellement du système ptolémaïque plus ancien aux Maisons égales (*Modus equalis*). Un autre philosophe grec, Anatole d'Alexandrie, également orateur, mathématicien et astronome, et qui deviendra plus tard l'un des docteurs de l'Église, tenta de déterminer la personnalité et l'espérance de vie probables d'un individu d'après le jour de la semaine de sa naissance. En 238, un auteur chrétien, Censorinus, écrivit le livre *De die natali* (*Du jour de la naissance*), où il passait en revue tout ce qui pouvait être rattaché à l'instant de la naissance.

La sphère armillaire, une figure allégorique de l'astrologie, et Ptolémée tenant un astrolabe (illustration *in Theoricarum novarum* de George Purbach, 1515).

Au IVe siècle après J.-C.

L'ouvrage d'astrologie le plus exhaustif de l'époque classique et le mieux préservé du temps est le *Matheseos libri VIII* (*Huit Livres d'instructions*) de l'écrivain latin du IVe siècle Julius Firmicus Maternus. L'importance fondamentale de ce livre vient de ce que c'est une compilation de sources plus anciennes et souvent perdues ; néanmoins, il n'a pas la portée du *Tetrabiblos* de Ptolémée à d'autres égards.

DE L'ANTIQUITÉ AU MOYEN ÂGE

Période P-4

Chapitre relativement court et par conséquent souvent négligé de l'histoire de l'astrologie, le moment se situant à la fin de la période classique coïncide à peu près avec l'époque des grandes migrations en Europe – les Ve et VIe siècles. C'est lors de cette phase qui achève la période classique que l'astrologie entre dans l'époque médiévale.

À l'époque classique

Les principales autorités en astronomie à cette époque étaient essentiellement des écrivains influencés par le néoplatonisme : Paul d'Alexandrie, auteur d'une introduction à l'astronomie (solide travail démontrant non seulement une connaissance certaine de l'astronomie mais aussi l'esprit critique de son auteur), et le chef de l'école platonicienne d'Athènes, Proclus, qui a notamment commenté les *Prophéties chaldéennes* (écrits anonymes du IVe siècle), le *Timaios* de Platon et surtout le *Tetrabiblos* de Ptolémée qu'il réécrivit sous le titre de *Paraphrase* ; l'édition de Mélanchton du *Tetrabiblos* imprimé à Bâle en 1554 fut basée sur cette version. Parmi les auteurs moins bien connus d'horoscopes dans l'esprit de la fin de l'époque classique, citons Héphestion de Thèbes et son *Apotelesmatica* en trois livres (qui contient des extraits d'œuvres d'auteurs plus anciens et s'étend principalement sur le choix de moments appropriés pour entreprendre diverses activités – ou élections), Palchos, Eutocis, Rhetorius et, un siècle plus tard, Stéphane d'Alexandrie dit « le Philosophe », auteur probable du plus ancien horoscope grec connu, daté de 621.

Zodiaque figurant sur un sol en mosaïque à Beth Alpha (dans le Levant) datant de l'époque de l'empereur romain oriental Justinien Ier (518-527).

L'astrologie en Inde

À cette époque, l'étude de l'astrologie jouissait elle aussi d'une grande considération en Orient, en particulier en Inde sous la dynastie gupta. L'une des autorités les plus respectées en astrologie était Varâha Mihira – sorte de Ptolémée oriental, auteur de l'œuvre fondamentale *Brhat Djataka*, un traité détaillé sur le système astrologique hindou. Dans l'histoire de l'astrologie européenne, le rôle joué par les pratiques horoscopiques hindoues est important, particulièrement en Allemagne, du début des années 1920 à la fin de la Seconde Guerre mondiale.

C'est à l'époque de Varâha Mihira que des traductions des travaux astrologiques de Teucros apparurent en Inde. L'ouvrage astrologique *Surya Siddhanta*, dont l'importance fut très appréciée plus tard, durant le Moyen Âge arabe, date probablement du début du Ve siècle après J.-C. ; au VIIIe siècle, il fut révisé deux fois et traduit en arabe sur ordre d'Almanzor, second calife abbasside, sous le titre de *Sindhind*.

Au VIe siècle, Joannes Laurentios Lydos – un historien byzantin vivant sous le règne de l'empereur Justinien – écrivit *Peri diosemeion* (*Des phénomènes célestes*), ouvrage dans lequel il décrivait les méthodes divinatoires des anciens Romains et Étrusques, passait en revue les anciennes données sur les phases de la Lune, les comètes, les phénomènes atmosphériques et les tremblements de terre, et citait des extraits de la « géographie astrologique » de Ptolémée contenue dans le livre II du *Tetrabiblos*.

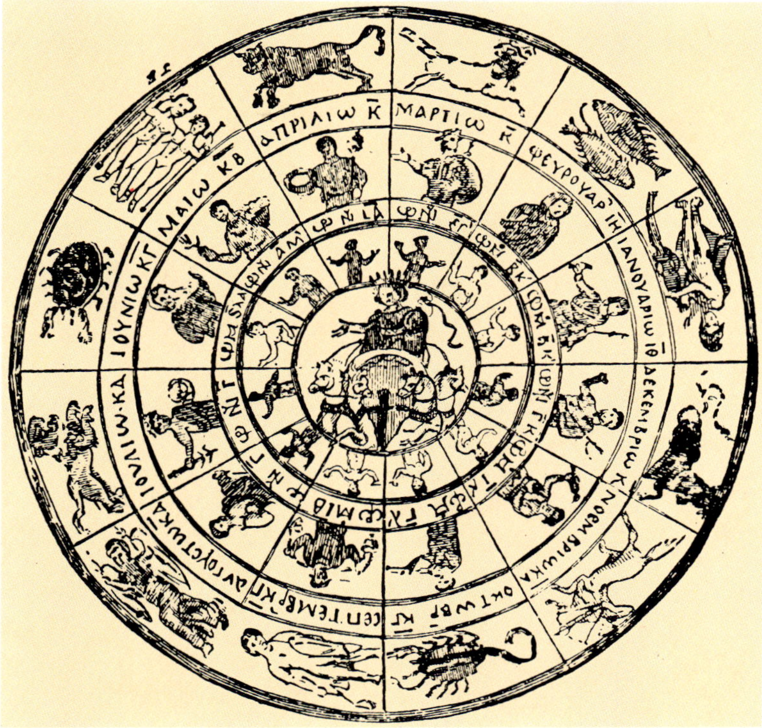

Le Soleil sous l'aspect d'Hélios, représenté au centre du Zodiaque avec les maîtres des signes.
Les inscriptions sur l'anneau extérieur représentent les mois zodiacaux (dessin d'après une miniature figurant dans un manuscrit de 820 de provenance byzantine, copie d'un ouvrage de Ptolémée).

L'INTERMÈDE ARABE

Période P-3

La science arabe a constitué l'un des principaux ponts entre l'époque classique et l'Europe médiévale. Elle se développa durant la période qui suivit l'expansion de l'Islam, au IXe et Xe siècles, sous le règne de la dynastie des califes abbassides. L'Europe connaissait les sommités de l'astronomie arabe par la version latinisée de leurs noms ; ainsi, l'une des plus grandes autorités en la matière, Abu Ma'shar, était connu sous le nom de Albumasar, et al-Bîrunî, comme Aliboron (voir page 218).

L'irremplaçable rôle des Arabes

Les trois siècles de l'intermède arabe ont enrichi l'astrologie dans les domaines non seulement des techniques mais aussi de la terminologie et de la méthodologie, comme en témoignent des termes arabes ou des expressions telles que « les Parts arabes », toujours en vigueur. Lors du transfert de l'héritage astrologique entre l'époque classique et l'Europe médiévale occidentale, le rôle des Arabes fut irremplaçable. Les principaux centres de culture islamique étaient Bagdad et Le Caire, mais de nombreux scientifiques et traducteurs travaillaient dans d'autres villes.

La présence des Arabes – ou Maures – dans la péninsule Ibérique fut déterminante pour l'Europe. Les Arabes non seulement brillaient dans l'observation et les mesures, mais étaient aussi d'excellents mathématiciens et concepteurs d'astrolabes – toutes choses d'une grande importance pour le développement subséquent de l'astronomie et de l'astrologie européennes.

Outre les traductions du grec de travaux astronomiques, effectuées jusqu'au IXe siècle, la traduction de l'ouvrage indien *Surya Siddhanta*, effectuée dès la seconde moitié du VIIIe siècle, fut aussi très précieuse au développement de l'astronomie arabe. Au IXe siècle, le *Tetrabiblos* de Ptolémée fut traduit en arabe par Isaac Ibn Hunein puis commenté par Abenragel deux siècles plus tard. La contribution de ce dernier fut traduite en latin au XIIIe siècle par le Lombard Egidius de Tebaldis, à l'instigation d'Alphonse X de Castille. On sait que cette version faisait partie des manuscrits de la bibliothèque royale de Venceslas IV, roi de Bohême.

Le plus prolifique et l'un des premiers astrologues de la dynastie abbasside fut Mash' allah, qui écrivit à Bagdad au moins dix-huit traités sur les différents problèmes de l'horoscopie. Ses contemporains du début du IXe siècle comptaient Albubater, auteur de deux ouvrages sur les principes fondamentaux de l'horoscopie (qui furent traduits en latin plus tard), Albohali, qui écrivit un manuel d'horoscopie courante également connu par des traductions en latin et, enfin, Zahel Benbriz, un astrologue juif, vizir du calife al-Mamoun, travaillant dans le Khorasan (au nord-est de l'Iran) et écrivant en arabe ; outre ses seize livres ultérieurement traduits en latin, sa version de l'œuvre de Dorothée de Sidon, astrologue grec de l'époque romaine, est particulièrement importante. Omar Alfraganus Tiberiadis, un autre astrologue travaillant à Bagdad pour le calife al-Mamoun, était également connu par plusieurs traductions en latin.

L'un des pères de l'astrologie arabe fut Al-Kindî, auteur de nombreux traités astrologiques dont dix-neuf nous sont connus. Il fut le maître du plus fameux astrologue, Albumasar, qui officia à Bagdad au IXe siècle. De la pléiade d'ouvrages d'Albumasar, vingt-sept ont été traduits en latin ; son *Kitab al Mudkhal* (*Introduction à l'astrologie*) est l'un des plus connus et probablement le plus utilisé des ouvrages d'astrologie au Moyen Âge en Europe. Dans son étude de la littérature classique, Albumasar ne s'est pas cantonné à l'autorité de Ptolémée mais a également étudié Dorothée, Hermès, Teucros et Antiphos à travers lesquels les principes de l'astrologie babylonienne, perse et égyptienne avaient pénétré l'astrologie hellénistique de la période romaine. Avec son élève Sadan, Albumasar écrivit un livre sur les Planètes.

Le système des sept Planètes astrologiques et des douze signes du Zodiaque sur un dessin d'origine arabe.

Les activités agricoles spécifiques à chacun des douze mois zodiacaux. D'après un codex manuscrit de 1162.

Une vaste compilation d'élections astrologiques fut écrite par Embrani, un astrologue exerçant à Mossoul (Irak). Le classique recueil d'aphorismes astrologiques *Centiloquium*, attribué probablement à tort à Ptolémée, fut à la base du travail de Rhazes, médecin et philosophe vivant à Bagdad, à qui ont été attribué entre 37 et 61 ouvrages de médecine astrologique par différents historiens.

Un acteur clé du développement de l'horoscopie est l'astrologue de Mossoul connu sous le nom latinisé d'Alcabitius. Le plus important de ses écrits est ce qui devint, traduit en latin, son chef-d'œuvre, le *Liber introductorius*. Il fut le premier à intervenir de façon significative dans les techniques de division en Maisons (domification) et en astrologie des directions. Ses ouvrages en latin étaient toujours imprimés en Europe au XVIe siècle.

Parmi les auteurs plus récents de la période arabe, citons Aliboron, un érudit d'origine perse qui passa quarante ans en Inde peu après qu'un important commentateur de l'ancienne littérature astrologique hindoue, Battotpala, y eut vécu et travaillé, et le commentateur du *Tetrabiblos*, Abenragel, exerçant à Cordoue, en Espagne, et en Tunisie, dont les écrits furent par la suite souvent traduits en latin. Toutes ces traductions ont permis de sauvegarder pour la postérité l'ancienne culture islamique que le fanatisme musulman ultérieur a détruite sans pitié dans les territoires conquis.

L'EUROPE REPREND LE FLAMBEAU

Période P-2

Deux villes jouèrent un rôle prépondérant dans l'expansion de l'astrologie en Europe à l'apogée du Moyen Âge : Tolède, en Espagne, et Chartres, en France. Peu après sa conquête par les souverains de Castille, sous le règne d'Alphonse VI, Tolède devint un haut lieu de l'humanisme réputé pour sa tolérance religieuse entre chrétiens, juifs et musulmans qui permit la traduction de nombreux écrits dans le domaine de la science en général – or, en science, l'astrologie occupait la première place. Tolède devint donc vite l'étoile au firmament de l'Europe et de la Méditerranée scientifique.

Chartres devint un important centre de la période gothique, non seulement pour sa merveilleuse cathédrale, mais aussi pour son école néoplatonicienne qui appliquait de nouveaux critères à l'astrologie. L'un de ses représentants majeurs était Guillaume de Conches.

Dans la seconde moitié du XIIe siècle, toute une génération de traducteurs remarquables assura le transfert des connaissances astronomiques et astrologiques arabes et juives vers l'Europe. Parmi ceux-ci, les plus importants sont les Italiens Gérard de Crémone et Platon de Tivoli, l'Espagnol Jean de Séville, Adélard de Bath (Angleterre) et Hermann le Dalmate.

Michel Scot

Dès le XIIIe siècle, l'Europe avait ses propres astrologues qui étudiaient et développaient les fondations de cette science ancienne. Parmi leurs chefs de file, Michel Scot et Guido Bonatti (dit Stellar Bonatus) exerçaient tous deux à la cour de l'empereur Frédéric II ; ils sont d'ailleurs mentionnés dans *La Divine Comédie* de Dante. Dans les années 1230, Scot rédigea pour la cour de Sicile une encyclopédie astronomique et astrologique en trois volumes dont l'intérêt réside, selon l'historien d'art tchèque Josef Krása, dans le fait « qu'elle se rattache directement à la tradition des atlas stellaires d'Aratos, d'Hyginus ou de Germanicus, c'est-à-dire à des œuvres n'ayant pas subi l'influence arabe mais qui sont entrées dans le Moyen Âge européen directement par l'intermédiaire de copies carolingiennes ».

Avenarius

L'une des personnalités marquantes de l'astrologie du XIIe siècle est Abraham Ibn Ezra de Tolède, également connu sous le nom latinisé d'Avenarius. Cet érudit universel consacra à l'astronomie et à l'astrologie les ouvrages *Le Livre des naissances, Le Livre des jours critiques* et *Le Livre des lumières*, dont les originaux en hébreu furent traduits en latin et constituèrent de précieuses sources de connaissances pour les astrologues postérieurs et notamment pour Regiomontanus.

Cecco d'Ascoli

Mathématicien le plus en vue à l'université de Bologne, en Italie, astrologue à la cour du duc de Calabre ainsi que médecin personnel du pape Jean XXII, Cecco d'Ascoli fut dénoncé sous l'Inquisition par ses ennemis et brûlé sur un bûcher comme hérétique en place de Florence le 17 sep-

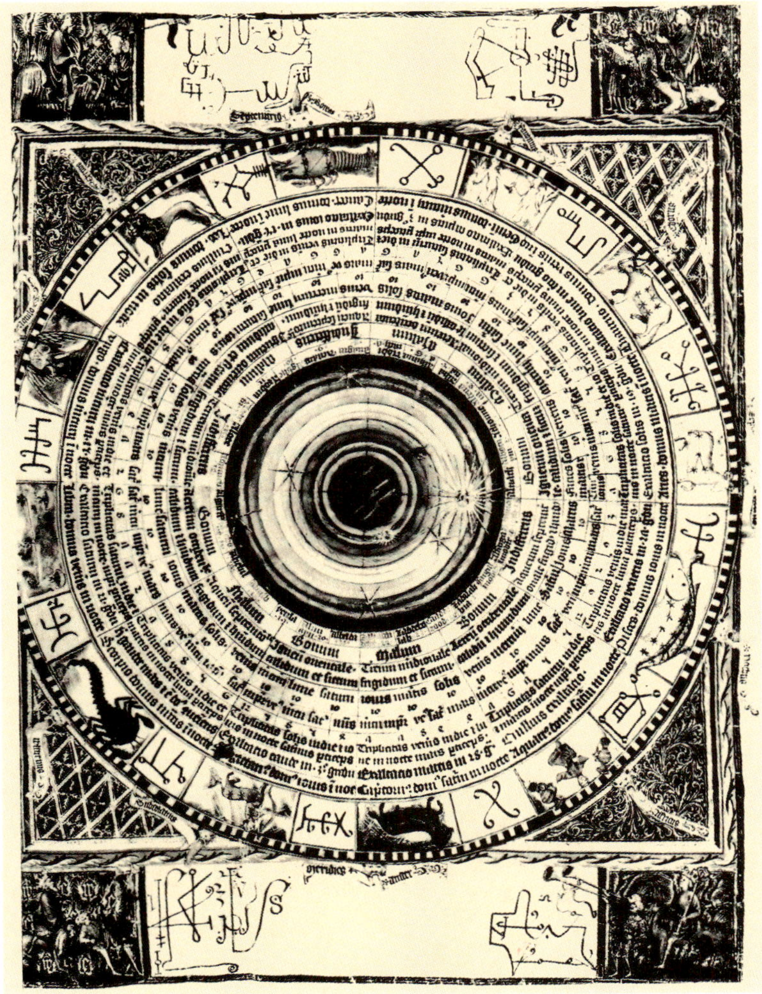

Sphère céleste sur la page de titre d'un manuscrit du *Munich Convolute*, un ouvrage astronomico-astrologique de la bibliothèque de la cour du roi de Bohême Venceslas IV.

tembre 1327 ; sa *Biographie du Christ selon l'astrologie* n'y est peut-être pas étrangère. Albert le Grand – moine dominicain allemand, grand érudit et autorité ecclésiastique du XIIIe siècle reconnu comme *doctor universalis* – fit beaucoup pour consolider la position de l'astrologie dans l'Europe chrétienne médiévale ; il essaya aussi de dresser l'horoscope du Christ. Son enseignement, basé sur Aristote, permit de transformer progressivement l'aversion initiale de l'Église à l'égard de l'astrologie en tolérance.

D'autres astronomes de l'époque gothique tels que Campanus et Pierre d'Abano ont également marqué l'histoire de l'astrologie. Vers 1290-1311, l'astrologue espagnol Alvaro de Ovieda résidait à la cour du roi de Bohême, à Prague ; ceci n'est pas étonnant puisque le roi Alphonse X de Castille, cousin du prédécesseur de Venceslas, Ottokar II, était le plus grand protecteur de l'astronomie de l'époque. Alphonse X employait à son service les astrologues Pietro di Reggio et Yehuda Ben Moshe. À son instigation furent compilées les célèbres *Tables alphonsines*, utilisées par les astronomes européens jusqu'à l'époque de Kepler qui les remplaça par ses propres *Tables rodolphines*, plus précises.

APRÈS L'INVENTION DE L'IMPRIMERIE

Période P-1

Popularisation de l'astrologie

Les documents les plus riches intégrant l'astrologie à la science et à la culture de l'époque datent de la période de l'humanisme européen. Entre la seconde moitié du XVe siècle et le XVIIe siècle, nous connaissons d'innombrables noms, vies et ouvrages rattachés à l'astrologie. En effet, l'invention de l'impression typographique a eu pour effet que nous n'avons plus à compter sur les seules rares copies manuscrites pour étudier l'histoire de l'astrologie.

Les inventions de l'horloge mécanique, de la presse et de la correction calendaire grégorienne ont accéléré l'unification de l'astrologie européenne. L'astrologie fut acceptée à la fois par les philosophes de la Renaissance et par l'Église ; elle quitta alors le domaine privé des bibliothèques royales pour se répandre parmi de larges couches de population, perdant ainsi certains des caractères hermétiques qu'elle avait acquis au Moyen Âge.

Malgré sa popularisation quelque peu disproportionnée, l'astrologie demeura un domaine d'intérêt pour un grand nombre de scientifiques et d'inventeurs remarquables, tels Johannes Müller (dit Regiomontanus), Marsile Ficin et Jérôme Cardan, ainsi que l'ami de Copernic et éditeur de son fameux *De revolutionibus orbis coelestium*, Georg Joachim, dit Rheticus. Un rôle déterminant en cette période de l'astrologie fut joué par l'empereur germanique et roi de Hongrie Rodolphe II, qui rassembla auprès de lui de nombreux savants et artistes, notamment Tycho Brahe, Johannes Kepler, Petr Kodicill – dit Codicillus – et Thaddeus Hájek de Hájek. Cyprien Lvovický de Lvovice, dit Leovitius, mêla aussi astronomie et astrologie ; ses calculs d'éphémérides sont admirables, ainsi que ses études astrologiques. La contribution des astrologues italiens fut également significative, que ceux-ci aient gagné les régions au nord des Alpes en personne ou par le biais de leurs écrits.

Nostradamus

L'une des personnalités les plus complexes de l'histoire de l'astrologie est le Français Michel de Nostre-Dame, dit Nostradamus, astrologue de Catherine de Médicis et médecin personnel de Charles IX. Mais le véritable père de l'astrologie française fut Jean-Baptiste Morin de Villefranche, professeur de mathématiques à l'université de Paris et médecin personnel du duc de Luxembourg puis de Louis XIII. Après qu'il fut tombé en disgrâce au service du cardinal de Richelieu, ce dernier lui octroya une pension annuelle décente. Cependant, il ne vit pas publier de son vivant l'œuvre de sa vie, *Astrologica gallica*, qui devint ultérieurement la pierre angulaire de toute une école de l'astrologie moderne européenne ; cet ouvrage ne fut pas imprimé avant 1661, à La Haye, quatre ans après la mort de Morin et douze ans après son achèvement.

Le specticisme des XVIIe et XVIIIe siècles

En France, cependant, dès le XVIIe siècle, René Descartes et Blaise Pascal prirent une position très sceptique vis-à-vis de l'astrologie, tandis que Jean de La Fontaine « excommuniait » les astrologues et alchimistes du monde de la science dans ses *Fables*. L'homme d'état Jean-Baptiste Colbert fit de même – dans la réalité cette fois –

L'astrologue Terzyssko à l'œuvre, *in Munich Convolute*, un manuscrit astronomico-astrologique de la bibliothèque de la cour du roi Venceslas IV (1361-1419), Bayerische Staatbibliothek, Munich.

en évinçant les astrologues de l'université. Le pape Sixte V admonesta les diseurs de bonne fortune de tous types plus énergiquement encore que ne le fit le pouvoir séculier sous Charles VII et Charles IX, avant lui. Finalement, Louis XIV interdit l'impression et la distribution des almanachs astrologiques dans tout le royaume par un décret spécial du 31 juillet 1682. Après tout, n'était-il pas le Roi-Soleil : que pouvaient donc apporter de bon les horoscopes ?

Avec l'avènement des Lumières, au XVIIIe siècle, l'astrologie se retira de la scène historique – pour de bon, semblait-il. À la tête de ce mouvement philosophique, Voltaire se moquait ouvertement de l'astrologie et, à cette époque, le déclin de celle-ci fut très abrupt en France, tandis qu'en Europe, le nombre d'astrologues atteignait son minimum. Durant le siècle des Lumières, le cordon ombilical qui reliait depuis des siècles la science à l'astrologie fut définitivement coupé. Si l'astrologie européenne ne dut jamais lutter pour sa survie, c'est à ce moment qu'elle le fit. Elle fut remise en question à la fois par Denis Diderot dans son *Encyclopédie*, et par l'astronome, mathématicien et philosophe Pierre Simon de Laplace. En 1780, un autre astronome, Jean Sylvain Bailly, la taxa de « plus long fléau de l'humanité s'étant jamais attaqué à la raison ».

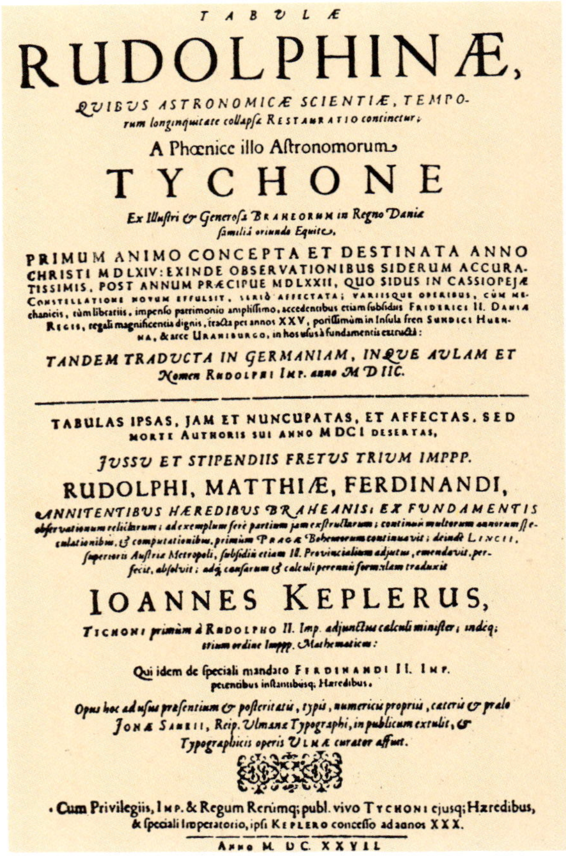

TABULÆ
RUDOLPHINÆ,
QUIBUS ASTRONOMICÆ SCIENTIÆ, TEMPOrum longinquitate collapsæ RESTAURATIO continetur;
A Phœnice illo Astronomorum
TYCHONE
Ex Illustri & Generosa BRAHEORUM in Regno Daniæ familiâ oriundo Equite,
PRIMUM ANIMO CONCEPTA ET DESTINATA ANNO CHRISTI MDLXIV: EXINDE OBSERVATIONIBUS SIDERUM ACCURATISSIMIS, POST ANNUM PRÆCIPUE MDLXXII, QUO SIDUS IN CASSIOPEJÆ CONSTELLATIONE NOVUM EFFULSIT, SERIÒ AFFECTATA; VARIISQUE OPERIBUS, CÙM MEchanicis, tùm librariis, impenso patrimonio amplissimo, accedentibus etiam subsidiis FRIDERICI II. DANIÆ REGIS, regali magnificentia dignis, tracta per annos XXV, potissimùm in Insula freti SUNDICI HUENNA, & arce URANIBURGO, in hos usus à fundamentis extructâ:
TANDEM TRADUCTA IN GERMANIAM, INQUE AULAM ET Nomen RUDOLPHI IMP. anno MDIIC.

TABULAS IPSAS, JAM ET NUNCUPATAS, ET AFFECTAS, SED MORTE AUTHORIS SUI ANNO MDCI DESERTAS,
JUSSU ET STIPENDIIS FRETUS TRIUM IMPPP.
RUDOLPHI, MATTHIÆ, FERDINANDI,
ANNITENTIBUS HÆREDIBUS BRAHEANIS; EX FUNDAMENTIS observationum relictarum; ad exemplum ferè partium jam exstructarum; continuis multorum annorum speculationibus, & computationibus, primùm PRAGÆ Bohemorum continuavit; deinde LINCII, superioris Austriæ Metropoli, subsidiis etiam Ill. Provincialium adjutus, emendavit, perfecit, absolvit; adq; causarum & calculi perennis formulam traduxit
IOANNES KEPLERUS,
TYCHONI primùm à RUDOLPHO II. Imp. adjunctus calculi minister; indeq; trium ordine Imppp. Mathematicus:
Qui idem de speciali mandato FERDINANDI II. IMP. petentibus instantibusq; Hæredibus,
Opus hoc ad usus præsentium & posteritatis, typis, numericis propriis, cæteris & prælo JONÆ SAURII, Reip. Ulmanæ Typographi, in publicum extulit, & Typographicis operis ULMÆ curator affuit.

· Cum Privilegiis, IMP. & Regum Rerumq; publ. vivo TYCHONI ejusq; Hæredibus, & speciali Imperatorio, ipsi KEPLERO concesso ad annos XXX.
ANNO M. DC. XXVII.

Le choc de la découverte d'Uranus

Pour couronner le tout, le mardi 13 mars 1781, entre 22 et 23 heures, sir William Herschel découvrit une nouvelle Planète, Uranus. Ce fut un véritable choc : l'ancien système hermétique des sept Planètes astrologiques qui gouvernaient les sept jours de la semaine, était mis pour la première fois en difficulté depuis l'Antiquité. D'autant que les découvertes astronomiques dans le Système solai-

Ci-dessus à gauche : frontispice des *Tables rodolphines* (1627), un exemple de l'illustration de haute qualité d'un livre scientifique, caractéristique de la période maniériste.
Ci-dessus : page de titre des *Tables rodolphines* (1627).
Médaillon d'argent au portrait de Rodolphe II par Paulus van Vianen (diam. 32 cm, Musée national de Prague). Au revers figure la devise « *Fulget caes astrum* » et sont représentés la couronne impériale et l'aigle, ainsi que l'écliptique et le signe du Capricorne, qui est l'Ascendant du thème natal de l'empereur.

Rodolphe II, portrait de Hans von Aachen (huile sur toile, 60 cm × 48 cm, Kunsthistorisches Museum, Vienne).

Horoscope de Rodolphe II par Joris Hoefnagel (aquarelle, 55 cm × 39 cm, Österreichische Nationalbibliothek, Vienne).

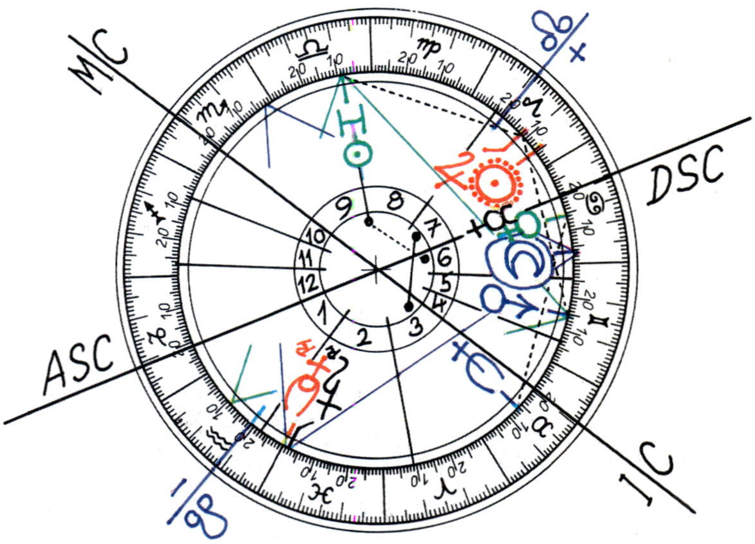

Horoscope natal (thème) de l'empereur Rodolphe II, dressé sur la base de sa date de naissance rectifiée : le 18 juillet 1552 à 18 heures, 45 minutes et 48 secondes, en temps local à Vienne (domification de Koch).

À droite : horoscope natal (thème) de Johannes Kepler dressé en carré. Cet horoscope a été redessiné d'après ses manuscrits posthumes déposés aujourd'hui à Saint-Pétersbourg (auparavant à Pulkovo) et imprimés dans son recueil de travaux (*Johannis Kepleri astronomi – Opera omnia V*, 476 – *Notae editoris*, Ch. Frisch, Francfort, 1864).
La transcription à partir du manuscrit a probablement engendré des erreurs. Ainsi, l'Ascendant est incorrectement situé à 25° des Gémeaux, et les longueurs écliptiques de certaines Maisons opposées ne sont pas identiques, alors qu'elles le devraient. Selon cet horoscope, dont les données natales sont confirmées dans *Opera omnia VIII*, 672, Kepler serait né le 27 décembre 1571 à 13 h 30 à Magstadt, dans le Wurtemberg. Mais en 1593, H. Rösslin donnait comme heure de naissance 14 h 30, ce qui diffère d'une heure entière avec la précédente (Kepler, *Opera omnia IV*, 295).

Portrait de Rodolphe II, par Josef Heintz le Vieux (huile sur cuivre, 16,2 cm × 12,7 cm, 1594. Kunsthistorisches Museum, Vienne).

Page de droite, en haut à droite : *Johannes Kepler*, portrait de Hans von Aachen (huile sur toile, 51,5 cm × 38,5 cm. Château Rychnov nad Kneznou, en Bohême).

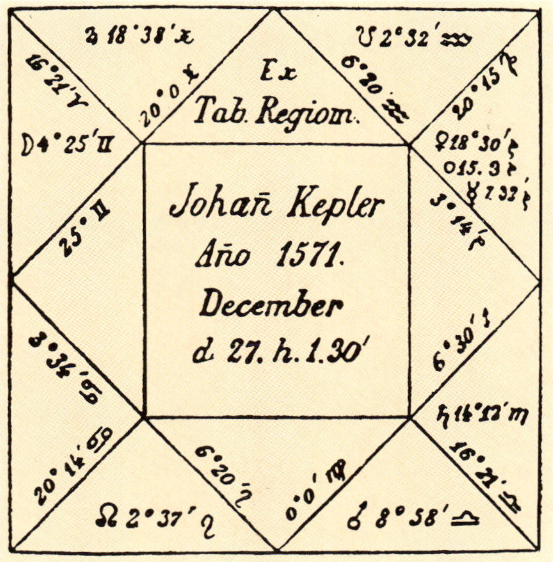

Horoscope natal (thème) de Johannes Kepler, né (selon ses propres données) le 27 décembre 1571 à 13 h 30 à Magstadt dans le Wurtemberg ; dressé dans le système de domification de Koch, il inclut les trois nouvelles Planètes. Sur la circonférence externe figurent les transits des Planètes au moment de la découverte, le 15 mai 1618, de la célèbre troisième loi de Kepler régissant le mouvement des Planètes. Le thème révèle assez distinctement les deux mariages de Kepler (Sagittaire en Maison VII, Jupiter en Poissons et Neptune en Gémeaux), la mort de plusieurs de ses enfants (carré de Mars, en Maison V, avec le dispositeur de cette Maison, Mercure, en Maison VIII), ses dispositions scientifiques et ses importantes activités de publication (avec la Lune, dispositeur de la Maison III, en conjonction avec l'Ascendant en Gémeaux), et enfin les découvertes et l'autorité considérable du natif dans le domaine scientifique (un signe du Capricorne très occupé, Saturne en Scorpion dans la Maison VIII, et trigone d'air entre Mars, la Lune conjointe à l'Ascendant, et le Milieu du Ciel). À l'époque de la découverte de la troisième loi de Kepler, le signe du Capricorne – en Maison VIII et très occupé dans le thème, ce qui révèle ses tendances scientifiques –, était encore plus accentué car faisant un trigone avec une pléthore de Planètes en transit dans le Taureau en Maison XII, ce qui signifie également le mystère ; Jupiter, en transit en Maison X, garantissait le succès. La position d'Uranus en transit à travers la Maison III (Maison de la science et des découvertes) est surprenante : à ce moment, Uranus en transit faisait un trigone exact avec le Saturne du thème dans la Maison VI (Maison des occupations), une opposition exacte avec le Soleil du thème en Maison VIII et un trigone plactique (inexact) avec le Jupiter du thème. Toujours à ce moment, la polarité des nœuds lunaires a changé. La Lune, dispositeur de la Maison III, en transit à travers le Milieu du Ciel et faisant simultanément un trigone avec sa propre position dans le thème ainsi qu'avec la position de Mars dans le thème, a assuré le moment du succès spirituel. L'ensemble de ces relations complexes avec le jeu des Planètes en transit suggère que Kepler, après des tentatives infructueuses, fut enfin capable de briser l'obstacle du mystère – ainsi qu'il le rapporta lui-même dans son ouvrage *Harmonices mundi V*, 3 (Linz, 1619).

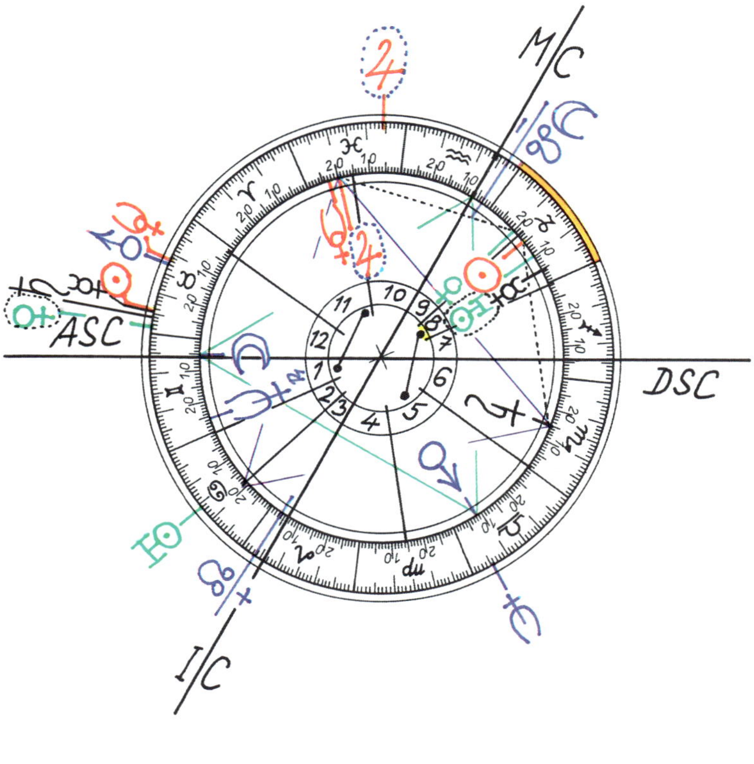

HARMONICIS LIB. V. 207

mnia (infinita in potentiâ) permeantes actu: id quod aliter à me non potuit exprimi, quam per continuam seriem Notarum intermedia- CAP. VI

Saturnus Jupiter Mars ferè Terra

Venus Mercurius Hic locum habet etiam

rum. Venus ferè manet in unisono non æquans tensionis amplitudine vel minimum ex concinnis intervallis.
At qui signatura duarum in communi
celeri Octava

La relation entre astronomie et musique selon Kepler. Fragment de son ouvrage *Harmonices mundi V* (Linz, 1619).

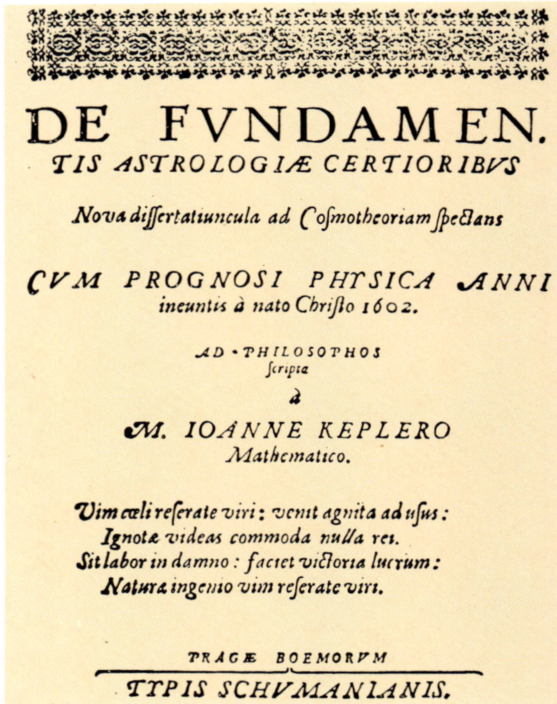
DE FVNDAMEN.
TIS ASTROLOGIÆ CERTIORIBVS

Nova dissertatiuncula ad Cosmotheoriam spectans

CVM PROGNOSI PHYSICA ANNI ineuntis à nato Christo 1602.

AD PHILOSOPHOS scripta

à

M. IOANNE KEPLERO Mathematico.

Vim cœli reserate viri: venit agnita ad usus:
Ignotæ videas commoda nulla rei.
Sit labor in damno: faciet victoria lucrum:
Naturæ ingenio vim reserate viri.

PRAGÆ BOEMORVM
TYPIS SCHVMANIANIS.

Page de titre de l'un des écrits mineurs de Kepler sur de plus fermes fondations de l'astrologie (*De fundamentis astrologiae certioribus*, Prague, 1601), contenant une prédiction pour 1602 dédiée au noble tchèque Petr Vok de Rožmberk.

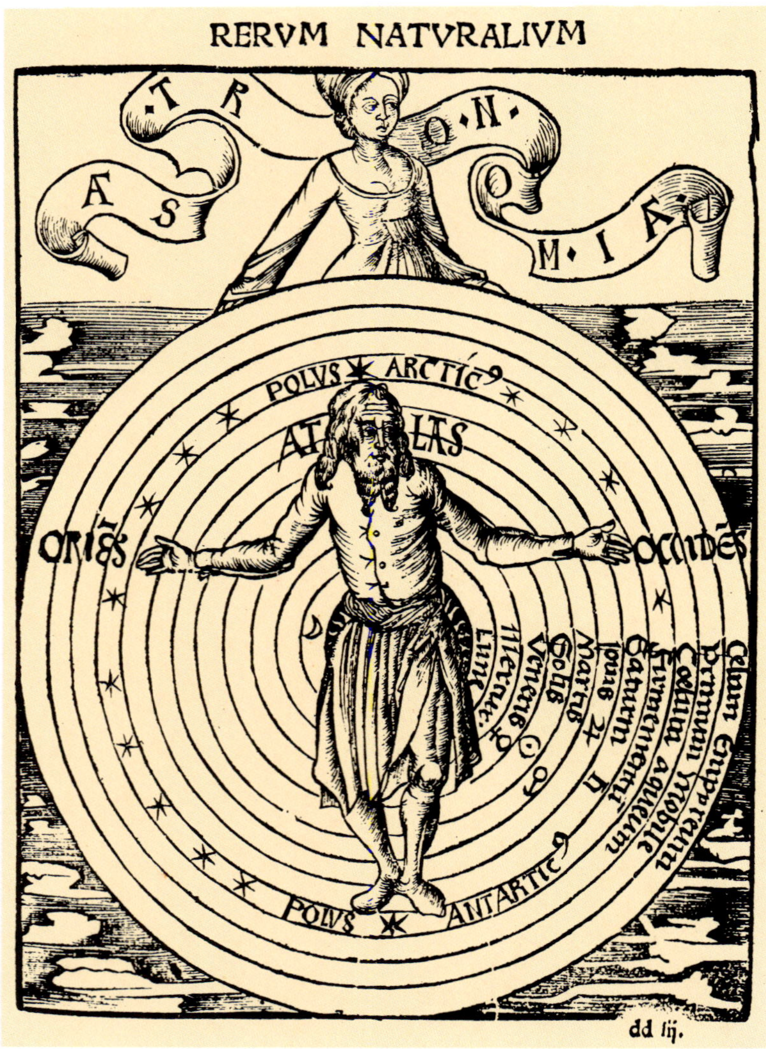

Une représentation symbolique de la relation entre l'homme (le microcosme) et l'univers (le macrocosme). Gravure sur bois extraite de *Margarita philosophica* (1503) de Gregor Reisch.

re ne s'arrêtèrent pas à Uranus. Au moment de sa découverte, deux Planètes se profilaient en fait à l'horizon du ciel nocturne de Londres ; l'une, non encore observée, était Neptune. La découverte de Neptune le 23 septembre 1846 aurait dû provoquer un autre choc parmi les astrologues. Il n'en fut rien ; sa découverte trouva l'astrologie au début d'une renaissance.

La nouvelle vague d'occultisme et de recherche de spiritualité qui surgit au milieu du XIXe siècle, entraînant avec elle l'astrologie stagnante, fut visiblement sous-estimée par la pensée mécaniste prédominante. Cela est manifeste dans la citation suivante, extraite d'un livre sur la conquête du Mexique publié seulement trois ans avant la découverte de Neptune. Son auteur si confiant, l'Américain William Hickling Prescott, laissait ainsi tomber incidemment ce commentaire : « Telle est l'origine de l'astrologie, dont la lumière trompeuse a aveuglé et embrouillé toute l'humanité depuis des temps immémoriaux, pour finir par disparaître à la lumière plus perçante d'une époque relativement récente. » Prescott mourut au début de 1859. Quelle n'aurait pas été sa surprise, à peine cinquante ans plus tard, de constater que l'astrologie ne s'était pas éteinte ; elle s'était juste endormie, telle la Belle au bois dormant, comme elle le faisait tous les 360 ans. Néanmoins, cette fois, peut-être le sommeil a-t-il été plus profond.

À droite : tentative de caractérisation du développement du Zodiaque, de ses douze signes, douze dodekatemoria et 36 décans sous l'influence égyptienne, grecque et romaine, par Athanasius Kircher dans son *Oedipus Aegyptiacus* (1653).

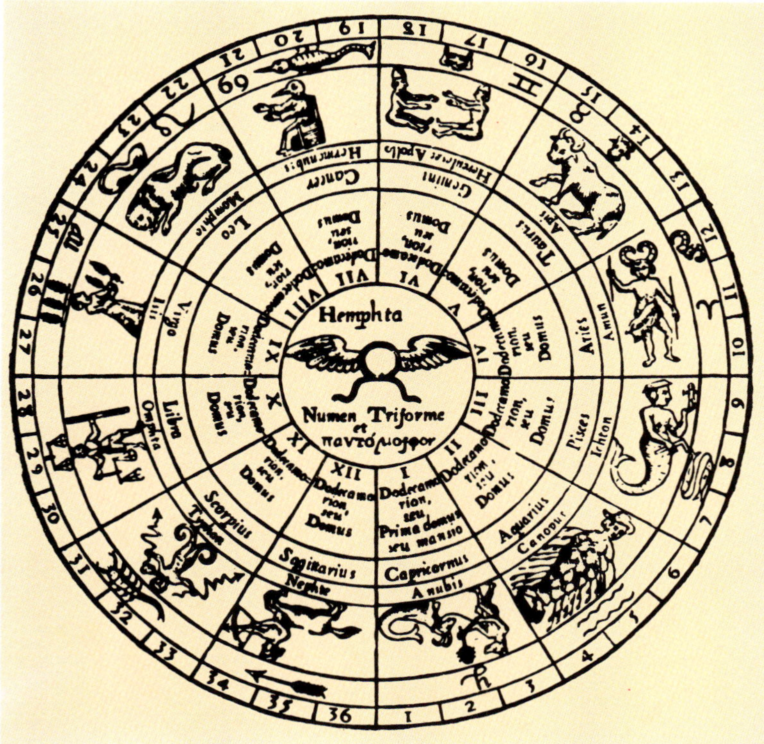

Ci-dessus : Jean-Baptiste Morin de Villefranche, astrologue français et médecin (eau-forte de 1648).

La période de la Renaissance (P-1) est assez analogue à l'époque ancienne que nous avons appelée « période chaldéenne » (P-7). Toutes deux sont régies par le signe du Capricorne. Dans l'esprit de ce signe, elles représentent la culmination du développement précédent – dans le cas de la Renaissance, l'ensemble du développement antérieur de l'astrologie, dans celui de la période chaldéenne, le développement de la protoastrologie. Ce qui différencie fondamentalement les deux périodes est le caractère très différent de leur mois platonique respectif : la période chaldéenne appartient à l'ère des Poissons, tandis que la Renaissance appartient au mois du Bélier, le premier du nouveau cycle de précession appelé l'ère chrétienne.

Horoscope natal (thème) du père de l'astrologie française moderne, Jean-Baptiste Morin, établi pour le jour de sa naissance – selon ses propres dires, le 23 février 1583 à 8 h 33 (heure solaire réelle) à Villefranche, dans le Beaujolais (domification de Koch). Les traits caractéristiques les plus remarquables de ce thème assez extrême sont : le stellatium incroyablement dense dans les Poissons et le Verseau, qui regroupe 70 % des Planètes, Uranus en domicile et situé en un point important pour la profession astrologique (à 25° du Verseau), Pluton en domicile en Maison XII, Mars en conjonction avec Neptune et en trigone avec les Planètes du stellatium, et enfin Neptune en réception avec la Lune. Sept Planètes sur dix sont dans des signes d'Eau (Verseau et Cancer), ce qui suggère une extrême sensibilité. La Maison XI, fortement accentuée, annonce la possibilité d'une grande publicité. Morin est considéré comme le fondateur méthodologique de toute l'horoscopie moderne, bien que l'œuvre de sa vie, *Astrologia gallica*, publiée à titre posthume, soit encore loin d'être entièrement appréciée de ce point de vue.

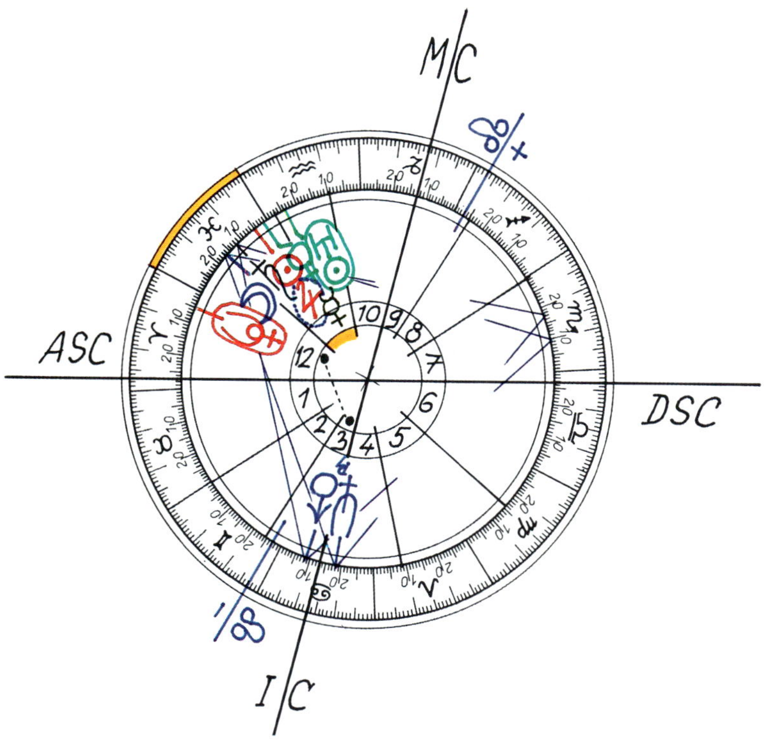

MALGRÉ LA DÉCOUVERTE D'URANUS

Période P-0

Après l'interlude des Lumières, qui chassa l'astrologie non seulement de la vie scientifique mais aussi de la vie culturelle d'Europe, un puissant regain d'intérêt émergea au XIXe siècle, peut-être encore plus puissant que toutes les phases d'essor précédentes. Assez paradoxalement, il survint immédiatement après la découverte d'Uranus qui ruina pourtant l'ancien système hermétique des sept Planètes astrologiques. La Planète suivante à être découverte, Neptune, s'intégra en douceur dans le nouveau système astrologique en cours de développement.

De nouvelles découvertes

L'astrologie moderne s'adapta relativement vite aux nouvelles découvertes dans le Système solaire et, aussi étrange que cela paraisse, réussit sans beaucoup d'hésitation et avec assez d'intuition à ajouter les nouveaux éléments à son système sans en déranger substantiellement les fondations. Il fallut pour cela transformer le système médiéval, hermétique, en un système ouvert. Lorsqu'en 1930 (le 21 janvier) fut découverte Pluton – qui reste à ce jour la plus lointaine Planète du Système solaire –, l'astrologie, ayant alors à nouveau atteint un sommet de son développement cyclique, l'incorpora sans difficulté à son système.

Le premier aperçu de la nouvelle excellence de l'astrologie s'observe mieux en Angleterre, qui n'avait pas eu à subir comme la France l'influence désastreuse des Lumières. La personnalité d'Ebenezer Sibly offrit un pont entre les derniers grands astrologues de la période précédente, tels William Lilly ou John Gadbury, et la nouvelle génération fondatrice de la période à venir. Cette dernière génération était représentée en particulier par Richard James Morrison, dit Zadkiel, A. J. Pearce (dit Zadkiel II) et les « Raphaëls » – un pseudonyme commun aux divers éditeurs de la littérature astrologique sérieuse et des meilleures éphémérides.

Les « classiques » de l'astrologie moderne

À la charnière entre le XIXe et le XXe siècle, plusieurs astrologues européens essayaient de récapituler les anciennes méthodes horoscopiques. Ils voulaient publier sous forme de manuel un résumé substantiel des préceptes et des règles d'interprétation horoscopique perdus. Dans leurs compilations, prenant souvent plusieurs volumes et parfois même la forme d'une série de publications, ils tentèrent de classer, de compléter et de résumer les méthodes traditionnelles de la pratique horoscopique. Nous classons aujourd'hui ces auteurs au rang de « classiques » de l'astrologie moderne.

• En Allemagne, les premiers astrologues modernes ont été, pour l'essentiel, Julius Wilhelm Andreas Pfaff et Johann Karl Vogt. Ils furent rejoints plus tard par Frank A. Glahn, Karl Brandler-Pracht, Albert Max Grimm, Thomas Ring et Herbert von Klöckler. Friedrich Schwickert, développant avec cohérence les principes de l'astrologie morinienne, est considéré comme l'un des synthétiseurs de l'astrologie moderne. Sous le nom de plume de Sindbad (les pseudonymes s'avèrent fréquents chez les auteurs astrologiques modernes), il publia, en collaboration avec A. Weiss, *Bausteine der Astrologie* (*Les Fondations de l'astrologie*), un recueil en cinq volumes devenu le tremplin de la pratique horoscopique moderne. Des procédures entièrement nouvelles, et souvent uniques, étaient déjà appliquées en Allemagne par l'école de Hambourg, fondée par Alfred Witte, puis plus tard par l'école « cosmobiologique » d'Aalen dirigée par Reinhold Ebertin. Se caractérisant par une forte déviation par rapport aux anciennes traditions astrologiques, elles sont de ce fait considérées comme des courants réellement modernes de l'astrologie.

• En Angleterre, l'approche sobre et sérieuse de Charles E. O. Carter, éditeur de la revue *Astrological Quaterly* et auteur de plusieurs livres parmi lesquels le *Lexique de l'astropsychologie* (*Lexicon of Astropsychology*), représente une contribution importante. Les articles de ce dictionnaire décrivent les constellations qui, selon l'auteur, sont directement liées à certains profils psychologiques, certaines capacités ou maladies attribuables aux natifs dans les thèmes desquels elles apparaissent. Une telle analyse ne pouvait se fonder que sur une vaste expérience empirique acquise grâce à l'étude détaillée d'un grand nombre d'horoscopes. C'est dans ce dessein qu'ont été publiés des recueils d'horoscopes natals précis de personnalités remarquables, afin de servir de matière première à de telles analyses. L'un de ces recueils est *100 Naissances remarquables* (*100 Notable Nativities*) d'Allan Leo, publié en 1917 à Londres.

• Parmi les travaux astrologiques des émigrés russes en Europe de l'Ouest, ceux d'Alexandre Volguine sont devenus célèbres. Celui-ci fonda

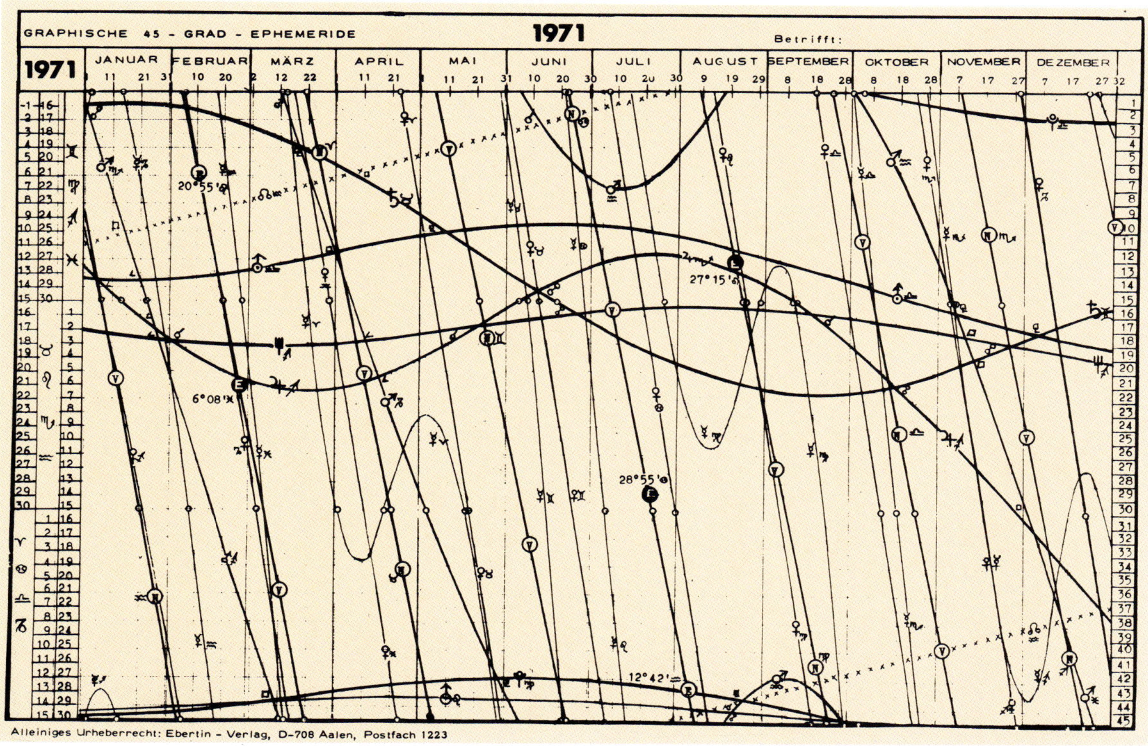

Éphéméride graphique construite d'après les Aspects de la série octogonale – l'une des plus importantes contributions au développement de l'astrologie contemporaine de l'école moderne d'Aalen dirigée par Reinhold Ebertin. L'exemple concerne l'année 1971.

notamment en 1917 la revue française bien connue des *Cahiers astrologiques*. E. M. Troinsky travailla en Allemagne et se préoccupa plus particulièrement d'astrologie politique mondiale.

- Parmi les astrologues modernes français, citons encore Paul Flambart, qui commença à écrire sous le pseudonyme de Choisnard, et André Barbault.
- L'astrologie moderne américaine, dont les débuts sont à rattacher à la personnalité fondatrice d'Evangeline Adams, a été de plus en plus influencée par le courant « psychologisant », dont la branche la plus progressiste est l'astrologie humaniste de Dane Rudhyar.

L'énumération rapide qui vient d'être faite ne représente que très succinctement le nombre très important de personnes et d'écoles représentant l'astrologie moderne. Il serait toutefois prématuré d'évaluer les résultats de la période contemporaine parce qu'elle n'est pas terminée et que nous n'avons pas suffisamment de recul pour mener une telle analyse.

Et le troisième millénaire?

Nous ne savons pas exactement ce qu'apportera le troisième millénaire. Si nous ne nous trompons pas, d'après le précédent développement globalement cyclique de l'astrologie, nous pouvons supposer que le temps viendra à nouveau où l'intérêt pour l'astrologie que nous constatons aujourd'hui refluera progressivement. Au cours du XXIe siècle, les gens, saturés d'horoscopes aux règles les plus variées, se tourneront probablement vers quelque chose d'autre. Mais avant cela, toutefois, l'astrologie moderne portera ses fruits; jusqu'à présent, nous n'avons assisté qu'à leur mûrissement. Chaque période d'essor astrologique a en effet donné son Ptolémée, Albumasar ou Morin, en qui le développement de la phase en cours s'est incarné. Jusqu'à présent, la période moderne attend toujours cette personne.

La période moderne (P-0) est à rapprocher de la période hellénistique (P-6) dont elle partage le même pouce platonique régi par les Poissons, qui achève chaque année platonique et simultanément porte en lui les germes du neuf, base du développement futur. La période hellénistique représentait la phase terminale du développement de la protoastrologie et l'origine de l'astrologie, ou horoscopie. Avec l'astrologie actuelle, qui prend en compte toutes les Planètes du Système solaire, utilise l'informatique et a radicalement révisé les règles astrologiques traditionnelles, nous sommes les témoins d'une autre renaissance et d'une transformation.

OÙ S'ARRÊTE L'ASTROLOGIE ?

Dans sa plus récente phase historique, comme dans les périodes précédentes, l'astrologie justifie son existence par rapport à la science du moment. Il n'est donc pas surprenant que les astrologues contemporains se réfèrent souvent aux résultats de recherches scientifiques interdisciplinaires du XXe siècle qui ont réussi à mettre en évidence, au moins statistiquement, des synchronicités entre les phénomènes célestes et terrestres.

Cependant, les données de la pratique astrologique sont si spécifiques que les résultats des astrologues se comparent difficilement à ceux des scientifiques contemporains. N'oublions pas que l'astrologie n'a jamais cessé par le passé d'être une discipline prophétique et que, en conséquence, l'astrologue interprétant un horoscope base l'étude de son contenu sur d'autres méthodes de connaissance qu'un scientifique étudiant, par exemple, le comportement d'un animal au cours d'une journée, d'un mois synodique, d'une année ou d'une éclipse, in situ ou dans le cadre d'un laboratoire.

Nous ne pouvons ignorer qu'une petite fraction d'astrologues actuels aimeraient se rapprocher de la science. Dans leur désir d'éviter le reproche de « non-scientifisme », ces derniers abandonnent même certaines pratiques horoscopiques traditionnelles. Bien qu'il ne soit pas aisé de tracer une ligne nette entre certaines méthodes astrologiques récentes et les recherches scientifiques sur les phénomènes cosmo-terrestres continus, il semble toutefois plausible que l'astrologie restera l'astrologie.

L'astrologie soutiendra très probablement qu'elle se rapproche davantage de l'art que de la science et de la technologie ; elle pourra ainsi mieux défendre sa place au soleil que si elle essaie de se fondre dans la science comme l'une de ses disciplines mineures. Pour ma part, l'astrologie reste irremplaçable pour les services qu'elle rend à l'individu dans un domaine où, pour diverses raisons, la science ne peut – et peut-être ne veut même pas – pénétrer si profondément.

Symbole du Soleil ornant le mur d'une maison du Prague historique (au 20, rue Valdštejnská).

La vision moderne

Le Soleil, la Lune et un stellatium (*in Atalanta fugiens* de Michael Maier, Oppenheim, 1618).

Les prédictions astrologiques individuelles, accomplies ou non

« L'objectif de l'astronomie est de prédire le futur ; chaque horoscope que vous dressez l'est dans le but d'une prédiction. Et comme vous ne pouvez éviter de prédire le futur, vous devez connaître les principes de l'établissement d'un horoscope. » Ainsi s'adressait à ses lecteurs l'écrivain iranien médiéval Kaika'us au tout début du chapitre « De l'astrologie et l'étude » dans son *Livre des conseils*. Cependant, aucun document de prédictions individuelles conservé ne nous permet de vérification sérieuse ; dans la plupart des cas, nous pouvons juste affirmer sommairement que telle prédiction astrologique s'est réalisée et telle autre pas.

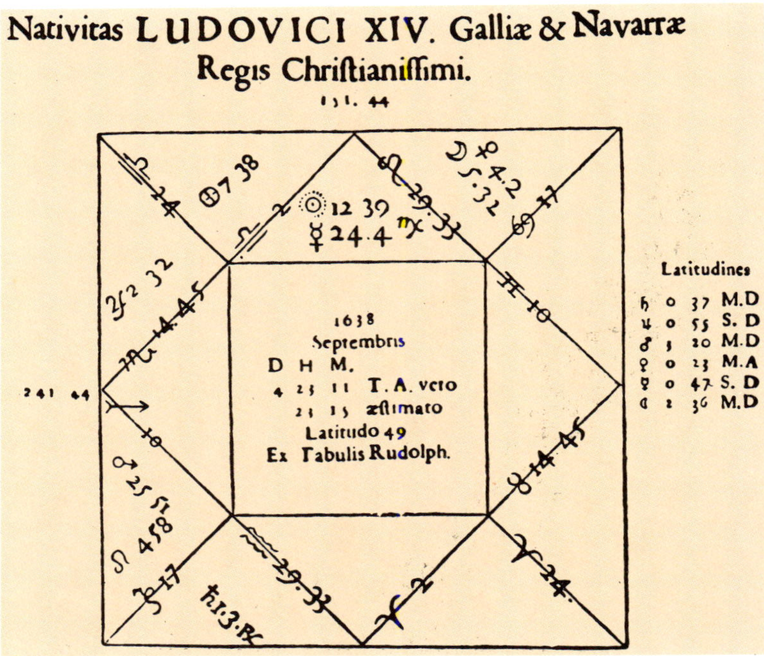

Horoscope natal (thème) de Louis XIV par J.-B. Morin (*in Astrologia gallica*, La Haye, 1661).

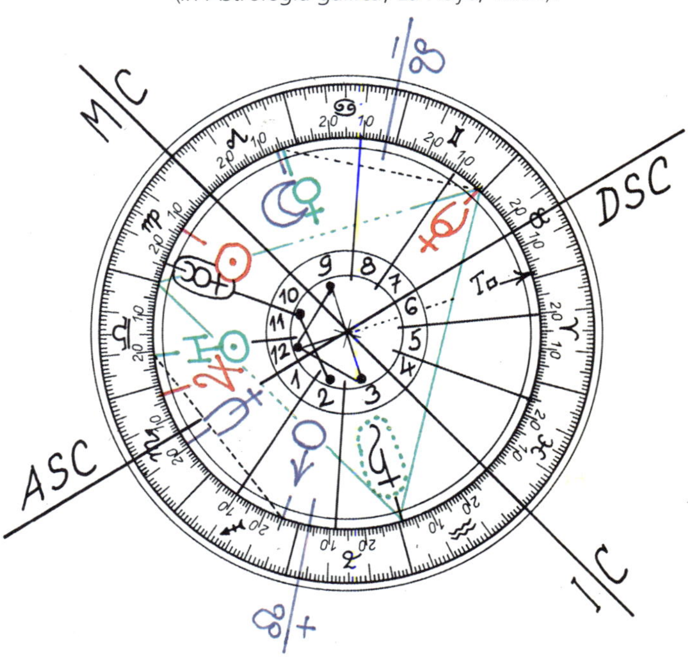

Thème moderne de Louis XIV, roi de France, dressé à partir des données natales originelles utilisées par J.-B. Morin (qui a probablement rectifié le thème), soit le 4 septembre 1638 à 23 h 11 (exactement), soit 23 h 15 (estimé) en temps astrologique (mesuré à partir du moment du midi solaire précédent), c'est-à-dire le 5 septembre 1638 à 11 h 11 exactement en temps local, à Saint-Germain-en-Laye. Les Maisons sont construites selon la domification de Koch, et les trois nouvelles Planètes – Uranus, Neptune et Pluton – ont été ajoutées à l'horoscope de Morin.

QUELQUES PRÉDICTIONS CÉLÈBRES

En général, ce sont les faits de base des prédictions qui nous manquent ; nous ne savons pas sur quelles configurations planétaires celles-ci sont appuyées. Presque toujours, la méthode utilisée est aussi inconnue. Il est inutile de rechercher des comptes rendus de prédictions systématiques ou des récits contemporains de leur vérification. Dans ce domaine, l'astrologie et son histoire sont des plus opaques.

Dans la plupart des cas n'est conservée au mieux que la relation globale de l'accomplissement (ou du non-accomplissement, mais c'est plus rare) de la prédiction. Parfois même, nous ne connaissons la prédiction qu'au travers d'histoires ou d'anecdotes souvent transmises d'un livre à un autre. Il n'est pas toujours facile de trouver la source initiale.

La prédiction astrologique du grand incendie de Londres par William Lilly se vérifia. Lilly fit cette prophétie en 1648 et la publia en 1651. Lorsque l'incendie éclata, du 2 au 7 septembre 1666, l'astrologue fut suspecté d'avoir contribué à son origine ; il fut même interrogé par un comité de la Chambre des communes, mais fut finalement absous.

Tycho Brahe

Le célèbre astronome Tycho Brahe aurait perdu son nez un jour qu'il savait fatidique pour lui. Bien qu'il ait pris toutes les précautions, il fut attaqué par son adversaire, Marderuf Parsberg, qui lui trancha le nez ; c'est pourquoi il porta un nez d'argent par la suite.

De la survenue de la comète de 1577, Tycho Brahe prédit qu'un prince naîtrait dans le Nord, qui dévasterait la Prusse et disparaîtrait en 1632. En 1594 naquit Gustave II Adolphe ; il devint roi de Suède en 1611, combattit la Prusse (entre autres) et fut tué à la bataille de Lützen le 16 novembre 1632.

John Dryden

Le poète anglais John Dryden, très intéressé par les calculs astrologiques, fit des prédictions qui, d'après son biographe, se réalisèrent. L'une d'elles concernait sa mort. Or, non seulement le moment, mais aussi les circonstances de celle-ci auraient été conformes très précisément à la prédiction ; il mourut de gangrène à une jambe.

Pour son neveu, Charles, J. Dryden prédit au moment de sa naissance trois moments mortellement dangereux : à 8 ans, à 23 ans et entre sa 33e et 34e année. Il en informa sa mère, qui craignit pour la vie de son fils. Qu'advint-il ? Malgré certaines précautions prises, les deux premières situations survinrent, dont Charles réchappa, bien que blessé. Lors de la troisième configuration stellaire fatale, il se noya, à l'âge de 33 ans.

Francis Bacon

Certains récits de prédictions astrologiques de l'époque proviennent de sources sérieuses. Ainsi, Francis Bacon (1561-1626), une personnalité de l'aube de la science moderne, un homme à l'esprit acéré qui s'intéressa sérieusement à l'astrologie au début (à ne pas confondre avec le peintre contemporain du même nom), écrivait dans son essai *Des prophéties* : « Quand j'étais en France, j'ai ouï d'un certain Dr Pena que la reine mère, qui était versée dans les arts occultes, fit dressé le thème natal du roi, son époux, sous un faux nom, et que l'astrologue émit l'avis qu'il serait tué en duel, ce dont la reine rit, pensant son mari au-dessus des défis et des duels ; pourtant, il fut tué lors d'un tournoi, des éclats de la lance de Montgomery ayant traversé sa visière. »

Des prédictions non accomplies

Des cas de prédictions non réalisées sont aussi connus. Toutefois, il est nécessaire de considérer les circonstances dans lesquelles ces prédictions furent faites. Au XVIIIe siècle – siècle des Lumières

Gustave II Adolphe de Suède (gravure d'époque).

Ci-contre : dans les années 1480, les tailleurs de pierre de Peter Parler décorèrent la façade est de la tour de la Vieille Ville du pont Charles, à Prague, dans un style triomphal à la division et à la signification astrologique remarquables. Son motif central est la sphère solaire, flanquée d'un haut pignon et des représentations du saint patron du pont, saint Vitus, et des rois de Bohême, Charles IV et Venceslas IV. Au-dessus figure la sphère stellaire et les saints patrons de Bohême, Adalbert et Sigismond. L'ensemble de la tour est divisé verticalement en quatre sphères : la sphère terrestre, représentée au niveau piétonnier, la sphère lunaire, représentée par l'arc brisé de la porte orné de 28 crochets, et les sphères solaire et stellaire montrées sur cette photographie. La décoration de la tour exploite pratiquement tous les concepts majeurs de l'astrologie médiévale – les douze signes du Zodiaque, les douze Maisons horoscopiques, les 36 décans, 28 Maisons lunaires, 7 Planètes, 48 constellations et 84 heures planétaires de la semaine, la triplicité et les tétrades du Zodiaque, les principaux Aspects et les temps sidéral et solaire. Le langage secret de l'art gothique de Parler exprime aussi les dominantes clés des horoscopes des deux souverains, Charles IV et Venceslas IV.

Pierre tombale en marbre de l'astronome et astrologue danois Tycho Brahe en l'église praguoise de Notre-Dame-de-Týn, où il fut enterré en 1601.

–, l'astrologie européenne était sur le déclin du fait, non seulement de la pression externe de la science émergente, mais aussi de sa désintégration interne succédant à « l'explosion » de la période précédente.

Voltaire

Voltaire avait une bonne raison d'être sceptique vis-à-vis de l'astrologie. Deux hommes avaient prédit sa mort à l'âge de 33 ans – le comte Henri de Boulainvilliers, décrit par le Grand Larousse de 1960 comme « le dernier astrologue célèbre » (manifestement au sens de dernier des temps anciens), et un certain Colonne. Le philosophe faisait en 1757 des remarques sarcastiques sur leurs prédictions, alors qu'il avait 63 ans : « J'ai eu le mauvais goût de tricher de trente ans, ce dont je m'excuse avec effusion. » Et il continua à vivre vingt autres années avant de mourir à l'âge de 83 ans et demi.

D'un autre côté, qu'opposer au fait que l'humaniste italien Le Pic de la Mirandole, ardent et impitoyable opposant de l'astrologie, qui mourut au jour et à l'heure exacts prédits par ses adversaires astrologues ? Mais cela se passait à la fin du XVe siècle où, contrairement à l'époque de Voltaire, l'astrologie était en plein essor.

Une erreur de Galilée

Nous connaissons cependant des prédictions non accomplies datant de cette même époque. Par exemple, parmi les nombreuses prédictions astrologiques, généralement accomplies, de Galilée, nous en connaissons au moins une qui fut un échec total : il prédit une longue vie heureuse à son protecteur, le duc de Toscane, et ce dernier mourut deux jours plus tard.

Les astrologues des puissants

Il circule beaucoup d'histoires de prédictions astrologiques. Toutefois, afin de tenir pour fiables des prédictions soi-disant accomplies (ou

Portrait horoscopique d'Alexandre le Grand par Sibly, (*in Astrology*, Londres, 1790).

non), nous devons en authentifier les sources, et celles-ci manquent très fréquemment. Souvent, nous ne savons même pas combien de temps avant l'événement fut faite la prédiction et qui en a été témoin – lorsque les traces écrites ne manquent pas totalement. Il n'y aurait aucun problème à reconstruire mathématiquement un horoscope, mais quelle était la précision des dates de naissance ? En Europe, les dispositifs élémentaires de mesure du temps (cadrans solaires, clepsydres, sabliers, horloges à mèches, etc.) ont été peu à peu remplacés par des horloges mécaniques, l'échappement et le balancier n'ayant été inventés qu'au XIVe siècle. La connaissance précise du temps instantané n'est devenue une nécessité que beaucoup plus tard, lorsque les horloges mécaniques sont devenues plus petites et portables, et que la précision de leurs mécanismes s'est accrue. Il est bien connu que les anciens horoscopes ont souvent été redatés par les astrologues ultérieurs.

Vous vous demandez peut-être pourquoi les astrologues, à part quelques exceptions, n'ont pas publié leurs prédictions ? À cette époque, cela pouvait aussi s'avérer dangereux. Les prédictions concernaient des personnes vivantes, souvent de haut rang ou de position élevée, ou des pays aux dirigeants puissants. La prudence était donc un impératif catégorique. Il n'était pas drôle de prédire une mort violente à un souverain, encore moins d'en faire la publicité ; une telle prédiction pouvait facilement s'interpréter comme une incitation au meurtre et son auteur, s'attendre à être jeté en prison.

L'astrologue Goldmayer

Il est dit, par exemple, que l'astrologue allemand Andreas Goldmayer prédit, lorsqu'il arriva à Strasbourg en 1632, que le roi de Suède Gustave II Adolphe périrait sous peu de mort violente, cette prédiction lui valut de devoir partir pour Tübingen en toute hâte ; ce n'est qu'après que Gustave II fut tombé à la bataille de Lützen, près de Leipzig, que Goldmayer retourna sans crainte à Strasbourg, car l'opinion publique avait entre-temps tourné en sa faveur. On lui offrit même une chaire de mathématiques qu'il refusa, souhaitant rester indépendant.

La ruse de Galeotti

Une histoire du *Livre d'or des anecdotes* de Wilhelm Büring révèle comme il était aisé, pour un astrologue royal, de perdre ou de regagner sa réputation. Galeotti, l'astrologue de cour de Louis XI, perdit la confiance et les faveurs du roi lorsqu'il prédit la mort de sa femme et que celle-ci mourut huit jours plus tard. Le roi considéra en effet l'affaire assez suspicieusement et décida de faire assassiner l'astrologue. Il ordonna qu'on le lui amène et s'arrangea avec les gardes pour le faire jeter par une fenêtre sur un signe convenu. Lorsque Galeotti se présenta au roi, celui-ci lui demanda si, en tant que bon astrologue, il connaissait les circonstances de sa propre mort. Galeotti, connaissant son roi, lui répondit : « Les étoiles ne disent rien sur ma mort. Je sais seulement qu'exactement vingt-deux heures après surviendra la mort de votre Altesse. » En enten-

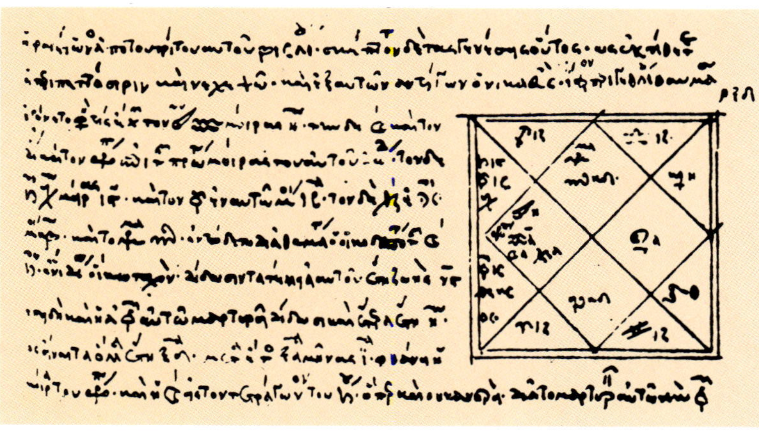

Horoscope de l'empereur romain Hadrien, comprenant un fragment du texte grec de son interprétation, dressé au IIe siècle et commenté par l'astrologue Antigone de Nicée.

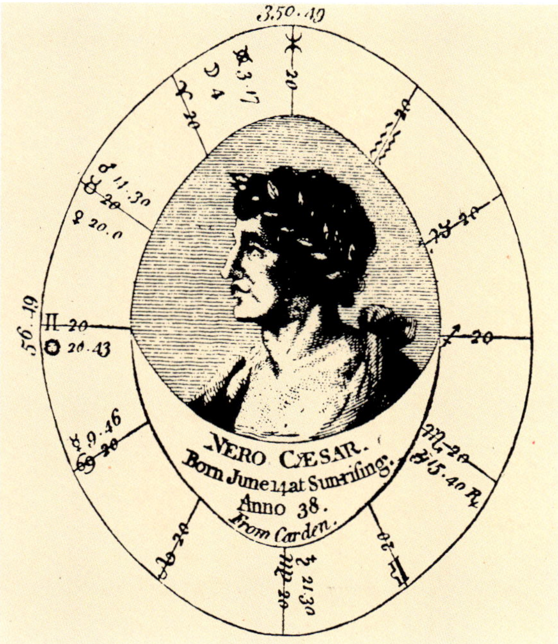

Portrait horoscopique de l'empereur romain Néron par Sibly (*in Astrology*, Londres, 1790).

dant ces mots, le roi renonça à son dessein et laissa l'astrologue partir en paix.

Le chanceux Thrasylle

Une prédiction heureuse dite au moment critique a parfois sauvé la vie de l'astrologue. Suétone cite un tel incident dans sa biographie de l'empereur Tibère : durant son exil sur l'île de Rhodes, le futur empereur avait à son service l'astrologue Thrasylle comme maître à penser. « À un certain moment de leur promenade, alors que Tibère était sur le point de jeter son maître à la mer comme témoin inconfortable de ses intentions secrètes et comme faux prophète car, jusqu'à ce moment, les choses s'étaient déroulées différemment de ce qu'il avait prédit », l'astrologue vit un navire au loin et prédit qu'il apportait à Tibère un message favorable. Le bateau lui amenait en effet la permission de retourner à Rome, et Tibère garda Thrasylle auprès de lui pour le reste de sa vie. « Les souverains sont comme des enfants, poursuivait Nizami dans ses *Discours*. Si vous voulez gagner leurs faveurs vous devez leur dire ce qu'ils souhaitent. »

Mais revenons à la période classique. Les biographies de l'époque mentionnaient aussi des exemples de prédictions faites longtemps avant que survienne l'événement. Ainsi, l'astrologue Scribonanius prédit à Tibère, alors qu'il était enfant, « un futur glorieux, qu'il serait même roi un jour, mais sans couronne, et il le lui prédit à un moment où il ne pouvait rien connaître du pouvoir futur des empereurs » (Suétone). Et lorsque Auguste naquit, l'astrologue Nigidius Figulus, qui était bien connu du sénat romain, « dès qu'il connut l'heure de sa naissance, déclara que le seigneur du monde était né » *(ibid.)*. Plus tard, lorsqu'Auguste, en compagnie d'Agrippa, gravit l'observatoire de l'astrologue Théogène à Apollonia, il obtint la même prophétie.

> *« Lorsqu'un avenir excellent et presque incroyable fut prédit à Agrippa, qui fut le premier servit, Auguste cacha l'heure de sa naissance, ne voulant pas la révéler par crainte et honte d'être trouvé moins illustre. Cependant, dès qu'il l'eut donnée avec hésitation après en avoir été supplié, Théogène bondit et se prosterna à ses pieds. Par la suite, Auguste eut une telle confiance en cet instant fatidique qu'il rendit publique le moment de sa naissance et frappa de la monnaie d'argent au signe du Capricorne sous lequel il était né » (ibid.).*

Selon Suétone, même l'empereur Vespasien, aux mœurs simples, avait totalement foi en son horoscope et celui de ses descendants : « C'est pour cette raison qu'il défia le sénat, après plusieurs conspirations contre lui, avec cette affirmation : "Mes successeurs seront mes enfants ou personne ne le sera." »

Dans certains cas, les bonnes grâces du souverain pouvaient s'acquérir pour bien moins qu'une prophétie de couronne royale ou impériale. Quant à John Dee, alchimiste, astrologue, opticien, géographe et mathématicien anglais, l'un des meilleurs élèves de Copernic, il prédit à Elisabeth Ire, reine d'Angleterre, un temps splendide pour son couronnement. Pour cet augure (qui s'avéra faux !), il fut libéré de prison où il était enfermé en raison de ses études cabalistiques et magiques, principalement « grâce » aux efforts de ses concitoyens qui l'avaient dénoncé pour rapports avec le diable. Elisabeth admirait John Dee pour son art de l'astrologie, comme en témoigne la visite de la reine à sa demeure de Mortlake, en 1583 – une maison remplie d'ouvrages d'alchimie, d'astrologie et de magie que J. Dee rassemblait et étudiait. La reine le conserva dans ses grâces jusqu'à sa mort, en 1603.

Un fait intéressant nous est parvenu concernant Catherine de Médicis. L'un de ses astrologues, Cosimo Ruggieri, lui avait prédit (probablement pas à partir de son horoscope) qu'un certain Saint-Germain serait témoin de sa mort ; or tel était le nom du prêtre qui lui donna les derniers sacrements.

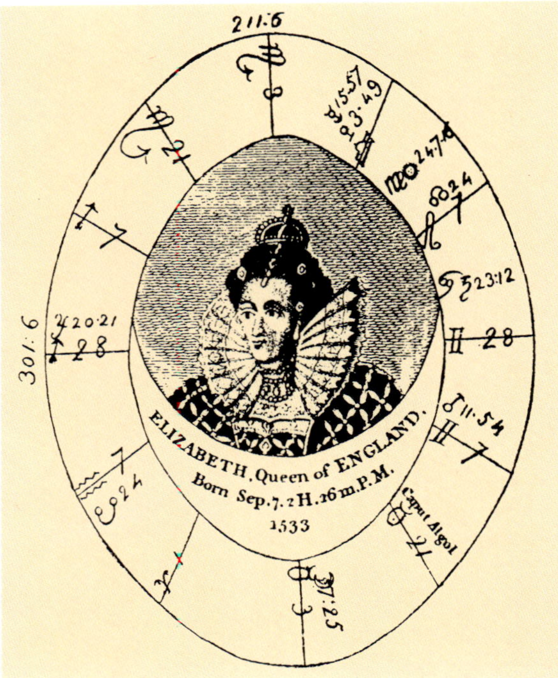

Portrait horoscopique d'Elisabeth Ire, reine d'Angleterre, par Sibly (*in Astrology,* Londres, 1790).

L'hôtel de Soissons, édifié pour Catherine de Médicis par Jean Bulant. À droite, à l'arrière-plan, se trouve la tour astrologique, construite en 1572 (gravure du XVIIe siècle d'Israël Silvestre).

LA PRÉDICTION DE SA PROPRE MORT

Les astrologues ont prédit toutes sortes d'événements publics comme privés, mais la plus importante prédiction a toujours été celle de la mort. Prédire la mort de quelqu'un est assez délicat, pour ne pas dire immoral. Qu'en est-il de sa propre mort ? Un astrologue a-t-il jamais prévu sa propre mort ? Et la prédiction s'était-elle vérifiée ? Là encore, nous retrouvons la nature hermétique de toute l'histoire de l'astrologie. Nous avons connaissance de divers récits, mais pas des méthodes qui ont conduit à de telles prédictions.

Chacun de nous doit mourir, mais certaines personnes éprouvent le besoin de connaître à l'avance quand et dans quelles circonstances. Nous donnons dans ce qui suit quelques exemples de ces cas et leur histoire. Le lecteur jugera par lui-même de leur crédibilité.

David Fabricius

David Fabricius, un pasteur protestant de la Frise orientale, également astronome et astrologue, était connu à cause de ses relations avec Tycho Brahe et Johannes Kepler. L'un des premiers à utiliser un télescope en astronomie, il conçut des quadrants et des sextants. En 1601, il séjourna quelque temps à Prague, où il communiqua à Kepler de nombreuses observations sur Mars et l'assista dans la compilation des *Tables rodolphines*, découvrit l'étoile variable Mira Ceti (alors appelée *Stella Mira*, l'étoile merveilleuse), et effectua plusieurs importantes observations astronomiques – au point qu'après la mort de Tycho Brahe, Kepler le qualifia de plus grand astronome de son temps. Fabricius calcula que le jour du 7 mai 1617 lui serait fatal ; il prit donc toutes les précautions pour éviter un accident ce jour-là. Lorsqu'à 22 heures, après une dure journée de travail, il franchit le seuil de son rectorat, il fut assailli par Johann Hoyer, un paysan qui pensait que Fabricius l'avait indirectement traité de voleur dans son sermon. L'homme se jeta sur lui depuis un recoin et lui fendit la tête d'un coup de hache.

Jules César

« Ne louez pas la journée avant le coucher du soleil », dit un proverbe tchèque. Lorsque arriva le jour où il devait être assassiné selon l'augure, César se moqua de l'haruspice Spurinnus en le traitant de faux prophète. « Les ides de Mars sont arrivées sans aucun dommage », dit César, ce à quoi Spurinnus répondit : « Certes, elles sont arrivées, mais elles ne sont pas encore passées. » Telle est du moins la version de Suétone. Et le même jour, César était assassiné au sénat.

Pavel de Příbram

L'historien tchèque František Palackýa noté que Pavel de Příbram, professeur de mathématiques et d'astronomie à l'université de Prague, avait toujours redouté l'opposition de Mars avec Saturne, une configuration sous laquelle il mourut finalement. Le fait est que lorsque Příbram décéda de la peste à Prague le 5 octobre 1520, les deux Planètes formaient une opposition exacte : la longitude écliptique de Saturne était de 297° 8′ et celle de Mars, de 117° 8′.

Jérôme Cardan

Jérôme Cardan (ou Hieronymus Cardanus), autre célèbre astronome, mathématicien, physicien, inventeur, médecin et philosophe, était aussi le meilleur astrologue de son époque ; ce qu'admit même l'astronome français Paul Couderc, en 1951, pourtant fervent opposant de l'astrologie. Outre diverses prédictions, Cardan calcula la date de sa propre mort – une prédiction qui se réalisa. Les mauvaises langues soutinrent qu'il fit une grève de la faim afin de mourir pour défendre l'exactitude de ses calculs ; si c'est le cas, il mourut en homme qui tenait pour vrai ce dont il pouvait se porter garant. Cependant, même si ce n'était pas vrai, que pouvons-nous dire des circonstances de cette mort ? Combien de temps avant sa mort fit-il cette prédiction ? Quelle méthode a-t-il employé ? Qui la connaissait ? En tant que scientifique, Cardan était des plus responsables. Cela n'est toutefois pas suffisant pour confirmer l'accomplissement de la prédiction, si nous nous intéressons à la substance profonde des prédictions en astrologie et aux possibilités de révision des vaticinations passées. Et ceci s'applique à d'autres cas.

Stöffler, Junctin de Florence et Scot

L'astronome et astrologue allemand Johannes Stöffler mourut parmi ses livres. Il aurait prédit sa propre mort violente pour le 16 février 1531. Afin d'éviter tout danger, il décida de rester chez lui ce jour-là pour déjouer le destin. Il invita même quelques amis avec qui débuta une discussion scientifique. Stöffler voulut l'argumenter en lisant une citation extraite d'un livre qu'il avait étudié ; alors qu'il essayait d'atteindre ce dernier sur une étagère, la planche céda et toute l'étagère de livres s'effondra sur lui, le tuant sur le coup.

L'astrologue Junctin de Florence trouva aussi la mort sous une étagère de livres rompue, tandis que Michel Scot, astrologue à la cour de l'empereur germanique Frédéric II de Hohenstaufen, fut tué lors de son retour en Angleterre par la chute accidentelle d'une pierre alors qu'il entrait dans une cathédrale ; lui aussi aurait prédit sa mort.

Une question d'intuition ?

Lorsque nous considérons ces anciens récits et réalisons leurs similarités évidentes, nous ne pouvons que reconnaître le peu de moyens à notre disposition aujourd'hui pour approfondir davantage le sujet. Les morts sont silencieux, et les vivants aiment raconter de belles histoires. Tout cela s'est passé il y a si longtemps.

L'astronome français Camille Flammarion, qui relate les histoires de Stöffler, Fabricius et Tycho Brahe dans son livre *Les Mystères de la mort*, donnait sa propre opinion sur ces trois cas. Il ne croyait pas que ces morts aient été fortuites, mais il doutait globalement de la crédibilité de l'astrologie du fait de son géocentrisme. (Nous savons aujourd'hui que cette objection, souvent soulevée par les opposants à l'astrologie, n'en est pas une.) Aussi Flammarion ne leur voyait-il qu'une explication : « Les étoiles elles-mêmes ne jouent sans doute aucun rôle dans ces prédictions, pas plus que les cartes entre les mains d'un diseur de bonne aventure. Dans leurs prédictions, Fabricius, Tycho Brahe et Stöffler furent guidés par une exceptionnelle sensibilité spirituelle. » Flammarion considérait par suite la lecture de l'horoscope comme une affaire d'intuition plutôt qu'une activité fondée sur un système de règles d'interprétation horoscopique définies. Il ajoutait finalement : « Il est possible d'entrevoir l'avenir. Dans l'état actuel de la connaissance humaine, toutefois, nous chercherions en vain à expliquer comment cette vision se forme dans notre esprit et comment son impression est transférée là. » Flammarion écrivait ces mots en 1920, au moment d'un nouvel essor de l'astrologie qui s'accompagna aussi malheureusement d'une montée symptomatique de l'occultisme. Cette nouvelle expansion de l'astrologie amena au premier plan de nouvelles personnalités et de nouvelles prédictions. Mais cette fois, nous nous rapprochons du présent ; pourrons-nous y trouver des cas nous permettant de vérifier au moins partiellement les prédictions faites ?

Quadrant solaire circulaire fabriqué par Erasmus Habermel (vers 1600, bronze doré, haut. 40 cm. Musée des Arts décoratifs de Prague).

Sextant astronomique fabriqué par Erasmus Habermel (1600, diam. 132 cm. Musée technique national de Prague).

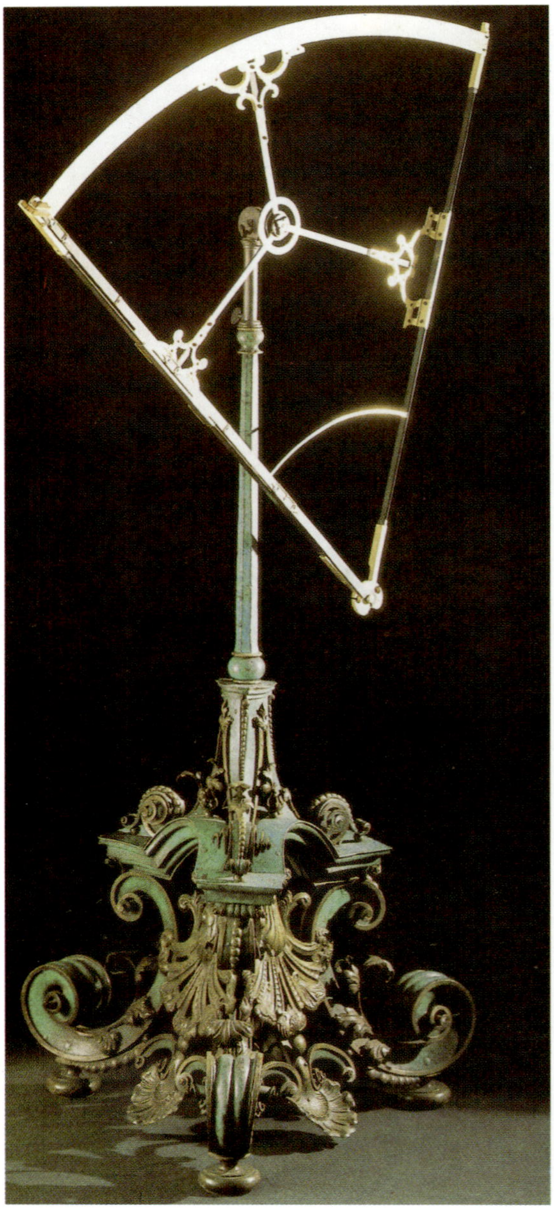

Pendule baroque en forme de tour (bronze doré, localement argenté, haut. 21 cm. Fabriqué à Friedberg, Bavière, par Elias Creitmayer vers 1700. Musée des arts décoratifs de Prague). Sur le dessus de la boîte prismatique se trouvent deux aiguilles de bronze en forme de sceptre surplombant le cadran argenté gravé de nombres allant de 1 à 30 en chiffres arabes et de figures allégoriques des sept Planètes traditionnelles gouvernant les jours de la semaine.

Réveil de voyage à suspendre de la Renaissance (bronze doré ouvragé et gravé, haut. 5,5 cm, diam. 13 cm, fabriqué à Lübeck par Nicolaus Siebenhaar vers 1600. Musée des arts décoratifs de Prague). Le couvercle comporte 24 fenêtres ouvrant sur un cercle d'étain gravé de nombres : à la périphérie, deux fois les nombres I à XII en chiffres romains (soit deux demi-cadrans), typiques d'un cadran allemand, et à l'intérieur, les nombres 1 à 24 en chiffres arabes (soit un cadran complet), typiques d'un cadran tchèque ou italien. Le disque intérieur du cadran indique le mouvement de la Lune. Les Aspects astrologiques majeurs – conjonction, sextile, carré, trigone et opposition – sont aussi indiqués par des symboles géométriques conventionnels.

Pendule Empire avec une allégorie de l'Astronomie (bronze doré et marbre, haut. 37 cm, fabriquée en France au XIXe siècle. Musée des arts décoratifs de Prague).

À la lumière des statistiques

Au début du XXe siècle, l'astrologie a été passée au crible des statistiques. Ceci n'est guère étonnant, car la phase initiale de toute science est statistique. Pour l'astrologie, cette règle s'applique à double titre : premièrement, à l'astrologie en tant que telle, qui a atteint le stade dit de « l'astrologie scientifique » ; deuxièmement, parce que cela signifie l'examen de l'astrologie par la science moderne. Ceci a abouti à deux approches assez différentes : d'une part, une tentative pour obtenir une confirmation objective des assertions astrologiques et, d'autre part, l'utilisation des statistiques pour réfuter l'astrologie.

LES POSSIBILITÉS DE STATISTIQUES EN ASTROLOGIE

La statistique est une discipline utilitaire, et prouver ou réfuter un phénomène tel que l'astrologie est hautement problématique. L'astrologie a été construite sur l'expérience empirique. L'expérience personnelle de chaque astrologue est nécessairement statistique, mais d'étendue variée et souvent seulement subconsciente. De surcroît, deux horoscopes ne sont jamais absolument identiques ; cependant, un certain nombre d'éléments horoscopiques se répètent avec des variations.

L'abandon des aphorismes astrologiques

L'expérience empirique de la répétition de configurations partielles dans les horoscopes est à l'origine des aphorismes astrologiques. Autrefois, ces aphorismes constituaient une sorte de dictionnaire permettant d'expliciter les diverses configurations horoscopiques individuelles. Malheureusement, nous ne savons pas aujourd'hui combien de cas ont documenté chacun des aphorismes à l'époque où ils ont été créés – c'est-à-dire la valeur de leur probabilité statistique. Très certainement, les collections d'aphorismes astrologiques contiennent des affirmations à la signification statistique très variable.

Une lecture synthétique des graphiques horoscopiques

L'astrologie moderne a donc abandonné la méthode d'interprétation horoscopique par aphorismes et l'a remplacé progressivement par une lecture synthétique des graphiques horoscopiques. Cette méthode d'interprétation universelle consiste à combiner les significations astrologiques constantes des différents éléments de l'horoscope (Planètes, signes, Maisons, etc.). Ceux-ci sont comparables aux éléments d'un kaléidoscope, où la rotation d'un nombre fini et assez faible de morceaux de verre coloré donne un nombre énorme de configurations. La comparaison avec une longue série d'horoscopes dressés pour des moments successifs est tout à fait appropriée : les éléments de l'horoscope donnent toujours de nouvelles configurations, et chaque graphique horoscopique représente un instant dans le flot continu du temps.

L'horoscope est une entité

Toutefois, chaque horoscope est un tout intégral et ne peut être interprété que comme tel ; tous les manuels d'astrologie moderne insistent sur cette nécessité de considérer l'horoscope comme une entité. Il est impossible de sortir les différentes configurations de leur contexte, car elles sont presque toujours conditionnées par d'autres relations.

Il s'ensuit que toute tentative pour prouver la validité ou l'invalidité de l'ensemble de l'astrologie par une évaluation statistique de l'une des configurations ou d'une seule règle (aphorisme) est d'avance vouée à l'échec. Les efforts frénétiques des « astrologues scientifiques » pour s'accrocher aux statistiques comme à une ceinture de sécurité, tout comme les tentatives biaisées des opposants à l'astrologie pour réfuter celle-ci au moyen des statistiques n'ont aucune signification.

Il est impossible de faire la preuve par les statistiques que l'astrologie a globalement raison ou tort. Il est seulement possible de vérifier la crédibilité des différentes règles partielles de l'interprétation horoscopique – rien de plus, rien de moins. Cependant, cette vérification devrait da-

Saturne, en domicile dans le Capricorne et le Verseau, et ses attributs de maître du trigone de Terre (gravure sur bois extraite d'un calendrier allemand de 1514).

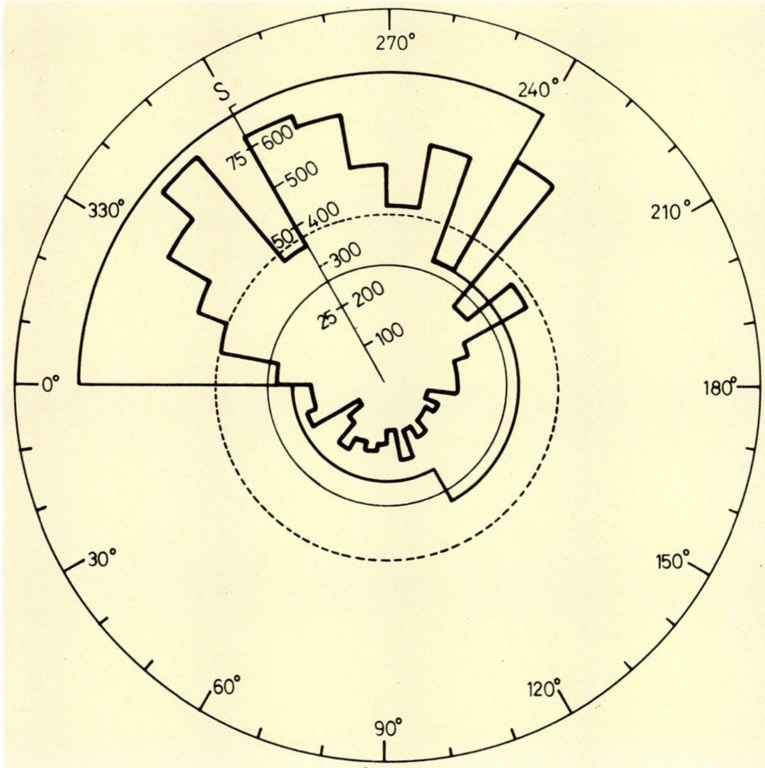

Fréquence anormale prononcée dans la distribution temporelle d'un ensemble statistique de 1 177 glissements de terre et éboulements de roches parmi les plus importants (axe S), survenus durant la période de 1800 à 1969, et reportés en fonction du temps de révolution géocentrique de Saturne (environ 29,5 ans), exprimé par sa longitude écliptique en pas de 10° d'arc (soit 1 décan). La plupart de ces désastres naturels s'avèrent avoir eu lieu lorsque la Planète se trouvait entre 270° à 300° de longitude écliptique, position qui correspond astrologiquement à la domiciliation de Saturne dans le signe du Capricorne dont il est le maître. Par suite, Saturne y exerce sa plus grande influence, notamment en ce qui concerne des événements associés au trigone de Terre (auquel appartient le Capricorne), comme le sont indubitablement les glissements de terrain. La recherche scientifique moderne a donc ainsi partiellement confirmé une vieille expérience empirique de l'astrologie. La prédiction à long terme de tels événements, s'appuyant sur la distribution zodiacale ainsi établie, fut ultérieurement totalement vérifiée (voir M. Špůrek, *Rétrospection et prognose des glissements de terrain catastrophiques*, Prague, 1974).

vantage aider les astrologues que leurs opposants, principalement du fait de la classification et de l'amélioration de la précision des expériences accumulées subséquentes.

Une telle vérification a été faite dans certains cas. Il est préférable que cette expertise soit entreprise par un astrologue associé à des spécialistes d'autres disciplines et effectuée en équipe. Ce fut le cas de l'étude entreprise conjointement par l'astrologue britannique Jeff Mayo, le psychologue H. J. Eysenck, de l'université de Londres, et O. White, qui ont effectué une recherche statistique empirique sur deux profils psychologiques marqués – les extravertis et les introvertis – sous l'éclairage de l'astrologie et qui ont publié leurs résultats dans la presse scientifique.

Les pionniers de l'application des méthodes statistiques

Les principaux pionniers de l'application des méthodes statistiques à l'astrologie moderne sont Paul Flambart et Alexandre Volguine pour la France, Herbert von Klöckler et Theodor Landscheit en Allemagne, Karl Ernst Krafft en Suisse, et Charles Carter en Angleterre.

- En 1955, A. Volguine a utilisé plus de 6 000 horoscopes natals (thèmes) pour dégager une interprétation des fonctions astrologiques des Planètes entourant le Soleil. Six ans plus tard, T. Landscheidt s'appuya sur 600 thèmes pour une recherche statistique des différentes structures horoscopiques et des « configurations de tension » (*Spannungsfiguren*). Il est particulièrement difficile de vérifier a posteriori la signification statistique de leurs résultats, parce que soit ceux-ci ont été publiés sans les ensembles statistiques utilisés, soit ils sont devenus des composants implicites des écrits astrologiques de leurs auteurs.

• Tel est le cas, par exemple, du *Lexique d'astropsychologie* de Charles Carter, publié en 1930, où l'auteur a utilisé les résultats de ses études d'ensembles non identifiés d'horoscopes pour diagnostiquer des inclinations psychiques, des problèmes médicaux et des tendances à certaines activités.
• En 1927, Herbert von Klöckler s'est intéressé aux relations horoscopiques entre Mars et la Lune dans un ensemble de 159 thèmes de docteurs en médecine aux spécialisations variées. Il a relevé que, dans les thèmes des chirurgiens, les conjonctions des deux Planètes prédominaient, tandis que c'était l'opposition chez les gynécologues, le sextile chez les internes et le trigone chez les psychiatres.
• Similairement, au début du siècle, Paul Flambart a établi la prédominance de l'Ascendant dans un signe d'Air (signe de l'esprit et de l'abstraction) parmi un ensemble de 123 intellectuels; il publia ces données statistiques dans son premier livre, en 1908. Il rédigea aussi un livre sur l'application des calculs probabilistes à l'astrologie (en 1914) et, dans son ouvrage suivant de 1919, il traita statistiquement le problème de « l'hérédité astrale ». Écrivant sous le nom de plume de Choisnard, Paul Flambart devint, dans les premières décennies du XXe siècle, le pionnier de l'astrologie scientifique, avec le statisticien et astrologue suisse Karl Ernst Krafft qui, prisonnier, mourut lors de son transfert du camp de concentration d'Oranienburg à celui de Buchenwald, en 1945. Dans les années 1950 et 1960 (discutées ci-après), Michel Gauquelin basa son étude de fichiers statistiques géants sur leurs résultats – dont je me dois de signaler ici une comparaison intéressante : en 1908, Flambart vérifia statistiquement la fonction de deux facteurs « maléfiques » traditionnels, Mars et Saturne, en transit par le Soleil au moment de la mort de 200 individus dont les horoscopes constituaient l'ensemble statistique; il considéra trois Aspects majeurs : la conjonction, l'opposition et le carré. Cependant, les anomalies positives décelées par Flambart disparurent entièrement des résultats de la même recherche que Gauquelin effectua en 1955, cette fois sur un ensemble statistique de 7 482 thèmes; les résultats de ce dernier, exprimés en pourcentages, correspondaient à d'infimes déviations près aux pourcentages attendus pour une distribution moyenne – donc, aucune anomalie. Naturellement, on peut se demander si la question de la mort individuelle peut être traitée de la façon choisie par Flambart, c'est-à-dire en se cantonnant à trois relations entre trois Planètes; je crois, pour ma part, que ce n'est pas le cas.

Un problème de méthodologie

Le principal obstacle à l'application de méthodes statistiques pour vérifier la véracité de l'astrologie est, comme nous l'avons vu, un problème de méthodologie. C'est là aussi que se cache le noyau de nombreux malentendus. Éviter une simplification à outrance de l'ensemble du problème est aussi vital que sélectionner adéquatement l'ensemble statistique et la méthode d'évaluation. C'est là que la plupart des erreurs ont été faites, tant par les avocats de l'astrologie que par ses critiques. Nous illustrerons cette affirmation par quelques exemples.

LES COUPS SOUS LA CEINTURE : COMMENT LES ÉVITER

En 1951, l'astronome français Paul Couderc publia un livre (voir la bibliographie, page 286) où, croyait-il, il réduisait en bouillie l'astrologie par les exemples statistiques qu'il citait. Un peu imprudemment, il pensa avoir « déboulonné l'astrologie pour de bon ». En fait, lui avait-il tout au plus porté quelques coups sous la ceinture. Mettre dans la bouche de l'astrologie quelque chose qu'elle n'a jamais affirmé pour l'infirmer ensuite triomphalement est plutôt indélicat. C'est l'un des procédés les plus vieux et les mieux connus du dialogue classique... qui discrédite surtout son utilisateur.

L'un des exemples de l'invalidité de l'astrologie avancés par Couderc est une recherche statistique effectuée aux États-Unis peu avant la Seconde Guerre mondiale par le Pr Farnsworth qui tentait de discréditer l'astrologie. Couderc explique :

« Les astrologues attribuent au signe de la Balance des qualités esthétiques. Les enfants nés avec l'Ascendant dans ce signe devraient donc avoir des talents artistiques extraordinaires. Farnsworth décida d'étudier les thèmes de plus de 2 000 musiciens et peintres. Le signe de la Balance n'était pas

plus fréquemment représenté dans cet ensemble que d'autres signes du Zodiaque. La corrélation présumée n'existe donc pas. Ces artistes ne montraient pas une plus grande fréquence dans le mois où le Soleil est dans le signe de la Balance (c'est-à-dire entre le 21 septembre et le 21 octobre). »

L'ennui est que l'Ascendant n'est pas situé là où se trouve le Soleil ; or Farnsworth a étudié la position du Soleil au lieu de celle de l'Ascendant ! Il n'est donc pas surprenant qu'il n'ait rien vu. D'autre part, il est étrange que Couderc ait utilisé ces résultats pour prouver l'invalidité de l'astrologie ; ils prouvent plutôt une erreur de méthodologie fondamentale dans les statistiques concernées.

Pour ne pas s'appuyer sur une seule expérience, Couderc ajouta un autre résultat statistique, obtenu de façon indépendante. Il l'obtint d'un astrobiologiste suisse, M. Robur, que Couderc tenait pour un grand astrologue scientifique. Ce dernier limita ses recherches aux musiciens et, à partir d'un ensemble de 2 817 d'entre eux, prouva que la position du Soleil dans le Zodiaque était sans conséquence sur cette profession. C'est un résultat intéressant mais qui, en l'occurrence, ne confirme ou n'infirme rien : l'astrologie n'a jamais soutenu que le Soleil en Balance était très fréquent chez les musiciens.

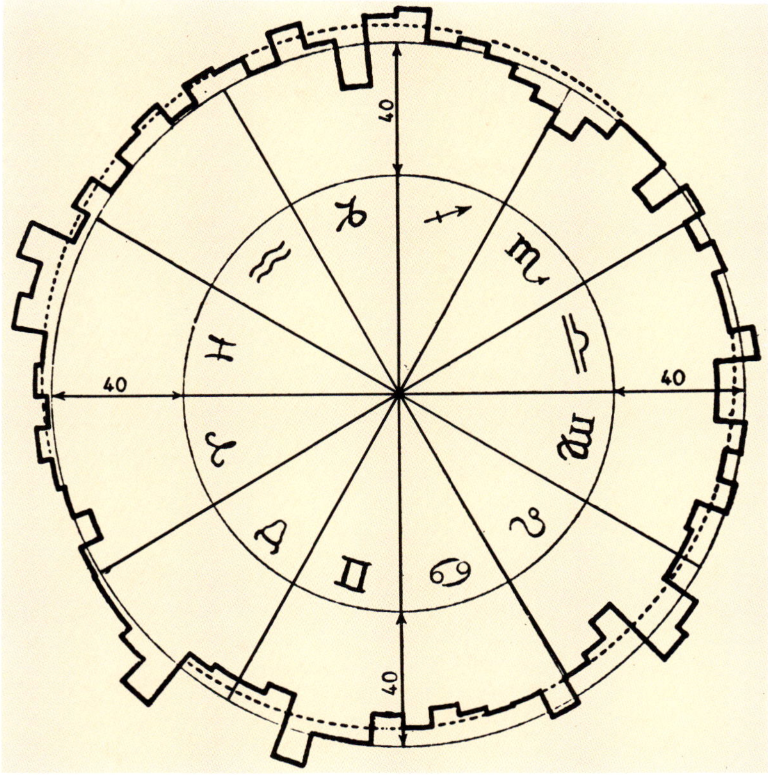

Distribution de la position du Soleil sur l'écliptique par arcs de 5° pour un ensemble statistique de 2 817 musiciens (d'après P. Couderc, 1951).

Existe-t-il une prédisposition pour la profession musicale ?

Observons plutôt sans a priori le problème de la prédisposition pour la profession musicale ; nous ne présumons rien mais désirons savoir si une telle chose existe. Rassemblons donc un ensemble statistique sérieux. Il ne doit pas nécessairement être grand, mais représentatif ; nous étudierons donc une centaine de compositeurs bien connus, pour moitié dans le domaine de la musique classique et pour moitié musiciens et chanteurs pop d'audience mondiale.

Étudions à présent la fréquence de la présence du Soleil, de Mercure, de Vénus, de la Lune, de Mars et de Jupiter dans les divers signes zodiacaux à l'instant de la naissance de ces artistes (voir schéma page 254). Que constate-t-on ? Alors que la position du Soleil, de la Lune, de Vénus et de Mars est plus ou moins sans rapport, car leur fréquence ne montre aucune déviation par rapport à la moyenne, les positions de Mercure et de Jupiter – deux Planètes astrologiquement opposées, respectivement maîtres des signes opposés des Gémeaux et du Sagittaire qui représentent les deux versants de la communication – donnent de très intéressants résultats. Mercure en Sagittaire s'avère une configuration frappante dans les deux groupes de musiciens, sa fréquence d'apparition excédant par 200 % la moyenne statistique. Qu'est-ce que cela signifie ? En horoscopie, depuis des temps immémoriaux, Mercure a représenté Hermès, le dieu de la parole et de l'écriture, tandis que le Sagittaire symbolise l'étranger (les régions lointaines) et l'idéal ou quelque chose de panhumain ; en combinant ces deux concepts, on arrive à « un langage idéal international compréhensible de tous » – et qu'est-ce, si ce n'est la définition même de la musique ?

Pour revenir au signe de la Balance à propos duquel a été fait tant de bruit, c'est justement dans ce signe que la fréquence de la présence de Jupiter culmine. L'anomalie n'est pas aussi marquée qu'avec Mercure, mais elle est significative (l'excès par rapport à la moyenne est de 100 %). En termes astrologiques, cette configuration peut s'interpréter comme suit : Jupiter dans un horoscope signifie honneurs, reconnaissance, célébrité, tandis que la Balance signifie, entre autres, équilibre et harmonie, ce qui se combine pour donner « obtention de la célébrité (reconnaissance) au travers de l'harmonie ». Et, de ce fait, nous avions choisi pour notre étude les musiciens les plus célèbres.

Ceci est juste un exemple montrant à quel point une application subtile des statistiques peut conduire à des résultats surprenants sans

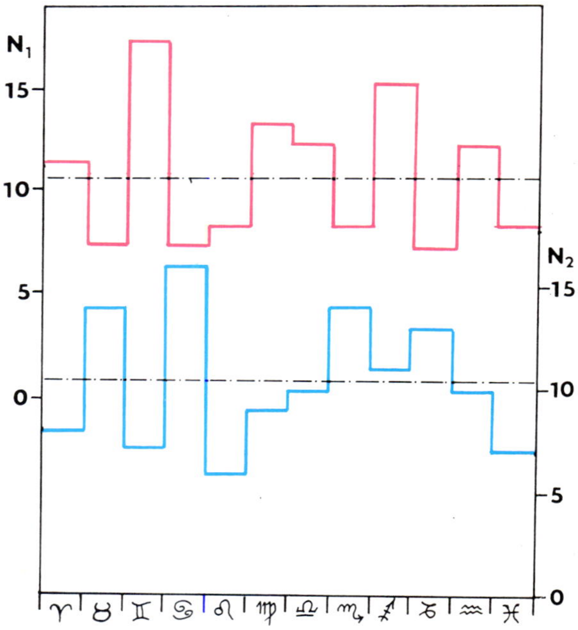

Fluctuations de la fréquence de la présence de Jupiter (N_1, *courbe rouge*) et de Mars (N_2, *courbe verte au-dessous*) dans les signes du Zodiaque dans les thèmes de 125 lauréats du prix Nobel de physique durant la période 1901-1985 inclus. Le caractère complémentaire des deux histogrammes, qui expriment la volonté d'agir (Mars) et les honneurs et la célébrité (Jupiter), est très intéressant.

détruire pour autant le charme de l'ancienne astrologie. Ce n'était qu'un petit exercice, mais amusant, n'est-ce pas ? Cet exemple démontre aussi que la sélection de l'échantillon statistique n'est pas anodine. L'exemple suivant prouvera l'inadéquation d'une sélection trop large ; des résultats significatifs ne s'obtiennent que par sa réduction appropriée.

Le Pr Bart J. Bok, de Harvard, président de l'Association américaine des sociétés scientifiques, pensait aussi avoir réfuté l'hypothèse astrologique d'une prédisposition pour telle ou telle vocation selon la configuration zodiacale des Planètes au moment de la naissance. Il releva la date de naissance de tous les gens figurant dans l'annuaire *American Men of Science* et rechercha la présence éventuelle d'anomalies au long de l'année. Il parvint à deux conclusions :

1. la distribution des dates de naissance des scientifiques américains est aléatoire au cours d'une année ;
2. les fluctuations saisonnières de la fréquence de ces dates correspondent aux fluctuations observées dans la population générale au cours d'un an, comme l'a démontré Huntington en 1938 : globalement, la somme des naissances en janvier, février et septembre dépasse de 15 % la somme des naissances en mai, juin et novembre. Bok montra que la distribution de la fréquence des naissances de scientifiques était la même.

Toutefois, Bok ne parvint pas non plus à différencier les catégories de scientifiques. Il y a forcément des différences entre un linguiste et un géologue, un physicien théoricien et un zoologiste, un botaniste et un historien. Regrouper tous ces gens dans un même ensemble conduit à un manque d'homogénéité dans l'échantillon et diminue la probabilité d'observer l'émergence de structures dans la distribution.

Un ensemble sélectif : les prix Nobel de 1901 à 1985

Considérons maintenant le problème en tenant compte de la spécialisation, et construisons un ensemble statistique plus petit mais sélectif : celui des physiciens, par exemple, qui ont reçu le prix Nobel de physique entre 1901 et 1985 inclus. Un tel ensemble intégral existe ; de Röntgen à Klitzing, il contient les noms de 125 scientifiques nés entre 1837 et 1943. Comparé à l'échantillon de scientifiques américains de Bok, il est plus spécialisé – nous pourrions même dire, judicieusement spécialisé ; mais, en même temps, il a été sélectionné par avance, objectivement, et pas pour notre but de recherche. Nous lui appliquerons la même méthode qu'aux musiciens, et observerons la fréquence de la présence, non

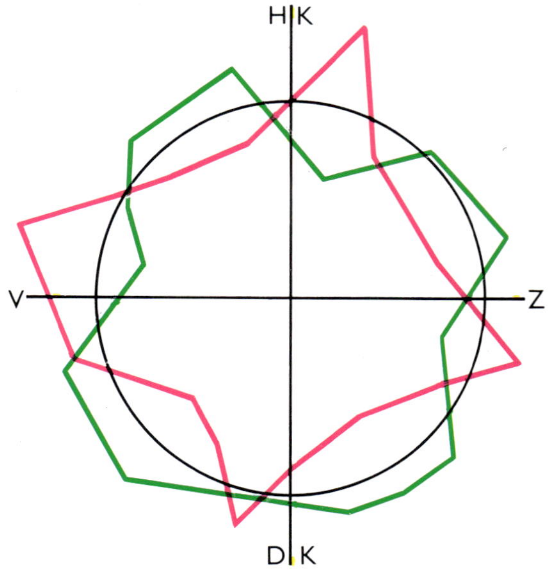

La position de Saturne le jour de la naissance de 5 100 artistes (*en vert*) et 3 647 scientifiques (*en rouge*) a un caractère complémentaire. La lettre **V** indique la position de son lever, à l'est, **Z**, son coucher, à l'ouest, **HK**, la position de sa culmination supérieure, et **DK**, celle de sa culmination inférieure (d'après M. Gauquelin, 1960).

seulement du Soleil mais aussi des autres Planètes (jusqu'à Jupiter) dans les différents signes du Zodiaque.

Dans les thèmes de ces physiciens, Mars, qui symbolise en astrologie la volonté d'agir et l'engagement personnel énergique, présente des anomalies positives accentuées dans les paires de signes opposés Taureau-Scorpion et Cancer-Capricorne, c'est-à-dire les axes catégoriels de la quantité et du temps, qui représentent, de fait, le domaine de leurs travaux. Jupiter, qui représente les honneurs et la renommée en horoscopie, culmine de façon prononcée dans les signes opposés des Gémeaux et du Sagittaire – soit, en termes astrologiques, sur l'axe de l'expansion de la connaissance. En outre, l'anomalie relative à Jupiter, en domicile dans le Sagittaire, suggère que cette reconnaissance sera de portée internationale, universelle – ce qu'est véritablement le prix Nobel. Le schéma ci-contre montre que les deux Planètes dans leurs positions spécifiques sont complémentaires d'une façon très intéressante.

La configuration la plus frappante est celle de Mars dans le signe du Scorpion, dont Mars est le maître planétaire et où la Planète est la plus influente. Plus d'un lauréat du prix Nobel de physique sur cinq possède cette configuration (16 personnes sur 76), alors que la probabilité moyenne est de 1 sur 12. Dans la littérature astrologique, cette figure est attribuée aux techniciens, inventeurs et chercheurs; son incidence ici excède la moyenne statistique par 200 %, comme la configuration Mercure en Sagittaire chez les musiciens.

L'échantillon statistique des musiciens a été constitué par la sélection des artistes les plus célèbres; il aurait pu être deux fois plus gros pour le moins. En revanche, l'ensemble des lauréats du prix Nobel de physique, déterminé par avance, est de taille finie pour la période donnée. Il a été sélectionné par le jury du prix Nobel et non par nous, et pas pour cette utilisation particulière. L'échantillon augmente de taille, mais seulement lentement et en pas d'un an. C'est donc un échantillon de type exclusif marqué, qui a un poids totalement différent, du point de vue statistique, qu'un ensemble sélectionné à partir de grands nombres. Je suis convaincu que ce type d'échantillon exclusif aboutit à des résultats plus qualifiés que des ensembles sélectionnés subjectivement.

Un autre ensemble sélectif : les rois de Bohême

Prenons un autre échantillon exclusif – peut-être même encore plus – et croissant lui aussi de façon continue et très lentement : celui des rois de Bohême. Sur les 36 rois de Bohême, nous connaissons le jour, le mois et l'année de naissance de 30 d'entre eux. L'échantillon est fini et n'augmentera jamais plus de taille (voir schéma page 254). Si nous appliquons la même méthode que précédemment, nous obtenons encore une fois un résultat remarquable. De tous les corps célestes étudiés, seule la position du Soleil au moment des 30 naissances présente des anomalies significatives. L'anomalie statistique la plus significative est dans le Lion, et la deuxième plus importante, dans les Poissons. Selon l'astrologie médiévale, le signe du Lion gouverne la Bohême qui a d'ailleurs un lion dans ses armoiries. Le Soleil est domicilié dans le Lion dont il est le seul maître. En astrologie médiévale, le Soleil symbolisait le roi, tandis que la Lune représentait le prince (en polonais, d'ailleurs, le mot *kniezicz* signifie à la fois « lune » et « prince »).

Là encore, la fréquence de la présence du Soleil en Lion dans les thèmes des rois de Bohême excède la moyenne d'un facteur cinq (ou 200 %). Dans la première moitié du Zodiaque (du Bélier à la Vierge), le Soleil survient vingt fois, tandis qu'il ne survient que dix fois dans la seconde moitié. Dans les thèmes des présidents suivants de la République de Bohême, en revanche, c'est le contraire : huit des dix présidents sont nés avec le Soleil dans la seconde moitié du Zodiaque, seulement deux avec le Soleil dans la première moitié du Zodiaque, et quatre d'entre eux sont natifs du Sagittaire ou du Capricorne, signes n'ayant jamais été occupés par le Soleil dans le cas des rois (voir schéma page 254).

DES BASES STATISTIQUES GÉANTES

Le sociologue français Michel Gauquelin attaqua de front la question controversée de l'éventuelle relation entre la date de naissance d'un individu et une vocation particulière. Insatisfait par les précédents résultats des astrologues, en particulier ceux de Flambart (alias Choisnard) et de Krafft, il entreprit de compiler avec l'aide de sa femme Françoise un ensemble de quelque 25 000 dates de naissance vérifiées de personnalités éminentes. Les données natales précises furent obtenues par l'étude directe des matériaux d'archives de plusieurs pays européens : France, Allemagne, Italie, Pays-Bas et Belgique. Les recherches statistiques durèrent plusieurs années. Les premiers résultats furent présentés en 1955 dans son livre *L'Influence des astres. Une étude critique et expérimentale*. Depuis,

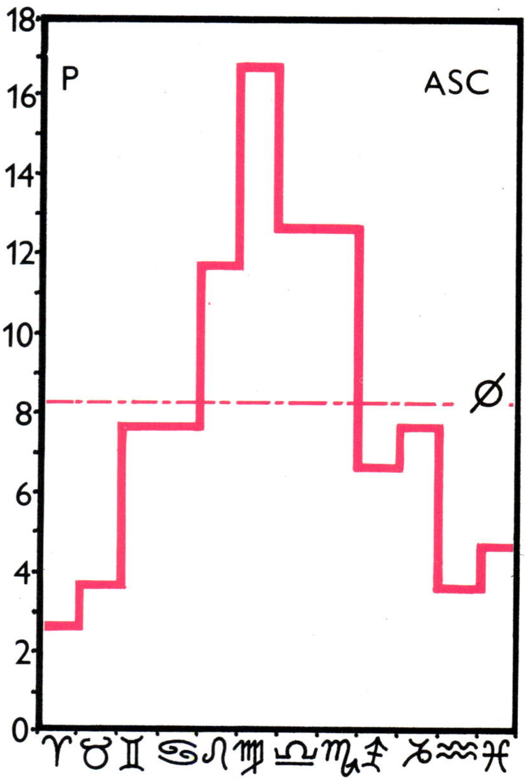

Fluctuations de la fréquence de la présence de l'Ascendant dans chacun des signes du Zodiaque dans un échantillon statistique issu des thèmes précis de 102 astrologues connus, nés entre 1433 et 1964 (**P** indique le pourcentage de cas).

M. Gauquelin a résumé ses résultats dans plusieurs autres livres et études spécialisées.

M. Gauquelin se dissocie explicitement de la pratique astrologique de l'interprétation horoscopique, la tenant pour « pré-scientifique », mais ses résultats renforcent la croyance astrologique fondamentale que l'instant de la naissance et la configuration céleste associée déterminent généralement l'avenir. Et comme la révélation de la vocation d'un homme est l'un des principaux objectifs de l'horoscopie, il serait utile que les astrologues se familiarisent avec la méthodologie de Gauquelin et prennent en compte ses résultats dans leur interprétation.

Planètes et profession

M. Gauquelin a étudié les relations possibles entre les Planètes et la profession d'un homme. Il s'intéressait non aux positions écliptiques des Planètes (c'est-à-dire dans les signes du Zodiaque), mais uniquement à leur position dans les secteurs compris entre leur lever et leur coucher au moment de la naissance en un certain lieu. Il divisa la révolution quotidienne apparente de chaque Planète en un arc nocturne et un arc diurne, chacun contenant six secteurs temporels égaux. Le milieu de l'arc diurne est le point de culmination supérieure de la Planète, le milieu de l'arc nocturne, le point de culmination inférieure. Outre cela, Gauquelin utilisa expérimentalement une subdivision plus fine du mouvement quotidien des Planètes en 18 ou 36 secteurs temporels. Sa méthode rappelle un peu la construction des Maisons astrologiques, mais est cependant plus proche de la méthode d'établissement de la longueur des « heures planétaires » diurnes et nocturnes.

Le lien entre certaines Planètes et certains types de profession se manifeste par des anomalies statistiques de la fréquence de la présence des Planètes dans les différents secteurs. L'incidence de la présence d'une Planète dans les secteurs 1 et 4, c'est-à-dire après le lever et après la culmination (supérieure) d'une Planète, est étonnante. Pour résumer, selon Gauquelin, certaines Planètes sont significatives pour certaines vocations, ce qui se signale statistiquement par une occurrence plus élevée dans deux secteurs temporels : après le lever de la Planète et après sa culmination haute. Les mêmes secteurs se sont trouvés accentués lorsque l'auteur étudia la soi-disante « hérédité planétaire ». Ses surprenants résultats ont été étudiés indépendamment et plus ou moins confirmés par le Comité belge d'étude des phénomènes paranormaux.

Statut privilégié de l'Ascendant et du Milieu du Ciel

Quelles sont les conséquences pratiques des résultats des recherches de Gauquelin pour l'astrologie ? Globalement, ceux-ci confirment le statut privilégié de l'Ascendant et du Milieu du Ciel dans l'horoscope. Toutefois, ils révèlent un certain désaccord avec l'astrologie traditionnelle, qui pense que la vocation professionnelle est rattachée aux Maisons VI (emploi, mode de vie) et X (vocation, mission) plutôt qu'aux Maisons XII et IX (équivalentes aux secteurs 1 et 4 de Gauquelin). En ce qui concerne la relation statistique entre certaines Planètes et certaines vocations, il y a accord avec l'astrologie classique. La Lune semble « prendre soin » des politiciens et des écrivains, Vénus, des écrivains, Mars, des sportifs et des soldats, Jupiter, des artistes, soldats, politiciens, journalistes et joueurs de sports d'équipe, Saturne, des scientifiques et des médecins (voir figure du bas, page 246). Gauquelin ne trouva pas de relation significative avec une quelconque profession pour le Soleil, Mercure, Uranus, Neptune ou Pluton.

L'astrologie dans son propre miroir

Qu'est-ce qu'un astrologue – ou plus précisément, qui peut être astrologue ? L'astrologie peut-elle être pratiquée par tout le monde ? Est-ce comme apprendre – disons – la photographie, ou l'astrologie exige-t-elle quelque chose que tout un chacun n'a pas, quelque talent, don ou capacité spécifique ? Et si tel est le cas, quelle sorte de compétence faut-il donc ? Connaît-on des prédispositions à cette activité ? Est-ce une discipline pour quelques élus ou est-ce un art qu'un jour chacun pratiquera ?

QU'EST-CE QU'UN ASTROLOGUE ?

Sous certains aspects, l'astrologie ressemble à la médecine. Dans les deux cas, les principes éthiques ne peuvent être omis. Si quelqu'un se confie aux soins d'un médecin, d'un analyste ou d'un astrologue, il doit pouvoir croire, ou du moins avoir confiance, en cette personne. Un astrologue peut aussi influencer dans une certaine mesure la vie de ses clients. Cela ne signifie pas qu'il les manipule mais qu'il interfère avec eux, directement ou indirectement. L'astrologue a-t-il le droit de faire cela ? Si oui, est-ce le droit de celui qui sait ou peut voir ? Sinon, quel droit a-t-il ? Après tout, l'astrologue n'est qu'un être humain, lié par son propre horoscope.

- Que demande-t-on le plus à un astrologue ?
- Quelles sont ses spécificités ?
- Est-il capable de s'étudier lui-même à l'aide de sa discipline ?

Un homme empli d'inspiration divine

À la fin de la période classique, au IVe siècle, les conditions et préalables exigés pour un astrologue furent formulés par l'auteur des huit livres du *Matheseos*. Firmicus Maternus a mené sa réflexion dans l'esprit du néoplatonisme. Selon lui, seul un homme empli d'inspiration divine pouvait dire aux Romains ce que, aux temps anciens, les dieux avaient divulgué dans les espaces les plus secrets du temple, en Égypte et à Babylone. L'astrologue – le grand prêtre du dieu Soleil et de la déesse Lune – devait montrer à l'homme errant la bonne voie, objectivement et sans attendre de récompense. Il ne devait pas être avide, désirer la gloire, intriguer ou conspirer.

Page de titre d'une édition hollandaise des prophéties de Nostradamus (Amsterdam, 1668).

Portrait de Michel de Nostre-Dame, dit Nostradamus (gravure de l'époque).

Un être parfait

L'astrologue hindou Varâha Mihira, qui vécut probablement au VIe siècle, va plus loin dans le détail de l'éthique et même de l'apparence de l'astrologue idéal (voir la bibliographie) :

> *« L'astrologue doit être de bonne origine, plaisant et d'apparence plaisante, avoir un corps symétrique, une noble stature et des membres élégants. Il ne doit présenter aucune difformité corporelle et ses bras, jambes, ongles, yeux, dents, oreilles, sourcils, front et pommettes doivent être bien proportionnés. En particulier, il doit être en bonne condition physique et doit avoir une voix claire, nette et harmonieuse. En bref, ce doit être un être parfait, car les qualités morales bonnes ou mauvaises sont jugées sur l'apparence extérieure.*
> *Les autres qualités requises pour l'astrologue sont une moralité stricte, la crédibilité, la noblesse, une pensée rapide, la connaissance, la délicatesse et la bonté. Il ne doit pas être nerveux ni irascible. Il doit dépasser les autres en savoir, afin de rehausser la gloire de la science par ses succès. Il ne doit pas être seulement qualifié, mais aussi dépourvu de vices. Il doit savoir amener des offres de conciliation, maîtriser la médecine et la magie blanche, vivre dans la crainte de dieu, jeûner et se repentir. Il doit avoir un excellent esprit pour pouvoir répondre à toute question à l'exception de celles qui dépassent les limites de sa connaissance des influences surnaturelles. Et finalement, il doit être instruit en astronomie, en horoscopie et en astrologie naturelle. »*

Une personne dont l'horoscope natal est favorable

Dans la seconde moitié du XIIe siècle, le poète et astrologue persan Nizami résumait la question dans son ouvrage *Instruction au prince couronné ou Les Quatre Discours*. Dans son troisième discours, qui traite de l'astronomie et de la somme des

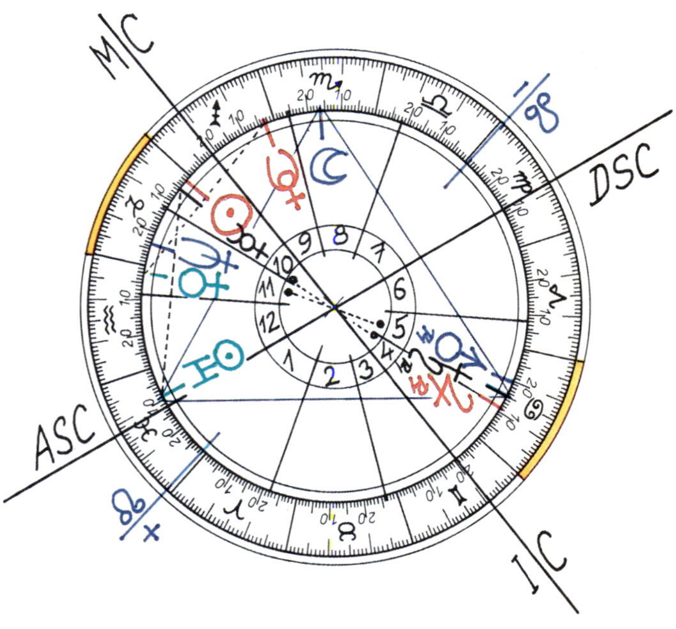

Horoscope natal (thème) de l'astrologue français Michel de Nostre-Dame (Nostradamus), né le 14 décembre 1503 vers midi à Saint-Rémy-de-Provence (domification de Koch). La configuration la plus caractéristique de l'horoscope est la présence d'Uranus près de l'Ascendant en Poissons, qui suggère une personnalité s'éloignant fortement de la moyenne et dotée de capacités innées de divination. La conjonction forme l'une des pointes du trigone d'Eau qui lie la moitié des Planètes et suggère une très grande sensibilité. Enfin, le couple de signes opposés Cancer-Capricorne est très accentué, ce dont nous déduisons la capacité de s'orienter dans le temps et de prédire l'avenir.

connaissances indispensables à l'astronome (l'astronomie médiévale incluant l'astrologie), il affirmait :

« L'astronome doit être un homme au caractère pur et à l'esprit pieux, touché par la grâce et, pourrions-nous dire, ayant aussi un certain esprit entreprenant un peu aventureux en matière de prédictions ; ceci est une des conditions de son travail et les préalables à la profession. »

Le Perse ne semblait pas se préoccuper de l'apparence, mais ajoutait une autre spécificité remarquable qui augure déjà de la possibilité d'une prédisposition pour l'exercice de cette profession. Il écrivait :

« Celui qui veut faire des prédictions doit avoir dans son propre horoscope, ou du moins en bonne conjonction avec l'horoscope, le signe de la Flèche du mystère. Celui qui possède ce signe dans son horoscope natal est en situation adéquate et favorable et quoiqu'il prédira sera proche de la vérité. »

Finalement, aux yeux de l'astrologie elle-même, ce n'était pas tant le type idéal de l'astrologue que les préalables indispensables qui se cachaient dans l'horoscope natal de l'astrologue lui-même. Est-ce bien vrai ?

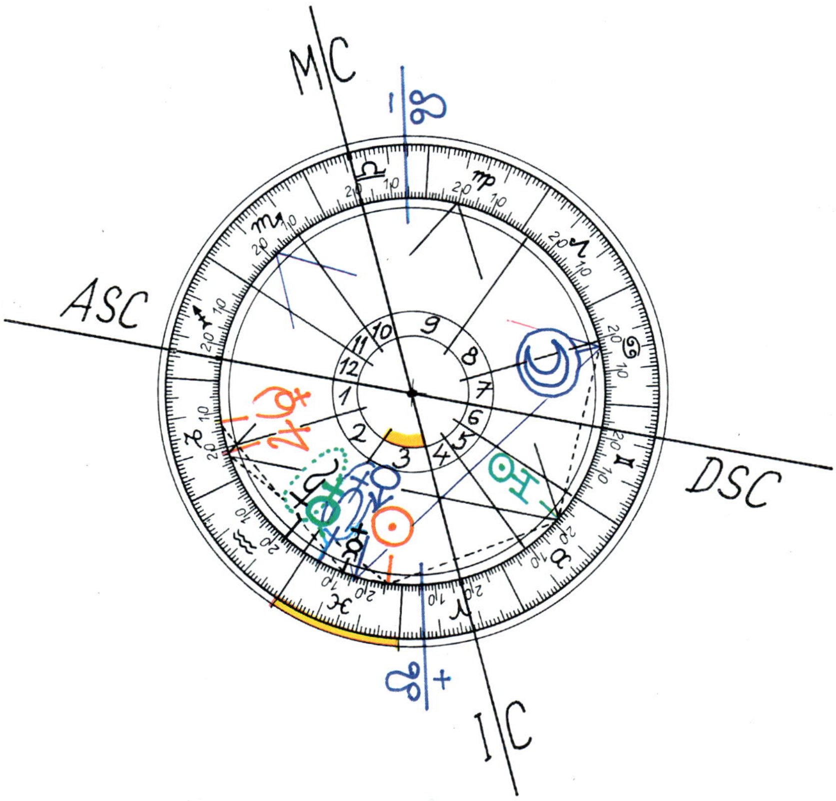

Thème natal de l'astrologue Junctin de Florence, dressé sur la base des données natales conservées : le 7 mars 1522 à 1 h 18 en temps solaire réel local à Florence (Italie, domification de Koch).

LA FLÈCHE DU MYSTÈRE

Nizami rapporte le cas d'un diseur de bonne aventure, simple paysan illettré, qui faisait des prédictions remarquablement justes. Lorsque l'astrologue Abu Raihan étudia l'horoscope natal de ce dernier, il s'aperçut que « la Flèche du mystère coïncidait exactement avec le degré central de son horoscope, c'est-à-dire son Ascendant, ce qui signifie que lorsqu'il prédit quelque chose – même au hasard –, c'est pratiquement correct ».

Mais qu'est-ce que cette Flèche du mystère ? Manifestement un élément de l'horoscope, mais lequel ? La terminologie astrologique de l'Orient médiéval est peu intelligible. Dans ses notes, la traductrice tchèque des travaux de Nizami suppose que c'est l'un des anciens signes du Zodiaque, mais c'est faux : l'Iran utilisait le même Zodiaque que les Grecs. En outre, le contexte de l'ouvrage lui-même révèle quelque chose d'assez distinct et, à mon avis, de très intéressant.

Ce que l'auteur perse désignait par « Flèche du mystère » (*sahmu'l-ghaib*) et « Flèche du bonheur » (*sahmu's sa'adat*) se devine d'après l'extrait de texte ci-dessous, où l'auteur décrit un peu la méthodologie de l'interprétation horoscopique de l'époque :

« Une fille m'est née, et la date de sa naissance était le vingt-huitième safar de l'an cinq cent dix [12 juin 1116], jour où le Soleil et la Lune étaient en conjonction et qu'aucune distance ne les séparait, de sorte que la Flèche du mystère et la Flèche du bonheur tombaient sur un seul et même degré de son horoscope. »

Il est clair que ces Flèches représentent des éléments horoscopiques dépendant de la longitude écliptique du Soleil et de la Lune. Elles ne peuvent être que des Points sensibles (*kleroi*), habituellement désignés par une croix au milieu d'un cercle. Ces points, ou Parts, étaient connus sous les noms de « Daimon », « Agathe » et « Basis » des auteurs classiques comme Néchepso et Pétosiris, Manilius, Ptolémée, Valens Vettius, Rhetorius et Paul d'Alexandrie. Bien que la méthodologie de travail avec ces éléments horoscopiques, calculés à partir des longitudes du Soleil, de la Lune et de l'Ascendant, ait été assez discutée tant dans l'Antiquité qu'après, nous pouvons tirer les conclusions suivantes :

1. dans le cas de la Nouvelle Lune (où le Soleil et la Lune sont en conjonction), les Points sensibles Daimon et Agathe (ainsi que Basis) coïncident avec l'Ascendant ;
2. lorsque le Soleil est en conjonction avec l'Ascendant, ces points coïncident avec la position de la Lune ;
3. quand la Lune est en conjonction avec l'Ascendant, ces points coïncident avec la position du Soleil.

C'est le premier cas que décrit précisément le texte de Nizami. En quoi cela nous renseigne-t-il sur les prédispositions aux activités astrologiques ? Que les gens nés un jour de Nouvelle Lune devraient faire d'excellents astrologues, car leur Flèche du mystère (ou Part de fortune) coïncide avec leur Ascendant ou en est très proche.

AUTRES PRÉALABLES INDISPENSABLES

Nous avons découvert l'un des préalables, mais ce ne peut être le seul critère pour juger si une personne a ou non un talent pour l'astrologie. Par exemple, Varâha Mihira affirmait dans son livre que les gens nés avec le Soleil en Gémeaux avaient une inclination pour l'astrologie. Tous, demanderons-nous ? Probablement non, ce serait trop simple. Certains astrologues modernes ont approfondi plus avant cette question en essayant de découvrir de possibles dispositions pour la divination astrologique à l'aide des statistiques. Leurs conclusions sont ouvertement tirées de quelques ensembles de données dont nous ne connaissons malheureusement pas la taille, ce qui nous empêche de vérifier qualitativement leurs résultats. Une vérification quantitative devrait être réitérée, ce que nous tâcherons de faire plus loin.

De l'importance d'Uranus selon Carter

Dans son *Lexique d'astropsychologie* (1930), Charles Carter affirme ainsi notamment que les astrologues sont principalement régis par Uranus. Les auteurs anciens, tels Galien, Hippocrate et Ptolémée, attribuaient cette fonction à la dernière des Planètes connues à l'époque, Saturne. Notons que, selon la théorie astrologique moderne, les deux Planètes gouvernent les mêmes signes zodiacaux, le Capricorne et le Verseau ; c'est probablement pourquoi Uranus a hérité d'une partie des attributs astrologiques de Saturne à l'ère moderne. D'après Carter, les horoscopes des astrologues contiennent souvent l'Ascendant dans les signes du Lion, de la Vierge, de la Balance et du Scorpion. Carter remarque encore que beaucoup d'entre eux sont des natifs des Gémeaux ou du Sagittaire, ce qui recoupe en partie les dires de Varâha Mihira. Carter relève aussi l'accentuation de certains degrés particuliers de l'écliptique dans les horoscopes d'astrologues : les positions 27° du Verseau et du Lion et 11° de la Vierge et des Poissons.

De l'importance de Mercure et d'Uranus selon Kefer

L'auteur tchèque Jan Kefer a exprimé son opinion sur le sujet dans son livre *Diagnostics astrologiques* (1940, l'un des meilleurs guides tchèques d'astrologie). Il considère que les configurations suivantes sont très fréquentes dans les horoscopes d'astrologues :

> *« Le Soleil en conjonction avec Mercure en Maison IX, la Lune en Gémeaux ou Verseau et simultanément en Maison I. Ensuite, Mercure en conjonction avec Uranus en Maison I, II et IX ou X, en particulier si le Soleil, Mercure ou Uranus sont dans le signe de l'Ascendant. Saturne en Maison IX si la naissance est diurne, Uranus en Lion et en Maison I ou Uranus en Maison IX faisant un Aspect défavorable avec Saturne. Le Milieu du Ciel dans le 2e tiers de la Vierge ou le 1er tiers des Poissons. »*

Selon Kefer, la prédilection pour l'astrologie est généralement annoncée dans le thème, particulièrement si Mercure fait un Aspect significatif avec Uranus et si d'autres conditions sont remplies.

L'astrologue hindou contemporain B. V. Raman, dans son livre *L'Astrologie prédictive hindoue*, déclare que les indices suivants se retrouvent dans le thème d'un grand astrologue : Mercure dans l'une des Maisons angulaires (I, IV, VII ou X), Vénus en Maison II, et la Lune ou Jupiter en Maison III.

De l'importance de « configurations globales spécifiques » selon Grimm

Toutefois, les choses ne sont pas si délicieusement simples – au contraire. Pourquoi, sinon, l'astro-

Fréquence de la présence du Soleil (*en rouge*), de Mercure (*en noir*) et de Vénus (*en vert*) dans chaque signe dans un échantillon statistique de 145 thèmes d'astrologues remarquables nés entre 1433 et 1964 (en pourcentage de cas). Comparée à la distribution de la position de l'Ascendant dans le même échantillon (page 248), la distribution des positions planétaires est exactement inverse.

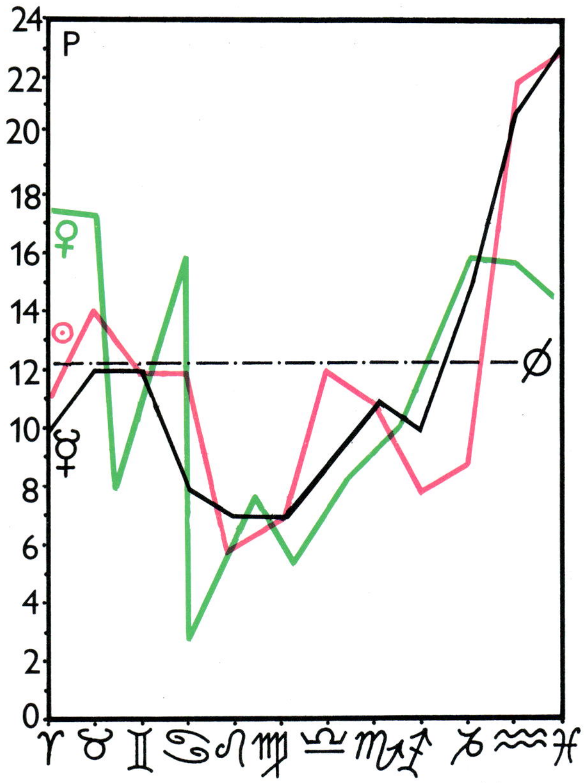

logue allemand A. M. Grimm arriverait-il à des conclusions assez différentes lors de ses recherches dans les années 1920 ? Dans son livre *Astrologie* (1921), il affirme que ce qu'il appelle des « configurations globales spécifiques » sont beaucoup plus importantes et leur attribue un bien plus grand poids qu'aux configurations individuelles trouvées par les autres astrologues et présentées le plus souvent sous forme de brefs aphorismes ; il met en avant les corrélations multiples plutôt que les structures horoscopiques isolées, simplement frappantes. Grimm pense que les membres d'une profession donnée forment un groupe – une sorte d'ensemble de cas analogues ayant des configurations spécifiques dans leur thème qui ne se retrouvent pas dans les autres horoscopes ; toute configuration qui ne s'avère pas statistiquement significative n'appartient pas au groupe mais est du ressort de l'individu.

Le raisonnement est assez logique. Grimm a précisé les configurations globales propres aux astrologues et, par la suite, aux éventuels adeptes de l'art. Selon lui, le thème natal d'un astrologue capable doit vérifier simultanément les quatre conditions suivantes :

1. comporter une relation reliant les Maisons VI, IX et X (par le biais de Planètes et de leurs Aspects) ;
2. avoir Mercure dans la moitié de l'horoscope contenant l'Ascendant ou comme dispositeur de la Maison I ;
3. que le dispositeur de la Maison I soit le Soleil, Mercure ou Jupiter ; tout autre dispositeur de cette Maison devra faire au moins un Aspect majeur avec l'une de ces trois Planètes ;
4. le dispositeur de la Maison I devra être dans la moitié de l'horoscope contenant l'Ascendant ou dans la Maison VI, IX ou X.

UNE EXPÉRIENCE STATISTIQUE ENGLOBANT LES ASTROLOGUES EUX-MÊMES

Considérons l'échantillon déjà mentionné de 145 astrologues nés en majorité en Europe entre 1433 et 1964. Nous connaissons l'heure de leur naissance pour une centaine d'entre eux. Pour ces derniers, nous pouvons donc étudier, outre la fréquence de la présence des Planètes dans les différents signes du Zodiaque, la fréquence de l'Ascendant dans chaque signe (voir schéma page 248).

Le Soleil et l'Ascendant sont les fondations de tout horoscope. Alors que le Soleil indique, selon la théorie de l'interprétation horoscopique, ce pour quoi vit le natif, l'Ascendant révèle la substance de sa personnalité – son ego. Examinons le diagramme de cette page. Il est possible d'y voir des indications de la prédisposition de certains individus pour le travail astrologique ou de l'intérêt dans l'astrologie.

Ainsi, tous les natifs du Verseau partagent une pensée systématique. Pour l'auteur dramatique tchèque et astrologue Daniela Fischerová, qui a été surnommée « la presbyte mentale », le Verseau, envisageant des perspectives lointaines, ne remarque souvent pas ce qui se trouve juste sous son nez – il n'est donc pas étonnant que l'on se moque souvent de lui.

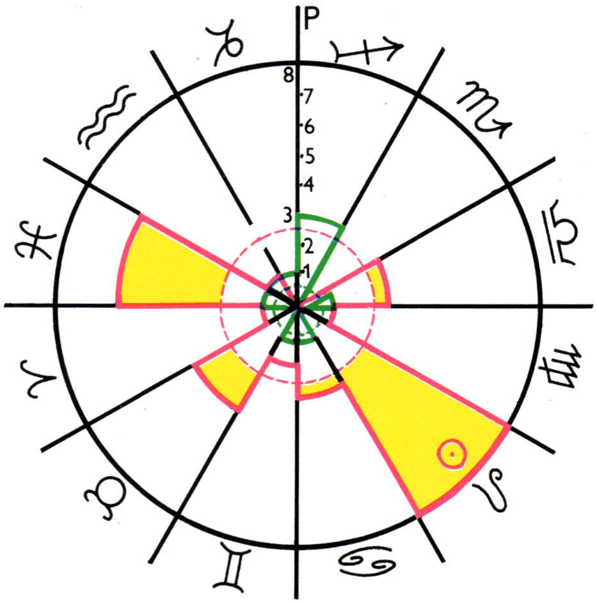

Comparaison de la distribution de la position du Soleil dans les signes du Zodiaque dans un ensemble fini de thèmes de 30 rois de Bohême (*en rouge*) et un ensemble fini de 9 présidents de Tchécoslovaquie d'avant novembre 1989 (*en vert*). Dans le cas des rois en particulier, l'anomalie dans le signe du Lion est remarquable, notamment lorsqu'on sait que le lion (*leo* en latin) est le symbole héraldique de la nation tchèque.

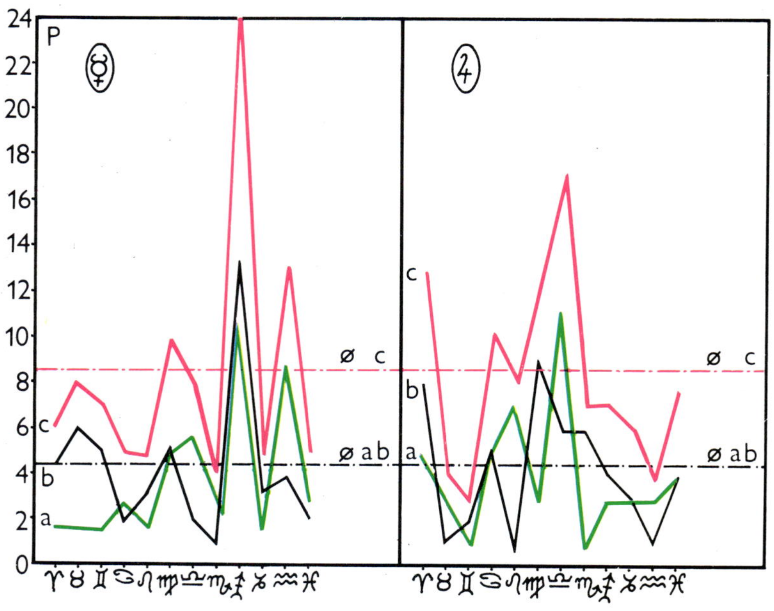

Statistiques de la fréquence de la présence de Mercure (*à gauche*) et de Jupiter (*à droite*) dans les divers signes parmi un ensemble de 50 des plus importants compositeurs (*courbe a, en vert*) et de 50 des plus fameux musiciens de jazz (*courbe b, en noir*) ; la somme des cas est donnée par la *courbe c* (*en rouge*). Le premier ensemble comprend Händel, Bach, Gluck, Stamitz, Haydn, Mysliveček, Mozart, Ryba, Beethoven, Weber, Rossini, Schubert, Škroup, Lortzing, Berlioz, Strauss, Mendelssohn-Bartholdy, Chopin, Schumann, Liszt, Wagner, Verdi, Franck, Smetana, Bruckner, Strauss Jr., Rubinstein, Brahms, Saint-Säens, Bizet, Dvořák, Grieg, Fibich, Janáček, Foerster, Mahler, Glazounov, Debussy, Novák, Satie, Suk, Schönberg, Bartók, Berg, Webern, Martinů, Honegger, Milhaud, Hindemith et Britten. Le second ensemble comprend : Joplin, Laine, Handy, Picou, B. Johnson, Nelson, Oliver, Morton, Rainey, Ory, Smith (Stuff), J. Johnson, J. Dodds, Robinson, Broonzy, Noone, Bechet, Smith (Willie), Gershwin, Henderson, « Baby » Dodds, Ellington, Mezzrow, Nicholas, Ladnier, Armstrong, Beiderbecke, Waller, Burian, Basie, Condon, Hawkins, Dorsey, Freeman, Ježek, Spanier, Webb, Carter, Goodman, Catlet, Shaw, Wilson, Hampton, Herman, Holiday, Murphy, Parker, Lyttleton, Mingus, Lutter.

Les perspectives de l'astrologie

L'ASTROLOGIE VIVANTE

À côté du courant principal de l'astrologie occidentale s'est toujours formée toute une variété de courants secondaires mettant en avant tel ou tel aspect particulier et introduisant de nouveaux principes au système de base décrit dans ce livre. Parmi ces courants parallèles, citons les écoles allemandes de Hambourg et d'Aalen, l'astrologie sidérale, l'astrologie humaniste – particulièrement appréciée aux États-Unis et bien représentée en France –, l'astrologie karmique, l'astropsychologie, la chronologie zodiacale et l'astrocartographie.

Délibérément, ce livre ne traite pas l'ensemble de ce domaine, souvent expérimental, de l'astrologie non traditionnelle, car cela nécessiterait un autre livre. Ces écarts par rapport au courant principal n'ont pas toujours représenté un réel enrichissement pour l'astrologie classique, bien que dans certains cas, leur contribution soit indéniable. Pour des raisons similaires, nous n'avons pas abordé certains changements dans la méthodologie astrologique remontant à l'Antiquité et au Moyen Âge, et ayant permis à l'astrologie d'intégrer le progrès dans son développement.

L'ORDINATEUR EN ASTROLOGIE MODERNE

Le principal tournant dans le développement de l'astrologie moderne est l'application à grande échelle de l'informatique et l'utilisation généralisée des ordinateurs. Ces derniers sont un atout indiscutable pour toute la partie des calculs de l'horoscopie ; ils permettent non seulement de travailler vite, avec précision et fiabilité, mais aussi de conserver les cas analysés pour constituer des bases de données et des fichiers statistiques sur lesquels s'appuyer pour l'étude approfondie des relations astrologiques.

Les programmes informatiques d'éphémérides rendent possible un voyage presque illimité à travers l'Histoire, tandis que les programmes de calcul de Maisons selon les différents systèmes de domification offrent, outre le choix de la domification et la rapidité des calculs, la possibilité d'évaluer pour des cas concrets la validité des différents systèmes – l'une des questions qui restent toujours ouvertes en horoscopie. Des logiciels spécialisés se chargent aussi d'effectuer les calculs relativement longs et ardus de l'astrologie prédictive. L'ordinateur devient un collaborateur idéal, notamment lorsqu'on souhaite sélectionner le moment approprié pour réaliser une quelconque entreprise à partir d'un horoscope (élection) ou rechercher des situations analogues dans le passé.

Cependant, toute chose a deux faces – l'une sombre et l'autre lumineuse. L'application abusive des ordinateurs inclut notamment l'offre de produits purement commerciaux tels que la soi-disante interprétation horoscopique informatisée. La divination astrologique doit nécessairement faire intervenir le facteur humain. L'astrologue ne peut pas charger l'ordinateur de cette phase, car l'approche mécaniste est très limitative : l'imagination humaine ne se programme pas. Les tentatives d'interprétation informatisée ne peuvent produire que des éléments préfabriqués et en aucun cas rivaliser avec la divination non répétitive d'horoscopes qui sont uniques. La méthode « organique » ne peut être remplacée avec quelque chance de succès par aucune méthode mécanique ou informatique.

TYPUS SELENO
LUNÆ PHASES
VARIOS AD:
PHASES LUNÆ ACCRESCENTIS
LVNA CORNICVLARIS
IN ASPECTV SEXTILI
LVNA DIMIDIATA
IN ASPECTV QVADRATO
LVNA IN ORBEM INSINVATA
IN ASPECTV TRINO VEL TRIGONO
LVNA OPPO
NOMINA PHASIVM ET ASPECTVVM LUNÆ

GRAPHICUS
ET ASPECTUS
UMBRANS.
PHASES LVNÆ
LVNA COR-
NICVLARIS.
ASPECTV
TILI.
LVNA DIMI-
DIATA.
ASPECTV
DRATO.
LVNA IN ORBEM
IN SINVATA.
ASPECTV
NO VEL
GONO.
PHASES
LVNÆ
RESPECTV
SOLIS
ET OCVLI

L'ASTROLOGIE EN MARCHE

À mesure qu'ils s'avancent sur le chemin de leur vie, les gens se rencontrent et se séparent à l'instar des Planètes sur l'arrière-plan du Zodiaque. Certaines de ces rencontres sont décisives, desquelles découleront d'autres événements qui nous dirigeront souvent sur une voie différente de la précédente. Ces rencontres surréalistes et aléatoires – mais déterminantes – représentent le principe clé en astrologie. Le subtil réseau des relations horoscopiques révèle que de tels cas impliquent un accident non pas objectif mais subjectif – le terme « accident » étant utilisé faute de pouvoir prouver que les accidents comme tels n'existent pas.

L'astrologie suit la trace des événements accidentels comme une piste sanglante et découvre en général des relations plus profondes, insondables à première vue ; elle offre des méthodes pour valoriser la signification de ces moments-charnières pour la destinée. La même chose répétée dix fois peut avoir une conséquence complètement différente la onzième fois. Vous allez, par exemple, travailler tous les jours par la même route, jusqu'à ce qu'un jour, sans raison apparente, vous changiez de chemin et rencontriez quelqu'un ou voyiez quelque chose inopinément qui va changer fondamentalement votre vie. Ceci n'est pas du fatalisme mais un déterminisme dynamique. À cet instant, il vous est impossible de voir où vous conduira finalement ce moment décisif.

À partir d'un horoscope précis, toutefois, un astrologue peut vous dire si vous avez l'opportunité d'entrevoir votre futur bonheur. Il est en son pouvoir de vous recommander de ne pas le perdre de vue, mais seul le temps vous dira s'il avait tort ou raison. Il peut aussi vous avertir que la voie que vous suivez est sans issue et que vous devriez rebrousser chemin tant qu'il est encore temps.

Toutefois, vérifier l'accomplissement de telles prédictions est toujours difficile : ainsi, l'événement désagréable ne s'est-il pas produit parce que l'astrologue vous en avait averti ou parce que c'était juste une fausse alarme ? En pratique, nous ne pouvons jamais le savoir car la vie ne se répète pas comme une expérience de laboratoire. Cependant, une nouvelle situation surgira et, avec elle, si vous le désirez, une autre prédiction astrologique la concernant ; l'attitude que vous prendrez dépendra de vous. L'astrologie n'interfère pas dans la volonté humaine.

Pages 256-257 : Les phases de la Lune (*in Harmonia macrocosmica* d'Andreas Cellarius, Amsterdam, 1661).

Symbole stellaire sur le mur d'une maison dans le quartier historique de Prague (Maison à l'étoile noire, 6, rue Seminářská).

Les grandes figures de l'astrologie

Agrippa de Nettesheim.

Albert le Grand (saint Albert de Bollstädt), une autorité ecclésiastique du XIIIe siècle.

Abano, Pierre d', vers 1250-vers 1315. Médecin italien, philosophe, avocat de l'astrologie et l'un des scientifiques les plus respectés de son temps ; s'intéressa à l'astrologie pour ses applications à la médecine et à l'histoire.

Abraham Ibn Ezra. *Voir* Ezra

Abenragel, Ali (Ali ibn Abi ar-Rijal), 1016-1062. Astrologue arabe exerçant à Cordoue et en Tunisie ; 12 de ses écrits sont connus par leurs traductions latines.

Abenrudian, Ali (Rodan, Ali ibn Ridvan), ?-1068. Astrologue arabe et médecin, commentateur du *Tetrabiblos* de Ptolémée qu'il traduisit et édita ; 12 de ses traités d'astrologie sont connus par leurs traductions latines.

Adams, Evangeline (de son vrai nom George E. Jordan), 1865-1932. Pionnière de l'astrologie américaine ; exerça à Boston dès 1890 et à New York dès 1899, où elle défendit le droit à l'existence de l'astrologie grâce à ses prédictions réussies.

Addey, John Michael, 1920-1982. Philosophe et astrologue britannique, élève de Ch. Carter, abordant l'astrologie d'un point de vue scientifique, qui a cherché à la réhabiliter ; auteur de plusieurs ouvrages de synthèse – notamment sur la théorie des cycles de l'astrologie, la « théorie des harmonies » (l'harmonie des périodes cosmiques) – et d'analyses statistiques qu'il effectua avec D. Bradley, R. C. Firebrace ou M. Gauquelin.

Adélard de Bath, seconde moitié du XIIe siècle. Moine et philosophe anglais, appartenant à une génération de traducteurs ayant initié l'Europe à l'astrologie arabe et juive ; il était au service de Henri Ier, roi d'Angleterre.

Agatharchide de Cnide, vers 200-120 av. J.-C.. Historien et géographe grec à la cour des Ptolémées (dynastie des Lagides) ; compilateur, il a lié les changements saisonniers aux mouvements du Soleil et des Planètes à travers les signes du Zodiaque.

Agrippa de Nettesheim, Heinrich Cornelius, 1486-1535. Médecin allemand de la Renaissance, philosophe, théologien, historien, astrologue et remarquable écrivain occultiste.

Ailly, Pierre d' (Petrus de Alliaco), 1350-1420. Théologien français, politicien, docteur de la Sorbonne et cardinal, il s'est intéressé à l'astrologie prédictive et à l'horoscope de la naissance du Christ ; il affirma la nécessité de corriger le calendrier julien ; il prédit la Révolution française de 1789.

Albert le Grand (Albertus Magnus, saint Albert, comte de Bollstädt), vers 1200-1280. Moine dominicain allemand, érudit universel, autorité de l'Église et excellent connaisseur des sciences occultes ; il a consolidé le statut de l'astrologie dans le cadre d'une vision chrétienne du monde ; maître de Thomas d'Aquin, il fut canonisé en 1932.

Albohali, Alkhait (Yahya ibn Ghalib Aku'Ali al-Khaiyat), vers 850. Astrologue arabe dont l'astrologie natale nous est parvenue grâce à des traductions latines.

Albohazen, Ali (Mohamed ibn al-Hasan ibn al-Haitham al-Basri al-Misri, ou Abu'Ali), vers 965-1038. Physicien arabe, astrologue et commentateur, il travailla en Égypte et en Tunisie ; ses travaux astrologiques étaient tenus en haute estime en Europe au XIIIe siècle.

Albubater, Alkasan (Abu Bakr al-Hasan), début du IXe siècle. Astrologue arabe dont deux écrits sur l'astrologie natale nous sont connus par leurs traductions latines.

Albumasar (ou Aboassar, Abu Ma'shar al-Balkhi), vers 805-886. Astrologue islamique du Khorasan (Iran) exerçant à Bagdad, très estimé de l'Europe médiévale ; 27 de ces écrits astrologiques en arabe ont été traduits en latin.

Alcabitius (Abd al-Aziz ibn Uthman ibn Ali, Ubu as-Sakr al-Quabisi), mort vers 967. Remarquable astrologue arabe travaillant à Mossoul ; 8 de ses écrits astrologiques ont été traduits en latin.

Alfraganus (Omar Mohamed ibn al-Farrakan al-Tabari, Omar Alfraganus Tiberiadis), mort vers 815. Astrologue arabe travaillant à Bagdad au service du calife al-Mamoun ; deux de ses ouvrages sont connus par leur traduction latine. Il basa ses écrits notamment sur les travaux de Dorothée de Sidon.

Alphonse X de Castille (surnommé « Astrologus »), 1221-1284. Roi d'Espagne (1252-1282), grand protecteur de l'astronomie et de l'astrologie ; employait trois astrologues, commanditaire des *Tables alphonsines* astrologiques et de la traduction de nombreux écrits astrologiques arabes.

Aliboron (Mohamed ibn Ahmad Abu ar-Rajhan al-Bîrunî), 973-1048 Astronome écrivant en arabe, astrologue, géographe, chronologue, qui passa quarante ans en Inde ; il s'intéressait à la culture grecque ; auteur de plusieurs écrits astrologiques dont l'un a aussi été traduit en anglais moderne.

Al-Kindî (ou Alckinde, Ja'kub ibn Ishak al-Kindî), vers 800-870. L'un des pères de l'astrologie arabe, il exerçait à Bagdad ; professeur d'Albumasar ; 90 écrits traitant d'astrologie et d'astromédecine sont connus par leurs traductions latines.

Alvaro de Ovieda. Astrologue espagnol travaillant à Prague vers 1290-1311 à la cour de Venceslas II, roi de Bohême, et de ses successeurs.

Ambrosius (saint Ambroise), 339-397. Père et docteur de l'Église, évêque, il critiqua l'astrologie selon le point de vue chrétien dans son écrit *Exameron*.

Anatole d'Alexandrie, mort vers 280. Philosophe grec, mathématicien et docteur de l'Église ; il estimait le tempérament et l'espérance de vie d'un natif d'après le jour de la semaine de sa naissance.

Anaximandre de Milet, vers 610-546 av. J.-C. Philosophe de la nature grec, auteur du plus vieil ouvrage philosophique grec, *Peri physios* (*De la nature*), célèbre inventeur du gnomon et de la sphère armillaire, il a découvert l'inclinaison de l'écliptique ; son œuvre n'a été que fragmentairement conservée.

Antarès, Georges (de son vrai nom Marcel Modaste), 1900-1988. Astrologue belge très croyant, fondateur en 1936 du cercle de recherches La Vigie, toujours actif, auteur prolifique multilingue, notamment d'un *Manuel pratique d'astrologie*, l'un des plus vendus encore en France et en Espagne.

Antigone de Nicée, sans doute du IIIe siècle. Astrologue grec ayant commenté l'horoscope de l'empereur Hadrien.

Antiochus d'Athènes, vers 180 ap. J.-C. Astrologue grec, auteur du poème didactique *Thesauroi* (*Trésors*) dont l'introduction a été conservée par fragments dans les écrits de Porphyre et d'Héphestion de Thèbes.

Apianus, Petrus (Peter Bennewitz), 1495-1552. Astronome, mathématicien et géographe allemand, maître en astrologie de Charles Quint ; outre des écrits astronomiques, il a aussi publié un livre d'astrologie.

Aquila, première moitié du IIe siècle. Chrétien rallié à l'astrologie à l'époque de l'empereur Hadrien.

Aratos de Soli, 315-vers 240 av. J.-C. Poète didactique grec, célèbre pour son poème *Phainomena* (*Phénomènes célestes*).

Argoli, Andreas, 1570-1657. Mathématicien italien et astrologue à Padoue, éditeur de tables astronomiques ; il initia le comte de Wallenstein à l'astrologie.

Arnaud de Villaneuve, vers 1235-1312. Médecin, alchimiste, magicien et astrologue espagnol, élève d'Avicenne, recteur de l'université de Montpellier.

Asdent, première moitié du XIIIe siècle. Astrologue populaire sous le règne de l'empereur allemand et romain Frédéric II, dont le nom est cité dans *La Divine Comédie* de Dante.

Assourbanipal (dit l'Éclairé, ou Sardanapale). Roi d'Assyrie de 668 à 631 av. J.-C., fondateur de la fameuse bibliothèque de textes cunéiformes à Ninive contenant des textes astrologiques prédictifs, copies de tablettes plus anciennes.

Roger Bacon, grand érudit des sciences hermétiques au XIIIe siècle.

Augustin, saint (Aurelius Augustinus), 354-430. Docteur de l'Église chrétienne et premier dogmatiste occidental ; après une expérience personnelle de l'astrologie des manichéens, il rejeta cette discipline dans ses *Confessions*.

Avenarius *voir* Ezra

Bacon, Francis, lord Verulam, 1561-1626. Philosophe, naturaliste et homme d'État anglais, très intéressé par l'astrologie.

Bacon, Roger, 1214-vers 1292. Moine franciscain anglais, érudit universel, conseiller du roi Jacques Ier, philosophe naturaliste qui s'intéressa à l'astrologie en tant que « science naturelle ».

Bailey, E. H., 1876-1963. Astrologue et médecin anglais, il s'intéressa en particulier à l'astrologie prénatale et à la Trutine d'Hermès.

Balbillus. Astrologue romain sous le règne des empereurs Claude (41-54), Néron (54-68) et Vespasien (69-79), fils de l'astrologue Trasylle et auteur de *Astralogumena*, dont un extrait a été conservé.

Barbault, André. Astrologue français contemporain, expérimentateur en astrologie prédictive, spécialiste d'astrologie mondiale, auteur de plusieurs ouvrages astrologiques.

Basil, saint (dit « le Grand », Basileios de Césarée), vers 330-379. Docteur de l'Église chrétienne, écrivain et érudit ; il refusa l'astrologie et la critiqua en particulier par rapport à la précision d'une naissance.

Becker, Udo. Astrologue allemand contemporain, auteur d'un dictionnaire astrologique.

Bernard de Tours (Bernard Sylvestris), seconde moitié du XIIe siècle. L'une des sommités de l'école néoplatonicienne de Chartres, intéressé par l'astrologie mais d'un nouveau point de vue.

Bérose, IIIe siècle av. J.-C. Prêtre babylonien et historien ayant fondé une école d'astrologie sur l'île grecque de Cos vers 280 av. J.-C. ; il est considéré comme le fondateur de l'astrologie individuelle (horoscopie).

Portrait de l'astronome et astrologue danois Tycho Brahe (or et laque, réalisé à Prague vers 1601. Musée des Arts décoratifs de Prague).

Le visage de l'astrologue et écrivain utopiste Tommaso Campanella révèle sa vie agitée (d'après une gravure de l'époque, XVIIe siècle).

Bok, Bart J. Astronome américain de l'université de Harvard, président de l'Association des sociétés scientifiques, l'un des inspirateurs de la Déclaration contre l'astrologie de 1975 signée par 186 scientifiques, opposant bien connu de l'astrologie au côté de la science moderne.

Bonatti, Guido (dit Stellar Bonatus), 1223-1300. L'un des plus célèbres astrologues du XIIIe siècle, dont les travaux furent reconnus par la suite non seulement en Italie mais dans toute l'Europe.

Bouché-Leclercq, Auguste, 1842-1923. Historien français spécialiste de l'Antiquité, auteur d'ouvrages remarquables sur l'astrologie grecque et l'histoire des vaticinations à l'époque classique.

Brahe, Tycho, 1546-1601. Astronome et astrologue danois travaillant à partir de 1599 à Prague, à la cour de Rodolphe II, où il collabora avec Kepler.

Brandler-Pracht, Karl, 1864-1945. L'un des pionniers de l'astrologie moderne allemande, auteur d'une série de manuels d'horoscopie pratique.

Brunhübner, Fritz, 1894-? Astrologue allemand intéressé par l'astrologie mondiale, l'un des premiers à avoir évalué l'influence de la Planète Pluton nouvellement découverte.

Camerarius, Joachim (ou Liebhard, dit « Kammermeister »), 1500-1574. Philologue classique allemand très en vue, humaniste, grand érudit, ami de Mélanchthon, éditeur de *Tetrabiblos* et *Almageste* de Ptolémée ainsi que d'ouvrages astrologiques d'Héphestion de Thèbes.

Campanella, Tommaso, 1568-1639. Moine dominicain italien, philosophe et astrologue ; il a écrit un ouvrage d'astrologie en 7 volumes, et son livre *La Ville du Soleil* contient plusieurs allusions astrologiques.

Campanus (Giovanni Campani, dit), 1233-1296. Astronome, astrologue, mathématicien et médecin italien, auteur de plusieurs ouvrages d'astrologie sur sa méthode de construction des Maisons, toujours très utilisée.

Cardan, Jérôme (Hieronymus Cardanus), 1501-1576. Mathématicien, physicien, médecin, philosophe et astrologue italien, auteur de livres sur la métoposcopie et l'astrologie, astrologue à la cour de Joachim 1er de Brandebourg.

Carion, Johannes, 1499-1537. Astrologue et historien allemand, à la cour de Joachim Ier de Brandebourg ; il s'est intéressé à l'astrologie prédictive.

Carter, Charles E. O., 1887-1968. Astrologue anglais, rédacteur de la revue *Astrological Quaterly*, auteur d'au moins 7 écrits astrologiques spécialisés dont l'excellent *Lexicon of Astropsychology* (*Lexique d'astropsychologie*), président de la loge astrologique de la Société théosophique de Londres de 1920 à 1952 et fondateur de la faculté des études astrologiques d'Angleterre.

Caslant, Eugène, 1865-1940. Officier français et astrologue ; il s'intéressa particulièrement au calcul des tables astrologiques et d'éphémérides graphiques, aux fondations physiques de l'astrologie et aux techniques horoscopiques.

Cavalieri, Bonaventura, vers 1598-1647. Mathématicien et astrologue italien, élève de Galilée ; professeur à Bologne dès 1629.

Cecco d'Ascoli (dit Stabili, Francesco della), vers 1250-1327. Poète, médecin et astrologue italien, mathématicien réputé à l'université de Bologne, ami de Dante Alighieri, médecin personnel du pape Jean XXII, astrologue à la cour du duc de Calabre, auteur de remarquables textes d'astrologie ; dénoncé à l'Inquisition par ses ennemis, il fut brûlé sur le bûcher à Florence ; son

Portrait de Jérôme Cardan à l'âge de 48 ans (gravure anonyme sur bois de 1553).

traité *De sphaera* était un commentaire de l'œuvre de Sacrobosco.

Censorinus, IIIe siècle. Grammairien latin et rédacteur ecclésiastique, auteur de la compilation *De die natali (Du jour de la naissance*, 238), incomplètement conservée.

Charubel (de son vrai nom John Thomas), 1826-? Voyant et astrologue anglais qui s'est intéressé à la signification des degrés individuels du Zodiaque (monomères).

Chavigny, Jean Aimé, 1534-1604. Poète, juriste, théologien et astrologue français, commentateur et biographe de Nostradamus, qui passa avec ce dernier les 28 dernières années de sa vie.

Chéremon, Ier siècle. Prêtre égyptien et remarquable astrologue exerçant à Rome sous le règne de l'empereur Néron (54-68).

Choisnard *voir* Flambart

Cicéron (Marcus Tullius Cicero), 106-43 av. J.-C. Homme d'État, orateur et écrivain romain ; son dialogue *De divinatione* est une justification de l'astrologie ; il a traduit en latin le *Phainomena* d'Aratos de Soli.

Codicillus. *Voir* Kodicill

Colbert, Jean-Baptiste, 1619-1683. Homme d'état français, réformateur économique, fondateur de l'Académie française ; en 1660, il exclua l'astrologie de l'université.

Costesèque, André, 1903-1946. Astrologue moderne français.

Couderc, Paul, 1899-? Astronome français travaillant à Paris ; il exprima son aversion fondamentale pour l'astrologie dans 2 livres, tentant de la réfuter.

Cramer, Frederic H., XXe siècle. Historien américain contemporain, auteur d'un ouvrage exhaustif sur la place de l'astrologie dans la vie et dans la politique de la Rome antique.

Crinas de Marseille, Ier siècle. Médecin et astrologue romain, auteur d'éphémérides astrologiques.

Critodème. Astrologue grec ayant vécu à la charnière des Ier et IIe siècles.

Cumont, Franz, 1868-1947 Archéologue belge, orientaliste et historien des religions, auteur de nombreux travaux scientifiques sur l'astrologie et la religion à l'époque classique.

Cyril de Jérusalem, vers 315-386. Docteur de l'Église chrétienne et évêque de Jérusalem qui s'éleva contre l'astrologie.

Danieli (de son vrai nom Theofil Kahle). Astrologue moderne tchèque, auteur d'un des principaux manuels d'astrologie et d'horoscopie (1936).

Davison, Ronald C., 1914-1985. Remarquable astrologue moderne anglais, président de la loge astrologique de la Société théosophique de Londres à partir de 1952, rédacteur de la revue *Astrology* et auteur de plusieurs livres importants sur l'astrologie.

Dee, John, 1526-1608. Mathématicien, opticien, géographe, astronome, alchimiste et astrologue anglais à la cour d'Elisabeth Ire, où il exerça une grande influence.

Döbereiner, Wolfgang. Astrologue et astrométéorologue contemporain en vue, habitant à Munich, en Allemagne.

Dondi, Giacomo, 1298-1359. Médecin, astronome et astrologue italien, constructeur de l'horloge à automates (1344-1359) du Palazzo Capitano à Padoue.

Dorothée de Sidon, début du Ier siècle. Remarquable astrologue grec, reconnu tout au long du Moyen Âge – une partie de ses travaux atteignit même les Arabes et l'Inde ; 5 de ses traités astrologiques (*Pentateuch*) sont connus par leur traduction latine.

Dryden, John, 1631-1700. Poète et critique littéraire anglais très intéressé par l'astrologie.

Djamaspia (al-Hakim, dit le Sage), Ve siècle av. J.-C. Astrologue perse à la cour de Darius Ier le Grand (522-486 av. J.-C.).

Ebertin, Elsbeth, 1880-1944. Mère de R. Ebertin, graphologue, connue pour ses prédictions (dont l'ascension de Hitler), auteur de plusieurs écrits astrologiques dont *Naissances royales* (1916).

Ebertin, Reinhold, 1901-1988. L'un des astrologues modernes allemands les plus remarquables, fondateur de l'école d'astrologie cosmobiologique d'Aalen, éditeur et auteur d'importants écrits astrologiques ayant suscité une révolution dans la conception de l'astrologie.

Egidius de Tebaldis, XIIIe siècle. Astrologue italien à la cour du roi d'Espagne Alphonse X de Castille à l'instigation duquel il traduisit en latin le *Tetrabiblos* de Ptolémée à partir d'une traduction arabe de Rodan.

Embrani, Ali (Ali ibn Ahman al-Imrami), ?-955. Astrologue arabe exerçant à Mossoul ; ses écrits sur l'astrologie horaire et les élections nous sont parvenus sous leurs traductions latines.

Éphraïm de Syrie, vers 306-379. Docteur de l'Église chrétienne, il s'éleva contre l'astrologie du point de vue de l'enseignement chrétien dans ses *Hymnes contre l'enseignement hérétique*.

Euctémon, vers 430 av. J.-C. Astronome grec dans le calendrier astronomique duquel fut sans doute utilisé pour la première fois un schéma du Zodiaque.

Eudoxe de Cnide, vers 400-347 av. J.-C. Élève de Platon, remarquable mathématicien, géographe et astronome grec, fondateur de la théorie des sphères célestes ; il reconnaissait la valeur de l'astrométéorologie mais pas de l'astrologie individuelle ; c'est en se fondant sur son ouvrage *Des phénomènes célestes – Mou-*

vements des étoiles et signes du temps que le poète Aratos écrivit son poème didactique *Phainomena*.

Eutocis d'Ascaton, mort en 497. Le dernier astrologue grec de l'époque classique.

Eysenck, Hans Jürgen, né en 1916. Psychologue allemand travaillant à l'université de Londres depuis 1934, célèbre pour ses études expérimentales sur la personnalité humaine ; avec l'astrologue anglais Jeff Mayo, il réalisa une expérience statistique confirmant certaines règles astrologiques ; il écrivit 2 livres sur les problèmes de frontière entre l'astrologie et la recherche moderne interdisciplinaire.

Eznig de Kolb, vers 397-478. Évêque arménien s'étant élevé contre l'astrologie du point de vue chrétien dans ses 4 livres sur *La Destruction de l'hérésie*.

Ezra, Abraham Ben Meir ibn (dit Avenarius), vers 1092-1167. Remarquable érudit juif de Tolède qui exerça en Lombardie, Provence, Égypte, Palestine, Rhodes, Angleterre et Italie ; certains des éléments de ses travaux astrologiques furent utilisés par Regiomontanus.

Ogier Ferrier, astrologue de Catherine de Médicis.

Galilée (Galileo Galilei) à l'âge de 77 ans (gravure du XVIIe siècle).

Portrait de Robert Fludd, extrait de son ouvrage *Utriusque cosmi historia* (1619).

Fabri de Budějovice, Václav (Faber), mort vers 1520. Astronome et astrologue, auteur de nombreux livres et de prédictions (à partir de 1482).

Fabricius, David, 1564-1617. Pasteur protestant de l'est de la Frise, astronome et astrologue ; il resta en contact avec Tycho Brahe et Johannes Kepler ; il fut tué le jour où il avait prédit sa propre mort.

Fagan, Cyril, 22 mai 1896 - 5 janvier 1970. Astrologue irlandais exerçant à Dublin puis aux États-Unis ; il s'orienta vers l'astrologie sidéraliste sur les fondements de laquelle il écrivit un livre ; ami de l'astrologue hindou B. V. Raman.

Faustus, Georg ou Jörg de Helmstedt (Georgius Sabellicus) vers 1490-vers 1539. Magicien et astrologue allemand.

Favorinus d'Arelate, Ier-IIe siècle. Philosophe classique et orateur, ami de Plutarque, opposant bien connu de l'astrologie.

Ferrier, Ogier, XVIe siècle. Astrologue à la cour de Catherine de Médicis, reine de France de 1519 à 1589.

Ficin, Marsile, 1433-1499. Humaniste, philosophe néoplatonicien et astrologue italien qui intégra l'astrologie dans la pensée de la Renaissance avec l'homme et son régime alimentaire comme point central.

Portrait de Thaddeus Hájek de Hájek (dit Hagecius). Gravure de l'époque.

O Kometách
Kdy,a kterých
Letgsau se vkazowaly / a yaké včinky a proměny w Swětě
s sebau přinássely / z rozličných hystorij sebráno / Od
M. Matěge Grylla Ratowonyckého z Gryllowa.

Page de titre du livre de Matthias Gryll de Gryllov (1551-1611) donnant l'explication astrologique de l'influence des comètes sur les événements terrestres depuis la création jusqu'à la fin du XVIe siècle. Seul ouvrage de Gryll conservé.

Firmanus (Lucius Tarentius), IIe siècle av. J.-C. Astrologue romain respecté ; à l'instigation de son ami l'érudit Varro, il tenta d'établir l'horoscope de la fondation de Rome.

Firmicus Maternus de Sicile, Julius, IVe siècle. Écrivain latin et astrologue romain qui adopta la religion chrétienne à la fin de sa vie ; son ouvrage astrologique *Matheseos* en 8 volumes est le plus vaste texte astrologique conservé datant de l'époque classique.

Flambart, Paul (pseudo. Choisnard), 1865-1930. Commandant d'artillerie français, pionnier de l'astrologie moderne française se caractérisant par une approche scientifique (utilisant notamment les statistiques), auteur de plusieurs études astrologiques spécialisées ; il introduisit le terme « astrologie scientifique ».

Flammarion, Camille Nicolas, 1842-1925. Astronome français ayant beaucoup popularisé l'astronomie, travaillant à Paris ; il a contribué à l'histoire de l'astrologie et à l'étude de certains phénomènes occultes.

Fludd, Robert, 1574-1637. Érudit anglais, philosophe et médecin ; il se rattache à l'astrologie par sa conception de la relation entre microcosme et macrocosme.

Fomalhaut (de son vrai nom abbé Charles Nicoullaud), 1854-1923. Astrologue français auteur d'un remarquable *Traité d'astrologie sphérique et judiciaire* publié en 1897, fondateur de la *Revue internationale des sociétés secrètes*.

Gadbury, John, 1627-1692. Remarquable astrologue anglais, élève de Lilly, intéressé par les monomères, auteur d'un ouvrage d'horoscopie et rédacteur d'une série de 200 horoscopes.

Aſtrologica opuſcula antiqua.

FRAGMENTVM

Aſtrologicum, incerto autore, in quo, præter cætera, aliquot exemplis oſtenditur, quomodo medicatio ad Aſtrologicam rationem ſit accommodanda.

LIBER REGVM de ſignificationibus Planetarum in duodecim domiciliis Cæli, & de natura duodecim ſignorum Zodiaci.

LIBER HERMETIS centum Aphoriſmorum cum commentationibus Thaddæi Hagecij ab Hagek D.

Omnia nunc primum in lucem edita.

PRAGÆ

Excudebat Georgius Melantrichus ab Auentino.

M D LXIIII.

Page de titre d'un ouvrage d'astrologie imprimé à Prague en 1564, traitant des relations entre l'astrologie et la médecine. Il contient trois écrits d'un auteur anonyme trouvés dans le Carolinum – le bâtiment originel de l'université de Prague – par Thaddeus Hájek de Hájek qui les a commentés.

Galeotti, XVᵉ siècle. Astrologue à la cour de Louis XI, roi de France.

Galilée (Galileo Galilei), 1564-1642. Physicien, astronome et philosophe italien, pratiquant l'astrologie.

Gauquelin, Michel, 1928-1991. Psychologue, statisticien et sociologue français, que ses recherches statistiques sur les corrélations entre certaines vocations et des facteurs cosmiques ont amené à l'astrologie ; il a publié ses résultats dans plusieurs livres et articles.

Gauric, Luca, 1476-1558. Astronome et mathématicien à Bologne, Ferrara, Venise et Rome ; il devint évêque de Naples et astrologue de Catherine de Médicis et du pape Paul III.

Gérard de Sabbionetta, seconde moitié du XIIIᵉ siècle. Physicien, astrologue à la cour de Ladislas IV de Hongrie (1262-1290).

Gérard de Crémone, 1114-1187. Médecin, mathématicien et philosophe espagnol, astrologue de l'empereur Frédéric Iᵉʳ dit Barberousse ; a traduit plus de 70 textes de l'arabe, y compris des ouvrages d'astrologie.

Glahn, A. Frank, 1865-? Astrologue allemand s'étant penché sur les problèmes de l'horoscopie, notamment de la conception et de la naissance, pour améliorer la précision d'une naissance, des périodes de la vie humaine, etc. ; auteur de plusieurs ouvrages d'astrologie.

Gleadow, Rupert, né en 1909. Historien britannique de l'astrologie, astrologue respecté, auteur d'un livre sur l'origine du Zodiaque (1968).

Gogava, Antonius M., XVIᵉ siècle. Médecin italien exerçant à Venise, traducteur du *Tetrabiblos* de Ptolémée et d'autres ouvrages classiques, en particulier ceux sur l'harmonie.

Goldmayer, Andreas, 1603-1669. Astrologue allemand connu pour ses prédictions accomplies (y compris la mort du roi Gustave Adolphe de Suède et sa propre mort), auteur de tables astrologiques et de plusieurs ouvrages d'astrologie ; il a amélioré les calculs horoscopiques et s'est aussi intéressé à l'horoscope des villes.

Goodman, Linda, ?-1995. Astrologue américaine, célèbre surtout pour son livre *Sun Signs* (*Les Signes solaires*) réédité plusieurs fois depuis sa parution en 1968.

Grimm, Albert Max, 1892-1962. Remarquable astrologue moderne allemand, auteur de plusieurs manuels d'astrologie et d'ouvrages astrologiques spécialisés.

Grisogono, Federik, XVIᵉ siècle. Astrologue et médecin croate exerçant à l'université de Padoue puis à Zadar, intéressé en particulier par l'astromédecine sur laquelle il rédigea plusieurs manuels très appréciés à son époque.

Grosseteste, Robert, vers 1168-1253. Philosophe anglais, traducteur des langues classiques, premier recteur de l'université d'Oxford, devenu évêque de Lincoln en 1235 ; il s'intéressa à l'astrologie.

Gryll de Gryllov, Matthias, 1551-1611. Humaniste tchèque, il devient doyen de la faculté de philosophie de l'université Charles à Prague en 1581 ; il est l'auteur d'un ouvrage astrologique sur les comètes.

Guillaume de Conches, vers 1080-1145. Chef de file de l'école néoplatonicienne de Chartres, qui aborda l'astrologie d'un nouveau point de vue.

Hájek de Hájek, Thaddeus, 1525-1600. Remarquable scientifique tchèque, médecin et astronome du siècle ; il s'intéressa à la métoposcopie et à l'astrologie sur laquelle il rédigea un traité.

Hallet, R. G. (pseudo. Mage Aurelius), 1886-1948. Astrologue belge ; il écrivit avec le mage Zariel le livre *Les Mathématiques des astres*.

Hammourabi (Hammou-rapi), 1792-1750 av. J.-C. Souverain mésopotamien fondateur de la première dynastie de Babylone ; le manuel astrologique *L'Étoile de charrue*, dont une copie du VIIᵉ siècle av. J.-C. a été conservée dans la bibliothèque d'Assourbanipal à Ninive, date de son règne.

Havel de Strahov (Gallus), milieu du XIVᵉ siècle. Maître à l'université Charles à Prague et médecin de l'empereur Charles IV, astronome et astrologue.

Heindel, Max (de son vrai nom Max Grashof), 1865-1919. D'origine danoise, pionnier de l'astrologie américaine, auteur d'au moins 15 ouvrages d'astrologie.

Helmer, Michel. Astrologue moderne français intéressé par les cycles dans l'Histoire ; rédacteur de manuels d'astrologie coûteux pour les parieurs de la Bourse.

Hendrik de Rantzau, 1526-1598. Comte de Brandebourg et roi du Danemark, gouverneur sous Christian III, astronome et astrologue amateur confirmé, auteur de plusieurs écrits mineurs sur l'astrologie.

Héphestion de Thèbes, fin du IVᵉ siècle. L'un des derniers astrologues classiques écrivant en grec ; dans son ouvrage en trois volumes *Apotelesmatica* citant des auteurs plus anciens, Ptolémée prédomine.

Hermann le Dalmate, seconde moitié du XIIᵉ siècle. Astrologue croate vivant en France et en Espagne, remarquable traducteur latin d'ouvrages astrologiques en arabe.

Hésiode, vers 700 av. J.-C. Le deuxième plus ancien poète après Homère, auteur du poème didactique *Les Travaux et les Jours* où se trouvent les fondements de la pensée astrologique.

Hipparque de Nicée, IIᵉ siècle av. J.-C. Le plus grand astronome de l'Antiquité ; il découvrit notamment la précession des équinoxes – un phénomène clé pour l'astrologie.

Hippocrate, vers 460-370 av. J.-C. Médecin grec considéré comme le père de la médecine ; il déduisit les quatre tempéraments des quatre Éléments, posant ainsi les fondements de la typologie astrologique.

Hippolyte de Rome, saint, première moitié du IIIe siècle. Martyr chrétien et évêque, auteur d'écrits ecclésiastiques dont *La Réfutation de toutes les hérésies*, où il critique en détail certains aspects de l'astrologie.

Hunein, Isaac ibn**,** IXe siècle. Astrologue arabe et auteur de la plus ancienne traduction connue du *Tetrabiblos* de Ptolémée.

Israël, Ahmed ben *voir* Ezra

Jayne, Charles, né en 1911. Astrologue moderne américain appliquant des méthodes scientifiques et de nouvelles procédures à l'horoscopie ; il introduit plusieurs nouveaux concepts en astrologie tels que le vertex et l'antivertex ou Lilith (la Lune noire) ; auteur de plusieurs ouvrages importants, il a édité (de 1958 à 1962) la première revue astrologique internationale, *In Search*, puis, à partir de 1975, le *Cosmology Bulletin* ; président de l'Association pour la recherche en cosmologie, il a coopéré avec plusieurs scientifiques dans d'autres domaines.

Jean Chrysostome, saint (Jean « Bouche d'or »), vers 347-407. Docteur de l'Église grecque et éloquent prêcheur, patriarche de Constantinople (398-404), critique de l'astrologie.

Jean de Damas, saint, vers 650-vers 759. Dernier docteur de l'Église grecque, fondateur de la théologie dogmatique ; il a critiqué l'astrologie.

Jean d'Eshenden. Astrologue anglais exerçant de 1340 à 1370, auteur d'un important ouvrage en latin sur l'astrologie.

Jean de Salisbury, mort en 1180. Philosophe et historien anglais, l'un des principaux représentants de l'école néoplatonicienne de Chartres qui aborda l'astrologie d'un nouveau point de vue.

Jean de Séville, seconde moitié du XIIe siècle. Astrologue espagnol et brillant traducteur de l'arabe vers le latin, traducteur du *Tetrabiblos* de Ptolémée et auteur de plusieurs écrits astrologiques.

Jean de Tolède, XIIe siècle. Membre de la remarquable école astrologique de Tolède.

Johndro, L. Edward, 1882-1951. Astrologue moderne, mathématicien et ingénieur radio américain, il résolut d'importants problèmes techniques en astrologie ; il introduisit indépendamment de Ch. Jayne les termes de vertex et antivertex en horoscopie ; il s'intéressa aussi à l'astrologie de localisation et écrivit plusieurs textes révélateurs.

Jones, Marc Edmund, 1888-1980 Astrologue américain, membre de la Société sabienne de Los Angeles dès 1930, auteur d'au moins 13 études astrologiques spécialisées sur les symboles sabiens.

Junctin de Florence (Junctinus, Franciscus), 1522-1580. Mathématicien, philosophe, orateur et astrologue italien ; provincial de l'ordre des moines carmélites, exerçant à Florence, conseiller du duc d'Alençon, auteur du célèbre *Speculum astrologiae* et éditeur de la troisième édition du *Tetrabiblos* de Ptolémée.

Jung, Carl Gustav, 1875-1961. Psychologue et psychiatre suisse, il s'intéressa à l'astrologie théorique en relation avec sa discipline ; avec le physicien Wolfgang Pauli, il formula la théorie de la synchronicité acausale qui suggéra une réponse superbe, au grand impact, pour l'astrologie théorique moderne.

Kaika'us, 1021-1099. Émir et écrivain perse, petit-fils de Kabus ; son *Livre de conseils* traite aussi d'astrologie.

Kamateros, Ioannes, XIIe siècle. Poète et astrologue byzantin dont le principal ouvrage astrologique s'inspire de sources arabes et grecques (Zahel Benbriz, Dorothée de Sidon).

Johannes Kepler (gravure de M. Dietz).

Kefer, Jan, 1906-1941. Archéologue tchèque, bibliothécaire au Musée national de Prague, l'un des principaux représentants du mouvement *Universalia*, rédacteur de la revue périodique tchèque *Logos* ; il s'intéressa à la magie et la théurgie, auteur de *Diagnostics astrologiques* – sans doute le meilleur manuel tchèque d'astrologie – et d'autres livres et articles dans le domaine de l'hermétisme.

Kepler, Johannes, 1571-1630. Brillant astronome et astrologue allemand, travaillant à Prague au service de l'empereur Rodolphe II puis du comte Wallenstein ; ses travaux, largement publiés, et ses manuscrits posthumes, totalisant quelque 800 horoscopes, témoignent de son intérêt constant pour l'astrologie et sa pratique.

Kiddinnou, IVe siècle av. J.-C. Astronome babylonien ; il aurait, selon certains scientifiques, découvert la précession des équinoxes avant Hipparque.

Kircher, Athanasius, 1602-1680. Jésuite allemand, érudit universel, protecteur de l'astrologie ; son *Oedipus aegyptiacus* (1653) rejoint l'astrologie en de nombreux points.

Klöckler, Herbert von, 1896-1950. Médecin et remarquable astrologue allemand, il s'intéressa particulièrement à l'application des statistiques à l'astrologie ; il est l'auteur d'un manuel d'astrologie en 3 volumes et de plusieurs autres textes.

Kniepf, Albert, 1853-1924. Remarquable astrologue allemand associé aux débuts de l'astrologie moderne.

Koch, Walter A., 1865-1970. Astrologue moderne allemand, il s'intéressa surtout aux calculs astrologiques (nouveau système de division en Maisons – la domification de Koch), auteur de plusieurs traités d'astrologie.

Kodicill de Tulechov, Petr (Codicillus), 1533-1589. Mathématicien, astronome, philologue classique, chancelier à l'université Charles de Prague, rédacteur de *minutiae*.

Krafft, Karl Ernest, 1900-1945. Astrologue statisticien suisse, l'un des meilleurs astrologues européens d'avant la Seconde Guerre mondiale ; il mourut pendant son transfert du camp de concentration d'Oranienbourg à celui de Buchenwald.

Kühr, Erich Karl, 1899-1952. Astrologue allemand s'étant intéressé aux calculs horoscopiques exacts, auteur de plusieurs livres basés sur l'astrologie mathématique précise.

Landscheit, Theodor. Brillant astrologue moderne allemand qui développe de nouvelles méthodes d'astrologie prospective ; auteur de nombreux articles et livres transcendant thématiquement le cadre précédent de l'astrologie.

Larivière, tournant du XVIe et XVIIe siècle. Astrologue et médecin du roi de France Henri IV (1589-1610).

Leek, Sybil, né en 1922. Remarquable astrologue moderne américain d'origine anglaise, fondateur de l'école d'astrologie de Saint Louis; auteur de douzaines de livres sur l'occultisme et l'astrologie ; il a préparé les horoscopes des astronautes pour le Centre de recherche cosmique.

Leo, Allan (de son vrai nom William Frederic Allan), 1860-1917. Astrologue anglais, élève de la théosophe Elena Blavatsky, l'un des principaux représentants de l'astrologie ésotérique, auteur d'un manuel fondamental d'astrologie et d'autres ouvrages dont un dictionnaire d'astrologie.

Leovitius. *Voir* Lvovický.

Léopold d'Autriche. Astrologue non identifié, actif vers 1271, à qui ont été attribués 2 ouvrages d'astrologie rédigés en latin.

Lewish, Rudolf, 1904-1931. Astrologue allemand exerçant à Prague, élève de Schwickert ; il contribua à la revue *Astrale Warte* et s'est opposé aux hypothèses non étayées en astrologie.

Lichtenberger, Johannes, vers 1445-vers 1503. Remarquable astrologue allemand spécialisé en prédiction de la fin du Moyen Âge, astrométéorologue, auteur d'un texte sur l'astrologie prédictive (1487) ; Paracelse s'est souvent penché sur ses prédictions.

Lilly, William, 1602-1681. L'un des plus célèbres astrologues anglais, le « père de l'astrologie anglaise », auteur de nombreux textes d'astrologie et de prédictions publiés ; il avait une vaste clientèle d'environ 1 000 personnes par an.

Löhlein, Herbert A., 1900-? Remarquable astrologue allemand exerçant à Munich, orienté vers l'astropsychologie, auteur de 23 livres.

Löw, Yehuda, vers 1520-1609. Rabbin juif de Prague, cabaliste et talmudiste, s'intéressant aux mathématiques, à la physique, à l'astronomie et à l'astrologie ; ami de Tycho Brahe et auteur d'un livre sur les allusions à l'astrologie dans la Bible.

Lucien de Samosate, vers 125-vers 192. Philosophe grec d'origine syrienne, sophiste, auteur d'un traité d'astrologie.

Lvovický de Lvovice, Cyprien (dit Leovitius). 1514-1574. Remarquable mathématicien, astronome et astrologue tchèque, professeur à l'université de Lauingen sur le Danube, auteur de nombreux écrits astrologiques ; il s'intéressa particulièrement aux calculs d'éphémérides et d'autres tables dont la publication était en soi un remarquable exploit.

Portrait de l'époque de l'astrologue anglais William Lilly (1602-1681).

Lydos, Joannes Laurentios, 490-vers 560. Historien byzantin, auteur de *Des phénomènes célestes* et *Des mois*.

Magini, Giovanni Antonio, 1555-1617. Mathématicien, médecin, astronome et grand voyageur italien, travaillant à Bologne, auteur d'éphémérides et de plusieurs textes astronomiques et astrologiques.

Maimonide, Moïse (Moshe ben Maimon), 1135-1204. Érudit universel juif de Cordoue, médecin, auteur d'un livre sur l'astrologie hébraïque.

Manéthon, première moitié du IIIe siècle av. J.-C. Prêtre, historien et astrologue égyptien d'Alexandrie ; il étudia l'astrologie babylonienne ; ses travaux astrologiques ont été publiés à l'époque moderne.

Manilius, Marcus, première moitié du Ier siècle. Poète romain sous l'empereur Tibère, auteur d'un poème didactique sur l'astronomie et l'astrologie en 5 volumes (*Astronomica*), toujours existant.

Martin de Lencice, mort vers 1462-1464. Astronome et astrologue praguois d'origine polonaise, travaillant à l'université Charles à Prague dès 1427 et pour son chancelier de 1455 à 1456 ; il rédigea un commentaire approfondi de l'ouvrage et des *minutiae* de Sacrobosco pour Oldrich de Rozmberk, et introduisit la publication de *minutiae* par l'université de Prague sur le modèle de Cracovie.

Mash' allah (Mash' allah ibn Athari al-Basri), mort vers 815. Astrologue arabe de Bagdad ; 18 de ses textes astrologiques sont connus par des traductions latines.

Maslema. Astrologue maure de la fin du Xe siècle.

Maxime, vers le IIe siècle. Poète grec, auteur d'un poème astrologique didactique en hexamètres, *Des débuts*, expliquant quelle constellation est favorable à telle ou telle activité.

Mayo, Jeff. Astrologue anglais contemporain travaillant à Londres ; outre ses propres travaux astrologiques, il collabora avec H. J. Eysenck à des programmes de recherches empiriques en astrologie et en psychologie.

Meier-Parm, C., né en 1905. Auteur dramatique et astrologue allemand, dont les méthodes horoscopiques se rapprochent de celles de l'école de Hambourg ; l'un des premiers auteurs à publier, en 1935, un livre sur la signification astrologique de la Planète Pluton récemment découverte.

Mélanchton (de son vrai nom Philipp Schwarzerd), 1497-1560. Réformateur religieux, humaniste et astrologue allemand, qui fit des lectures sur l'astrologie à Wittenberg ; il s'intéressa aussi à l'astrométéorologie avec d'excellents résultats ; il a publié le *Tetrabiblos* de Ptolémée.

Meyer, Michael R. Astrologue américain contemporain, l'un des promoteurs de l'astrologie humaniste, auteur d'un livre sur l'astrologie comparative.

Morin de Villefranche, Jean-Baptiste, 1583-1656. Né à Villefranche en Beaujolais ; médecin, mathématicien et l'un des plus grands astrologues français ; son chef-d'œuvre, *Astrologica gallica*, en 26 volumes, fut publié à titre posthume.

Naibod, Valentin, 1510-1593. Mathématicien et astrologue italien à Padoue et Cologne ; il influença notamment la méthodologie horoscopique des directions.

Néchepso et Pétosiris, vers 150 av. J.-C. Pseudonyme d'un prêtre et de son roi, auteurs supposés d'un long manuel d'astrologie apparu en Égypte hellénistique et très utilisé par la suite, toujours existant.

Neugebauer, Otto. Fils de l'astronome allemand P. V. Neugebauer, auteur de tables astronomiques, professeur à l'université Brown de Rhode Island (E.-U.) ; historien des sciences exactes dont le travail est d'une énorme importance pour la connaissance de l'astronomie et de l'astrologie antiques en Grèce, en Égypte, en Mésopotamie et en Inde.

Newton, Isaac, 1643-1727. Grand physicien et philosophe anglais ; il a étudié l'astrologie pendant des années ; dans sa *Chronologie*, il met en évidence d'intéressantes relations entre la mythologie et des détails de l'histoire de l'astromancie antique.

Nigidius Figulus, Publius, vers 99-vers 45 av. J.-C. Érudit romain et important représentant du néopythagorisme ; il s'intéressa à l'astrologie, la théologie et les vaticinations ; populaire au sénat romain comme astrologue.

Nizami de Samarcande, XIIe siècle. Poète et courtisan des souverains d'Iran ; son ouvrage *Les Quatre Discours* parle d'astrologie.

Nostre-Dame, Michel de (dit Nostradamus), 1503-1566. Médecin, écrivain et remarquable astrologue français, auteur des célèbres prophéties en vers *Centuries astrologiques – Vraies prophéties et vaticinations* (1555) – l'un des plus mystérieux écrits de la littérature astrologique.

Œnopides de Chios, milieu du Ve siècle av. J.-C. Mathématicien et astronome grec dont le nom est associé à la découverte de l'écliptique.

Origène, 185-254. Le plus grand érudit chrétien des débuts du christianisme, théologien et exégète, père de l'Église grecque, qui fut finalement considéré comme hérétique par l'Église ; il combattit l'astrologie par des arguments pratiques se rapportant à la précession.

Pacovský (Václav de Pacova), mort en 1513. Astronome tchèque, maître à l'université Charles de Prague, rédacteur de *minutiae*.

INVENTVM
P. APIANI
Das ist:
Beschreibung eines Geometrischen Instruments/durch welches one alle rechnung gar behend vnd leichtlich/allerley höche/weitte/tieffe vnd braite/auch allerley flächen oder ebnen Innhalt/abgemessen/vnd andere mehr nutzliche sachen erkundiget werden.
Durch:
M. Georgium Galgemair.
Dabey auch Inventum Astrologicū Cypriani Leovitij de latitudinibus Planetarum in directionibus retinendis vel abijciendis zu finden.

Extraits d'un écrit de Leovitius dans un ouvrage d'Apianus (1495-1552), témoignant du prestige de celui-ci en Europe.

Jean-Baptiste Morin, remarquable astrologue français, au service d'Anne d'Autriche.

Michel de Nostre-Dame dit Nostradamus (gravure de l'époque).

César Nostradamus (à l'âge de 59 ans), fils du célèbre Michel de Nostre-Dame (gravure du XVIe siècle). Nostradamus senior dédia la première préface de son fameux livre *Les Prophéties* à son fils ; tous deux étaient astrologues.

Portrait de Paracelse (extrait de son livre *Archidoxa magica*, Munich, 1570).

À droite : Simon Partlic de Špicberk (1588-1650), astronome et astrologue (gravure de l'époque).

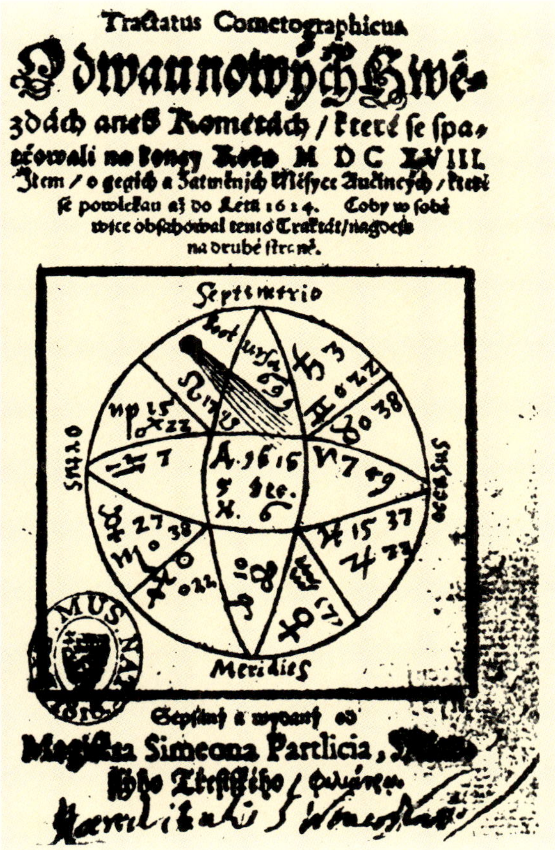

Page de titre du traité sur les comètes de Simon Partlic de Špicberk, imprimé en 1619, contenant la comète de 1615 dessinée sur l'horoscope.

Palchos, ve siècle. Astrologue grec qui exerça vers 470-490, issu du dernier essor de l'astrologie classique.

Paracelse, 1493-1541. Médecin et alchimiste allemand renommé qui appliqua l'astrologie à la médecine (astromédecine).

Partlic de Špicberk, Simon, vers 1588-1650. Mathématicien, astronome et astrologue tchèque, éditeur de nombreux textes tchèques et latins, en particulier de calendriers ; il a dressé des horoscopes.

Paul d'Alexandrie, ive siècle. Astrologue grec influencé par le néoplatonisme, dont l'ouvrage *Eisagogika* (*Introduction à l'astrologie*), toujours connu, représente une solide contribution à l'astrologie classique ancienne.

Pecker, Jean-Claude, né en 1923. Physicien français membre de l'Académie française, secrétaire général de l'Union astronomique internationale depuis 1962 ; dans son article polémique *Astrologie et science* (1983), il essaya de réfuter l'astrologie par des arguments concrets.

Pegius, Martin, xvie siècle. Astrologue slovène exerçant à Salzbourg dès 1553 ; son *Livre des naissances* (1570) a été réimprimé plusieurs fois aux temps modernes en tant que classique de l'astrologie.

Pfaff, Julius Wilhelm Andreas, 1774-1835. Astronome allemand travaillant à l'université d'Erlangen, l'un des premiers astrologues de l'ère moderne, auteur d'*Astrologie* (1816).

Picard, Eudes, 1865-1932. Petit-fils d'un membre célèbre de l'Académie française, un astrologue de génie dont le futur intérêt pour l'astrologie lui fut prédit peu après sa naissance par Eugène Ledos, un astrologue travaillant pour les Rothschild ; il écrivit un livre sur la divination en astrologie.

Pic de La Mirandole, Jean (Giovanni Pico Della Mirandola), 1463-1494. Poète, philosophe et humaniste italien, qui attaqua rudement l'astrologie dans un écrit polémique.

Pieroni di Galliano, Giovanni Battista, 1586-1654. Architecte, mathématicien et astrologue italien, qui travailla dès 1620 pour l'empire des Habsbourg ; sa contribution à la conception du palais Wallenstein et de sa galerie astrologique fut importante.

Pistorius, Johannes (Niddanus), 1546-1608. Théologien catholique, médecin et astrologue allemand.

Placide de Titis, 1603-1668. Astrologue italien dont les contributions à la méthodologie horoscopique restent encore valables aujourd'hui (système de division en Maisons ou domification de Placide, directions secondaires, etc.).

Platon, 428-347 av. J.-C. Célèbre et brillant philosophe grec ; son dialogue *Timaios* (*Timée*), où il formule les principes fondamentaux des relations entre les choses célestes et terrestres, fut d'une grande importance pour l'astrologie ; dans ce texte, les Planètes reçurent pour la première fois leur nom, dérivé de la mythologie.

Platon de Tivoli, seconde moitié du xiie siècle. Fait partie d'une génération de traducteurs qui relayèrent la connaissance des astrologues arabes et classiques vers l'Europe.

Porphyre (en grec Porphyrios, Malkhos de son nom syrien), vers 223-vers 304. Philosophe grec néoplato-

Giovanni Battista Della Porta, auteur dramatique et astrologue napolitain.

Ptolémée (Claude Ptolemaios), couronné « roi des astronomes », dans une gravure sur bois allégorique extraite du texte encyclopédique de Gregor Reisch, *Margarita philosophica* (1503).

nicien, élève de Plotin, commentateur du *Tetrabiblos* de Ptolémée ; son *Isagogue* fut utilisé plus tard par les astrologues arabes ; il introduisit une nouvelle méthode de domification.

Porta, Giovanni Battista Della, 1535-1615. Physicien, astrologue et auteur dramatique italien, notamment de la pièce *Astrologue* ; en science, il encouragea l'idée d'analogie entre le macrocosme et le microcosme.

Posidonios d'Apamée, vers 135-51 av. J.-C. Philosophe stoïcien et naturaliste, astronome et mathématicien grec, l'un des esprits phares de l'Antiquité, maître de Cicéron, de Sénèque et de Manilius ; il exposa dans *La Physique* sa croyance en un univers animé par un organisme énergétique et attira l'intérêt des intellectuels de son temps sur l'astrologie ; aucun de ses écrits ne nous est parvenu.

Prachatice, Christian de, vers 1360-1439. Théologien hussite tchèque, également astronome, botaniste, médecin et astrologue, maître à l'université Charles de Prague ; outre un livre sur les Planètes et les 12 signes du Zodiaque, il rédigea un ouvrage d'astrologie, *Prognosticatio*.

Příbram, Pavel de, mort en 1520. Astronome à l'université de Prague, astrologue et rédacteur de *minutiae* ; rien n'a été conservé de ses travaux.

Prinke, Rafael T., mort en 1955. Astrologue polonais contemporain, coauteur avec L. Weres du *Mandala de la vie*, un important aperçu sur l'astrologie moderne.

Privat, Maurice, 1889-1949. Journaliste français travaillant à la radio et astrologue ; il a promu l'astrologie scientifique sur laquelle il a écrit un livre ; il était rédacteur de la revue astrologique *Le Grand Nostradamus*.

Proclus d'Athènes, 412-485. Philosophe grec et représentant le plus en vue du néoplatonisme athénien ; ses commentaires des *Prophéties chaldéennes*, du *Timaios* de Platon et du *Tetrabiblos* de Ptolémée nous sont parvenus ; il récrivit ce dernier ouvrage sous le titre *Paraphrase*.

Proxen de Sudet, Simon, 1531-1575 Rédacteur des *minutiae* de l'université Charles de Prague de 1559 à 1563.

Ptolémée, Claude (Claude Ptolemaios), vers 100-vers 170. Savant universel d'Alexandrie (astronome, géographe, chronologue, astrologue), auteur de l'ouvrage astronomique fondamental *Almageste* (ou *Grande Syntaxe mathématique*) et du *Tetrabiblos* en 4 volumes, devenu la bible de la nouvelle astrologie ; la collection d'aphorismes astrologiques *Centiloquium* lui est aussi attribuée, probablement à tort.

Raman, Bangalore Venkat, né en 1912. Leader de l'astrologie contemporaine hindoue, successeur de B. S. Rao, rédacteur de la revue *The Astrological Magazine* et auteur de nombreux et substantiels manuels en anglais sur l'astrologie hindoue et ses techniques spécifiques.

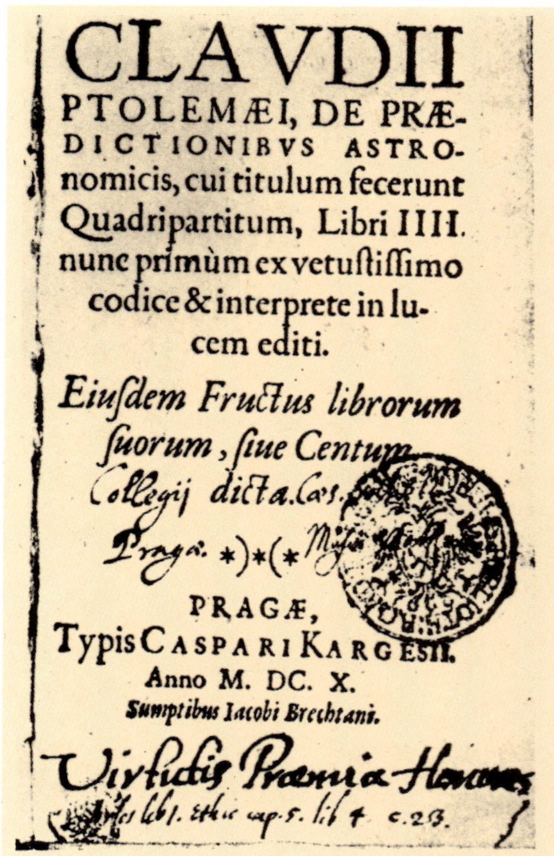

CLAVDII PTOLEMÆI, DE PRÆDICTIONIBVS ASTRONOMICIS, cui titulum fecerunt Quadripartitum, Libri IIII. nunc primùm ex vetustissimo codice & interprete in lucem editi.

Eiusdem Fructus librorum suorum, siue Centum

PRAGÆ, Typis CASPARI KARGESII. Anno M. DC. X. *Sumptibus Iacobi Brechtani.*

Page de titre d'une édition praguoise de 1610 des textes en latin du *Tetrabiblos* de Ptolémée.

Portrait de Regiomontanus (gravure de l'époque).

Rao, B. Suryanaryan, 1856-1937. Historien, écrivain et yogi, le plus grand astrologue hindou moderne ; il ranima l'astrologie en Inde, fonda la revue *The Astrological Magazine* en 1895, traduisit en anglais les anciens aphorismes astrologiques de Jaimini (IIe siècle av. J.-C.) et écrivit plusieurs importants ouvrages astrologiques.

Raphael Ier (de son vrai nom Robert Cross Smith), 1795-1832. Pionnier de l'astrologie moderne en Angleterre, rédacteur dès 1827 de *The Prophetic Messenger* (rebaptisé *Raphael's Almanac*), il a publié en 1828 à Londres un *Manuel d'astrologie* ; le pseudonyme de Raphael (II, III, etc.) fut repris par ses élèves et successeurs : John Palmer (né le 28 mai 1807), Wakeley, R. W. Cross (né le 15 mai 1850) et d'autres ; la maison d'édition Raphael est l'une des plus importantes maisons d'édition anglaises d'éphémérides et de littérature astrologiques.

Regiomontanus (Johannes Müller), 1436-1476. Brillant mathématicien (il amena l'usage des tangentes et créa le terme « sinus »), astronome et astrologue du XVe siècle qui introduisit de nouvelles méthodes mathématiques en astrologie (domification, directions).

Rhazes (Mohammed ibn Zakaria ar-Razi), 865-932. Astrologue arabe exerçant à Bagdad ; 3 de ses textes ont été préservés dans leur traduction latine ; il s'intéressa aussi à la philosophie de la nature et fut le premier médecin personnel musulman du calife al-Muktadir.

Rheticus, Georg Joachim, 1514-1576. Remarquable astronome, ami de Copernic et éditeur de son texte *De revolutionibus*, premier copernicien à accorder toute son attention à l'astrologie ; il entreprit de prédire la seconde venue du Christ par des calculs astrologiques.

Rhetorius, fin du Ve, début du VIe siècle. Astrologue grec qui compila et commenta plusieurs auteurs astrologiques plus anciens ; 7 de ses horoscopes nous sont parvenus ; il caractérisa le natif d'après les Planètes le gouvernant (typologie planétaire).

Ring, Thomas, 1892-? Peintre et remarquable astrologue moderne allemand qui révisa les règles de l'astrologie classique dans un ouvrage d'astrologie en 4 volumes.

Rodan. *Voir* Abenrudian.

Rodolphe II, 1552-1612. Empereur germanique et roi de Hongrie et de Bohême, grand protecteur des sciences et des arts, de l'alchimie, de l'astrologie et de l'occultisme ; il employa Tycho Brahe et Johannes Kepler qui élaborèrent de nouvelles tables astrologiques, les *Tables rodolphines*.

Rudhyar, Dane (Daniel Chennevière), 1895-1985. Remarquable poète américain d'origine française, musicien, astrologue, penseur et philosophe, principal représentant de l'astrologie humaniste, auteur d'une vingtaine de livres et de manuels d'astrologie ; un homme universel au sens de la Renaissance, qui s'intéressa à l'astrologie à partir de 1930.

Ruggieri, Cosimo (ou Côme), fin du XVIe siècle. Astrologue italien à la cour de l'impératrice de France Catherine de Médicis (1519-1589).

Sacrobosco, Giovanni di (de son nom anglais John de Hollywood, Halifax), fin du XIIe siècle-1246 ou 1256. Astronome, mathématicien et astrologue anglo-français qui exerça à Paris ; il fonda ses travaux d'astrologie sur l'astrologue arabe Alcabitius.

Portrait de Rodolphe II (huile sur cuivre, anonyme, vers 1600. Musée des Arts décoratifs de Prague).

Giovanni Battista Senni (gravure de l'époque).

Samuel de Nahardeia. 160-200 Astrologue juif né en Babylonie, auteur d'écrits sur les Planètes, notamment Saturne.

Sargon l'Ancien (Sargon Ier d'Akkad), début du XXIIIe siècle av. J.-C. Fondateur de l'Empire d'Akkad en Mésopotamie, qu'il gouverna d'environ 2350 à 2295 av. J.-C. ; les plus anciens témoignages protoastrologiques, dont des copies sur tablettes cunéiformes furent retrouvées dans la bibliothèque d'Assourbanipal à Ninive, datent de cette époque.

Saumaise, Claude de, 1588-1653. Philologue classique et astrologue français, protestant vivant à Leyde (Hollande), auteur d'un livre sur les années climatériques (multiples de 7), dans la lignée de l'astrologie classique.

Saxl, Fritz, 1890-1948. Historien d'art autrichien travaillant à Londres ; il contribua à la connaissance de l'histoire de l'astrologie par ses listes détaillées des manuscrits astrologiques et mythologiques médiévaux présents dans les bibliothèques de Rome, Vienne, Londres, Cambridge, Oxford et ailleurs en Europe.

Schiller, Julius, ?-1627. Membre de l'ordre des augustins à Salzbourg, il publia un atlas stellaire en 1627 où il remplaça les constellations du Zodiaque par les constellations des 12 Apôtres.

Schmitz, Oskar A. H., 1873-1931. Écrivain et poète allemand, l'un des premiers astrologues allemands à s'orienter vers l'astropsychologie.

Schwickert, Friedrich (pseudo. Sinbad), 1885-1930. Capitaine de corvette, remarquable astrologue synthé-

Constellation de saint Pierre, proposée par Julius Schiller (*in Cœlum stellarum christianum*, 1627).

tiste moderne ; avec le médecin et astrologue viennois Adolf Weiss, il publia un abrégé d'astrologie en 5 volumes, *Bausteine der Astrologie* (*Les Pierres fondatrices de l'astrologie*), qui forme les bases de l'astrologie moderne.

Scot (ou Scotus), Michel, 1214-1290. Astrologue influent d'origine écossaise à la cour de l'empereur Frédéric II à Palerme, savant universel et grand érudit en magie ; ses travaux astrologiques se rattachent directement à la tradition classique dénuée de l'influence arabe ; mentionné dans *La Divine Comédie* de Dante.

Scribonanius, Iᵉʳ siècle. Astrologue romain connu pour ses prédictions réalisées au temps de l'empereur Auguste.

Séleucos Iᵉʳ siècle. Astrologue romain de l'empereur Othon (69) à qui il prédit le trône et la survie de Néron.

Senni ou Senno, Giovanni Battista, 1600-1656. Astrologue italien, élève d'Argoli, au service d'Albrecht von Wallenstein de 1629 à 1634.

Sepharial (de son vrai nom Walter R. Gornold ou Gorn-Old), 1864-1929. Orientaliste, numérologue, astrologue et occultiste anglais, représentant de l'astrologie ésotérique, travaillant avec une combinaison de méthodes divinatoires (astrologie cabalistique, etc.), auteur de plusieurs écrits intéressants dont un manuel et un dictionnaire d'astrologie.

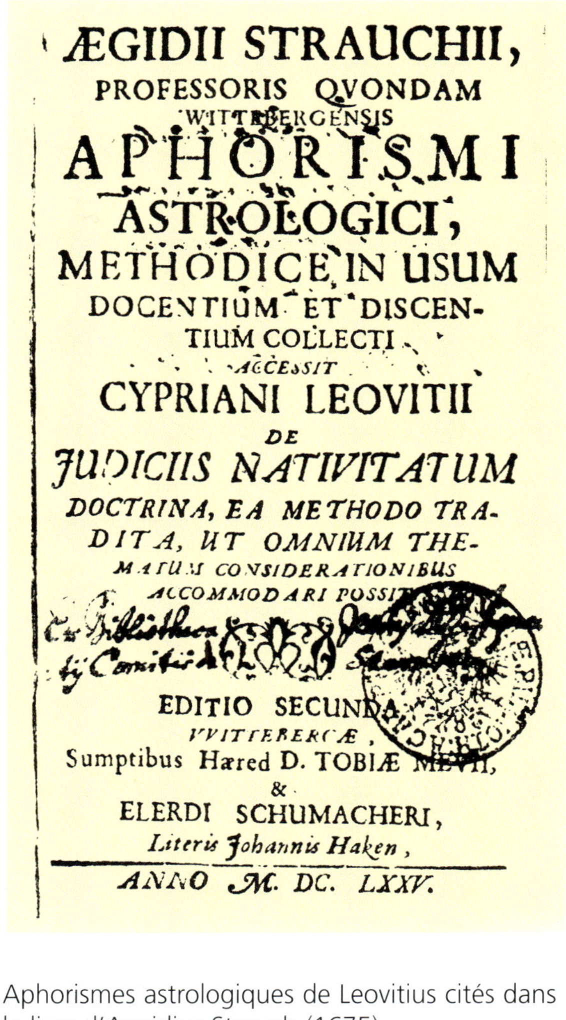
ÆGIDII STRAUCHII,
PROFESSORIS QVONDAM
WITTEBERGENSIS
APHORISMI
ASTROLOGICI,
METHODICE IN USUM
DOCENTIUM ET DISCEN-
TIUM COLLECTI.
ACCESSIT
CYPRIANI LEOVITII
DE
JUDICIIS NATIVITATUM
DOCTRINA, EA METHODO TRA-
DITA, UT OMNIUM THE-
MATUM CONSIDERATIONIBUS
ACCOMMODARI POSSIT.
EDITIO SECUNDA.
WITTEBERGÆ,
Sumptibus Hæred D. TOBIÆ
&
ELERDI SCHUMACHERI,
Literis Johannis Haken,
ANNO M. DC. LXXV.

Aphorismes astrologiques de Leovitius cités dans le livre d'Aegidius Strauch (1675).

Sextus Empiricus, vers 200. Philosophe sceptique grec, auteur d'un ouvrage contre les mathématiciens (qui représentaient aussi l'astrologie).

Shipley, John B. (pseudo. Sarastro), 1858-1911. Écrivain et astrologue anglais.

Sibly, Ebenezer, 1751-? Remarquable astrologue anglais du début des temps modernes, auteur d'au moins 3 longs textes importants illustrés par des horoscopes de l'époque.

Page de titre de *minutiae* pour 1552 du maître Mikuláš Šud de Semanín.

Šimandl, Emmanuel, 1899-1971. Astrologue moderne tchèque de premier plan, orientaliste, traducteur de plusieurs langues y compris anciennes ; il a éduqué toute une génération d'astrologues.

Šindel, Jan, vers 1375-vers 1456. Astronome tchèque, également réputé dans d'autres pays, intéressé par l'astrologie prédictive.

Stephane d'Alexandrie, VIIᵉ siècle. Néoplatoniste et astrologue qui influença l'astrologie arabe.

Stöffler, Johannes, 1452-1531. Astrologue allemand, professeur de mathématiques et d'astronomie à l'université de Tübingen, il s'intéressa principalement au calcul d'éphémérides de 1489 à 1531 ; il publia dans un almanach astrologique sa fameuse prédiction d'un désastre naturel pour février 1524, fondée sur un regroupement de Planètes dans les Poissons (ce fut une fausse alarme, mais la prédiction de sa propre mort s'avéra juste).

Strauch, Aegidius, 1632-1682. Astrologue allemand, professeur de mathématiques à Wittenberg, auteur d'un livre sur les aphorismes astrologiques.

Struve, Otto Wilhelm Jr, 1819-1905. Astronome allemand, directeur de l'observatoire de Pulkovo en Russie de 1862 à 1889 ; en 1860, il publia un livre sur les relations de Kepler avec A. von Wallenstein.

Šud de Semanín. Mikuláš, 1490-1557. Astronome et astrologue tchèque, auteur célèbre de *minutiae*.

Sulla, Ier siècle. Astrologue romain de l'empereur Caligula (37-41), célèbre pour sa prédiction de la mort imminente de l'empereur.

Tertullien, vers 155-vers 222. Écrivain latin et docteur de l'Église, il s'intéressa au problème de l'étoile de Bethléem et exprima ses opinions sur l'astrologie.

Terzyssko, fin du XIVe siècle-début du XVe siècle. Astrologue à la cour de Venceslas IV, roi de Bohême (1378-1419), auteur d'un atlas stellaire.

Théogène, Ier siècle av. J.-C. Astrologue romain de l'époque de l'empereur Auguste, à qui il prédit sa future célébrité.

Theophile d'Edesse, mort vers 785. Écrivain syrien, traducteur d'Homère, principal astrologue à la cour du calife al-Mahdi sous lequel l'astrologie fut un art royal ; des fragments de ses œuvres furent fréquemment cités par Ali Abenragel.

Teucros le Babylonien. Il exerça probablement au Ier siècle. Astronome et astrologue grec dont l'œuvre (seuls des extraits nous sont parvenus) a servi de source à Albumasar et à d'autres astrologues orientaux.

Thomas d'Aquin, saint (dit docteur Angelicus), vers 1225-1274. Théologien chrétien de premier plan et philosophe religieux ; son attitude vis-à-vis de l'astrologie ne fut pas aussi négative que celles des autres docteurs de l'Église du début du christianisme ; dans sa *Somme théologique* (1266-1273), il admet dans une certaine mesure les influences cosmiques sur l'homme.

Thrasylle d'Alexandrie, début du Ier siècle. Astrologue grec de l'empereur romain Tibère (14-37) avec qui il vécut presque toute sa vie ; son *Introduction à l'astrologie* ne nous est parvenue que sous une forme résumée.

Timocharis, IIIe siècle av. J.-C. Astronome grec, l'un des premiers à déterminer les longitudes et latitudes écliptiques des étoiles ; ses données furent utilisées par Hipparque.

Toaldo, G., 1719-1797. Astrologue italien à Padoue ; il développa l'astrométéorologie, ce qui lui valut la reconnaissance de son vivant ; il regroupa ses résultats dans un livre publié en 1770.

Trébucq, Sylvain, 1857-1928. Astrologue français.

Troinsky, E. M., né en 1910. Astrologue allemand d'origine russe exerçant à Berlin, principalement intéressé par l'astrologie mondiale (horoscopes d'états) et certains aspects de la méthodologie de l'horoscopie.

Tucker, William T. Astrologue anglais contemporain, auteur d'une trentaine de manuels d'astrologie sur des problèmes spécifiques liés aux relations entre l'astrologie et d'autres disciplines ; fondateur de la British Association of Scientific Astrologers (Association britannique des astrologues scientifiques).

Valens, Vettius (d Antioche), IIe siècle. Astrologue grec qui aurait exercé de 154 à 174, auteur de *Anthologiai* qui contient plusieurs horoscopes calculés.

Varâha Mihira, première moitié du VIe siècle. Sans doute la plus grande autorité de l'astrologie indienne ancienne ; son œuvre *Brhat Djataka* a atteint l'Europe à l'époque moderne par des traductions anglaises et allemandes ; il a écrit plusieurs autres ouvrages d'astrologie et d'astronomie.

Vehlow, Johannes, 1890-1958. Astrologue allemand, promoteur de l'astrologie scientifique, auteur d'un manuel d'astrologie moderne en plusieurs volumes (1934) ; il s'intéressa à certains problèmes techniques de l'astrologie.

Portrait d'Albrecht von Wallenstein en 1614 (peinture à l'huile anonyme).

Virdung, Johannes Cracowiensis de Hassfurt. Il exerça à la fin du XVe siècle et au début du XVIe siècle. Mathématicien allemand travaillant à Heidelberg, célèbre pour ses *Pratiques* (*Practica*) et sa prédiction d'une catastrophe climatérique pour 1524 déduite d'une grosse concentration de Planètes.

Vogt, Johann Karl, 1813-1860. Ébéniste, astrologue et voyant populaire allemand ; son biographe, Ludwig Hauff, cite plusieurs de ses prédictions réalisées en 1858.

Volguine, Alexandre, 1903-1977. Astrologue français d'origine russe, fondateur en 1937 de l'importante revue astrologique *Les Cahiers astrologiques*, auteur de plusieurs livres et articles sur l'astrologie, éditeur de littérature astrologique classique dans la série « Les Maîtres de l'occulte ».

Vore, Nicolas de. Astrologue américain contemporain, président de la Société astrologique américaine (*Astrological Society*), auteur d'une *Encyclopédie de l'astrologie* (1947).

Wallenstein, Albrecht Wenzel Eusebius von, 1583-1634. Noble et commandant militaire tchèque, dont le grand intérêt pour l'astrologie est connu par sa relation avec Kepler qui dressa son horoscope en 1608 et fut à son service les dernières années de sa vie.

Weres, Leszek, né en 1945. Astrologue polonais contemporain, vice-président de la Société internationale de

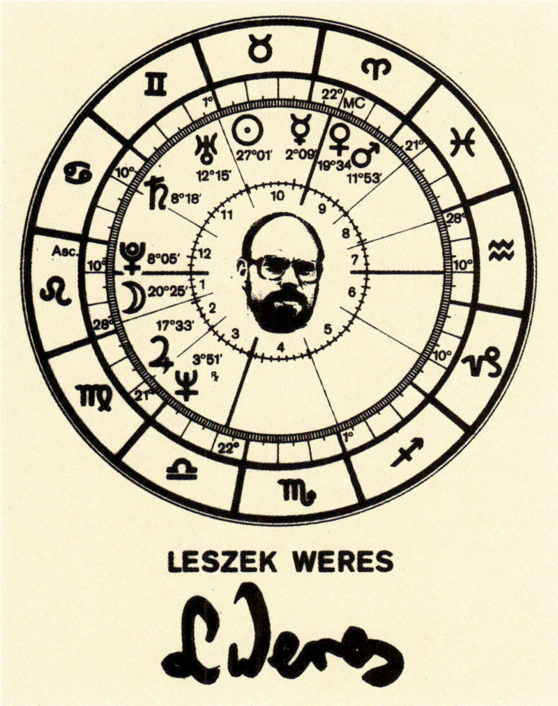

Portrait horoscopique de l'astrologue polonais contemporain Leszek Weres, coauteur du livre *Le Mandala de la vie* (1983).

recherches astrologiques, coauteur (avec R. T. Prinke) du remarquable *Mandala de la vie* (réédition 1983).

William de Bergum, XIIIe siècle. Astrologue d'origine hollandaise, conseiller d'Henri II d'Angleterre (1207-1272) pour ses campagnes militaires.

Wilson, James. Exerçant au début du XIXe siècle, astrologue anglais, auteur d'un excellent abrégé sur l'astrologie ptoléméenne au début de l'essor de l'astrologie moderne (1819).

Witte, Alfred, 1878-1941. Remarquable astrologue allemand, fondateur de l'école de Hambourg, éditeur de littérature astrologique et auteur d'un remarquable ouvrage sur l'astrologie ; technicien en géodésie de profession.

Yehuda ben Moshe, XIIIe siècle. Astrologue à la cour du roi d'Espagne Alphonse X de Castille (1252-1282), pratiquant l'astrologie arabe.

Zadkiel (de son vrai nom Richard James Morrison), vers 1796-vers 1874. Astrologue anglais très populaire à son époque ; il publia, à partir de 1830, *Herald of Astrology* (annuel), rebaptisé *Zadkiel's Almanac.*

Zadkiel II (de son vrai nom A. J. Pearce), 1840-? Astrologue anglais, éditeur de *Textbook of Astrology*, annuel ; il a prédit plusieurs tremblements de terre.

Zahel Benbriz (Sahl ibn Bishr ibn Habib ibn Hani), VIIIe-IXe siècle. Astrologue juif écrivant en arabe, vizir du calife al-Mamoun dans le Khorasan (Iran) ; 16 de ses écrits astrologiques nous sont parvenus dans leur traduction latine.

Zariel (ou « mage Zariel », de son vrai nom David Cope). Astrologue moderne qui créa une nouvelle méthode de division en Maisons au début du XXe siècle.

Žižka, Vratislav Jan, né en 1926. Brillant représentant de l'astrologie moderne tchèque, élève de E. Simandl, auteur de plusieurs études importantes sur l'astrologie et son histoire sous forme de livres et d'articles de revue.

Le célèbre médecin Paracelse (dans son ouvrage *Astronomica et astrologica opuscula*, Cologne, 1567).

Glossaire des termes astrologiques

Angle horaire (**H**) Dans le système équatorial, angle entre le méridien et le cercle de déclinaison passant par l'astre, mesuré dans le sens du mouvement diurne du ciel.

Année platonique Période au cours de laquelle l'axe de la Terre décrit un cône complet. Ce mouvement, appelé « précession », modifie la position apparente des points vernal et automnal et les coordonnées équatoriales des astres. Le cycle dure 25 729 jours solaires. *Voir aussi* Précession.

Antisce (en) Se dit de deux éléments de l'horoscope symétriques par rapport à l'axe solsticial de l'horoscope (0° du Cancer – 0° du Capricorne).

Application Situation où une Planète rapide arrive en une position formant un Aspect exact avec une Planète lente.

Ascendant (noté **ASC**) (en grec : *horoskopos*) Point de l'écliptique s'élevant au-dessus de l'horizon quand le Soleil se lève ; c'est le point oriental d'intersection de l'écliptique avec l'horizon. Marque le début de la première Maison de l'horoscope dans la plupart des systèmes de domification.

Ascension droite (**a**) L'une des coordonnées équatoriales, mesurée dans le plan de l'équateur terrestre et comptée à partir du point vernal (0°) jusqu'à 360° dans le sens contraire à la rotation de la Terre.

Aspect Relation angulaire significative entre deux ou plusieurs Planètes, mesurée dans le plan de l'écliptique.

Aspect plactique Aspect non exact à l'influence faible, mais néanmoins valable.

Aspects mutuels Deux ou plusieurs Aspects mutuellement liés.

Astéroïdes Corps célestes mineurs du Système solaire en orbite autour du Soleil, principalement situés entre l'orbite de Mars et celle de Jupiter ; leur influence est prise en compte par certains astrologues modernes.

Astres En astrologie, terme générique recouvrant les Planètes, la Lune, le Soleil et les étoiles fixes.

Astrologie Doctrine en rapport avec l'art de trouver des relations, peut-être causales, entre la position instantanée de la sphère céleste et les positions du Soleil, de la Lune, des Planètes et des étoiles avec des événements passés, présents ou futurs en un certain point de la surface de la Terre.

Astrologie comparative Astrologie comparant deux ou plusieurs horoscopes. *Voir* Horoscope composite et Synastrie.

Astrologie individuelle (syn. généthliaque, judiciaire) Astrologie basée sur l'horoscope d'un individu.

Astrologie mondiale Astrologie s'occupant d'événements au large impact social.

Astrologie natale, astrologie de naissance Astrologie traitant de l'interprétation de l'horoscope natal (thème).

Astrologie prévisionnelle ou **prédictive** Astrologie traitant de la prévision de l'avenir.

Astromédecine Astrologie appliquée à la médecine de l'ancien temps.

Axes horoscopiques Lignes reliant deux points significatifs opposés de l'horoscope. Les axes principaux sont l'axe Ascendant-Descendant, et l'axe Milieu du Ciel-Fond du Ciel. Parmi les autres axes significatifs, citons les axes de symétrie entre Planètes maîtres des signes, les axes entre points en antisce et contre-antisce, et ceux entre mi-Points.

Azimut (**A**) L'une des coordonnées horizontales. Angle entre le point austral (ou le point boréal) et le point d'intersection du cercle vertical passant par une étoile avec l'horizon. L'azimut astronomique est mesuré vers l'ouest à partir du point austral et vaut de 0 à 360°, l'azimut géographique, vers l'est depuis le point boréal.

Bénéfiques (adj. latin : *stellae beneficae*) Selon l'horoscopie classique, les Planètes à l'influence bénéfique sont Jupiter et Vénus.

Biquintile Aspect de 144°.

Biseptile Aspect de $102\frac{6}{7}$°.

Carré Aspect de 90°.

Chronocrators Maîtres planétaires de périodes de temps – heure, jour de la semaine, mois ou année ; par exemple, dans le système chaldéen, Mars est le maître du mardi. *Voir aussi* Maître.

Chute (latin : *casus* ou *dejectio* ; grec : *tapeinoma*) Affaiblissement de l'influence astrologique d'une Planète dans certains signes et pour certains degrés du Zodiaque. Selon la tradition, le Soleil est en chute en Balance (19°), la Lune, en Scorpion (3°), Mercure, en Poissons (15°), Vénus, en Vierge (27°), Mars, en Taureau (28°), Jupiter, en Capricorne (15°) et Saturne, en Bélier (20°).

Comètes Composantes de l'horoscope dans l'astrologie ancienne.

Configurations structurelles (syn : configurations de Jones) Groupements notables de Planètes dans l'horoscope, aux noms et aux significations spécifiques pour l'interprétation de celui-ci.

Conjonction Aspect de 0°.

Constellations zodiacales (latin : *constellatio*) Les douze groupes d'étoiles fixes formant l'arrière-plan sidéral du Zodiaque tropical ; leur nom est identique aux signes du Zodiaque par rapport auxquels elles se décalent continuellement du fait de la précession du point vernal. *Voir* Année platonique.

Contrè-antisce (en) Se dit de deux éléments de l'horoscope symétriques par rapport à l'axe équinoxial de l'horoscope (0° du Bélier – 0° de la Balance).

Coordonnées écliptiques Coordonnées déterminant la position d'un astre sur la sphère céleste par rapport au plan de l'écliptique : la longitude et la latitude écliptiques.

Coordonnées équatoriales Coordonnées déterminant la position d'un objet sur la sphère céleste par rapport au plan de l'équateur céleste : l'ascension droite et la déclinaison.

Coordonnées géocentriques Système de coordonnées astronomiques basé sur une représentation où la Terre est au centre du Système solaire.

Coordonnées géographiques Longitude (**L**) et latitude (**j**) géographiques.

Coordonnées héliocentriques Système de coordonnées astronomiques basé sur une représentation où le Soleil est au centre du Système solaire.

Coordonnées horizontales Coordonnées déterminant la position d'un objet sur la sphère céleste par rapport au plan horizontal : l'azimut (**A**) et la hauteur (**h**).

Correction d'horoscope Effectuée en cas de données de base erronées. Il existe environ quinze méthodes de correction d'horoscope.

Croix égyptienne (syn. Aspect en T) Configuration de Planètes aux sommets d'une croix en forme de T ; les Aspects mutuels entre Planètes sont deux carrés et une opposition.

Culmination Moment où un corps céleste atteint sa hauteur maximale au-dessus de l'horizon (culmination supérieure), ou au-dessous de l'horizon (culmination inférieure).

Cuspide Voir Pointe.

Cycle de précession *Voir* Année platonique.

Débilité (d'une Planète) Affaiblissement de l'influence d'une Planète dû à sa position astrologiquement défavorable dans l'horoscope. *Voir* Chute, Exil. Opposé : dignité.

Décan Secteur égal à un tiers de chaque signe du Zodiaque, couvrant 10° d'arc sur l'écliptique.

Décile Aspect de 36°. Syn. Semi-quintile.

Déclinaison (**d**) L'une des coordonnées équatoriales, mesurée dans le plan perpendiculaire à l'équateur céleste, comptée de 0° à ± 90° ; la déclinaison nord est comptée positivement, la déclinaison sud, négativement.

Degrés critiques Dans l'astrologie arabe, positions en degrés sur l'écliptique indiquant les cuspides ou Cornes des Maisons lunaires, situées à 0°, 13° et 26° des signes cardinaux, à 9° et 21° des signes fixes, et à 4° et 17° des signes mutables.

Descendant (noté **DSC**) (en grec : *dysis*) Point de l'écliptique se couchant à l'horizon au moment où le Soleil se lève. C'est le point occidental d'intersection de l'écliptique avec l'horizon. Début de la 7e Maison dans l'horoscope dans la plupart des systèmes de domification.

Dignité ou **Maîtrise** Situation de forte influence, déterminée principalement par la position de la Planète dans les signes et dans les Maisons, et réévaluée en fonction d'autres critères astrologiques. *Voir* Domicile, Exaltation. Opposé : débilité.

Directions Ensembles de méthodes spécifiques à l'astrologie prévisionnelle.

Directions astronomiques Méthodes classiques de l'horoscopie prévisionnelle basées sur la rotation de la Terre (directions primaires) et sur l'analogie entre la rotation de la Terre et sa révolution autour du Soleil (directions secondaires).

Directions primaires Méthode ancienne, mathématiquement très complexe mais considérée comme très fiable, de l'horoscopie prévisionnelle ; toutefois, son application n'a de sens que dans le cas d'un horoscope rectifié – *voir* Rectification. Elle est basée sur la rotation de la Terre, c'est-à-dire sur la rotation apparente de la sphère céleste (*motus primus*). Chaque avancée d'un degré d'ascension droite représente un an de vie – mais d'autres clés directionnelles sont utilisées.

Directions secondaires (ou directions arabes ; en France, appelées couramment **Progressions**) Méthode médiévale de l'astrologie prévisionnelle basée sur l'analogie entre la rotation de la Terre (*motus primus*) et la révolution de la Terre autour du Soleil (*motus secundus*) ; le mouvement des Planètes dans le Zodiaque au cours du premier jour après la naissance correspond à la première année de vie, le mouvement au cours du deuxième jour, à la deuxième année, ainsi de suite.

Directions symboliques Méthode de l'astrologie prévisionnelle de l'ère moderne sans base astronomique comme les directions astronomiques, et de caractère purement spéculatif.

Directions tertiaires Méthode de l'astrologie prévisionnelle de l'ère moderne basée sur les révolutions de la Lune.

Dispositeur (d'une Planète ou d'une Maison) Se dit de la Planète qui régit le signe du Zodiaque où se trouve une autre Planète ou la Pointe d'une Maison. Par suite, elle devient le maître de la Maison en question.

Distance zénithale (**z**) Complément à 90° de la hauteur (**h**) dans le système de coordonnées horizontales. *Voir* Hauteur.

Divination Lecture ou interprétation de l'horoscope.

Dodekatemorion Ancien système de points horoscopiques calculés dans le système dodécamétrique (système numérique de base 12) à partir de n'importe quel point de l'écliptique. La distance du point dérivé – ou *dodekatemorion* du point initial, exprimé en degrés – vaut douze fois la distance angulaire du point initial à compter du début du signe où il se trouve.

Dodekatopos Système de domification de l'astrologie grecque classique comprenant douze Maisons.

Domicile Position d'une Planète dans le signe zodiacal qu'elle gouverne. (La Planète en domicile dans un signe y a une dignité maximale.) Selon la tradition, le Soleil est en domicile en Lion, la Lune en Cancer, Mercure en Gémeaux et Vierge, Vénus en Taureau et Balance, Mars en Bélier et Scorpion, Jupiter en Sagittaire (et Poissons), Saturne en Capricorne (et Verseau), Uranus en Verseau (et Capricorne), Neptune en Poissons (et Sagittaire), Pluton en Scorpion (et Bélier). Opposé : exil.

Écliptique Ligne formée par l'intersection du plan de l'orbite de la Terre autour du Soleil avec la sphère céleste. C'est aussi le chemin apparent du Soleil dans le ciel au cours d'une année.

Élection Sélection du moment approprié pour la réalisation d'un projet d'après l'étude de l'horoscope obtenu par une méthode quelconque de l'astrologie prévisionnelle.

Éléments Les quatre Éléments fondamentaux composant le monde – Feu, Terre, Air et Eau – issus, selon la philosophie naturelle classique, de la combinaison des qualités primordiales – le sec, le chaud, l'humide et le froid – comme suit : le Feu procède du sec et chaud, la Terre du sec et froid, l'Air de l'humide et chaud, l'Eau de l'humide et froid. En astrologie, chaque signe du Zodiaque s'est vu attribuer un Élément.

Éléments horoscopiques Les principaux éléments sont les signes du Zodiaque, les Planètes, les Maisons et les Aspects. Parmi les autres éléments, citons les nœuds lunaires, les étoiles fixes, les axes et les points significatifs.

Élévation Position de la Planète la plus proche du Milieu du Ciel.

Élongation Distance angulaire d'une Planète par rapport au Soleil mesurée le long de l'écliptique. Parmi les Planètes intérieures (dites inférieures), Vénus a une élongation maximale de 47° 47′ et Mercure, de 27° 58′.

Éphémérides (singulier : éphéméris) Tables astronomiques indiquant la position des Planètes à intervalles réguliers (jours, mois, années) ; les éphémérides astrologiques donnent aussi certaines données astrologiques spécifiques.

Équateur céleste Projection de l'équateur terrestre depuis le centre du globe sur la sphère céleste.

Équinoxes Moments où le centre du Soleil franchit le plan de l'équateur céleste, passant de l'hémisphère Nord à l'hémisphère Sud (équinoxe d'automne) ou vice versa (équinoxe de printemps).

Étoile fixes (latin : *stellae fixae*) Identique, en astrologie, aux étoiles de l'astronomie ancienne ; l'astronomie moderne a toutefois abandonné le terme. *Voir aussi* Planètes.

Exaltation (latin : *exaltatio* ; grec : *hypsoma*) Augmentation de l'influence astrologique d'une Planète dans certains signes et pour certains degrés du Zodiaque. Selon la tradition, le Soleil est exalté en Bélier (à 19°), la Lune en Taureau (3°), Mercure en Vierge (15°), Vénus en Poissons (27°), Mars en Capricorne (28°), Jupiter en Cancer (15°) et Saturne en Balance (20°). Les positions d'exaltation sont à l'opposé des positions de chute.

Exil (latin : *detrimentum*) Position d'une Planète à l'opposé de son domicile.

Fond du Ciel ou ***Imum Coeli*** (**IC**) (en grec : *antimesuranema*, *hypogeion*) La partie la plus basse du ciel, point d'intersection de l'écliptique avec le méridien local au-dessous de l'horizon. Début de la 4e Maison pour la plupart des systèmes de domification.

Force (d'une Planète) *Voir* Dignité.

Fortuna *Voir* Part de fortune.

Fuseaux horaires Introduits au XIXe siècle pour normaliser la mesure du temps dans le monde. Une plage horaire commune a été attribuée pour chaque zone de 15° de longitude géographique ; chacun des 24 fuseaux voit son heure décalée d'une heure par rapport au précédent. Le premier fuseau est centré sur le méridien de Greenwich (R.-U.) et a pour heure le temps universel (**TU**), aussi appelé « temps d'Europe de l'Ouest » ; puis vient la zone temps d'Europe centrale (TU + 1 h), celle d'Europe orientale (TU + 2 h), etc.

Hauteur ou **Altitude** (**h**) L'une des coordonnées horizontales, mesurée dans le plan perpendiculaire à l'horizontal, de 0° à 90°. Le complément à 90° de sa valeur angulaire est la distance zénithale (**z**) : z = 90° – h.

Heure locale Temps associé au passage du Soleil au-dessus du méridien local.

Hexagramme Groupement de Planètes aux sommets d'une étoile symétrique à six branches. Combinaison de deux trigones élémentaires de polarité égale – trigones d'air et de feu, ou trigones d'eau et de terre ; les Aspects entre les Planètes sont alors des trines et des sextiles.

Homme zodiacal (latin : *homo signorum*) Représentation schématique de l'être humain montrant les corrélations entre les signes du Zodiaque (macrocosme) et les parties et organes du corps humain (microcosme).

Horaire d'été Décalage artificiel de l'heure légale dans certains pays en été. En France, l'heure légale est avancée d'une heure sur l'heure locale afin d'économiser l'énergie pendant le printemps et l'été.

Horaire d'hiver Retour de l'heure légale à l'heure locale en France et dans de nombreux pays d'Europe, en automne et hiver.

Horizon En astronomie, la ligne d'intersection de la sphère céleste avec le plan horizontal passant par l'observateur.

Horoscope (syn. carte du ciel, cosmogramme ; latin : *figura coeli* ; grec : *thema*) Représentation graphique schématique montrant la position du Soleil, de la Lune et des Planètes, ainsi que d'autres éléments à l'intérieur des signes du Zodiaque et des Maisons. L'horoscope est établi pour un moment et un lieu donnés à la surface de la Terre.

Horoscope composite (syn. horoscope de contact ou de vecteurs) Horoscope artificiel, synthétique, résultant de la moyenne de deux ou de plusieurs horoscopes.

Horoscope de conception Le plus important des horoscopes prénatals ; c'est souvent un sous-produit de la correction de l'horoscope de naissance (thème) au moyen de la règle hermétique.

Horoscope de contact *Voir* Horoscope composite.

Horoscope de decumbiture (latin : *decumbitorium*) Horoscope établi pour le moment où le sujet s'est alité, afin de prédire le cours de sa maladie.

Horoscope de naissance ou **Thème** (syn. horoscope natal, horoscope radical, radix) Horoscope établi pour l'instant de la naissance et, plus précisément, l'instant de la première inspiration pour l'homme.

Horoscope horaire En astrologie prévisionnelle, l'horoscope informant des conséquences d'un événement ayant eu lieu en un certain lieu.

Horoscope lunaire (syn. retour lunaire) Horoscope établi pour un moment où la Lune a la même longitude écliptique qu'au moment de la naissance ; il est valable pendant un mois.

Horoscope prénatal Horoscope établi pour un moment avant la naissance ; c'est le plus souvent l'horoscope de conception, ou encore l'horoscope lunaire prénatal.

Horoscope solaire (syn. retour solaire, révolution solaire) Horoscope établi pour un moment où le Soleil a exactement la même longitude écliptique qu'à la naissance ; il est valable un an, d'un anniversaire à l'autre.

Horoscopie Partie pratique de l'astrologie traitant des calculs, de l'établissement et des règles d'interprétation des horoscopes.

Ingression Horoscope prévisionnel mondial établi tous les trois mois au moment de l'entrée (ou ingrès) du Soleil dans les signes cardinaux du Zodiaque (équinoxiaux et solsticiaux), calculé pour le temps local de la capitale du pays considéré.

Interception Position d'une Planète dans un signe zodiacal entièrement situé dans une Maison de l'horoscope, c'est-à-dire dans un signe qui n'est coupé par aucune Pointe de Maison.

Interrogation (latin : *interrogationes*) En astrologie prévisionnelle, horoscope établi pour le lieu où se trouve l'astrologue et le moment de la requête concernant un événement futur attendu, ou pour le moment où la requête a été adressée à l'astrologue.

KdG (de l'allemand : *Kombination der Gestirneinflüsse*) Doctrine de combinaison systématique des influences sidérales en horoscopie, développée en Allemagne à l'époque moderne par l'école d'Aelen de Reinhold Ebertin ; elle s'appuie sur les axes formés par les mi-Points, les nœuds lunaires et le Milieu du Ciel.

Latitude écliptique (**b**) L'une des coordonnées écliptiques. Mesurée dans le plan perpendiculaire à l'écliptique, de 0° à ± 90° ; la latitude nord est positive, la latitude sud, négative.

Latitude géographique (**j**) Distance angulaire d'un point à la surface de la Terre par rapport à l'équateur, mesurée le long du méridien. La latitude nord est comptée positivement, la latitude sud, négativement.

Longitude écliptique (**l**) L'une des coordonnées écliptiques. Mesurée dans le plan de l'écliptique à partir du point vernal, à rebours du sens du mouvement diurne de la sphère céleste, de 0° à 360°.

Longitude géographique (**L**) Distance angulaire d'un point à la surface de la Terre par rapport au méridien d'origine (déterminé par les conventions internationales et passant par l'observatoire de Greenwich, Royaume-Uni). Les longitudes est et ouest sont comptées de 0° à 180°.

Luminaires (latin : *lumina*) En astrologie ancienne, désignent le Soleil et la Lune (le grand luminaire et le petit luminaire, respectivement) qui font partie des Planètes astrologiques.

Macrocosme L'univers transcendant les événements terrestres, appelé « le monde d'en haut » ou « monde supérieur » par les philosophes de la nature. Opposé : microcosme.

Maisons angulaires Maisons dont les Pointes se situent respectivement à l'ASC, au MC, au DSC et à l'IC, soit les 1re, 4e, 7e et 10e Maisons.

Maisons ascendantes ou **orientales** (dans la moitié est de l'horoscope) Les six Maisons autour de l'Ascendant, soit de la 1re à la 3e Maison, et de la 10e à la 12e.

Maisons de l'horoscope ou **Maisons horizontales** (latin : *loci*, en grec : *topoi*) Arcs de cercle obtenus par division directe de l'écliptique, transformation géométrique des douze quartiers de sphère sur un plan, ou séquençage d'une durée de révolution.

Maisons diurnes (moitié diurne de l'horoscope) Les six Maisons au-dessus de l'horizon, c'est-à-dire de l'axe Ascendant-Descendant (de la 7e à la 12e Maison).

Maisons horizontales *Voir* Maisons de l'horoscope.

Maisons lunaires (arabe : *manazi al-kamar*, « les Maisons de la Lune ») Les Maisons arabes de la Lune furent introduites au Moyen Âge dans l'astrologie européenne. De même que le Zodiaque tire son origine de la division de l'écliptique en douze signes, les Maisons lunaires proviennent de la division de l'écliptique en 28 parties égales ; un signe zodiacal équivaut à 2,5 Maisons lunaires. Le début de chaque Maison lunaire (leur Corne) est appelé « degré critique ».

Maisons nocturnes (moitié nocturne de l'horoscope) Les six Maisons sous l'horizon ou sous l'axe Ascendant-Descendant – de la 1re à la 6e Maison dans la plupart des systèmes de domification.

Maisons occidentales ou **descendantes** (moitié ouest de l'horoscope) Les six Maisons autour du Descendant (de la 4e à la 9e Maison).

Maisons suivantes (grec : *epanaphora*) Les 2e, 5e, 8e et 11e Maisons.

Maisons tombantes (grec : *apoklima*) Les 3e, 6e, 9e et 12e Maisons.

Maisons zodiacales Les signes du Zodiaque.

Maître Planète gouvernant un certain signe du Zodiaque ou une partie de celui-ci, ou une certaine période temporelle (heure, jour de la semaine, mois, année ; *voir* Chronocrators) dans le cadre d'un système donné. Toute Planète est maître du signe du Zodiaque où elle est en domicile.

Maléfiques (adj. ; latin : *stellae maleficae, abscissores*) Selon l'horoscopie ancienne, les Planètes à l'influence considérée comme mauvaise, non favorable ou nuisible pour le sujet – traditionnellement, Mars et Saturne.

Méridien Tout cercle passant par les pôles Nord et Sud.

Méridien local Cercle passant à la fois par les pôles Nord et Sud et par les nœuds nord et sud d'un lieu donné à la surface de la Terre.

Mesures directionnelles Mesures de temps utilisées dans l'astrologie directionnelle, notamment la mesure ptoléméenne où 1° correspond à un an, et la mesure de Naibod où un an correspond à 0° 59′ 08″.

Mi-Point Point significatif à mi-distance angulaire entre les positions de deux éléments de l'horoscope, généralement des Planètes. C'est une sorte de centroïde symbolique de l'influence des deux éléments.

Microcosme Le monde des hommes et de leur vie terrestre, appelé aussi « le monde d'en bas » ou « monde inférieur » par les philosophes de la nature. Opposé : macrocosme.

Milieu du Ciel ou ***Medium Coeli*** (**MC**) (grec : *mesuranema, hypergeion*) Point d'intersection de l'écliptique avec le méridien local au-dessus de l'horizon. Pointe de la 10e Maison pour la plupart des systèmes de domification.

Monomère (« partie unitaire » en grec) Chacun des degrés d'arc du Zodiaque, à la signification astrologique spécifique pour l'horoscope et son interprétation. Chaque signe est donc divisé en 30 monomères de 1°, et le Zodiaque, en 360. *Voir aussi* Décan.

Mouvement direct Mouvement apparent d'une Planète dans le sens du cours du Zodiaque ; la longitude écliptique de la Planète augmente. Opposé : mouvement rétrograde.

Mouvement rétrograde Déplacement d'une Planète en sens contraire au sens de la progression des signes du Zodiaque (sens direct) ; la longitude écliptique de la Planète diminue. Opposé : mouvement direct.

Nadir Point situé au-dessous de l'horizon, où la ligne perpendiculaire à l'horizon coupe la sphère céleste.

Naissance diurne Avec le Soleil au-dessus de l'horizon (dans la 7e à la 12e Maison de l'horoscope).

Naissance nocturne Avec le Soleil au-dessous de l'horizon (dans la 1re à la 6e Maison de l'horoscope).

Natif (d'un signe) Se dit d'une personne née sous tel signe.

Nœud nord Point boréal d'intersection du méridien local avec l'horizon.

Nœud sud Point austral d'intersection du méridien local avec l'horizon.

Nœuds lunaires Le nœud ascendant ou nœud nord (latin : *caput draconis*, la Tête du dragon) et le nœud descendant ou nœud sud (latin : *cauda draconis*, la Queue du dragon) sont les deux points d'intersection de la trajectoire apparente de la Lune avec l'écliptique. Les nœuds lunaires se déplacent dans le Zodiaque selon un mouvement rétrograde au long d'un cycle de 18,6 ans environ.

Nonagone Aspect de 40°.

Novile *Voir* Nonagone.

Octile *Voir* Semi-carré.

Oktotopos Système de domification de l'astrologie grecque classique employant huit Maisons.

Opposition Aspect de 180°.

Orbe Portée maximale de la validité d'un Aspect. La magnitude d'un orbe en horoscopie se détermine en degrés et varie selon le type des Planètes associées aux divers Aspects. Elle diminue des Planètes rapides aux Planètes lentes et des Aspects les plus significatifs aux Aspects les moins significatifs. L'orbe est le plus faible pour les Aspects formés entre une Planète supérieure lente et un point de l'horoscope.

Part (latin : *pars*) Position significative sur l'horoscope, obtenue par calcul. Syn : point (peu usité en France). *Voir aussi* Points sensibles.

Part d'amour L'un des Points sensibles significatifs de l'horoscope, calculé selon la formule : longitude de Vénus moins longitude du Soleil plus Ascendant (pour une naissance diurne), ou : longitude du Soleil moins longitude de Vénus plus Ascendant (pour une naissance nocturne).

Part de fortune (latin : *pars fortuna* ; la fortune au sens de « chance ») L'un des Points sensibles significatifs de l'horoscope, calculé selon la formule : longitude de la Lune moins longitude du Soleil plus Ascendant (pour une naissance diurne), ou : longitude du Soleil moins longitude de la Lune plus Ascendant (pour une naissance nocturne).

Part de la mère L'un des Points sensibles significatifs de l'horoscope, calculé selon la formule : longitude de la Lune moins longitude de Vénus plus Ascendant (pour une naissance diurne), ou : longitude de Vénus moins longitude de la Lune plus Ascendant (pour une naissance nocturne).

Part de mort L'un des Points sensibles significatifs de l'horoscope, calculé selon la formule : longitude de Mars moins longitude de Saturne plus Ascendant (pour une naissance diurne), ou : longitude de Saturne moins longitude de Mars plus Ascendant (pour une naissance nocturne).

Part de profession L'un des Points sensibles significatifs de l'horoscope, calculé selon la formule : longitude de la Lune moins longitude du Soleil plus Milieu du Ciel (pour une naissance diurne), ou : longitude du Soleil moins longitude de la Lune plus Milieu du Ciel (pour une naissance nocturne).

Part du père L'un des Points sensibles significatifs de l'horoscope, calculé selon la formule : longitude de Saturne moins longitude du Soleil plus Ascendant (pour une naissance diurne), ou : longitude du Soleil moins longitude de Saturne plus Ascendant (pour une naissance nocturne).

Partile Aspect exact dans son domaine angulaire de validité. *Voir aussi* Orbe.

Pentagramme Configuration de Planètes selon une étoile régulière à cinq pointes. Leurs Aspects mutuels sont des quintiles et biquintiles.

Pérégrination Une Planète en pérégrination (dite encore « pérégrine ») a une position dans le Zodiaque sans signification particulière.

Période de révolution Temps que met une Planète à revenir au même point sur son trajet cyclique.

Planète angulaire Lorsqu'elle existe, une Planète en conjonction avec l'ASC ou le MC (principalement), le DSC ou l'IC. Son rôle dans l'horoscope est majeur.

Planète androgyne Dans l'astrologie ancienne, une Planète qui n'est ni féminine ni masculine : Mercure.
Planète neutre Dans l'astrologie traditionnelle, une Planète qui n'est ni bénéfique ni maléfique : Mercure.
Planète stationnaire Planète au mouvement géocentrique direct ou rétrograde dont la longueur écliptique reste pratiquement constante durant une certaine période.
Planètes (grec : *planetes*) En astrologie, les Planètes comprennent, outre les Planètes du Système solaire, les Luminaires – le Soleil et la Lune.
Planètes féminines Dans l'astrologie traditionnelle, Vénus et la Lune.
Planètes inférieures Les Planètes intérieures, c'est-à-dire situées entre la Terre et le Soleil : Mercure et Vénus.
Planètes lentes Planètes au mouvement lent, dont la durée de révolution zodiacale est de l'ordre de la dizaine à la centaine d'années : Jupiter, Saturne, Uranus, Neptune et Pluton.
Planètes masculines Dans l'astrologie traditionnelle, le Soleil, Saturne, Jupiter et Mars.
Planètes rapides Planètes au mouvement rapide, dont la durée de révolution zodiacale est inférieure ou de l'ordre d'un an : Soleil, Lune, Vénus, Mars, Mercure.
Planètes supérieures Les planètes extérieures, c.-à-d. situées au-delà de l'orbite de la Terre : de Mars à Pluton.
Planètes transneptuniennes Dans l'astrologie moderne, mais avant la découverte de Pluton, le terme désignait plusieurs Planètes hypothétiques qui auraient été situées au-delà de l'orbite de Neptune. Utilisé notamment par l'école allemande de Hambourg dans les années 1920.
Point automnal ou **Équinoxe d'automne** Point situé à 180° de longitude écliptique, à la frontière entre la Vierge et la Balance ; l'un des deux points d'intersection de l'écliptique avec l'équateur céleste. *Voir aussi* Point vernal.
Point occidental Point ouest d'intersection de l'équateur céleste avec l'horizon ; il est coupé par la première verticale.
Point oriental Point est d'intersection de l'équateur céleste avec l'horizon, par où passe la première verticale. *Voir aussi* Point occidental.
Point vernal ou **Équinoxe de printemps** L'un des deux points d'intersection de l'écliptique avec l'équateur céleste, situé à la frontière des Poissons et du Bélier. Point origine (0°) de la longitude écliptique.
Pointe ou **Cuspide** Début d'une Maison ; degré sur l'écliptique où commence la Maison.
Points de l'horoscope Positions angulaires sur l'écliptique astrologiquement significatives dans l'horoscope. Les points principaux (aussi appelés angles) sont : l'Ascendant (noté ASC), le Milieu du Ciel (MC), le Descendant (DSC) et le Fond du Ciel (IC). Les autres points importants sont les Points sensibles, antisces, contre-antisces et mi-Points.
Points sensibles (grec : *kleroi*) Parfois improprement appelés « points arabes ». Positions angulaires sur l'écliptique, astrologiquement significatives, calculées à partir des longitudes écliptiques de deux Planètes et de l'Ascendant ou, exceptionnellement, du Milieu du Ciel.
Polarité Les signes de Feu et d'Air du Zodiaque ont une polarité positive, les signes de Terre et d'Eau, une polarité négative. Signes de polarité positive et négative alternent régulièrement dans le Zodiaque.
Pôles célestes Les deux points de la sphère céleste à chaque extrémité de l'axe autour duquel celle-ci semble tourner.
Précession Mouvement très lent de l'axe de la Terre décrivant un cône, ayant pour résultat de modifier constamment la position de l'équateur céleste par rapport à l'écliptique. Par suite, les points d'intersection de ces deux plans (le point vernal et le point automnal) se décalent lentement dans le sens opposé au mouvement apparent du Soleil (précession des équinoxes).
Premier méridien Cercle passant par les pôles Nord et Sud et par les points vernal et automnal.
Première verticale Cercle de la sphère céleste passant par le zénith, le nadir et les nœuds oriental et occidental.
Profection Méthode spéculative de l'astrologie prévisionnelle ancienne basée sur l'hypothèse que tous les éléments de l'horoscope de naissance sont soumis, chaque année, à un déplacement vers l'avant fictif de 30° dans le Zodiaque, ce qui induit un cycle de douze ans. *Voir aussi* Directions symboliques.
Progressions *Voir* Directions secondaires.
Prometteur En astrologie directionnelle, une Planète dont la position dans l'horoscope promet un certain événement.

Quadrants de l'écliptique Quartiers du Zodiaque contenant chacun trois signes zodiacaux, séparés par les points solsticiaux et équinoxiaux.
Quadrants de l'horoscope Les quatre parties de l'horoscope définies par les axes principaux : l'axe Ascendant-Descendant et l'axe Milieu du Ciel-Fond du Ciel. Le premier quadrant comprend les Maisons 1 à 3, le deuxième les Maisons 4 à 6, le troisième les Maisons 7 à 9, et le dernier les Maisons 10 à 12.
Qualités primordiales Les quatre qualités fondamentales : le sec, l'humide, le chaud et le froid. Selon les philosophes classiques de la nature, elles ont donné naissance aux quatre éléments et, par la suite, à tout l'univers. *Voir aussi* Éléments.
Quinconce (latin : *quincux*, cinq douzièmes de cercle) Aspect de 150°.
Quindécile Aspect de 24°.
Quintile Aspect de 72°.

Radix *Voir* Horoscope de naissance.
Réception Configuration significative de deux Planètes ayant échangé de domicile ; par exemple, quand Saturne est dans le Lion et que, simultanément, le Soleil est dans le Capricorne.
Réception d'exaltation Configuration significative de deux Planètes ayant mutuellement échangé des signes d'exaltation, par exemple lorsque Saturne est dans le Bélier et que, simultanément, le Soleil est dans la Balance (ce qui annule leur chute respective).
Rectification Ajustement de l'horoscope de naissance aux coordonnées géographiques de son nouveau domicile, lorsque le sujet déménage.
Règle hermétique (syn. Trutine d'Hermès ; latin : *Trutina Hermetis*) Méthode classique de correction d'un horoscope du fait de données temporelles imprécises. Elle établit une relation entre l'horoscope de naissance et l'horoscope de conception.
Requérant La personne qui pose une question (ou requête), principalement dans l'astrologie horaire ou d'interrogation.
Retour lunaire *Voir* Horoscope lunaire.
Révolution solaire *Voir* Horoscope solaire.

Semi-carré Aspect de 45°. Syn. octile.
Semi-octile Aspect de 22° 30'.
Semi-quintile Aspect de 36°.
Semi-sextile Aspect de 30°.
Séparation Situation où une Planète rapide sort d'un Aspect exact avec une Planète lente.
Septile Aspect de $51^3/_7$°.
Sesquicarré Aspect de 135°.
Sesquiquintile Aspect de 108°.
Sextile Aspect de 60°.
Signe du Zodiaque (latin : *signum*) Secteur de l'écliptique de 30°. Le Zodiaque tropical comprend douze signes.
Signes cardinaux ou **mobiles** Bélier, Cancer, Balance, Capricorne forment la croix cardinale.
Signes d'Air Balance, Verseau, Gémeaux (masculins) ; forment le trigone d'Air. Ils correspondent à un tempérament sanguin.

Signes d'Eau Cancer, Scorpion, Poissons (féminins) forment le trigone d'Eau. Ils correspondent à un tempérament flegmatique.
Signes de Feu Bélier, Lion, Sagittaire (masculins) forment le trigone de Feu. Ils correspondent à un tempérament colérique.
Signes de Terre Capricorne, Taureau, Vierge (féminins) forment le trigone de Terre. Ils correspondent à un tempérament mélancolique.
Signes équinoxiaux Bélier, Balance.
Signes fixes Taureau, Lion, Scorpion, Verseau forment la croix fixe.
Signes mutables ou **doubles** Gémeaux, Vierge, Sagittaire, Poissons forment la croix mutable.
Signes solsticiaux Cancer, Capricorne.
Significateur (du latin *significatio* : signification) Planète qui gouverne le signe où se trouve l'Ascendant ou la Pointe de la Maison faisant l'objet de la demande. Elle promet l'accomplissement d'une chose ou d'un événement, et, en astrologie directionnelle, elle suggère l'instant d'un événement annoncé par le prometteur. *Voir aussi* Prometteur, Directions.
Solstice d'été Moment où le centre du Soleil franchit le tropique du Cancer (21 ou 22 juin). Le point correspondant de la trajectoire apparente du Soleil.
Solstice d'hiver Moment où le centre du Soleil franchit le tropique du Capricorne (21 ou 22 décembre). Le point correspondant de la trajectoire apparente du Soleil.
Solstices Points de l'écliptique où le Soleil est le plus éloigné de l'équateur.
Solsticial, solsticiaux (adj.) Relatif au(x) solstice(s).
Sphère céleste Sphère imaginaire de rayon infini sur laquelle se projettent les astres vus par un observateur depuis la Terre. Le prolongement vers le ciel du pôle Nord géographique donne le pôle Nord céleste, celui de l'équateur, l'équateur céleste, etc.
Station directe Point où une Planète passe d'un mouvement rétrograde à un mouvement direct. *Voir aussi* Station rétrograde.
Station rétrograde Point où une Planète passe d'un mouvement direct à un mouvement rétrograde. *Voir aussi* Station directe. En ces points, la Planète est stationnaire.
Stellatium (latin : *clusterum, collectio luminis*) Groupement de plusieurs Planètes dans un petit secteur de l'écliptique de quelques degrés seulement. Syn. amas.
Sujet Personne pour qui l'horoscope est établi.
Synastrie Comparaison de deux ou de plusieurs horoscopes pour trouver leurs corrélations.
Synchronicité acausale Survenue simultanée d'événements sans cause commune, selon la théorie du psychanalyste Carl Gustav Jung (1875-1961) et du physicien Wolfgang Pauli (1900-1958).
Systèmes de coordonnées Les systèmes de coordonnées utilisés en horoscopie sont les coordonnées écliptiques, équatoriales, horizontales et géographiques.
Systèmes de domification Méthodes variées de construction des douze Maisons de l'horoscope, qui diffèrent par le plan astronomique pris comme base de la division en Maisons, par la méthode de division de la sphère céleste et par le début des Maisons. Historiquement, plus de vingt systèmes sont connus, souvent désignés par le nom de leur concepteur.
Systèmes planétaires Séries de Planètes ordonnées en diverses séquences constantes dans l'astrologie ancienne.

Tables de Maisons Outils d'aide aux calculs d'un horoscope. Les tables de Maisons campanéennes, placidéennes et kochéennes sont les plus utilisées aujourd'hui.
Tempéraments Les quatre tempéraments humains correspondent, en astrologie, aux quatre Éléments : le tempérament colérique avec le Feu, le mélancolique avec la Terre, le sanguin avec l'Air, et le flegmatique avec l'Eau. Toutefois, les tempéraments purs sont rares.
Temps sidéral Temps mesuré par la culmination d'un astre au méridien : l'intervalle entre deux passages successifs d'une étoile au-dessus du méridien détermine un jour sidéral. Le temps sidéral est aussi l'angle horaire du point vernal.
Temps solaire Temps mesuré par la culmination du Soleil au méridien ; l'intervalle entre deux passages successifs du Soleil au-dessus du méridien détermine un jour solaire.
Temps universel (TU) L'heure au méridien de Greenwich (méridien d'origine) ; aussi appelé heure **GMT**, pour *Greenwich Mean Time*.
Termes (latin : *termini*) Mot ancien désignant les frontières entre les signes zodiacaux.
Transits Méthode de l'horoscopie prévisionnelle surveillant la formation d'Aspects au cours des mouvements réels des Planètes et les comparant à leur position « fixe » dans l'horoscope de naissance (thème).
Tredécile Aspect de 108°.
Trigone Groupement de Planètes aux sommets d'un triangle équilatéral ; les Planètes forment des Aspects mutuels à trois trines, et occupent les trois signes d'un même Élément. *Voir aussi* Trigone élémentaire.
Trigones élémentaires Dans chacun des quatre trigones élémentaires, les Planètes occupent les signes d'un même Élément (Feu, Air...). *Voir aussi* Élément, Trigone.
Trine (syn. français : trigone) Aspect de 120°.
Triplicité Projection triple de chacun des quatre éléments du Zodiaque, qui donnent les signes cardinaux, fixes et mutables.
Triseptile Aspect de 154 $^{2}/_{7}$°.
Trutine d'Hermès *Voir* Règle hermétique.

Vertex Point de l'horoscope où la première verticale coupe l'écliptique à l'ouest. Le point opposé est l'antivertex.
Verticale Tout grand cercle passant par le zénith et le nadir. La première verticale passe en outre par les points est et ouest.
Vigintile Aspect de 18°.

Zénith Point au-dessus de l'horizon où la ligne perpendiculaire à l'horizon (la verticale du lieu) coupe la sphère céleste.
Zodiaque (grec : *dzodiakos*) Bande d'environ 16° de large le long de l'écliptique comprenant douze arcs de 30° appelés « signes zodiacaux ». Le premier des signes, le Bélier, débute au point vernal.
Zodiaque sidéral Les douze constellations de tailles inégales trouvées le long de l'écliptique et portant le même nom que les signes du Zodiaque.
Zodiaque tropical Bande le long de l'écliptique consistant en douze signes de 30° chacun.

Logiciels d'astrologie et autres outils

ÉPHÉMÉRIDES ET TABLES DE MAISONS

The New International Ephemerides (1900-2050), édition internationale en cinq langues, 928 pages, 175 F, éd. Aureas • Positions quotidiennes des 10 Planètes, des nœuds lunaires vrais et moyens, de la Lune noire vraie et moyenne, données à la seconde d'arc près pour le Soleil et la Lune, à la minute d'arc près pour les Planètes • Dates des éclipses solaires et lunaires, et des ingrès solaires, lunaires et des Planètes dans les signes • Phases de la Lune • Stations des Planètes • Valeurs du PVS et de l'*ayanamsa* une fois par mois

The Complete Ephemerides (1920-2020), édition internationale en cinq langues, 1 288 pages, 225 F, éd. Aureas • Positions quotidiennes des 10 Planètes, des nœuds lunaires vrais, de la Lune noire vraie, données à la seconde d'arc près pour le Soleil et la Lune, au 10e de minute d'arc près pour les Planètes • Déclinaisons et stations des Planètes • Dates des éclipses solaires et lunaires • Phases de la Lune, apogée et périgée lunaires • Aspects majeurs et mineurs de toutes les Planètes • Valeurs du PVS, de l'*ayanamsa*, du Soleil noir, de la nutation, du centre galactique une fois par mois.

Éphémérides des astéroïdes, de la Lune noire et de Chiron (1900-2050), édition française, 612 pages, 150 F, éd. Aureas • Positions quotidiennes des astéroïdes Cérès, Pallas, Junon et Vesta, de Chiron, données à la minute d'arc près • Position quotidienne de la Lune noire moyenne et corrigée, donnée à la minute d'arc près.

Éphémérides de la Lune noire vraie (1910-2010), Francis Santoni, 128 pages, 69 F, éd. Aureas • Position quotidienne de la Lune noire vraie donnée à la minute d'arc près • Positions quotidiennes des apogées et périgées lunaires, données à la minute d'arc près • Historique de la Lune noire.

Tables des Maisons (domification de Placide), édition internationale en cinq langues, 256 pages, 69 F, éd. Aureas • Valables de 1° à 66° de latitudes nord et sud • Coordonnées géographiques de 3 500 villes du monde.

Les régimes horaires pour les pays d'Europe et d'Afrique, H. Le Corre, 136 pages, 1998, 90 F, éd. Librairies traditionnelles.

Les régimes horaires pour les autres pays du monde : Amérique, Asie, Océanie, H. Le Corre, 392 pages, 1994, 180 F, éd. Librairies traditionnelles.

LOGICIELS

Astro-PC (pour compatibles PC sous DOS ou Windows 3.x ou 95) :

Version de base • Établissement de l'horoscope • Éphémérides intégrées de 4 000 ans av. J.-C. à 8 000 ans ap. J.-C., calendrier julien ou grégorien, en Zodiaque tropical ou sidéral, prise en compte en option de constellations inégales, de la nutation • Saisie des données (heure d'été préprogrammée pour 330 pays, milliers de coordonnées géographiques de villes mémorisées) • Sauvegarde des thèmes • 1 300 thèmes de célébrités • Paramétrage personnalisé ou selon une vingtaine d'écoles astrologiques : 13 méthodes d'affichage de l'horoscope, 10 méthodes de calcul des forces planétaires, 27 Aspects possibles, orbes paramétrables, inclusion des astéroïdes, Lune noire, Soleil noir et nœuds en option, Parts arabes, 11 systèmes de domification, possibilité de juxtaposition ou superposition de thèmes, couleur et taille des éléments horoscopiques paramétrables • Calcul de thèmes natals, révolutions solaires et lunaires, transits, directions secondaires, converses ou symboliques • Récapitulatifs sous forme de tableaux, de cartes, de statistiques. Prix : 1 990 F.

Version professionnelle (version de base, plus) • Recherches de dates paramétrables pour plusieurs méthodes prévisionnelles • Tableaux d'Aspectarian • Gestion des textes d'interprétation • Fichiers d'interprétation à remplir • Astrologie indienne • Positions des Planètes hypothétiques, Points sensibles, nœuds planétaires, étoiles fixes • Horoscopes de directions primaires, tertiaires ou évolutives, de révolution luni-solaire, d'horloge rapide dynamique, de nouvelle et pleine Lune (y compris prénatal), solaire, nodal ; profections • Levers et couchers des Planètes • Domitudes • Cartes stellaires. Prix : 3 490 F. Le prix comprend logiciel + manuel + assistance téléphonique gratuite. Disponible aux éditions Aureas, commande à Librairies traditionnelles.

Gamme *Infociel* (pour compatibles PC sous Windows 3.1 ou 95) ; plusieurs logiciels regroupant certaines fonctions d'*Astro-PC* et qui peuvent s'assembler. Comprend notamment • *Infociel Windows* : thème natal et synastries, mi-Points, mouvement des Planètes lentes pas à pas, révolutions solaires et lunaires, directions secondaires et symboliques, forces planétaires. Prix : 750 F • *Infociel astronomie* : Zodiaque tropical et/ou sidéral, horoscopes natal, angulaire, géocentrique ou héliocentrique, cartes azimutales, astrogéographiques, célestes ou stellaires, synastries, domitudes et données astronomiques, diverses présentations de l'horoscope. Prix : 750 F • *Infociel Interprétation* : Divers types d'horoscopes avec leur aide à l'interprétation (domification de Placide). Prix : 1 750 F • *Infociel statistiques* : spécialement adapté aux recherches statistiques sur les horoscopes natal ou angulaire. Prix : 750 F • Mais aussi : *Infociel New Age, Infociel karmique, Infociel indien, Infociel humaniste, Infociel sidéral, Infociel Astrologie horaire, Infociel Dates* (astrologie prévisionnelle), *Infociel Directions*. Le prix comprend logiciel + manuel + assistance téléphonique gratuite. Éditions Aureas.

Astro-MAC : analogue à *Astro-PC* pour ordinateurs Macintosh. Prix : 2 990 F. Éditions Aureas.

Asteria-MAC : logiciel d'interprétation pour *Astro-MAC* par l'auteur du logiciel *Galilée*. Prix : 2 990 F (pour professionnels, licence d'exploitation comprise).

Galilée (pour ordinateurs compatibles PC sous Windows ou DOS). Logiciel pour professionnels, hautement adaptable • Calculs astrologiques, d'astrolocalisation, de biorythmes • Interprétation du thème natal • Transits et prévisions • Révolutions solaires • Synastries de couple • Portrait d'enfant • Thème psychoprofessionnel • Thème karmique • Calendrier lunaire • Interprétation des progressions (directions secondaires) • Thème chinois • Numérologie • Outils d'analyse (synthèse, gestion des contradictions ou redondances). Prix : 4 900 F (pour professionnels, assistance téléphonique, licence d'exploitation comprise). Distribué par les éditions Aureas.

Logistel (pour ordinateurs compatibles PC sous DOS) et ***Winstel*** (pour ordinateurs compatibles PC sous Windows) • Calculs des éléments horoscopiques (dont mi-Points, degrés symboliques) et établissement d'horoscopes (thème natal, révolutions solaires et lunaires, transits, directions secondaires et symboliques, synastries) • 30 000 coordonnées de villes, 2 500 thèmes de célébrités • Heures d'été corrigées pour l'Europe, l'Afrique, et l'Amérique centrale et du Sud • Zodiaque tropical ou sidéral • Paramétrisation selon les choix de l'utilisateur (dont domification) • Interprétation du thème astral, des prévisions annuelles, des thèmes relationnels, du profil psychoprofessionnel • Portrait numérologique et prévisions numérologiques mensuelles. Prix : 2 895 F (gamme Passion, pour tous) ou 4 342 F (gamme Pro, pour professionnels, avec licence d'exploitation). Distribué par les éditions Aureas.

Biorythmes (pour ordinateurs compatibles PC sous Windows ou DOS). Il établit pour toute date les courbes de biorythmes (cycles physique, émotionnel et intellectuel) et leur interprétation. Prix : 750 F. Éditions Aureas.

LIBRAIRIES ET ÉDITEURS SPÉCIALISÉS

Librairies traditionnelles (anciennement Chacornac), 11, quai Saint-Michel, Paris 5e (métro Saint-Michel). Tél. 01 43 54 03 32. Vous pouvez y trouver des tampons du Zodiaque (80-100 F), des feuilles de thème vierges (50 feuilles, 50 F), des posters (condensés des informations de base, 25-50 F).

Éditions Aureas, distribuées par les Librairies traditionnelles. Renseignements sur le Net : http://www.aureas.com/aureas

Copie de la première édition d'*Astronomia nova* de Kepler de 1609, où l'astronome publiait ses deux premières lois du mouvement planétaire (bibliothèque Strahov, Prague).

Bibliographie

ADDEY, John Michael, *Harmonics in Astrology*, Green Bay, Cambridge Circle, 1976.

AIMÉ, Jacqueline, *1989-2000, Un monde qui meurt, un monde qui naît. La grande mutation selon les astres*, Plon, 1988.

ALIBORON, *Elements of Astrology*, Luzac, Londres, 1934.

AMBELAIN, Robert, *L'Astrologie des interrogations*, coll. « Les Portes de l'étrange », 1984.

AUBIER, Catherine, *Dictionnaire pratique d'astrologie*, Presses de la Cité.

BARBAULT, André, *Astrodiagnostic d'orientation professionnelle*, Librairies traditionnelles, 1987.

BARBAULT, André, *Connaissance de l'astrologie*, Le Seuil, 1975.

BARBAULT, André, *Défense et illustration de l'astrologie*, Grasset, 1955.

BARBAULT, André, *La Prévision astrologique. Les transits*, Librairies traditionnelles, 1986.

BARBAULT, André, *L'Univers astrologique des quatre éléments*, Librairies traditionnelles, 1992.

BARBAULT, André, *Petit Manuel d'astrologie*, Le Seuil.

BARBAULT, André, *Traité pratique d'astrologie*, Le Seuil ou Librairies traditionnelles, 1961.

BINET, Carleen, *ABC de la morphopsychologie*, Éditions Jacques Grancher.

BOUCHET, René, *Au-delà du Zodiaque-Traité d'astrologie*, Librairies traditionnelles, 1985.

BOUDINEAU, André, *Les Bases scientifiques de l'astrologie*, Librairies traditionnelles, 1996.

BRANDLER-PRACHT, Karl, *Die Astrologische Prognose*, Linser Verlag, Berlin, 1920.

BRANDLER-PRACHT, Karl, *Die Stundenastrologie*, Linser Verlag, Berlin, 1920.

CARTER, Charles E. O., *Astro-Psychologisches Lexikon* (*Lexicon of Astropsychology*), Barth Verlag, Munich, 1930 (édition anglaise originale inconnue).

CARTER, Charles E. O., *Symbolic Directions of Modern Astrolog*, W. Foulsham, Londres.

CASLANT, Eugène, *Les Bases élémentaires de l'astrologie*, tomes I et II, Librairies traditionnelles, 1985 et 1986.

CAUMONT, Danielle de, *ABC des prévisions astrologiques*, Éditions Jacques Grancher.

CAZENAVE, Michel, *La Science et l'Âme du monde*, Imago.

CHARBONNEAU-LASSAY, Louis, *L'Ésotérisme de quelques symboles géométriques chrétiens*, Librairies traditionnelles, 1985.

CHOISNARD, Paul, *Langage astral*, Librairies traditionnelles (épuisé momentanément).

CHOISNARD, Paul, *Saint Thomas d'Aquin et l'Influence des astres*, Librairies traditionnelles, 1983.

CHRISTIAEN, Yves, *Prévisions, directions, transits*, coll. « La Roue céleste », Dervy-Livres.

CONTENEAU, G., *La Divination chez les Assyriens et les Babyloniens*, Payot, Paris, 1940.

DUPUIS, Guy, *Astrologie pas à pas*, Éditions Aureas.

DUPUIS, Guy, *Interprétation pas à pas*, Aureas.

DUVAL, Max, *La Domification et les transits*, Librairies traditionnelles, 1984.

DUVAL, Max, *Les Moyens de prognostics en astrologie*, Librairies traditionnelles, 1986.

EBERTIN, Reinhold, *Applied Cosmobiology*, Fowler, Londres, 1973.

EBERTIN, Reinhold, *Kombination der Gestirneinflüsse* (*Combinaison des influences stellaires*), Ebertin Verlag, Aalen, 1950.

EBERTIN, Reinhold, *Kosmopsychologie*, Ebertin Verlag, Aalen, 1973.

FAGAN, Cyril, *Principle of Sidereal Astrology*, Londres, 1965.

FLAMBART, Paul, *Le Calcul des probabilités appliqué à l'astrologie*, Librairies traditionnelles, fond Chacornac, Paris, 1914.

FLAMBART, Paul, *Preuves et bases de l'astrologie scientifique*, Librairies traditionnelles, fond Chacornac, Paris, 1908.

FOMALHAUT, *Manuel d'astrologie sphérique et judiciaire*, Éditions Vigot Frères, Paris, 1897.

GAUQUELIN, Michel, *L'Astrologie devant la science*, Planète, Paris, 1965.

GAUQUELIN, Michel, *L'Hérédité planétaire*, Denoël, Paris, 1966.

GAUQUELIN, Michel, *L'Influence des astres. Une étude critique et expérimentale*, Éditions du Dauphin, Paris, 1955.

GIANI, Patrick, *Astrologie karmique*, Éditions de Vecchi, 1992.

GIANI, Patrick, *Les Nœuds lunaires*, Éditions de Vecchi, 1990.

GILLET, P. E. A., *Manuel d'astrologie hindoue à l'usage des Occidentaux*, Éditions des Cahiers astrologiques, 1992.

GLAHN, A. Frank, *Erklärung und Systematische Deutung des Geburtshoroskops*, Uranus Verlag, Bad Oldesloe, 1924.

GOODMAN, Linda, *Les Affinités astrales*, Robert Laffont, 1980.

GOODMAN, Linda, *Sun Signs*, Taplinger Publishing Co., New York, 1968.

GOUCHON, Henri-J., *Dictionnaire astrologique et Initiation au calcul et à la lecture de l'horoscope*, Dervy-Livres, Paris, 1975.

GOUCHON, Henri-J, *Les Directions primaires simplifiées (texte et tables)*, Librairies traditionnelles, 1987.

GUÉNON, René, *Aperçus sur l'ésotérisme chrétien*, Librairies traditionnelles (réimpression), 1993.

GUÉNON, René, *Études sur l'hindouisme*, Librairies traditionnelles, 1989.

GUÉNON, René, *Le Théosophisme, histoire d'une pseudo-religion*, Librairies traditionnelles, 1996.

HITSCHLER, Kurt, *Le Secret des 360 degrés symboliques*, Dervy-Livres.

HITSCHLER, Kurt, *L'Orientation professionnelle par les 360 degrés symboliques*, Dervy-Livres.

HITSCHLER, Kurt, *Quelques énigmes de l'histoire éclaircies par l'astrologie des monomères*, Dervy-Livres.

HUTIN, Serge, *Histoire de l'astrologie*, Marabout.

JULEVNO, *ABC de l'astrologie*, Librairies traditionnelles (fac-similé), 1986.

JUNG, Carl Gustav, *Synchronicity. An Acausal Connecting Principle*, Routledge & Kegan Paul, Londres, 1972.

KLÖCKLER, Herbert von, *Astrologie als Erfahrungswissenschaft*, Emmanuel Reinicke Verlag, Leipzig, 1927.

KLÖCKLER, Herbert von, *Kursus der Astrologie*, 3 vol., Bauer Verlag, Fribourg, 1929-1932, 1980 (réédition).

KOCH, Walter A., *Prophetie und Astrologische Prognose*, Bauer Verlag, Hambourg, 1955.

KOCH, Walter A., *Tables of Houses-Koch System*, compilées par Astrologie Numeric Service, American Federation of Astrologers, Tempe (Arizona), 1947.

KRAFFT, Karl Ernest, *Traité d'astrobiologie*, Éditions Amédée Legrand, Paris, 1939.

LANDSCHEIT, Theodor, *Fixsterne, Aspekte und Galaktsche Strukturen* (étoiles fixes, Aspects et structures galactiques), Ebertin Verlag, Aalen, 1965.

LARZUL, Laurence, *Comprendre la Lune noire*, Éditions de Vecchi, 1991.

LARZUL, Laurence, *Les 144 Positions des nœuds lunaires*, Éditions de Vecchi.

LEO, Allan, *1001 Notable Nativities*, Éditions Fowler, Londres, 1917.

LEO, Allan, *Astrological Textbooks (Manuels d'astrologie)*, en 7 vol., Fowler, Londres, 1909-1913.

LEWIS, Jim, *The Astro-Carto-Graphy Book of Maps*, Llewellyn, 1989.

Liber Astrologiae (fac-similé du manuscrit à la Bibliothèque nationale), Herscher, 1989.

LILLY, William, *Christian Astrology* (1647), Éditions Samuel Reiser, York Beach, Maine (fac-similé), 1987.

LILLY, William, *The Astrologer's Guide*, Fowler, Londres (fac-similé) 1973.

MAILLY-NESLE, Solange de, *L'Astrologie. L'histoire, les signes et les symboles*, Nathan.

MANÉTHON, *Manethonis apotelesmaticorum qui feruntur-Libri VI* (fac-similé), Teubner Verlag, Leipzig, 1858.

MANILIUS, *The Five Books of Manilius* (fac-similé), Fowler, Londres, 1973.

MAYO, Jeff, *Astrology*, Teach Yourself Books, Londres, 1977.

MAYO, J., WHITE, O., EYSENCK, H. J., « An Empirical Study of the Relation Between Astrological Factors and Personality », *The Journal of Social Psychology*, Londres, 1978.

MEYER, Michael R., *A Handbook for the Humanistic Astrologer*, Doubleday, Anchor Books, New York, 1974.

MORIN, Jean-Baptiste, *Morinus System of Horoscope Interpretation* (fac-similé), American Federation of Astrologers, Tempe (Arizona), 1990.

NOSTRADAMUS, *Vrayes Centuries et Prophéties* (fac-similé), Adyar, Paris, 1936.

PAUL, H., O'TOOLE, B. M., *The Yod and Other Points in Your Horoscope*, Vulcan Books, Seattle (Washington), 1977.

PICARD, Eudes, *Astrologie judiciaire*, Leymarie.

PTOLÉMÉE, Claude, *Tetrabiblos*, traduction anglaise de F. E. Robbins, Harvard University Press, Cambridge (Massachusets), 1956.

PTOLÉMÉE, Claude, *Les Cent Sentences astrologiques (Centiloquium)*, Librairies traditionnelles, 1998.

RAMAN, Bangalore Venkat, *Manuel élémentaire d'astrologie hindoue*, Librairies traditionnelles, 1934.

RUDHYAR, Dane, *An Astrological Mandala*, Vintage Books, New York, 1974.

RUDHYAR, Dane, *The Astrology of Personality*, Doubleday, New York, 1970.

SAINT-PIERRE, Christin, *Guide d'astrologie conditionnaliste*, 136 pages, Aureas.

SCHWICKERT, F., *Bausteine der Astrologie*, en 5 vol., Barth Verlag, Vienna-Munich-Leipzig, 1970.

SELVA, Henri, *La Théorie des déterminations astrologiques de Morin de Villefranche*, Librairies traditionnelles, 1991.

SENARD, Marcelle, *Le Zodiaque, clef de l'ontologie appliquée à la psychologie*, Librairies traditionnelles (réédition), 1990.

SEPHARIAL, *New Dictionary of Astrology*, Fowler, Londres, 1973.

SEPHARIAL, *Your Fortune in Your Name-Kabbalistic Astrology*, Rider & Co., Londres.

SIMON, Renée, *Un révolté du Grand Siècle, Henri de Boulainvilliers*, Éditions du Nouvel Humanisme, 1948 ; disponible aux Librairies traditionnelles.

SOCOA, Michel de, *La Part de fortune*, Librairies traditionnelles, 1988.

SOCOA, Michel de, *Typologie et caractères*, Librairies traditionnelles, 1990.

TEISSIER, Élisabeth, *Astrologie Passion*, Hachette, 1992.

VALENS, Vettius, *Vettii Valentis Anthologiarum libri* (fac-similé) de Ed. Wilhelm Kroll, Weidmann, Berlin, 1908.

VOLGUINE, Alexandre, *Le Maître de nativité*, Librairies traditionnelles, 1985.

VOLGUINE, Alexandre, *L'Interprétation astrologique des rêves*, Dervy, Paris, 1954.

VORE, Nicolas de, *Encyclopedia of Astrology*, Philosophical Library, New York, 1947.

HÆMISPHÆRIUM AUSTRALE
SAGITTARIUS
Serpentarius
Ophiuchus
SCORPIUS
SCORPIO
LIBRA
Fera Lupus
Ara
Centaurus Chiron
Cruzero
Corvus Corax
Colurus
VIRGO
Crater Vas
Tropicus
Hydra
Circulus
Canis major Sirius
LEO Alased
Monoceros Unicornus
Canis minor Procyon
CANCER
LEO
GEMINI
CANCER